Dialectics of Verb

글틀영어 [구문편]

박기엽·지만수 지음

영어 심층 구조를 이해함으로써 고급 영작 능력과 독해력을 기른다!

글틀영어 구문편

초판 1쇄 발행	2021. 4. 19.
초판 3쇄 발행	2022. 5. 18.
중판 1쇄 발행	2024. 3. 1.
지 은 이	박기엽·지만수
펴 낸 이	지만수
펴 낸 곳	도서출판 글틀
	서울특별시 양천구 목동 중앙남로1길 17-7
	전화 070-8225-3207, 010-7942-3207
	e-mail mansu789@daum.net
정 가	38,000원

ⓒ 박기엽·지만수, 2021
ISBN 979-11-974409-3-9   53740

이 책은 저작권법에 따라 보호받는 저작물이므로 무단 전제와 무단 복제는 물론
여기에서 제시하는 기본 원리의 무단 전용 변용도 금합니다.

수많은 사람들이 떠나는 잉글리시로의 기나긴 여행

95%는 걷다가 중도 포기

1%는 걸어서 도착

3%는 자동차로 도착

하지만 어떤 1%는 비행기로 도착합니다.

가장 빠른 1%의 숨겨진 영어 정복의 비결!

글틀영어에서 그 비결을 알려드립니다.

인생 최고의 만남 중 하나!

글틀영어와 만나보세요!

글틀영어의 구성과 학습 목표

```
입문편 ⇒ 구문기초편 ⇒ 구문편 ┌ 영문 분석편 I ⇒ 영문 분석편 II ⇒ 영문 독해편
                          └ 형태편
```

```
구문기초편 ⇒ 영문 분석편 I ⇒ 구문편 ┌ 영문 분석편 II ⇒ 영문 독해편
                                └ 형태편
```

```
구문편 ┌ 영문 분석편 II ⇒ 영문 독해편
      └ 형태편
```

 영어에 처음 입문하는 사람은 글틀영어 입문편부터 공부하면 되고, 알파벳이나 발음, be 동사 등 가장 기초적인 것들을 익힌 사람은 구문기초편부터 공부하면 된다. 영어 기초 실력이 있는 사람은 구문편부터 공부하면 될 것이다.
 필히 구문편을 먼저 공부한 다음 영문 분석편, 영문 독해편을 공부해야 제대로 이해할 수 있다. 형태편은 영문 분석편, 영문 독해편을 보면서 틈틈이 병행해서 공부해도 되고 필요할 때 따로 해도 상관없다.

1) 글틀영어 입문편
 입문편은 영어를 읽고 쓰는 학습 단계로 들어가는 가장 초보적인 단계이다. 우리말과 영어를 비교·분석하여 영어 문장을 쓰는 방법을 익히게 하였고, 영어의 근본 틀인 영문 구조와 형식을 초등학교 수준에 맞추어 다루었으며, 구조를 학습하기 전에 꼭 필요한 아주 기초적인 것들을 알파벳부터 우리말과 비교·분석하여 다루었다.

2) 글틀영어 구문기초편
 구문기초편은 우리말 문장 분석을 통해 우리말의 수식 관계를 정확하게 제대로 익힐 수 있도록 했을 뿐만 아니라 우리말과 영어의 특성을 비교·분석함으로써 영어의 구조(틀)를 쉽게 깨우칠 수 있도록 하였다. 우리말과 영어를 소통시키는 방법에 대한 기초 과정이다.

3) 글틀영어 구문편
 구문편은 영어의 구조(틀)를 심도 있게 자세히 다루고 문장 전환을 통해 영어의 심층 구

조를 이해할 수 있도록 함으로써 고급 영문 독해와 영작을 제대로 할 수 있는 능력을 기르도록 하였다. 영어의 구조를 얼마나 쉽게 깨우칠 수 있는지를 체감하게 되고 사전만 있으면 어떤 문장이든 우리말을 영어로, 또 영어를 우리말로 옮길 수 있다는 자신감이 생길 것이다.

4) 글틀영어 형태편

형태편은 구조적 틀을 구성하는 낱말들을 어떻게 활용해야 하는지를 공부하는 과정이다. 낱말의 직능을 공부함으로써 영어 학습에 대한 완성도를 높이게 되며, 학교 시험, 대학수학 능력 시험, TEPS, TOEFL, TOEIC 등 각종 시험에 필요한 것들을 습득하게 된다.

기존 영문법 책들과는 달리 일목요연하게 영문법 체계를 바로 세웠다.

5) 글틀영어 영문 분석편 I

영문 분석편 I은 중등 수준에서 고1 수준의 영문 분석을 통해 영어의 구조를 다지고 영문을 우리말로 제대로 정확하게 옮기는 능력을 기르는 과정이다. 영문 분석을 통해 구문편과 형태편에서 익힌 내용들이 실제로 어떻게 적용되는지 실감하게 될 것이다. 이때부터 단어나 문장의 암기가 수월해지며, 노력에 따라 이해하는 영어에서 몸으로 체득되는 영어가 될 것이다.

6) 글틀영어 영문 분석편 II

영문 분석편 II는 심도 있는 영문 구조 분석을 통해 영어의 심층 구조를 익히고 우리말로 옮기는 과정이다. 구문편과 형태편에서 익힌 내용들이 총망라된 해설로 영문을 제대로 정확하게 해석할 수 있는 능력을 배양하게 된다. 이 과정을 통해서 단어만 알면 어떤 문장이든 우리말로 옮길 수 있다는 자신감이 생기고 스스로 영어를 연마할 수 있는 능력이 생성될 것이다.

7) 글틀영어 영문 독해편

영문 독해편은 영어 실력의 완성도를 높이는 과정으로 수필, 연설문, 단편 등에서 내용이 좋고 영어 학습에 유익한 주옥같은 글 16편을 골라 실었다. 매 편마다 먼저 작가에 대한 소개를 하였고, 독자의 이해를 돕기 위해 작품이나 글에 대한 해설을 실었다. 그리고 각 단락마다 필요한 문장 구조를 자세히 설명하여 구문편과 형태편에서 학습한 것을 종합적으로 숙지할 수 있도록 하였다. 이 영문 독해편을 통해 영어 실력이 일취월장할 것이며 어떤 분야든 필요한 영문을 읽고 이해하는 데 어려움이 없게 될 것이다.

머리말

정보·지식사회 시대에 정보와 지식이 부가 가치 창출의 원천으로 등장함으로써 정보와 지식의 바탕인 언어 능력이 매우 중요시되고 있다. 왜냐하면 모든 정보와 지식은 언어로 이루어져 있고 사고력과 창의성 또한 언어력에서 나오는 것이기 때문이다. 그러므로 정보·지식사회 시대에는 우수한 언어 능력 소유자가 치열한 경쟁에서 유리하다. 언어력은 첫째 얼마나 우수한 모국어를 부여받았느냐와 둘째 외국어를 얼마나 많이 이해하고 잘 구사할 수 있느냐 하는 것과 관련성이 깊다.

그렇다면 우리가 모국어로 사용하고 있는 우리말은 과연 어떤 언어인가? 이 세상에서 인류가 지금까지 만들어 낸 그 어떤 언어보다 과학적인 훌륭한 언어이며 다른 언어와는 전혀 다른 독특한 언어이다.

우선 우리말은 인류가 사용해 온 최초의 언어에서 출발해서 지금까지 유지 일관해 온 유일한 언어이고, 곡선어가 아닌 직선어이며, 표기 및 발음 수가 11,172가지나 된다.(우리 한글 다음으로는 중국어인데 중국어 발음과 표기는 500여 가지에 불과하다.) 또한 낱말글자가 아닌 소리글자인데다 음절글자가 아니고 음소글자이어서 낱말에 국제발음부호가 붙어 다닐 필요가 없는 명료하고 과학화된 언어이다. 지금까지 인류가 만들어서 사용해 오다 없어진 언어까지 통틀어 모두 위치중심어인데 비해 우리말만이 유일하게 뚜렷한 토씨중심어이다. 더욱이 문자 자체도 자음과 모음의 조합으로 시작해서 소리를 내고, 초성·중성·종성이 뚜렷이 있어 모방 민족이 아닌 창의 민족을 낳는 언어이다.

언어의 우위가 곧 인간의 우위를 결정짓는 요인이라면 우리의 언어가 다른 어떤 언어보다 우수하므로 우리는 우수한 민족이라는 자긍심을 가질 수 있다. 한국어라는 우수한 언어를 모국어로 부여받은 우리는 국제화 사회에서 꼭 필요한 외국어인 영어를 잘 구사할 수 있다면 정보·지식사회에서 앞서 나갈 수 있다.

영어를 잘 구사하기 위해서는 모국어인 우리말의 특성과 외국어인 영어의 특성을 알아야 한다. 우리말과 영어는 언어 특성이 전혀 다르다.

　우리말은 단어에 붙는 토씨에 따라 문장의 의미가 달라지는 토씨중심어이며, 내감어(시간어), 즉 장(場)에 있어서 시(時)의 표현어이다. 반면에 영어는 단어의 위치에 따라 문장의 의미가 달라지는 위치중심어이며, 외감어(공간어)이다.

　이와 같이 우리말과는 언어 특성이 전혀 다른 영어를 무턱대고 외워서는 그 구조를 깨우치기가 힘들다. 우리말과 영어의 특성을 알고 그것을 비교·분석하여 공통점과 차이점을 알면 영어의 근본 틀(구조)의 원리를 쉽게 터득할 수 있다.

　이 방법론은 우리말만이 가지고 있는 언어적 탁월성을 바탕으로 우리식 사고 속에서 영어를 곧바로 습득할 수 있도록 우리말에 내재된 과학적 체계를 그대로 영어식 언어 체계로 전환시킨 획기적인 학문 체계이다. 그리하여 짧은 시일 안에 정확하게 자유자재로 영어를 구사할 수 있는 토대를 제공할 뿐만 아니라 우리말에 대한 수식 관계를 제대로 바르게 이해시켜 합리적인 사고와 언어 능력을 향상시킬 수 있게 한다.

　이 책은 도해를 이용하여 우리말과 영어를 비교·분석해서 영어의 근본 틀을 체계화하였다. 하나의 과학화된 체계이므로 중간에서 보면 잘 이해가 되지 않는다. 반드시 맨 처음부터 보기 바란다. 중3·고1 정도의 실력이면 누구나 알 수 있게 되어 있다.

　저자는 이 방법이 영어의 구조를 가장 빨리 깨우치는 방법이라는 것을 확신하며, 독자들이 이 책을 통해 영어에 흥미를 느끼고 영어의 구조를 쉽게 깨우치게 된다면 저자로서는 더할 나위 없는 보람이 될 것이다.

　끝으로 글틀영어에 남다른 애정을 가지고 여러모로 도움을 주시는 김진선 사장님과 질경이 이기연 사장님 그리고 책을 예쁘게 만들어 주시고 표지 디자인을 해주신 예감의 강선미 사장님께 깊은 사의를 표한다.

단기 4354년(서기 2021년) 4월
저자

차 례

머리말 ··· 6

01 영어와 우리말의 특성 ··· 15

02 영어의 구조와 체계적인 학습 ································· 19

03 문장과 도해 ··· 23

1) 문장과 도해 설명 ·· 24
2) 도해의 효용 ·· 31

04 문장(동사)의 형식 ·· 33

1) 완전자동사(1형식) ·· 35
2) 불완전자동사(2형식) ·· 48
3) 완전타동사(3형식) ·· 56
4) 수여동사(4형식) ·· 64
5) 불완전타동사(5형식) ·· 70

05 구 ·· 77

1) 전치사+명사(전명구) ·· 79
  (1) 명사구 ·· 79
    ① 보어구 ·· 79
    ② 전치사의 목적어구 ··· 79
  (2) 형용사구 ·· 80
    ① 직접 수식 ·· 80
    ② 간접 수식 ·· 81
  (3) 부사구 ·· 82

2) to+동사원형(부정사구) ································· 83
   　(1) 명사구 ·· 83
   　　① 주어구 ··· 84
   　　② 목적어구 ·· 90
   　　③ 보어구 ··· 95
   　　④ 전치사의 목적어구 ·· 99
   　　⑤ 동격어구 ·· 100
   　(2) 형용사구 ·· 101
   　　① 직접 수식 ·· 101
   　　② 간접 수식 ·· 106
   　(3) 부사구 ·· 108
   　　① 형용사 수식 부사구 ······································ 108
   　　② 부사 수식 부사구 ·· 112
   　　③ 동사 수식 부사구 ·· 115
   3) 동사원형ing(분사구) ······································· 128
   　(1) 명사구(명사용 분사, 동명사) ······························ 128
   　(2) 형용사구(형용사용 분사, 명사나 대명사를 수식하는 분사) ············ 129
   　(3) 부사구(부사용 분사, 분사구문) ·························· 129

06 절
131

   1) 독립절(단문: Simple Sentence) ······················· 133
   　(1) 평서문 ·· 134
   　　① 긍정문 ··· 134
   　　② 부정문 ··· 134
   　(2) 의문문 ·· 135
   　　① 의문사가 없는 의문문 ································· 136
   　　② 의문사가 있는 의문문 ································· 137
   　(3) 명령문 ·· 139
   　　① 직접 명령 ·· 139
   　　② 간접 명령 ·· 140
   　(4) 감탄문 ·· 140

① What・수식받는 명사・주어・동사~! ················· 140
　　② How・수식받는 형용사/부사・주어・동사~! ·········· 141
　　③ 감탄사! 주어・동사~ ······································· 141
　(5) 기원문 ··· 141
2) 대등절(중문: Compound Sentence) ························ 143
　(1) 연계접속사 중문 ·· 144
　(2) 반의접속사 중문 ·· 145
　(3) 선택접속사 중문 ·· 147
　(4) 추리접속사 중문 ·· 148
3) 종속절(복문: Complex Sentence) ························· 150
　(1) 명사절 ··· 151
　　① that절 ··· 151
　　② 의문사절 ·· 163
　　③ if/whether절 ·· 171
　　④ 인용절 ·· 178
　　⑤ what절 ·· 178
　(2) 형용사절 ··· 187
　　① 관계대명사 ··· 188
　　② 관계형용사 ··· 208
　　③ 관계부사 ·· 210
　　④ 관계사의 두 가지 용법 ···································· 216
　　⑤ 관계사의 생략 ··· 220
　(3) 부사절 ··· 223
　　① 시간절 ·· 223
　　② 장소절 ·· 232
　　③ 이유/원인절 ·· 233
　　④ 조건절 ·· 237
　　⑤ 양보절 ·· 241
　　⑥ 목적절 ·· 249
　　⑦ 결과절 ·· 252
　　⑧ 비교절 ·· 255
　　⑨ 특수한 부사절 ··· 270

07 문장 전환 ... 273

1) 명사절 ... 274
  (1) that절 ... 274
  (2) 의문사절 목적어절 ... 291
  (3) if/whether절 목적어절 ... 293
  (4) what절 주어절 ... 295
2) 형용사절 ... 295
  (1) 관계대명사 ... 295
  (2) 유사 관계대명사 ... 317
  (3) 관계부사 ... 317
3) 부사절 ... 320
  (1) 시간절 ... 320
  (2) 장소절 ... 331
  (3) 이유/원인절 ... 331
  (4) 조건절 ... 338
  (5) 양보절 ... 344
  (6) 목적절 ... 348
  (7) 결과절 ... 351
  (8) 비교절 방법절 ... 358
  (9) 특수한 부사절 ... 359

08 시제 ... 363

1) 시제의 기본 구조 ... 364
2) 시제의 분류 ... 365
3) 시제의 일치 ... 366
  (1) 주절의 시제가 현재나 미래인 경우 ... 367
  (2) 주절의 시제가 과거인 경우 ... 367
  (3) 주절의 시제가 과거 완료인 경우 ... 368
  (4) 시제의 제한을 받지 않는 경우 ... 368

09 화법 — 369

1) 직접 화법 …………………………………………………………… 370
2) 간접 화법 …………………………………………………………… 370
3) 화법의 전환 ………………………………………………………… 370
 (1) 직접 화법(인용절)이 평서문인 경우 ………………………… 371
 (2) 직접 화법(인용절)이 의문사가 있는 의문문인 경우 ……… 372
 (3) 직접 화법(인용절)이 의문사가 없는 의문문인 경우 ……… 373
 (4) 직접 화법(인용절)이 명령문인 경우 ………………………… 373
 (5) 직접 화법(인용절)이 감탄문·기원문인 경우 ……………… 374

10 태 — 375

1) 능동태 ……………………………………………………………… 376
2) 피동태 ……………………………………………………………… 376
3) 태의 전환 …………………………………………………………… 376
 (1) 능동 12시제의 피동 변화 ……………………………………… 377
 (2) 능동 3형식의 피동 ……………………………………………… 378
 (3) 능동 4형식의 피동 ……………………………………………… 379
 (4) 능동 5형식의 피동 ……………………………………………… 380

11 가정법 — 381

1) 현재 사실에 대한 강한 의혹을 나타내는 가정법 ……………… 384
2) 현재 사실에 대한 반대 가정을 나타내는 가정법 ……………… 385
3) 과거 사실에 대한 반대 가정을 나타내는 가정법 ……………… 385
4) 미래 사실에 대한 반대 가정을 나타내는 가정법 ……………… 386
5) 미래 사실에 대한 강한 의혹을 나타내는 가정법 ……………… 387
6) 혼합 가정 …………………………………………………………… 388

12 동격 구문 389

1) 동격어 390
2) 동격어구 391
3) 동격어절 392

13 강조법과 생략법 393

1) 강조법 394
　(1) It be~that 강조 394
　(2) 도치 강조 395
　(3) 첨부 강조 400
　(4) 되풀이 강조 403
2) 생략법 404
　(1) 주어의 생략 404
　(2) 동사의 생략 405
　(3) 주어·술어의 생략 405
　(4) 공통 구문 생략 406
　(5) 기타의 경우 407

14 일치법 409

1) 주어 동사의 일치법 410
2) 앞에 나온 (대)명사와 그 (대)명사를 받는 대명사의 일치법 421
3) 주어와 보어, 목적어와 목적보어의 일치법 422
4) 시제의 일치법 422

15 구두점 423

1) period/full stop (.) 424
2) question mark (?) 424

3) exclamation mark (!) ··· 425
   4) comma (,) ·· 426
   5) semicolon (;) ·· 431
   6) colon (:) ·· 432
   7) parentheses/round brackets ( ) ································· 434
   8) dash (―) ·· 436
   9) hyphen (-) ··· 437
  10) quotation marks ("…" '…') ·· 439
  11) apostrophe (') ··· 440
  12) dot (.) ·· 441
  13) ellipsis mark (…) ··· 441
  14) slash (/) ··· 441

16 영문 도해(분석) 및 독해   443

   1) 도해된(분석된)) 문장을 번역하는 방법 ······························ 444
   2) 영어 문장의 형식 판별과 번역 ··· 447
    (1) 1형식 판별법과 번역법 ·· 447
    (2) 2형식 판별법과 번역법 ·· 448
    (3) 3형식 판별법과 번역법 ·· 450
    (4) 4형식 판별법과 번역법 ·· 451
    (5) 5형식 판별법과 번역법 ·· 452
   3) 영문 분석(도해) ·· 455

01. 영어와 우리말의 특성

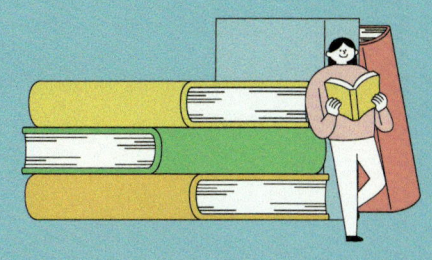

01 영어와 우리말의 특성

우리는 어렸을 때부터 많은 시간과 돈을 투자하며 영어를 배우지만, 대부분 만족할 만한 성과를 거두지 못한 채 도중에서 포기하고 절망감에 빠진다.
왜 그럴까?
그것은 학습 방법이 잘못되었기 때문이다. 우리가 외국어를 받아들일 때는 의식적이든 무의식적이든 모국어를 통해서 받아들이게 되어 있다. 그러므로 외국어를 잘하기 위해서는 먼저 우리의 모국어인 우리말(한글)을 잘 알아야 한다. 자신의 모국어도 잘 모르면서 어떻게 외국어를 잘할 수 있겠는가?
영어와 우리말은 그 특성이 매우 다른 언어인데도 불구하고, 대부분의 사람들은 영어와 우리말이 어떤 특성을 지니고 있는 언어인지도 모른 채 무턱대고 외우려고만 든다. 그래서 영어를 깨우치는 데 많은 고생을 하며 또 실패하기도 한다.
그렇다면 영어는 어떤 언어이고 우리말은 어떤 언어인가?
영어는 위치중심어이고 우리말은 토씨중심어이다. 아마 이런 말들이 생소할 것이다. 다음의 간단한 예문을 가지고 영어와 우리말의 특성을 살펴보자.

> Benjamin loves Margaret.
> Margaret loves Benjamin.

위의 두 문장은 똑같은 단어들로 이루어져 있다. 그런데 의미는 다르다. 윗 문장은 "벤자민이 마거릿을 사랑한다."이고 아랫 문장은 "마거릿이 벤자민을 사랑한다."이다. 같은 단어들로 이루어져 있는데 왜 의미가 다를까? 그것은 Benjamin이라는 단어와 Margaret이라는 단어의 자리(위치)가 서로 바뀌었기 때문이다. 이와 같이 영어는 그 단어가 어느 위치에 오느냐에 따라 의미가 달라진다. 또 "Loves Benjamin Margaret."처럼 단어의 위치가 잘못되면 문장 자체가 성립되지 않는다. 따라서 영어는 위치가 중요한 역할을 하는 위치중심어라고 할 수 있다.

위의 두 문장의 의미가 왜 다른지를 위치중심어라는 개념 없이는 설명하기 힘들 것이다. 자신이 배우려는 영어가 위치중심어라는 사실을 모른 채 무턱대고 덤벼들었으니 많은 고생을 할 수밖에 없었던 것이다.

> 영어는 위치중심어 = 단어의 위치에 따라 의미가 달라지는 언어

그러면 이제 우리가 일상생활 속에서 자유자재로 쓰고 있는 모국어인 우리말은 어떤 특성을 지닌 언어인지 살펴보자.

> 벤자민이 마거릿을 사랑한다.
> 마거릿을 벤자민이 사랑한다.

우리말은 위치와는 어떤 관련이 있는지 알아보기 위해 "벤자민이 마거릿을 사랑한다."를 "마거릿을 벤자민이 사랑한다."처럼 '벤자민'이라는 단어와 '마거릿'이라는 단어의 위치를 바꾸어 보자. 앞에서 보았던 영어 문장은 Benjamin과 Margaret의 위치가 달라지니까 의미가 달라졌다. 그런데 우리말은 '벤자민'과 '마거릿'의 위치가 달라졌는데도 의미가 달라지지 않았다. 여기서 우리말은 단어의 위치하고는 상관이 없다는 것을 알 수 있다. 심지어는 "사랑한다 벤자민이 마거릿을."이라고 해도 의미가 달라지지 않고 문장이 성립된다. 그러면 이 두 문장은 왜 의미가 같은가? 두 문장 모두 '벤자민'이라는 단어에는 똑같은 주격토씨 '이'가 붙어 있고 '마거릿'이라는 단어에는 똑같은 목적격토씨 '을'이 붙어 있기 때문에 의미가 같은 것이다. 즉 그 단어에 붙은 토씨가 같기 때문이다.

※ 토씨(조사): 어떤 말에 붙어 그 말과 다른 말과의 문법적 관계를 나타내는 단어.

이 문장의 의미를 다르게 하려면 다음과 같이 그 단어에 붙은 토씨를 바꾸면 된다.

> 벤자민을 마거릿이 사랑한다.
> 마거릿이 벤자민을 사랑한다.

'벤자민'에 붙었던 주격토씨 '이'를 목적격토씨 '을'로 바꾸고, '마거릿'에 붙었던 목적격토

씨 '을'을 주격토씨 '이'로 바꾸니 의미가 달라졌다. 이와 같이 우리말은 그 단어에 어떤 토씨가 붙느냐에 따라 의미가 달라진다. 또 토씨를 빼고 "벤자민 마거릿 사랑한다." 하면 무슨 말인지 통 알 수가 없다. 따라서 우리말은 토씨가 중요한 역할을 하는 토씨중심어라고 할 수 있다.

> 우리말은 토씨중심어 = 토씨에 따라 의미가 달라지는 언어

위의 간단한 예문을 통해서 영어는 위치가 중요한 역할을 하고, 우리말은 토씨가 중요한 역할을 한다는 것을 살펴보았다. 따라서 영어를 효율적으로 학습하기 위해서는 위치중심어인 영어와 토씨중심어인 우리말을 비교·분석해서 어떤 공통점과 차이점이 있는지 그 원리를 아는 것이 필요하다. 그 원리를 알면 영어는 간단하고도 쉽게 깨우칠 수 있는 것이다.

이제 왜 우리가 지금까지 영어를 쉽게 깨우치지 못하고 헤맸는지 그 이유를 알았을 것이다. 그러면 이제부터 영어의 특성과 우리말의 특성을 체계적으로 비교·분석하여 영어의 짜임새(틀)의 원리를 빠른 시간 내에 쉽게 깨우칠 수 있도록 차근차근 안내하겠다.

머리말에서 간단히 언급했지만 우리말은 토씨중심어이며, 인간의 내적인 정신세계의 가치를 추구하며 만들어 온 성상(性狀)적인 언어, 즉 내감어(시간어: 장에 있어서 시의 표현어)이고 고차원적인 입체어이며 구(球)의 변증문화어(辨證文化語)이다.

우리말은 내감어(시간어)이기에 동시성으로 보여 줄 수 없는 계기성(繼起性)에 의해 의미가 드러난다. 따라서 수식어는 꾸미는 말 앞에 와서 어미변화를 통해 연결되므로 끝까지 다 들어 보아야 알 수 있다. 그리고 우리말은 상하·전후의 관계성을 지닌 가운데 생각과 감정을 풍부하게 표현할 수 있는 고차원적인 입체어이며, 못 내는 소리와 못 하는 표현이 없을 정도로 형용어가 발달되어 있다. 또한 우리말은 형이상학적 사고에 유리한 언어이며, 무수한 변증을 낳는 구(球)와 같은 변증문화어(辨證文化語)로 무한한 창의 문화를 낳는 가장 우수한 언어이다.

영어는 위치중심어이며, 인간의 외적인 물질세계의 가치를 추구하며 만들어 온 형상(形狀)적인 언어, 즉 외감어(공간어)이고 평면어(저차원적인 입체어)이며 환(環)의 반복문화어(反復文化語)이다.

영어는 외감어(공간어)이기에 동시성(同時性)으로 보여 줄 수 있고, 외적인 결과에 대한 사실 전달을 위주로 한다. 따라서 드러나는 사실을 첨부하는 수식어는 꾸미는 말 뒤에 오며, 수식어를 이끄는 전치사나 접속사가 발달되어 있다. 그리고 영어는 평면어이기에 위아래가 없으며, 나와 나 이외의 모든 것을 너라는 입장에서 표현한다. 또한 영어는 같은 것을 계속 반복하는 환(環)과 같은 반복문화어(反復文化語)로 되풀이되는 반복 문화를 낳는 언어이다.

02. 영어의 구조와 체계적인 학습

02 영어의 구조와 체계적인 학습

　어떤 외국어를 학습하든 제일 먼저 발음을 배우게 된다. 그 언어를 발음하고 알아들어야 학습할 수 있기 때문이다. 이 발음을 다루는 분야를 음성학 또는 음운론이라고 하는데, 이 책은 영어의 구조를 다루므로 이 부분은 언급하지 않겠다.

　영어 알파벳과 발음을 익히는 그런 초기 단계를 넘어서 자기 언어 수준의 영어 구사 능력을 갖추기 위해서는 영어의 구조를 알아야 한다. 영어의 구조를 다루는 분야를 구문학 또는 구조론이라고 한다.

　구문학은 영어의 뼈대에 해당하는 것으로 영어의 전체적인 틀을 다루는 부분이다. 이 구문학은 영어의 조직 체계이므로 암기가 아닌 이해를 필요로 하며, 순서가 일정하므로 앞에서부터 차례로 학습해 나가야 한다.

> 구문학(구조론)은 영어의 조직 체계로 전체적인 틀을 다루는 부분이다.

　구문학을 학습하면 영어의 구조를 알게 되고 이 구조를 알면 어떤 문장이든 영어로 쓸 수 있고, 또 영어를 우리말로 옮길 수도 있다. 혹 어떤 학생들은 어휘를 몰라서 영어를 못하는 것으로 잘못 알고 있다. 모르는 어휘는 사전을 찾으면 다 나온다. 사전을 찾아 어휘를 다 알아도, 우리말을 영어로 옮기거나 영어를 우리말로 옮길 때 쩔쩔매는 것은 문제가 어휘에 있는 것이 아니라 다른 데에 있는 것 아니겠는가? 문제는 바로 구조를 모르는 데에 있다. 구조를 알고 있는 사람은 사전만 있으면 혼자서 영어를 공부할 수 있고, 스스로 영어 실력을 향상시킬 수 있다.

> 영어의 구조(짜임새)를 학습하는 것은 자유자재로 영어를 우리말로 또 우리말을 영어로 옮길 수 있는 방법을 배우는 것이다.

우리 속담에 '구슬이 서 말이어도 꿰어야 보배'라는 말이 있다. 문장을 이루는 재료에 해당하는 어휘를 아무리 많이 알고 있어도 그것들을 영어 어순에 맞게 배열할 줄 모르면 아무 쓸모가 없는 것이다. 그러므로 먼저 배우고 익혀야 할 부분은 바로 영어의 구조이다. 구조를 알고 난 다음에야 비로소 어휘력도 향상시킬 수 있고, 어떤 시험공부를 하든 좋은 결과를 얻을 수 있다. 기본 바탕인 구조를 모르는 상태에서는 아무리 해도 실력이 향상되지 않고, 영어 공부가 재미없고 따분할 뿐이다. 하지만 공부란 늘 그렇게 따분하고 재미없는 것만은 아니다. 이치를 알고 공부하면 모르는 것을 깨우쳐 가는 즐거움이 있다.

> 구조를 학습한 다음에 어휘든, 시험 문제 풀이든, 품사편이든
> 공부해야 실력이 나날이 쑥쑥 늘어나는 것이다.

구문학이 영어의 틀을 세우는 것이라면, 품사편인 형태학은 매끄럽게 잘 다듬고 가꾸는 것이라고 이해하면 될 것이다. 그러므로 구문학을 공부하지 않은 채 형태학을 공부하는 것은 집을 지을 때 골조로 틀도 지어 놓지도 않고 집을 아름답게 꾸미려고 다듬는 격이니 영어가 제대로 될 리가 없다. 형태편도 구조를 깨친 다음에 공부해야 효과가 있는 것이지, 구조를 모르는 상태에서는 아무리 해 봤자 활용하지 못하므로 별 쓸모가 없다. 품사 중심의 문법 공부나 시험 문제 푸는 연습보다 먼저 구조를 공부하는 것이 실력 향상의 지름길이라는 것을 다시 한 번 강조한다.

구문학은 형식·구·절 이렇게 3부분으로 이루어져 있는데 이 중에서 형식이 근간이라 할 수 있다. 구나 절도 결국은 1~5형식으로 이루어져 있기 때문이다. 따라서 이 1~5형식을 제대로 잘 이해하면 구나 절도 쉽게 이해할 수 있게 된다. 여기서 논하려는 구문학은 우리말의 탁월한 과학적 체계를 그대로 영어식 언어 체계로 전환시킨 획기적인 구조론이다.

구조의 바탕인 '문장(동사)의 형식'으로 들어가기 전에 먼저 다음 장에서 '문장과 도해'를 살펴보겠다. 문장은 무엇이며 어떻게 이루어져 있는지, 또 구조를 효율적으로 학습하기 위해 사용하는 도해가 어떠한 것인지 알아야 문장에서 동사의 형식을 제대로 이해할 수 있기 때문이다.

구문학	형식	1~5형식	
	구	전치사+명사 to+동사원형 동사원형ing	명사구 형용사구 부사구
	절	독립절	평서문, 의문문, 명령문, 감탄문, 기원문
		대등절	연계접속사로 이어진 대등절 반의접속사로 이어진 대등절 선택접속사로 이어진 대등절 추리접속사로 이어진 대등절
		종속절	명사절: that절, 의문사절, if/whether절, 인용절, what절 형용사절: 관계대명사　who, which, that 　　　　　관계형용사　whose, which, what 　　　　　관계부사　　when, where, why, how, that 부사절: 시간절, 장소절, 이유/원인절, 조건절, 양보절 　　　　목적절, 결과절, 비교절, 특수한 부사절

사람의 모든 행동은 마음의 표현이다.

Sentence and Diagram

03. 문장과 도해

03 문장과 도해(Sentence and Diagram)

1. 문장과 도해 설명

문장(글월)이란 하나 또는 그 이상의 낱말이 어우러져 생각이나 감정, 사실을 완전히 나타내는 독립된 말의 단위이다. 그런데 문장은 대개 '주어·동사'로 결합되어 있다. 우리말에서 주어는 '이, 은, 는, 가'라는 주격토씨가 붙는 말이고, 동사는 어미가 '다, 냐, 지, 요, 라' 등으로 끝나는 말이다.

문장은 주부와 술부로 이루어져 있고, 또 주부와 술부는 각기 주요소와 종요소로 이루어져 있다. 그래서 문장은 주부의 주요소, 주부의 종요소, 술부의 주요소, 술부의 종요소 이렇게 4요소로 나눌 수 있다.

이와 같이 문장은 4요소로 이루어져 있으므로 문장(글월)을 이루고 있는 낱말들은 아무리 많아도 각기 그 직능에 따라 이 4요소 속에 들어가게 되어 있다. 따라서 문장의 4요소를 제대로 이해해야 영어의 구조(짜임새)를 알 수 있다. 이 4요소를 정확하고 쉽게 이해하기 위해서는 '도해'라는 그림풀이 학습 방법을 이용하면 효율적이다.

> 문장 = 주어·동사 = 4요소

도해는 약속된 부호 체계이므로 그 체계를 차례로 익혀 나가면 된다.
다음 도해에서 보듯이 가로선을 하나 그린다. 이 가로선의 위쪽을 주요소, 아래쪽을 종요소라고 정하자.

```
                    주요소
        ─────────────────────────────
                    종요소
```

그다음 이 가로선에 수직으로 세로선을 그린다. 이 세로선의 왼쪽을 주부, 오른쪽을 술부라고 정한다.

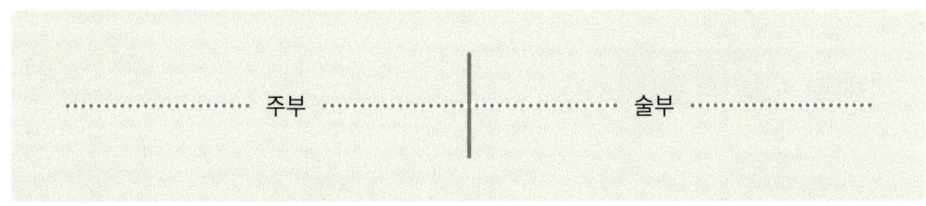

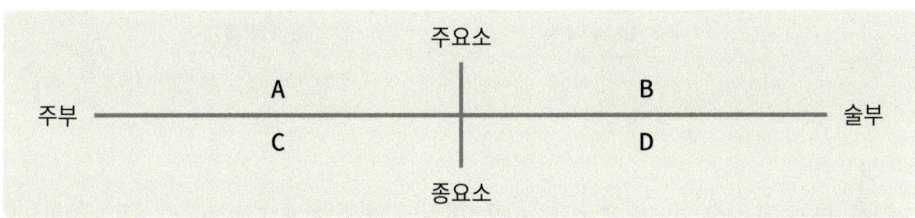

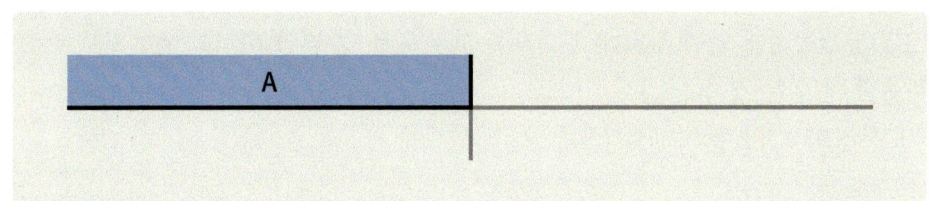

A부분은 주부의 주요소로서 주어 자리이다.

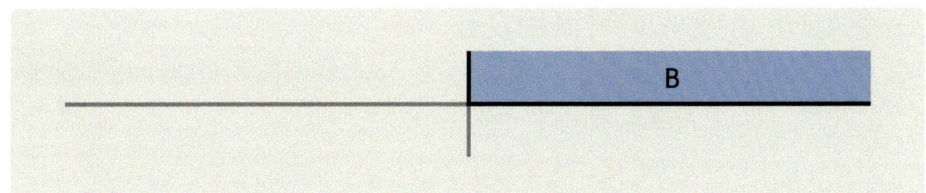

B부분은 술부의 주요소로서 동사 자리이다.

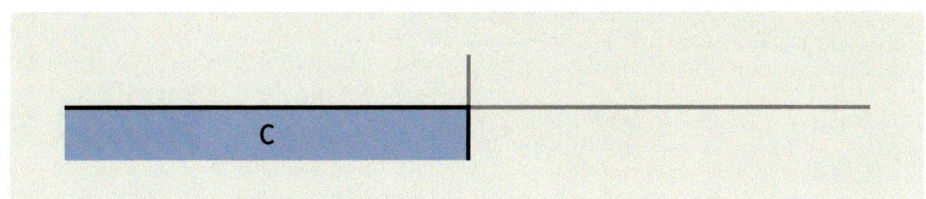

C부분은 주부의 종요소이다.

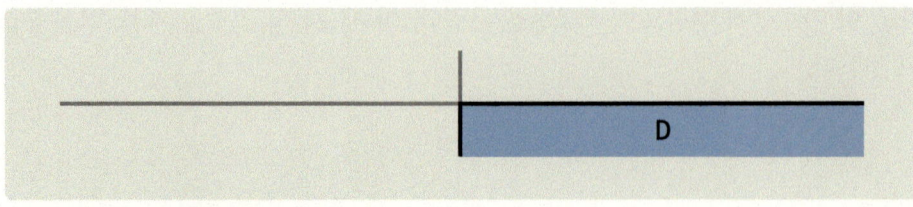

D부분은 술부의 종요소이다.

$$\text{문장} = \frac{\text{주부의 주요소} \ | \ \text{술부의 주요소}}{\text{주부의 종요소} \ | \ \text{술부의 종요소}}$$

위 도해를 통해 문장은 4요소로 이루어져 있다는 것을 쉽게 확인할 수 있다. 어떤 문장이든 아무리 어렵고 복잡해도 이 4요소뿐이다. 그러므로 어떤 언어를 공부하든 4요소의 구성 요건만 정확하게 알면 무턱대고 외우는 괴로움을 덜 뿐만 아니라 효율적으로 그 언어를 학습할 수 있는 것이다.

그러면 문장의 4요소를 차례로 살펴보자.

주부의 주요소는 뭘까?
주어이다. 주어는 문장의 주체가 되며, 주어가 될 수 있는 품사는 명사(대명사)이다. 우리말에서는 주격토씨 '이, 은, 는, 가'가 붙는다.

술부의 주요소는 동사이다. 동사는 주어의 동작·상태·존재를 나타낸다. 우리말에서는 어미가 '다, 냐, 지, 요, 라' 등으로 끝난다.

주어 (이, 은, 는, 가)	동사 (다, 냐, 지, 요, 라)

종요소는 뭘까?
수식어(꾸밈어·형용어·한정어)이다. 수식어는 사물의 범위를 좁혀 뚜렷이 하는 말이다.

　예를 들어 '책'이라고만 하면 모든 책이 다 해당되므로 적용 범위가 넓어서 막연하지만 '낡은 책'이라고 하면 '낡지 않은' 것은 제외되므로 그만큼 내용이 뚜렷해진다. 여기에다 '귀중한'이라는 말을 더하여 '귀중한 낡은 책'이라고 하면 범위가 더 좁아져서 내용이 더 뚜렷해진다. 이와 같이 수식어가 붙을수록 그 단어의 범위가 좁혀져 내용이 더 뚜렷해진다.

　이러한 수식어에는 형용사와 부사 두 가지가 있다.
　형용사는 명사를 수식하며 우리말에서는 어미가 자음(닿소리)으로 끝난다.
　부사는 동사·형용사·부사를 수식하며 우리말에서는 어미가 모음(홀소리)으로 끝난다.
　예를 들면 '고운'은 형용사로 어미가 'ㄴ'이라는 자음이고, '곱게'는 부사로 어미가 'ㅔ'라는 모음이다.

　따라서 영어를 우리말로 옮길 때는 형용사는 자음 어미로, 부사는 모음 어미로 옮기면 된다. beautiful palace(아름다운 궁전)에서는 beautiful이 palace를 수식하는 형용사이므로 '아름다운'이라는 자음 어미로 번역하고, walk silently(조용히 산책하다)에서는 silently가 walk를 수식하는 부사이므로 '조용히'라는 모음 어미로 번역한다.

```
beautiful palace            walk silently
형용사                        부사
아름다운(자음:ㄴ)              조용히(모음:ㅣ)
```

　그러면 형용사나 부사는 어떻게 도해로 나타낼까?
　형용사나 부사의 도해는 둘 다 수식어이므로 똑같이 빗금(＼)으로 표시하는데 위치에 따라 형용사나 부사가 된다. 명사 밑에 빗금을 그리면 그 명사를 수식하므로 형용사가 되며, 동사나 형용사나 부사 밑에 빗금을 그리면 그 동사나 형용사나 부사를 수식하므로 부사가 된다.

```
형용사  ⇒  명사 (자음)
부  사  ⇒  동사·형용사·부사 (모음)
```

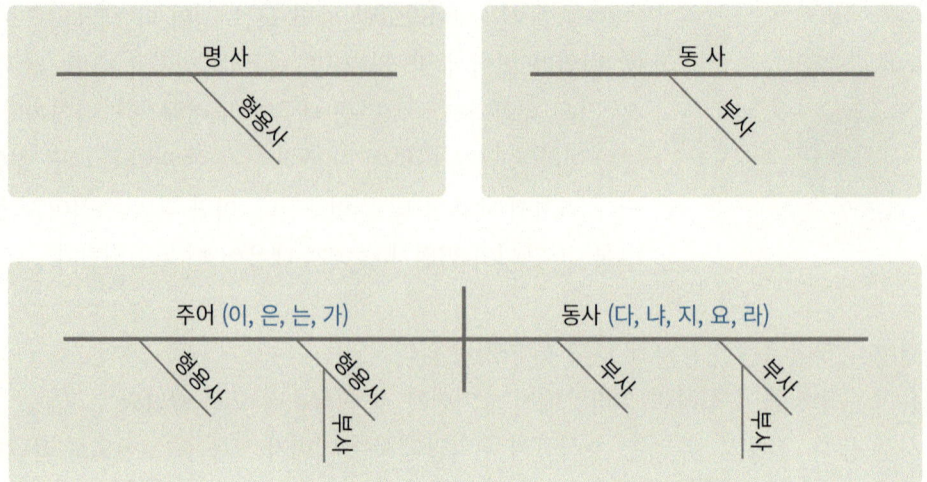

 수식을 받는 말에는 크게 두 종류가 있다. 하나는 명사이고 또 하나는 동사·형용사·부사이다. 그래서 어떤 말이 명사를 수식할 때 이 말을 정형용사라 하고, 동사·형용사·부사를 수식할 때 부형용사라 한다. 즉 정형용사를 형용사, 부형용사를 부사라고 줄여서 부르는 것이다.

수식어에는 형용사, 부사 외에 또 형용사구와 부사구가 있다. 구(句·phrase)를 이룰 수 있는 요소 중의 하나가 '전치사+명사'인데 이 '전치사+명사'인 구가 한 품사처럼 쓰인다.

형용사구는 명사 다음에 구(전치사+명사)가 올 때이다. 우리말에서는 형용사와 마찬가지로 어미가 자음으로 끝난다.

부사구는 동사나 형용사나 부사 다음에 구(전치사+명사)가 올 때이다. 우리말에서는 부사와 마찬가지로 어미가 모음으로 끝난다.

> 형용사구: 명사 ⇒ 전치사+명사 (자음)
> 부 사 구: 동사·형용사·부사 ⇒ 전치사+명사 (모음)

예를 들면 in the woods는 '전치사+명사'로서 구인데 the pool in the woods(숲속에 있는 연못)에서는 명사 pool 다음에 와서 pool을 수식하는 형용사구이다. 그러므로 '숲속에 있는'이라는 자음 어미로 번역한다. live in the woods(숲속에서 살다)에서는 동사 live 다음에 와서 live를 수식하는 부사구이다. 그러므로 '숲속에서'라는 모음 어미로 번역한다.

the pool <u>in the woods</u>　　　　live <u>in the woods</u>
　　　형용사구　　　　　　　　　　　부사구
　숲속에 있는(자음: ㄴ)　　　　숲속에서(모음: ㅓ)

 구를 이룰 수 있는 요소는 '**전치사+명사, to+동사원형, 동사원형ing**'이다. 이들이 각기 명사구, 형용사구, 부사구로 쓰인다. 여기서는 '전치사+명사'인 구가 형용사구와 부사구로 쓰이는 경우만을 간략히 소개하였다.
영어에서는 형용사구나 부사구가 수식하는 말 뒤에 오지만 우리말에서는 수식하는 말 앞에 온다.

그럼, 구는 도해로 어떻게 나타낼까?
　구의 도해는 세로선과 가로선을 결합해서 └── 모양으로 그린다. 이 세로선의 오른쪽에는 전치사를 써넣고, 가로선의 위쪽에는 명사를 써넣는다.

| 전치사 　　명사 | 에 　　학교 | to 　　school |

이 구도 형용사나 부사처럼 명사 밑에 그린 구는 그 명사를 수식하므로 형용사구이고, 동사나 형용사나 부사 밑에 그린 구는 그 동사나 형용사나 부사를 수식하므로 부사구이다.

| 명 사　　　　　　　　　　　동 사 |
| 　전치사　　　　　　　　　　　전치사 |
| 　　명사 (형용사구)　　　　　　　명사 (부사구) |

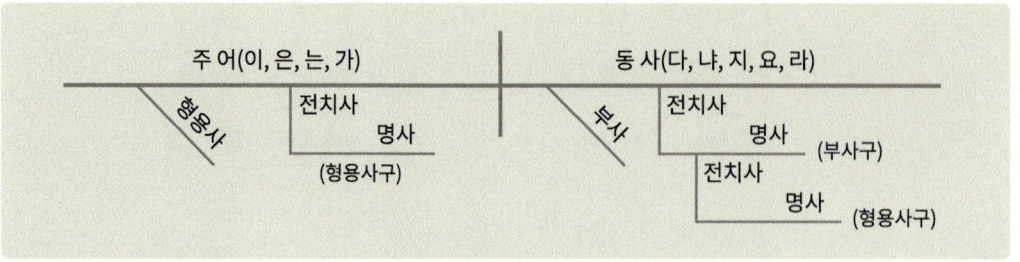

　　문장은 주요소로만 이루어진 문장도 있지만, 대부분 주요소와 종요소로 이루어져 있다. 주요소로만 이루어진 문장은 간단하고 쉽다. 하지만 종요소가 들어가면서 달라진다. 종요소가 많아지면 많아질수록 문장은 길어지고 어려워진다.

　　그러면 먼저 주요소로만 이루어진 간단한 문장을 하나 보자.
　　"나는 간다."를 영어로 옮겨 보자. '나는'이라는 주어 자리에 I를 쓰고 '간다'라는 동사 자리에 go를 쓰면 "I go."라는 영어 문장이 이루어진다. 아주 간단하고 쉽다. 이렇게 간단하고 쉬운 것은 우리말과 영어의 어순이 똑같기 때문이다. 모든 영어 문장의 어순이 우리말과 똑같으면 우리말의 낱말을 영어의 낱말로 바꾸기만 하면 되므로 우리말을 영어로, 영어를 우리말로 옮기는 문제는 간단히 해결될 것이다. 하지만 거의 대부분의 문장은 우리말과 영어의 어순이 다르다.

　　"나는 간다."라는 문장에서 "나는 학교에 간다."라는 문장으로 옮겨가 보자. "나는 간다."처럼 우리말 순서대로 영어로 옮기면 "I school to go."가 될 것이다. 그런데 이 문장은 틀렸다. 영어의 어순 배열 법칙에 맞지 않기 때문이다. 영어의 어순 배열은 "I go to school."이다. 이 예에서 보듯이 '학교에(to school)'라는 부사구(종요소)가 들어가면서 우리말과 영어의 어순 차이가 생겼다.
　　이와 같이 간단한 종요소 하나만 있어도 문장의 어순 차이가 생기는데 종요소가 여러 개 있어 문장이 길어지면 그 차이의 정도가 더욱더 심해진다.

　　문장이 쉽고 어렵고 또는 간단하고 복잡하고는 종요소에 의해 결정된다. 주요소는 '주어·동사·목적어·보어'로 한정되어 있지만 종요소인 수식어는 무한히 딸려 나올 수 있다. 따라서 종요소인 수식어를 제대로 이해하지 못하고서는 사고(思考)를 제대로 할 수 없으며, 논리적인 문장을 제대로 이해할 수도 쓸 수도 없다. 그리고 우리말과 영어의 어순 차이가 심해지는 부분도 바로 종요소이다. 그러므로 영어를 정확하게 알기 위해서는 종요소를 제대로 잘 이해하여야 되는 것이다. 이 종요소를 효과적으로 이해할 수 있는 방법이 바로 도해이다.

2. 도해의 효용

두 개 이상의 낱말들로 이루어진 영어 문장은 영어의 규칙에 따라 낱말들이 일정하게 배열되어 있다. 따라서 영어 어순 배열법, 즉 영어의 짜임새를 알아야 한다. 문장이 짧고 쉬울 때는 구조가 간단해서 별문제가 없지만, 문장이 길고 어려울 때는 구조가 복잡하기 때문에 낱말의 위치를 체계적으로 학습해야 쉽게 이해할 수 있다. 도해를 사용하면 아무리 복잡한 구조라도 쉽게 이해할 수 있어서 편리하고 효율적이다.

> 도해는 영어의 구조를 쉽게 깨우치게 해 주는 효율적인 학습 도구다.

도해는 건축물의 청사진과 같이 낱말 하나하나의 역할과 위치를 선 위에 일목요연하게 나타내 주기 때문에 영어의 구조를 이해하는 데 아주 많은 도움이 된다. 산삼을 모르는 사람에게 산삼의 생김새를 아무리 말로 잘 설명해 준다고 해도 그 사람은 산삼을 제대로 정확하게 알기 어려울 것이다. 하지만 그림을 그려서 보여 준다면 쉽게 알 수 있을 것이다.

마찬가지로 긴 문장의 구조를 말로 아무리 잘 설명해 주어도 구조를 모르는 학생은 이해하기 어렵다. 그렇지만 도해를 그려 환하게 시각적으로 보여 주면 아무리 길고 어려운 문장이라도 누구나 그 구조를 쉽고 정확하게 이해할 수 있다.

그리고 도해는 그리 어려운 것이 아니며, 시간이 그렇게 많이 걸리지도 않는다. 어려운 문장을 한번 도해해서 이해하였으면 그 다음에는 도해를 할 필요가 없다. 그냥 보면 알 수 있기 때문이다. 도해를 전혀 모르는 사람이 보면 복잡하고 어려워 보일지 모르지만, 도해는 간단한 원리로 이루어져 있기 때문에 누구나 쉽게 익힐 수 있다. 그리고 도해는 학습 단계에서만 필요하고 학습 단계를 넘어서면 도해 없이도 그 언어를 이해할 수 있으므로 도해를 할 필요가 없다.

> 도해는 간단한 원리로 이루어져 있어 쉽게 이해할 수 있고
> 학습 단계에서만 필요하므로 시간이 많이 걸리지도 않는다.

영어의 구조를 정확하고 쉽게 깨우치는 데는 이 도해 방법이 가장 효율적이므로 다소 번거롭더라도 학습 단계에서는 부지런히 도해를 해 보는 것이 여러모로 좋다.

여기서 사용하는 도해는 과학적이고 체계적인 것이므로 처음부터 순서대로 이해해 나가야 한다. 그렇지 않으면 이해가 잘되지 않는다. 많은 문장이 도해되어 있는데 그려진 문장을 눈으로 보지만 말고 직접 그려 보는 것이 더 효과적이다. 예문을 혼자서 도해해 보고 책과 맞추어 가면서 학습할 것을 당부한다.

다음 장에서 다루는 문장(동사)의 형식은 여러분이 이미 알고 있는 것과는 내용이 상당히 다르다. 주요소 중심의 형식이 아니라 종요소 중심의 형식이다. 따라서 종요소의 수식 관계를 분석해 보고 영어의 어순 배열이 우리말과 어떻게 다른지를 중점적으로 학습하게 될 것이다.

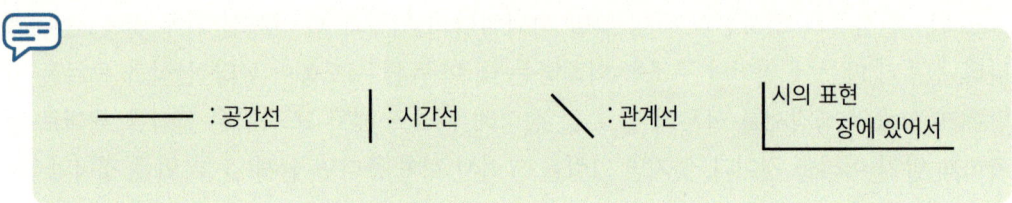

사람은 스스로가 스스로를 조각하는 조각가다.

Verb Patterns

04. 문장(동사)의 형식

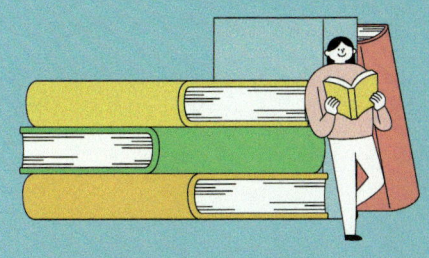

04 문장(동사)의 형식 (Verb Patterns)

문장은 동사가 만드는 술부의 서술 형식에 따라 다섯 가지 종류로 분류될 수 있다. 동사는 동사의 지배를 받을 목적어가 있느냐 없느냐에 따라 자동사와 타동사로 나누어지며, 이 자동사와 타동사에는 각기 동사 단독으로 술부를 풀이할 수 있는 완전동사와 보어의 도움을 받아야만 술부를 풀이할 수 있는 불완전동사가 있다. 그런데 타동사에는 목적어가 두 개 필요한 동사가 있는데 이를 수여동사(이중동사)라고 한다.

그래서 다음과 같이 다섯 가지 문장(동사) 형식이 성립한다.

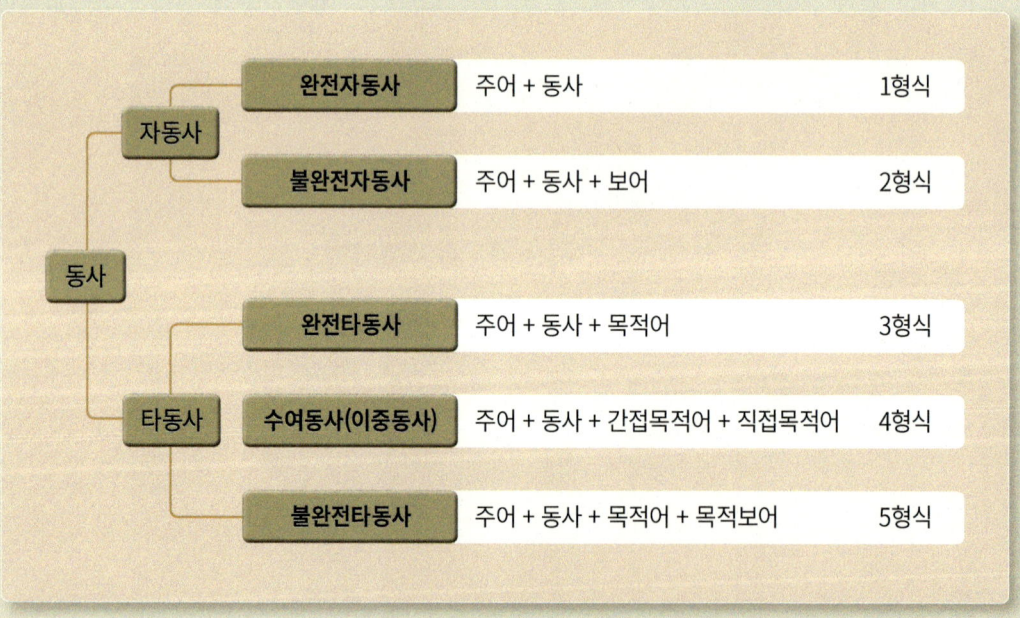

영어 문장은 이 1형식~5형식이 근간이다. 문장이 아무리 어렵고 복잡해도 결국은 이 다섯 종류의 형식 가운데 하나일 뿐이다.

4-1 완전자동사(1형식)

주어·동사

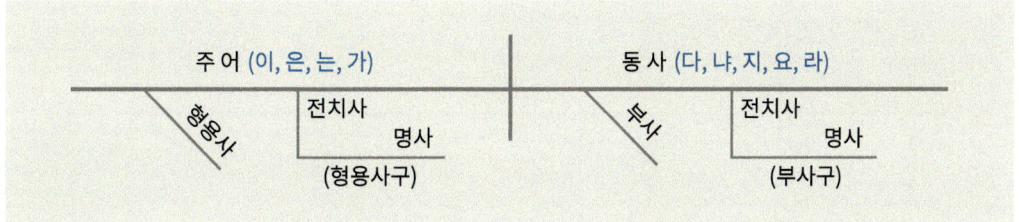

주요소가 '주어·동사'로 이루어진 문장을 1형식 문장이라고 한다. 1형식 동사를 완전자동사라 하는데, 완전자동사는 목적어나 보어를 필요로 하지 않고 동사 자체로 술부를 완성시킬 수 있는 동사이다.

그러면 이 1형식 문장부터 우리말(한글) 문장을 분석하여 도해하고 그 도해된 문장을 영어 어순으로 배열하여 영어 문장을 만들어 보자.

우리말(한글) 문장을 분석하는 방법

1. 주어를 찾는다.
   주어는 명사(대명사)이고 주격토씨 '이·은·는·가'가 붙는다.

2. 동사를 찾는다.
   동사는 동작이나 상태, 존재 등을 나타내며 어미가 '다·냐·지·요·라' 등으로 끝난다.

3. 동사 쪽에서 왼쪽으로 가면서 한 어절씩 어미가 자음인가 모음인가를 살펴본다.
   자음 어미이면 형용사나 형용사구이고, 모음 어미이면 부사나 부사구이다.

예문 1 어떤 이상한 그림이 우중충한 벽에 걸려있다.

➲ 먼저 문장의 4요소를 그린다.

➲ 주어를 찾아 주부의 주요소(주어 자리)에 써넣는다.

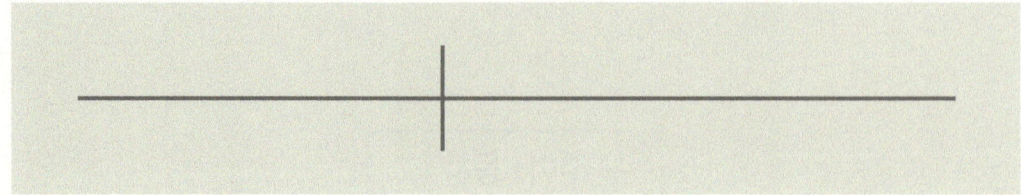

> 주 '그림이'가 '그림'이 명사이고 주격토씨 '이·은·는·가' 가운데 '이'가 왔으므로 주어이다.

➲ 동사를 찾아 술부의 주요소(동사 자리)에 써넣는다.

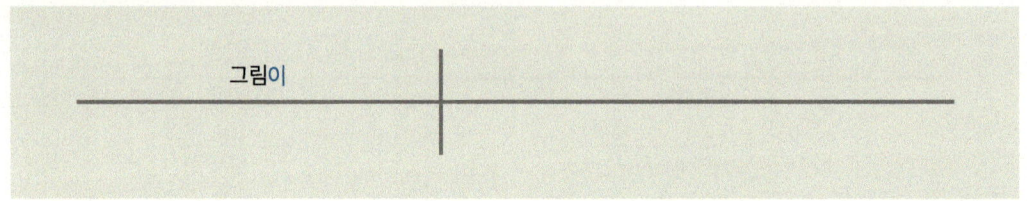

> 주 '걸려있다'가 상태를 나타내는 말로써 동사 어미 '다·냐·지·요·라' 가운데 '다'로 끝났으므로 동사이다.

➲ 동사 쪽에서부터 왼쪽으로 가면서 한 어절씩 어미가 자음인가 또는 모음인가를 판별해 나간다.

그림이	걸려있다
	에
	벽

'벽에'가 어미가 'ㅔ'라는 모음으로 끝나서 부사나 부사구인데, '벽에'라는 부사가 없으므로 부사구이다. 이 부사구에서는 '벽'이 명사이고 '에'가 영어의 전치사에 해당되는 말인데 우리말에서는 항상 명사 다음에 온다. 그래서 동사 '걸려있다' 밑에 구(└──)를 그려 넣고 '에'를 전치사 자리에 '벽'을 명사 자리에 써넣는다.

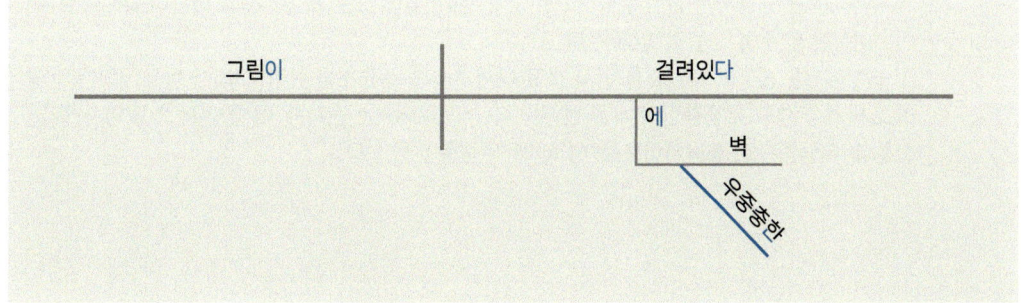

 '우중충한'은 어미가 'ㄴ'이라는 자음으로 끝나 형용사이다. 그래서 '벽' 밑에다 빗금(＼)으로 형용사를 그리고 '우중충한'을 써넣는다.('우중충한'을 '그림이' 밑에다 그려 넣을 수 없는 것은 술부에 있는 '우중충한'이 주부인 '그림이'를 수식할 수 없기 때문이다.)

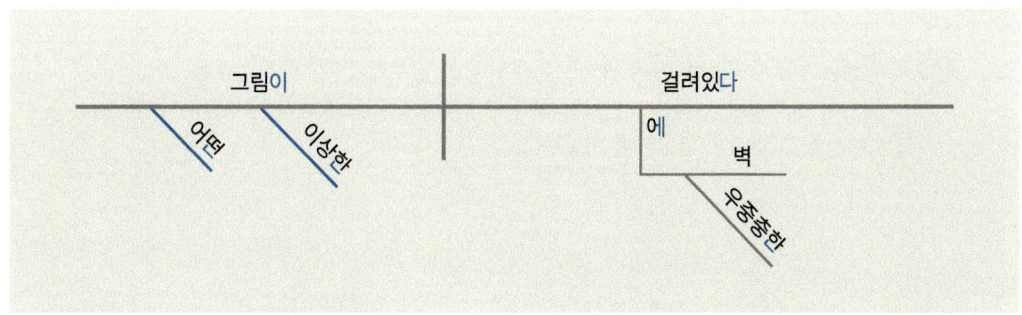

 '이상한'과 '어떤'도 어미가 'ㄴ'이라는 자음으로 끝나 형용사이다. 그래서 '그림이' 밑에다 각각 빗금(＼)으로 형용사를 그리고 '이상한'과 '어떤'을 써넣는다.

 이와 같이 우리말 분석이 다 끝났으면 문맥을 살펴가면서 수식 관계가 맞는지 확인해 본다. 만일 수식 관계가 맞지 않으면 그 분석은 잘못된 것이다.

분석된 문장을 영어의 어순으로 배열한다.

 어떤/이상한/그림이/걸려있다/에/우중충한/벽.

A strange picture is hung on the gloomy wall.

> 주
> - 영어 어순 배열은 주부를 먼저 쓰고 술부를 나중에 쓴다.
> - 주부에서는 형용사는 전위 수식하므로 명사(주어) 앞에 쓰는데, 우리말과 어순이 같으므로 '어떤', '이상한'을 주어 '그림이' 앞에 쓴다.
> - 술부에서는 술부의 주요소를 먼저 쓰고 나서 술부의 종요소를 쓴다. 그래서 동사 '걸려있다'를 쓰고 나서 부사구 '우중충한 벽에'를 쓴 것이다. 부사구에서는 전치사 '에'를 먼저 쓰고 명사 '벽'을 쓰는데 '우중충한'이 형용사이므로 '벽' 앞에 '우중충한'을 쓴다.

예문 2 많은 학생들이 쾌적한 도서관에서 열심히 공부한다.

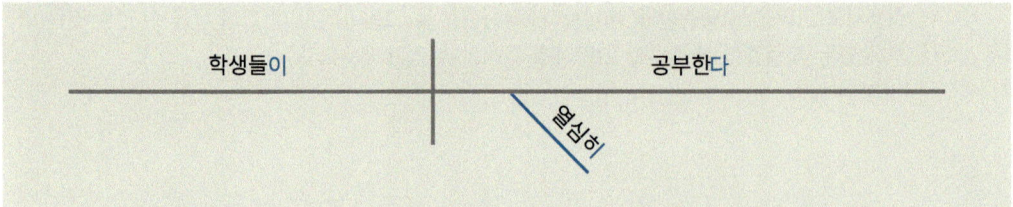

> 주
> - '학생들이'가 주격토씨 '이'가 왔으므로 주어이고, '공부한다'가 '다'로 끝나 동사이다.
> - '열심히'는 어미가 'ㅣ'라는 모음으로 끝나 부사이다. 그러므로 동사 '공부한다' 밑에 빗금(\ )으로 부사를 그려 넣고 '열심히'를 써넣는다.

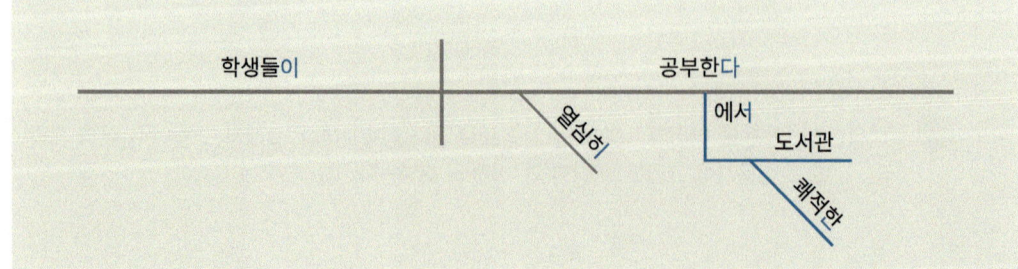

> 주
> - '도서관에서'는 어미가 'ㅓ'라는 모음으로 끝나 부사나 부사구인데, '도서관에서'라는 부사가 없으므로 부사구이다. 그래서 동사 '공부한다' 밑에 부사구(└──)를 그려 넣고 '에서'를 전치사 자리에, '도서관'을 명사 자리에 써넣는다.
> - '쾌적한'은 어미가 'ㄴ'이라는 자음으로 끝나 형용사이다. 그래서 명사 '도서관' 밑에 빗금(\ )으로 형용사를 그려 넣고 '쾌적한'을 써넣는다.

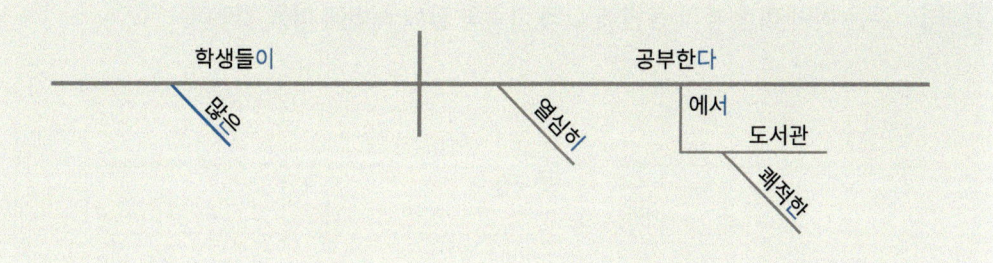

 '많은'은 어미가 'ㄴ'이라는 자음으로 끝나 형용사이다. 그래서 주어 '학생들이' 밑에 빗금(\ )으로 형용사를 그려 넣고 '많은'을 써넣는다.

 많은/학생들이/공부한다/열심히/에서/쾌적한/도서관.
Many students study hard in the comfortable library.

- 주부에서는 '많은'이 형용사이므로 주어 '학생들이' 앞에 쓴다.
- 술부에서는 동사 '공부한다'를 먼저 쓰고 술부의 종요소를 쓰는데, 술부의 종요소에서는 간단한 것을 먼저 쓴다. 즉 부사를 먼저 쓰고 나서 부사구를 쓴다. 그러므로 '공부한다' 다음에 부사 '열심히'를 쓰고, 부사구 '쾌적한 도서관에서'를 쓴다.
- 부사구에서는 전치사 '에서'를 맨 먼저 쓰고 나서 형용사 '쾌적한'을 쓴 다음, '도서관'을 쓴다.
- library가 알 수 있는 특정한 명사이므로 관사 the를 쓴 것이다.

술부의 종요소 배열 순서는 간단한 것을 먼저 쓰고 복잡한 것을 나중에 쓴다.
즉 부사·부사구 순으로 쓴다.

예외 형용사

형용사는 우리말에서는 어미가 자음 어미인데 모음 어미인 예외 형용사.

1. 관사　　　　the(그)
2. 지시형용사　this(이), that(저)
3. 속격(소유격)　～'s, of～(의)

예외 부사

부사는 우리말에서는 어미가 모음 어미인데 자음 어미인 예외 부사.

1. 시간부사　　오늘, 지금, 곧, 일찍…
2. 방법부사　　～처럼, 잘…
3. 의성어, 의태어　훨훨, 솔솔, 꿀꺽꿀꺽…

예문 3 존은 이번 여름 휴가 동안에 그의 가족과 함께 해변에 머물 것이다.

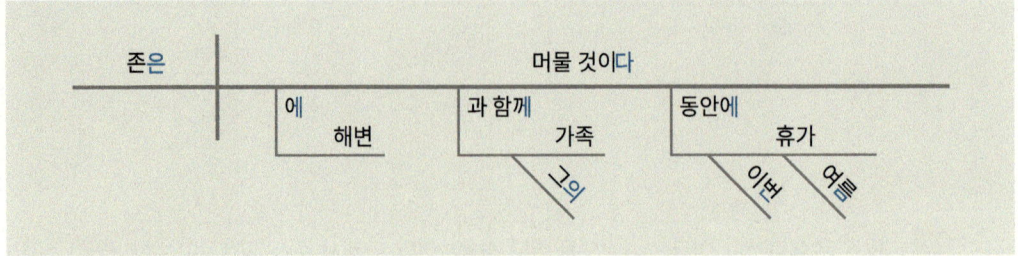

> **주**
> - '해변에', '가족과 함께', '휴가 동안에'가 다 모음 어미로 끝나 부사나 부사구인데, 이러한 부사(단어)가 없으므로 부사구이다.
> - '그의'는 모음 어미로 끝났지만 속격 예외 형용사로 '가족'을 수식하는 형용사이고, '여름'과 '이번'은 자음 어미로 끝나 '휴가'를 수식하는 형용사이다.

 존은/머물 것이다/에/해변/과 함께/그의/가족/동안에/이번/여름/휴가.
John will stay at the beach with his family during this summer vacation.

> 부사나 부사구가 여러 개 있을 때는 장소, 방법, 시간의 순서로 쓴다.

💬 영어를 우리말로 옮길 때는 어떤 부사구를 먼저 번역하든 상관없다. 다만 어미만 모음이면 된다.

예문 4 우리 정원에 있는 예쁜 새들이 나무속에서 매우 즐겁게 지저귄다.

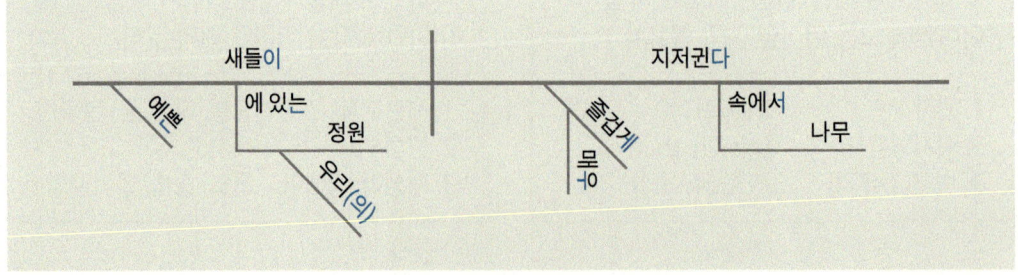

- very(매우, 너무, 대단히, 아주)는 형용사나 부사만 수식하는 부사이다.(동사는 수식하지 못한다.) 그래서 '매우'는 부사 '즐겁게'를 수식한다.
- '정원에 있는'은 자음으로 끝나 형용사나 형용사구인데 이런 형용사(단어)가 없으므로 형용사구이다.
- '우리'는 '우리의'가 줄어든 것이다. 그래서 어미가 모음으로 끝났지만 속격형용사로 '정원'을 수식한다.(나의→내, 너의→네, 현대의→현대, 초기의→초기 등은 속격이 줄어든 경우이다.)

예쁜/새들이/에 있는/우리(의)/정원/지저귄다/매우/즐겁게/속에서/나무.
The pretty birds in our garden sing very merrily in the trees.

- 형용사는 전위 수식하므로 '예쁜'을 주어 '새들이' 앞에 쓰고, 형용사구는 명사 다음에 와야 하므로 '새들이' 다음에 '우리 정원에 있는'을 쓴다.
- 부사가 형용사나 부사를 수식할 때는 전위 수식하므로 '매우'를 '즐겁게' 앞에 쓴다.
- 맨 앞의 the는 pretty birds가 in our garden이라는 형용사구의 제한을 받으므로 쓴 것이고, trees 앞의 the는 정원에 있는 특정한 나무이므로 쓴 것이다.

예문 5 그는 뉴욕시의 중심가에 있는 한 고층건물의 40층에 있는 사무실에서 일한다.

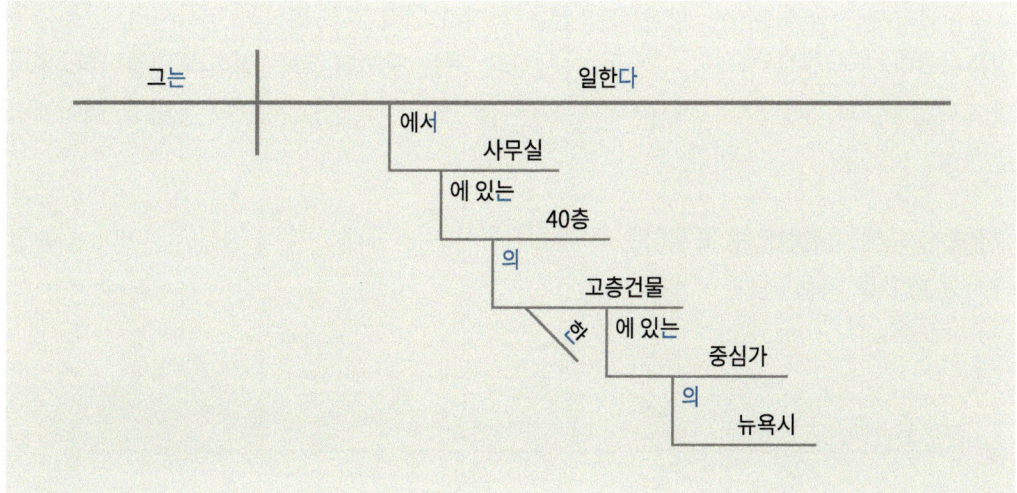

문화 단절아가 되면 한국인이라 할지라도 토씨어를 사용하지 못하고 위치어를 사용한다.

> **주** 속격은 우리말에서는 '~의' 한 가지인데, 영어에서는 생물 명사 속격과 무생물 명사 속격 두 가지가 있다. 생물 명사 속격은 's를 붙이므로 생물 명사에 '~의'가 있으면 형용사이고, 무생물 명사 속격은 's 대신에 전치사 of를 쓰므로 무생물 명사에 '~의'가 있으면 형용사구이다. 따라서 '고층건물의'는 '고층건물'이 무생물 명사이므로 형용사구이고 '뉴욕시의'도 '뉴욕시'가 무생물 명사이므로 형용사구이다.

 그는/일한다/에서/사무실/에 있는/40층/의/한/고층건물/에 있는/중심가/의/뉴욕시.
He works in an office on the fortieth floor of a skyscraper in the center of New York City.

| 생물 명사+의: 형용사 | 무생물 명사+의: 형용사구 |

❉ 대등접속사(등위접속사)

대등접속사는 동격(同格), 즉 자격이 같은 것끼리 연결한다. 명사는 명사끼리, 형용사는 형용사끼리, 부사는 부사끼리, 동사는 동사끼리, 구는 구끼리, 절은 절끼리 연결한다. 우리말에서는 '와, 과, 고, 서, 며, 데, 그리고, 그래서, 그러나, 혹은, 또는……' 등이고, 영어에서는 'and, but, or……' 등이다.

접속사 도해는 점선으로 표시하는데 대등접속사는 위아래로 수직 점선(⋮)이며 종속접속사는 옆으로 기운 점선(⋰)이다.

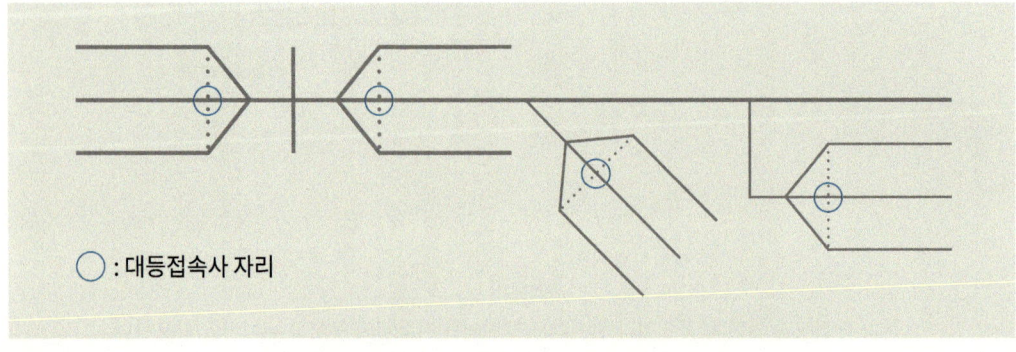

○: 대등접속사 자리

주어가 둘이면 위 도해에서처럼 주어선 위아래에 나란히 가로선을 긋고 점선으로 수직으로 연결하고서 > 이런 모양으로 주어선에 붙인다. 동사가 둘이면 동사선 위아래에 나란히 선을 긋고 주어의 경우와는 반대쪽으로 수직 점선으로 연결하고서 < 이런 모양으로 동사선에 붙인다. 형용사나 부사 그리고 기타의 경우도 마찬가지이다.

대등접속사로 연결된 것을 도해에다 써넣는 방법은 선 위에다 앞에 나온 것을 먼저 쓰고, 뒤에 나온 것을 나중에 쓴다. 즉 순서대로 위에서부터 써넣는다. 대등접속사는 그 사이에 있는 점선에다 써넣는다. 만일 대등접속사로 연결된 것이 셋이면 가운데 선에까지 순서대로 쓰면 된다. 그 이상일 경우에는 필요한 만큼 선을 그어 같은 방식으로 하면 된다.

예문 6 에밀리와 그녀의 자매들은 즐겁게 노래하고 춤추었다.

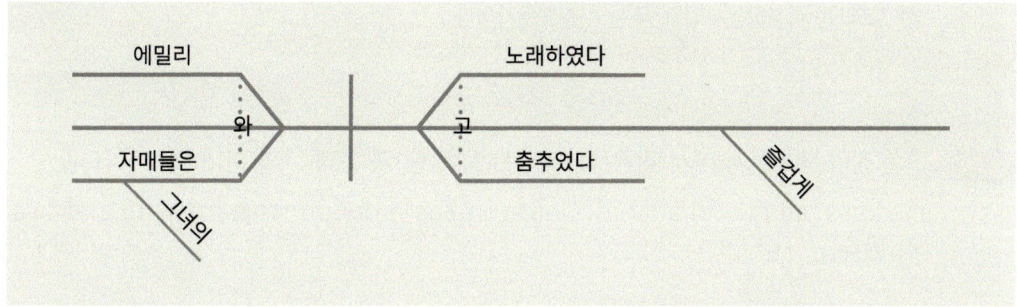

- '에밀리'라는 명사와 '자매들'이라는 명사를 대등접속사 '와'가 연결해 주고 있다. 그래서 주어가 둘이다.
- '그녀의'는 '자매들'을 수식하는 속격형용사이다.
- '노래하고 춤추었다'에서는 '노래하였다'와 '춤추었다'를 대등접속사 '고'가 연결해 주고 있으므로 동사가 둘인 경우이다.
- '즐겁게'는 '노래하였다'와 '춤추었다'를 둘 다 수식하는 공통 부사이다. 그래서 가운데 동사선에다 그린다.

  에밀리/와/그녀의/자매들은/노래하였다/고/춤추었다/즐겁게.
Emily and her sisters sang and danced merrily.

> 대등접속사로 연결된 단어들을 배열할 때는 대등접속사 앞에 나온 단어를 먼저 쓰고 뒤에 나온 단어를 나중에 쓴다.

예문 7 그는 그의 아내와 두 아이들과 함께 동 런던에 있는 작은 집에서 행복하게 산다.

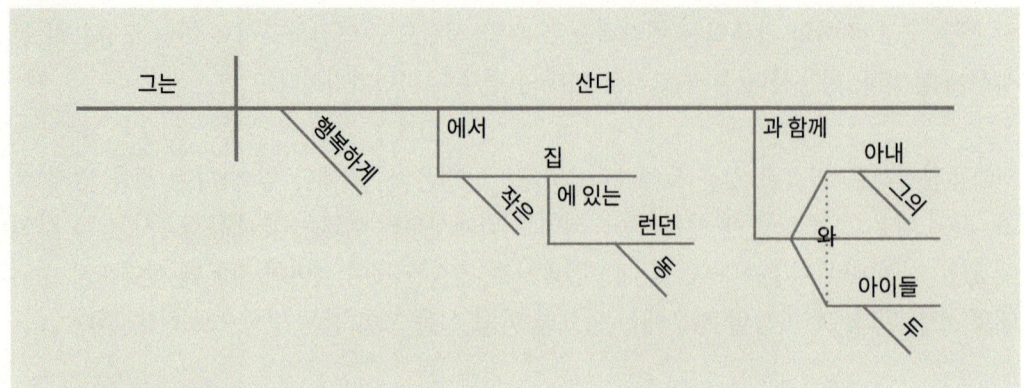

주
- '그의 아내와 두 아이들과 함께'는 어미가 'ㅔ'라는 모음으로 끝나 부사구이다. '과 함께'가 with라는 전치사이고 '아이들'이 명사인데 대등접속사 '와'가 '아내'와 '아이들'을 연결한다. 그래서 '과 함께'라는 전치사의 목적어가 둘이다.
- '그의'는 속격형용사이고 '두'는 수량형용사이다.

한영 그는/산다/행복하게/에서/작은/집/에 있는/동/런던/과 함께/그의/아내/와/두/아이들.
He lives happily in a small house in East London with his wife and two children.

예문 8 우리의 마음은 밝은 미래에 대한 기쁨, 사랑 그리고 희망으로 넘쳐흐른다.

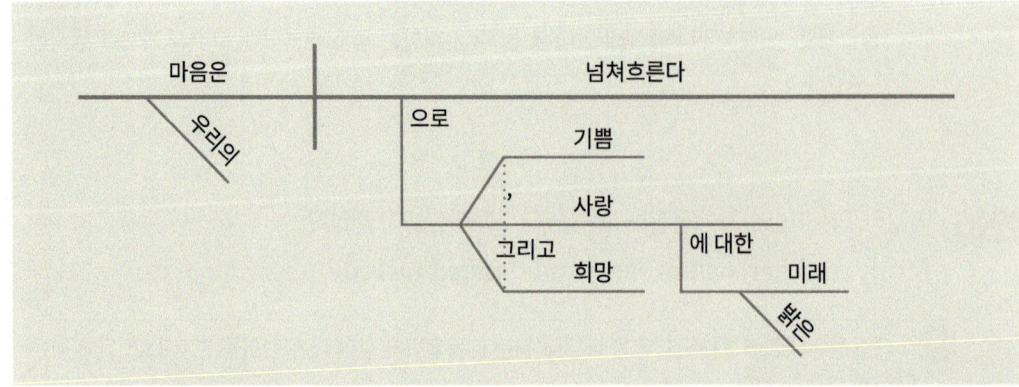

- '으로'라는 전치사의 목적어가 '기쁨, 사랑, 희망' 세 개가 나왔다. 그래서 가운데 선 위에도 썼다.
- '밝은 미래에 대한'은 '기쁨, 사랑, 희망'을 다 수식하는 공통 형용사구이므로 가운데 선에다 그렸다.

우리의/마음은/넘쳐흐른다/으로/기쁨,/사랑/그리고/희망/에 대한/밝은/미래.
Our hearts overflow with joy, love, and hope for a bright future.

예문 9 큰 불이 지난 밤에 저 건물에서 일어났다.

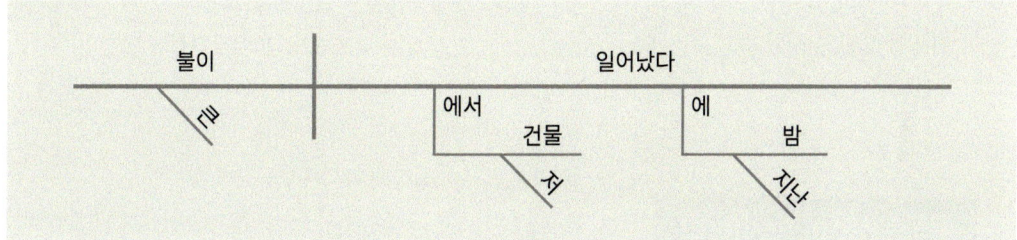

'저'는 지시형용사이다.

큰/불이/일어났다/에서/저/건물/에/지난/밤.

A big fire broke out at that building (in) last night.
=There broke out a big fire at that building last night.

- in last night에서 전치사 in이 생략되면 last night가 시간 명사로 전치사 없이 부사구 역할을 하므로 부사용 대격이 된다.
- 두 번째 문장은 문 앞에 유도부사 there를 쓰고, 주어·동사의 위치를 바꾸어 유도부사 문으로 쓴 것이다.

언어는 성립부터 긍정어가 아니고 부정어이다.
즉 '아름다운 꽃'이란 말은 '아름답지 않은 꽃'을 의식한 긍정어의 경계선이다.

부사용 대격

명사가 전치사 없이 부사구 역할을 하는 것, 즉 '시간, 거리, 방법, 정도, 도량형' 등을 나타내는 명사가 전치사 없이 부사구 역할을 하는 것이다. 시간 명사일 때는 그 앞에 one, all, some, many, last, next, every, several, this, that, 관사, 수사 등이 올 때 부사용 대격으로 쓰인다.

- She went to London last weekend. 그녀는 지난 주말에 런던에 갔다.
- You will do better next time. 너는 다음에는 더 잘할 거야.
- Then they went their ways. 그리고는 그들은 각자 그들의 길로 갔다..
- It is raining cats and dogs. 비가 억수같이 쏟아지고 있다.
- The box weighed about 20 kilograms. 그 상자는 무게가 약 20킬로그램에 달했다.

유도부사(there, here)

완전자동사(1형식 동사)의 문 앞에 와서 주어와 동사의 위치를 바꾸어 놓는 순수 표지어(標識語)이다. 즉 단순한 표지(mark)이므로 번역을 하지 않는다.
유도부사 문은 의미를 강조하거나, 주부는 길고 술부는 짧을 때 문의 균형을 이루기 위해 주로 쓴다. there의 발음은 그다음에 오는 단어 첫 자가 모음으로 발음되는 경우는 [ðə]이고, 자음으로 발음으로 되는 경우는 [ðɛə]이다. here는 there보다 더 강조적인 의미로 사용되며 번역이 있는 경우가 있다.

- There is a distinct difference between the two. 둘 사이에는 뚜렷한 차이가 있다.
- There once lived a king and queen. 옛날에 어떤 왕과 왕비가 살았다.
- There lies a large city on the river. 그 강 위에는 큰 도시가 자리잡고 있다.
- There are no tricks or hidden motives here. 여기에 어떤 속임수도 숨은 동기도 없다.
- At the moment there came a knock at the door. 그 순간에 노크 소리가 문에서 들려왔다.
- Look! Here comes the parking control officer! 이봐! 주차 단속원이 온다!
- Here is a letter for you, John. 여기 네 편지 한 통이 있다, 존.
- Here are some good ways to celebrate the meaningful day.
  의미 있는 날을 기념하는 몇 가지 좋은 방법들이 있다.

연습문제

1. 많은 동물들이 그들의 긴 겨울 잠에서 깨어난다.

2. 그 가엾은 소녀는 자기 언니들과 함께 그 축제에 갈 수 없었다.

3. 곰과 원숭이와 같은 동물들은 야생에서 자유롭게 산다.

4. 갓-깬 병아리는 음식이나 물 없이 72시간 동안 지낼 수 있다.

5. 들판과 언덕과 계곡은 싱싱한 푸른 초목으로 덮여 있다.

6. 그 유명한 작곡가는 몇 주 동안 교외의 조용한 거리에 있는 하얀 집에 머무를 것이다.

7. 그 지역의 주민들은 그 당시에 불결하고 비위생적인 환경 속에서 살았다.

8. 그 위대한 왕과 그의 현명한 여왕이 그들의 공식 수행원들과 같이 우아한 나룻배에 탔다.

9. 그 착한 소년과 그의 인자한 어머니가 집 앞에 있는 큰 나무 아래에서 옛 전설에 관해 즐겁게 이야기하고 있었다.

해답

1. Many animals wake up from their long winter sleep.

2. The poor girl could not go to the feast with her sisters.

3. Animals like bears and monkeys live freely in the wild.

4. Newborn chicks can go without food or water for 72 hours.

5. The fields, hills, and valleys are covered with fresh green plants.

6. The famous composer will stay in a white house on a quiet street in a suburb for some weeks.

7. The dwellers of the district lived in dirty and unhealthy condition in those days.

8. The great King and his wise Queen got on the elegant ferryboat with their official suites.

9. The good boy and his charitable mother were talking cheerfully under the enormous tree in front of the house about the old legend.

4-2 불완전자동사(2형식)

주어 · 동사(계사) · 보어

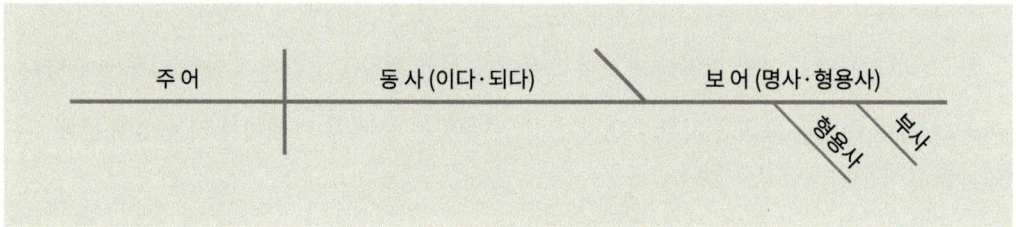

주요소가 '주어·동사·보어'로 이루어진 문장을 2형식 문장이라고 한다. 2형식 동사를 불완전자동사라 하는데 불완전자동사는 보어를 필요로 하는 동사이다. 불완전자동사를 계사(copula, linking verb)라 하기도 하는데 계사(繫辭)라는 말은 주어와 보어를 연결해 주는 연결 동사라는 뜻이다. 우리말에서는 대체로 '이다, 되다'에 해당되는 말이다.

보어가 될 수 있는 품사는 명사와 형용사로 명사가 보어일 때는 주격 보어라 하고 형용사가 보어일 때는 형용사는 격이 없으므로 주어 보어라고 한다. 그리고 보어가 명사일 때는 주어(명사)와 격이나 의미가 같다.

보어는 우리말에서 일정한 토씨가 없다. 그래서 구체적으로 지적하기는 어려우나 일반적으로 '～이다'나 '～되다' 앞에 연접되어 나오는 말이다. 보어의 도해는 동사선 위에 주어 쪽으로 기운 빗금으로 표시하는데 주어 쪽으로 기운 것은 주어를 간접 수식한다는 뜻이다.

보어가 명사일 때는 보어를 꾸미는 수식어는 형용사나 형용사구 등이고, 보어가 형용사일 때는 수식어가 부사나 부사구 등이다.

예문 1 로마는 초기에 조그마한 왕국의 작은 도시였다.

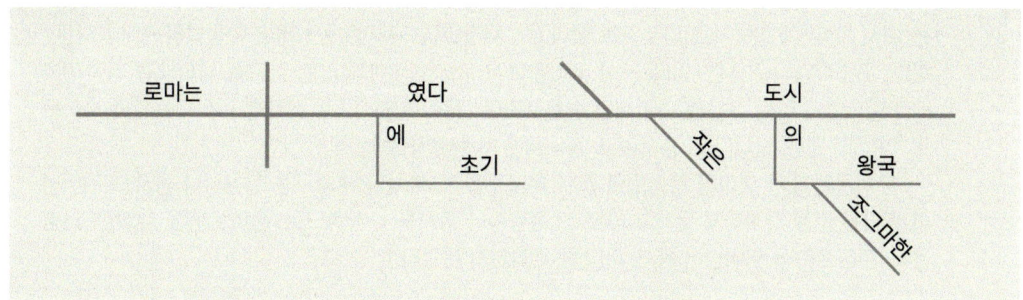

주
- '이다'의 과거는 '이었다'이며 '였다'는 '이었다'의 준말이다. 그래서 '였다'가 2형식 계사이고 '였다'의 앞에 연접되어 온 '도시'가 보어이다.
- '작은'은 어미가 자음으로 끝나 형용사이므로 '도시'를 수식한다.
- '왕국의'는 속격 '의' 앞에 온 '왕국'이 무생물 명사이므로 형용사구이다.
- '조그마한'은 어미가 자음으로 끝나 '왕국'을 수식하는 형용사이다.
- '초기에'는 어미가 모음으로 끝나 '였다'라는 동사를 수식하는 부사구이다.

한영 로마는/였다/작은/도시/의/조그마한/왕국/에/초기.
Rome was a small town of a small kingdom in the beginning.

주 영어 어순 배열은 주어·동사·보어 순으로 한다. 주어·동사 다음에 보어를 쓸 때 '작은'은 형용사이므로 '도시' 앞에 쓰고, '조그마한 왕국의'는 형용사구이므로 '도시' 다음에 쓴다. 그런 다음 부사구 '초기에'를 쓴다.

예문 2 이러한 탐정 소설은 우리들에게 흥미롭습니다.

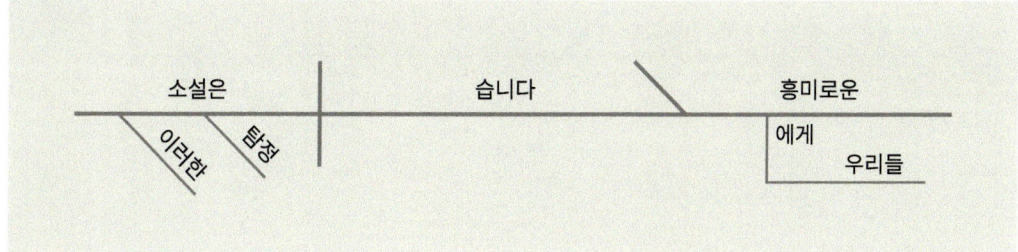

> **주**
> - 우리말에서는 종종 '이다'가 보어와 결합되어 다닌다. 우리말은 서술어가 동사와 서술형용사 두 가지이다. 그런데 영어는 서술어가 동사 한 가지이다. 그래서 우리말에서 형용사가 서술어일 때는 계사 '이다'와 형용사로 나누어야 한다.(즉, 재미있다→재미있는+이다, 아름답다→아름다운+이다, 귀중하다→귀중한+이다……) 우리말에서 '어찌어찌하다'라는 동작을 나타내면 동사이고 '어떠어떠하다'라는 상태를 나타내면 형용사이다. '흥미롭습니다'는 상태를 나타내는 형용사이므로 '이다'의 변형 '습니다'가 동사이고 '흥미로운'이 형용사 보어이다.
> - '우리들에게'가 어미가 모음으로 끝나 부사구인데, 부사나 부사구는 형용사나 동사를 뛰어넘어서 다른 것을 수식하지 못하고 바로 그 형용사나 동사를 수식하므로 '흥미로운'을 수식한다.(형용사 '흥미로운'을 뛰어넘어 동사 '이다'를 수식하지 못한다.)

 이러한/탐정/소설은/습니다/흥미로운/에게/우리들.

This detective story is interesting for us.

> **주** 전치사 다음에 오는 명사의 격은 '목적격'이어야 한다. 그래서 전치사 for 다음에 we를 쓰지 않고 us를 썼다.

> '흥미로운'이란 형용사는 주어가 사람일 때와 사물일 때가 다르다. 주어가 사람일 때는 interested이고, 주어가 사물일 때는 interesting이다. 이런 종류의 형용사가 몇 개 있는데 surprised/surprising, excited/exciting, amused/amusing, convinced/convincing 등이다.

예문 3 산은 봄에 아름다운 꽃들로 붉고 노랗게 될 것이다.

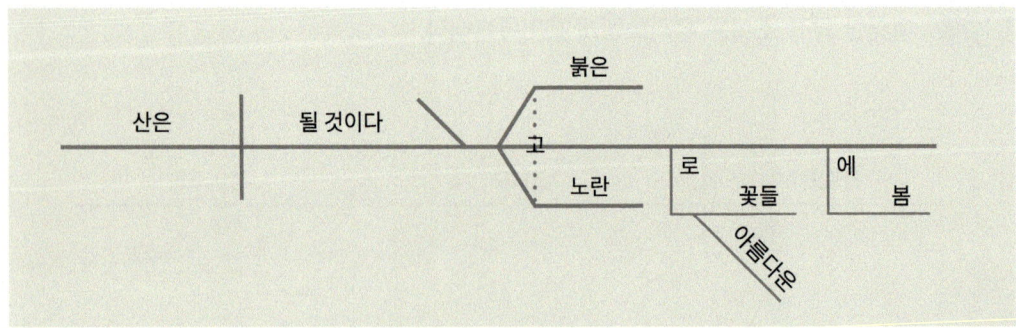

- '될 것이다'는 '되다'에 조동사 will의 의미가 더해진 것이다.
- '붉고 노랗게'가 '될 것이다'라는 동사 앞에 와서 보어인데, 대등접속사 '고'가 형용사 '붉은'과 '노란'을 연결하여 보어가 둘이다. 그래서 보어 자리에 위아래로 나란히 선을 두 개 그리고 수직 점선으로 연결하고서 〈 이런 모양으로 보어선에 붙인다. 그리고 앞에 나온 것을 먼저 뒤에 나온 것을 나중에 쓴다.
- '꽃들로'와 '봄에'는 어미가 모음으로 끝나 부사구인데 '붉은'과 '노란'을 둘 다 수식하는 공통부사구이므로 가운데 보어선에 그린다.

 산은/될 것이다/붉은/고/노란/로/아름다운/꽃들/에/봄.
The mountains will be red and yellow with beautiful flowers in spring.

예문 4   웃음은 우리의 육체와 정신의 건강에 유익하다.

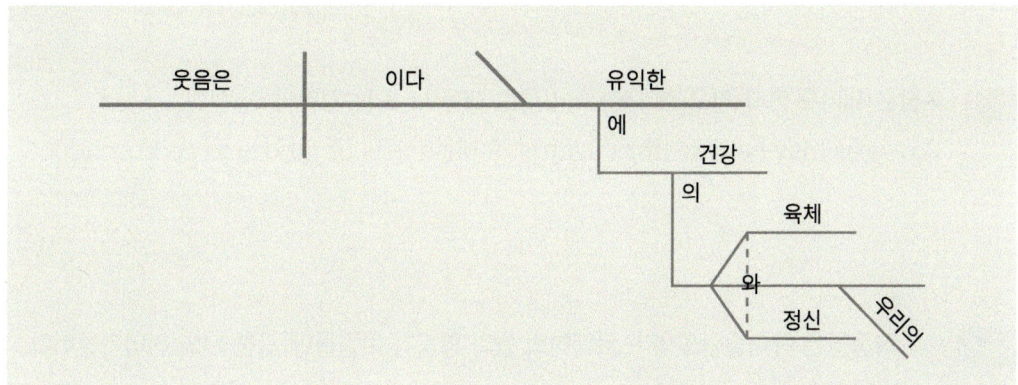

- '유익하다'는 '어떠어떠하다'라는 상태를 나타내는 형용사이므로 '이다'가 동사이고 '유익한'이 형용사 보어이다.
- '건강에'는 '유익한'이라는 형용사를 넘어서 '이다'라는 동사를 수식하지 못하므로 '유익한'을 수식하는 부사구이다.
- '정신의'는 '정신'이 무생물 명사이므로 형용사구이다. 대등접속사 '와'가 '육체'와 '정신'을 연결하므로 '의' 전치사의 목적어가 둘이다. '우리의'는 속격형용사로 '육체'와 '정신' 둘 다 수식하므로 가운데 선에다 그려 넣는다.

 웃음은/이다/유익한/에/건강/의/우리의/육체/와/정신.
Laughter is good for the health of our bodies and minds.

예문 5 속담은 어리석은 행동에 대한 경고나 또는 선행의 지침이 되기도 한다.

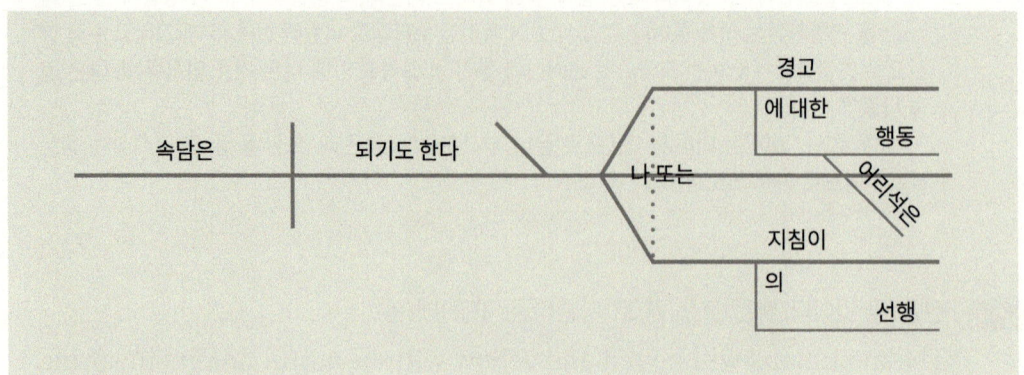

주
- '되기도 한다'는 '되다'에 조동사 may의 의미가 더해진 것이다.
- '지침이'는 명사 보어로 주격 보어이기 때문에 주격토씨 '이'가 붙어 있는 경우이다. '나 또는'은 '경고'와 '지침이'를 연결하는 대등접속사이다. 그래서 보어가 '경고'와 '지침이' 둘이다.
- '선행의'는 '선행'이 무생물 명사이므로 형용사구이다.

한영 속담은/되기도 한다/경고/에 대한/어리석은/행동/나 또는/지침이/의/선행.
Proverbs may be warnings against foolish acts or guides to good conduct.

예문 6 이 작품들은 아이슬란드와 노르웨이의 왕과 영웅과 여걸들에 관한 시와 이야기들이다.

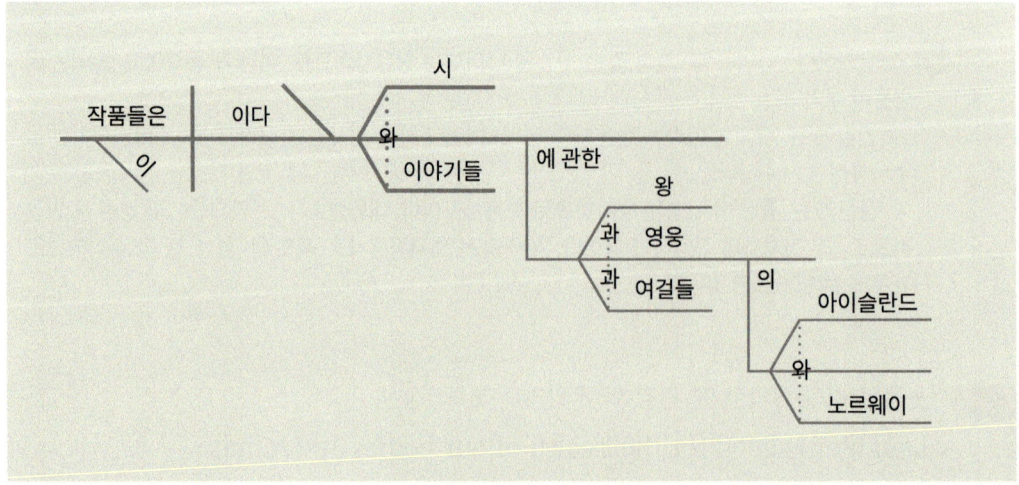

- 계사 '이다' 앞에 온 '시와 이야기들'이 보어이다.
- '왕과 영웅과 여걸들에 관한'은 자음 어미로 끝나 형용사구인데, 대등접속사 '과'가 '왕, 영웅, 여걸들'을 연결하므로 '에 관한'이라는 전치사의 목적어가 셋이다. 이 형용사구는 '시'와 '이야기들'을 둘 다 수식하는 공통 형용사구이므로 가운데 선에다 그린다.
- '아이슬란드와 노르웨이의'는 무생물 명사 속격으로 '왕, 영웅, 여걸들'을 다 수식하는 공통 형용사구이므로 마찬가지로 가운데 선에 그린다.

 이/작품들은/이다/시/와/이야기들/에 관한/왕/과/영웅/과/여걸들/의/아이슬란드/와/노르웨이.

These works are poems and tales about the kings, heroes, and heroines of Iceland and Norway.

    2형식 동사인 계사(copula, linking verb)는 be 동사가 근간을 이루는데 계사에 동사 자체의 의미를 더해서 불완전자동사로 사용되는 것들이 있다. 예를 들어 "He lived a saint.(그는 성자로 살았다.)"는 "He was a saint.(그는 성자였다.)"에 "He lived.(그는 살았다.)"의 의미가 더해진 것이다.

- She married young.
  "She was young."에 married를 더한 의미.
  그녀는 젊어서 결혼했다.

- I felt thirsty.
  "I was thirsty."에 felt를 더한 의미.
  나는 목이 말랐다.

- He looks happy.
  "He is happy."에 looks를 더한 의미.
  그는 행복해 보인다.

- Lemon tastes sour.
  "Lemon is sour."에 tastes를 더한 의미.
  레몬은 신맛이 난다.

- She died young.
  "She was young."에 died를 더한 의미.
  그녀는 젊어서 죽었다.

- He remained silent.
  "He was silent."에 remained를 더한 의미.
  그는 잠자코 있었다.

- Her dream came true .
  "Her dream was true."에 came을 더한 의미
  그녀의 꿈이 실현되었다.

- The weather has turned colder.
  "The weather has been colder."에 turned를 더한 의미.
  날씨가 더 추워졌다.

- The milk went bad.
  "The milk was bad."에 went를 더한 의미.

  우유가 상했다.

- Only the stags lay dead.
  "Only the stags were dead."에 lay를 더한 의미.

  수사슴들만 죽어 누워 있었다.

- He appears healthy.
  "He is healthy."에 appears를 더한 의미.

  그는 건강해 보인다.

- The weather will keep fine.
  "The weather will be fine."에 keep을 더한 의미.

  날씨는 계속해서 좋을 것이다.

- The theory proved false.
  "The theory was false."에 proved를 더한 의미.

  그 이론은 틀린 것으로 판명되었다.

- He came back safe.
  "He was safe."에 came back을 더한 의미

  그는 무사히 돌아왔다.

- This flower smells fragrant.
  "This flower is fragrant."에 smells를 더한 의미.

  이 꽃은 향기로운 냄새가 난다.

- We parted friends.
  "We were friends."에 parted를 더한 의미.

  우리는 친구로 헤어졌다.

- The door flew open.
  "The door was open."에 flew를 더한 의미.

  문이 활짝 열렸다.

소개 방법

영어를 사용하는 나라에서 나이가 비슷한 남녀를 소개할 때는 먼저 남자를 여자에게 소개한다.
즉 Mr.를 Miss나 Mrs.에게 소개한다.
그러나 워낙 나이가 많거나 지위가 높은 분과 젊거나 지위가 낮은 분을 소개할 때는
남녀를 구별하지 않고 젊거나 지위가 낮은 분을 나이가 많거나 지위가 높은 분에게 먼저 소개한다.

연습문제

1. 그 여신들 중 하나는 야생 동물들의 보호자였다.
2. 무의미한 암기는 성공적인 학습에 해롭다.
3. 그녀는 광고와 컴퓨터 그래픽의 분야의 유명한 전문가였다.
4. 오스트레일리아는 세계의 남쪽 부분에 있는 거대한 대륙이다.
5. 플로렌스 주변의 많은 예술 작품들과 건물들은 아주 매력적이다.
6. 싱가포르는 푸른 나무와 만발한 꽃들로 깨끗하고 아름답다.
7. 이 교향곡은 시골과 농부와 목자들의 생활에 대한 음악이다.
8. 이곳은 비옥한 들판과 푸른 산과 온화한 기후의 쾌적한 땅이다.
9. 사원 경내나 대학 구내가 최악 등급의 깡패행위와 도덕적인 타락으로 혼란하다.

해답

1. One of the goddesses was the protector of wild animals.
2. Meaningless memorization is harmful to successful learning.
3. She was a famous expert in the fields of advertising and computer graphic.
4. Australia is a huge continent in the southern part of the world.
5. Many art works and buildings around Florence are very charming.
6. Singapore is clean and beautiful with green trees and blooming flowers.
7. This symphony is music about the country and the life of farmers and shepherds.
8. This is a pleasant land of fertile fields, green mountains, and temperate climate.
9. Temple precincts and university campuses are chaotic from gangsterism and moral depravation of the worst rank.

4-3 완전타동사(3형식)

주어·동사·목적어

주요소가 '주어·동사·목적어'로 이루어진 문장을 3형식 문장이라고 한다. 3형식 동사를 완전타동사라 하는데, 완전타동사는 목적어를 필요로 하는 동사이다. 목적어를 객어(客語) 또는 빈사(賓辭)라고도 하며, 목적어가 될 수 있는 품사는 명사(대명사)이고 그 격은 반드시 목적격이다. 우리말에서는 목적격토씨 '을, 를'이 붙는다.

목적어 도해는 수직선으로 동사선 위에 표시한다.

예문 1 여러분은 푸른 식물로부터 직접적으로 또는 간접적으로 에너지를 얻고 있다.

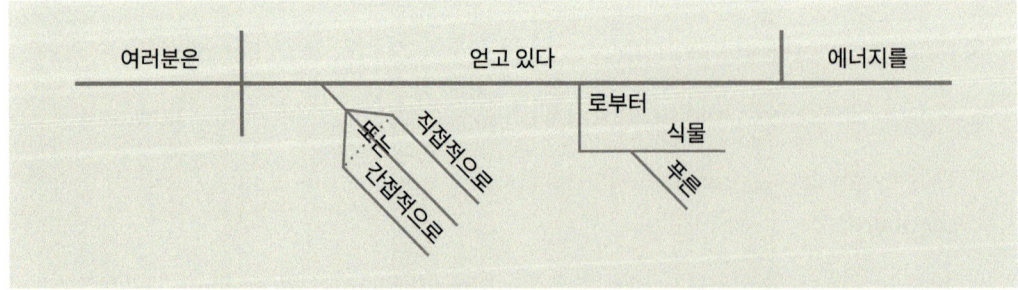

주 동사 '얻고 있다' 앞에 목적격토씨 '을, 를' 가운데 '를'이 있으므로 '에너지를'이 목적어이다. 그래서 수직선으로 목적어를 표시하고 목적어 자리에 '에너지를'을 써넣는다. 그런 다음 왼쪽으로 가면서 한 어절씩 어미가 자음인가 모음인가를 판별하여 그려 넣으면 된다. '간접적으로'가 모음으로 끝나 부사인데, 대등접속사 '또는'이 '직접적으로'와 '간접적으로'를 연결하므로 부사가 둘이다.

여러분은/얻고 있다/에너지를/직접적으로/또는/간접적으로/로부터/푸른/식물.
You are getting energy directly or indirectly from green plants.

> 어순 배열은 주어·동사·목적어를 쓰고서, 부사·부사구 순으로 쓴다

예문 2 선원들은 바람과 파도의 방향에서 육지의 첫 징후를 알아챘다.

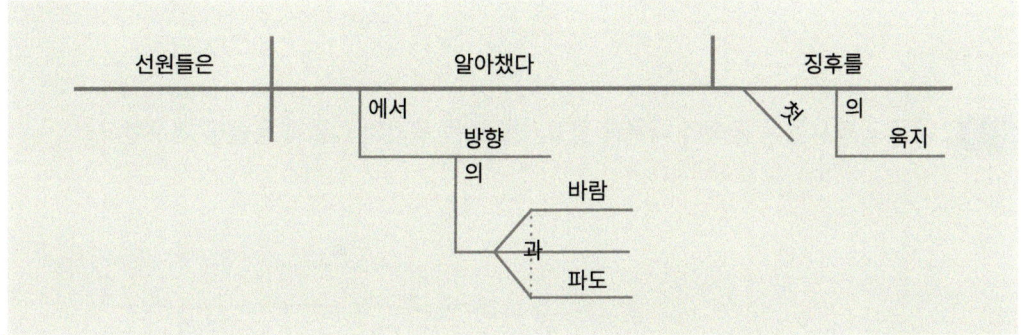

> - '육지의'는 '육지'가 무생물 명사이므로 형용사구이다.
> - '파도의'도 '파도'가 무생물 명사이므로 형용사구이며, 대등접속사 '과'가 '바람'과 '파도'를 연결하므로 '의'라는 전치사의 목적어가 '바람', '파도' 둘이다.

선원들은/알아챘다/첫/징후를/의/육지/에서/방향/의/바람/과/파도.
The crew noticed the first signs of land in the direction of winds and waves.

예문 3 아인슈타인은 깊은 사고와 복잡한 수학적 추리를 통해서 그의 이론을 발전시켰다.

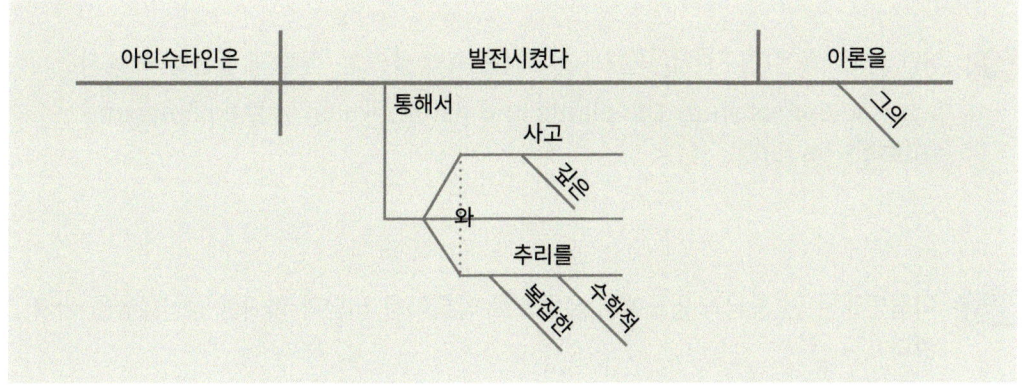

>
> - '이론을'이 목적격토씨 '을'이 있어 목적어이고 '그의'는 '이론을' 수식하는 속격형용사이다.
> - 대등접속사 '와'가 '사고'와 '추리'를 연결하므로 '통해서'라는 전치사의 목적어가 둘이다. '깊은' 은 자음 어미로 '사고'를 수식하는 형용사이고, '복잡한'과 '수학적'은 자음 어미로 '추리'를 수식하는 형용사이다.

아인슈타인은/발전시켰다/그의/이론을/통해서/깊은/사고/와/복잡한/수학적/추리를.
Einstein developed his theory through deep thought and complex mathematical reasoning.

예문 4 어떤 과학자들은 물속의 식물과 물고기를 또는 육지의 식물과 동물을 연구한다.

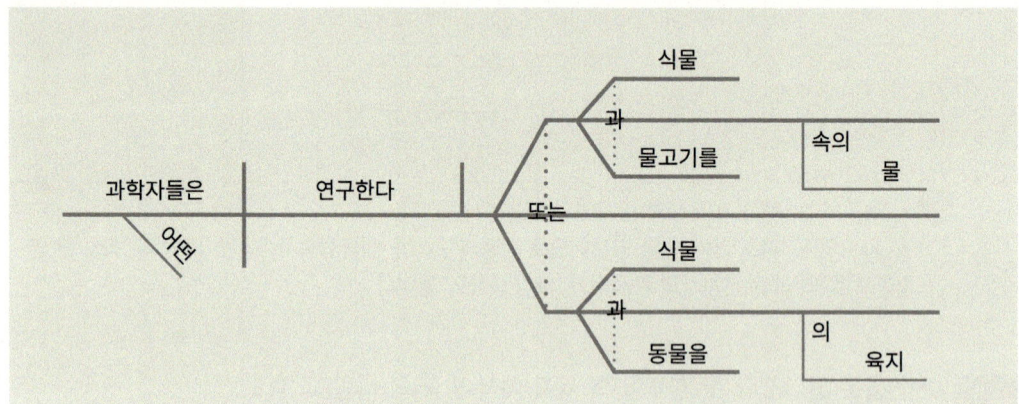

> - 대등접속사 '또는'은 '물속의 식물과 물고기를'과 '육지의 식물과 동물을'을 연결하고, 대등접속사 '과'는 '식물'과 '물고기' 그리고 '식물'과 '동물'을 연결한다.
> - '물속의'는 '식물'과 '물고기' 둘 다 수식하는 공통 형용사구이므로 가운데에 그려 넣고, '육지의' 도 '식물'과 '동물' 둘 다 수식하는 공통 형용사구이므로 마찬가지로 가운데에 그려 넣는다.

어떤/과학자들은/연구한다/식물/과/물고기를/속의/물/또는/식물/과/동물을/의/육지.
Some scientists study the plants and fish in water or the plants and animals on land.

예문 5 아랍인들은 먼 중국과 인도에서 유럽으로 아름다운 비단과 희귀한 향신료들을 가져 왔다.

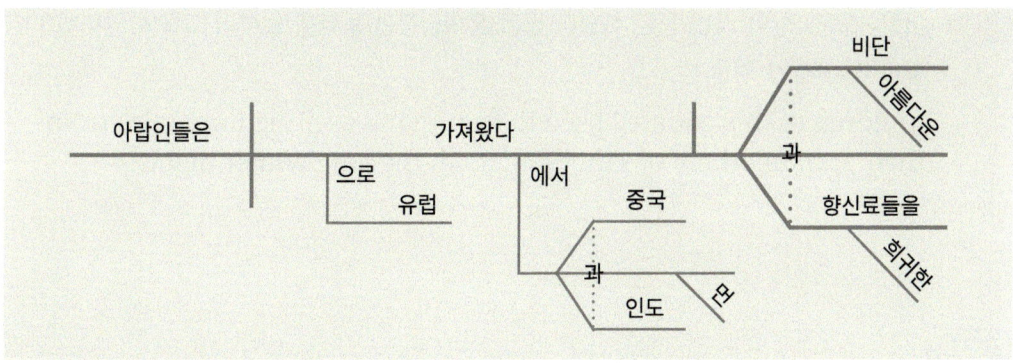

> 대등접속사 '과'가 '비단'과 '향신료들을' 연결하므로 목적어가 둘이다.

아랍인들은/가져왔다/아름다운/비단/과/희귀한/향신료들을/에서/먼/중국/과/인도/으로/유럽.

The Arabs brought beautiful silks and rare spices from the distant China and India to Europe.

> 출발(시작)과 도착(끝)을 나타내는 부사구가 겹쳐 나올 때는 출발(시작)을 나타내는 것을 먼저 쓰고, 도착(끝)을 나타내는 것을 나중에 쓴다. 그래서 '먼 중국과 인도에서'를 먼저 쓰고, '유럽으로'를 나중에 쓴다.

예문 6 이 나라의 어린이들은 긴 겨울 밤에 그들의 할머니나 할아버지로부터 많은 흥미진진한 동화를 듣곤 하였다.

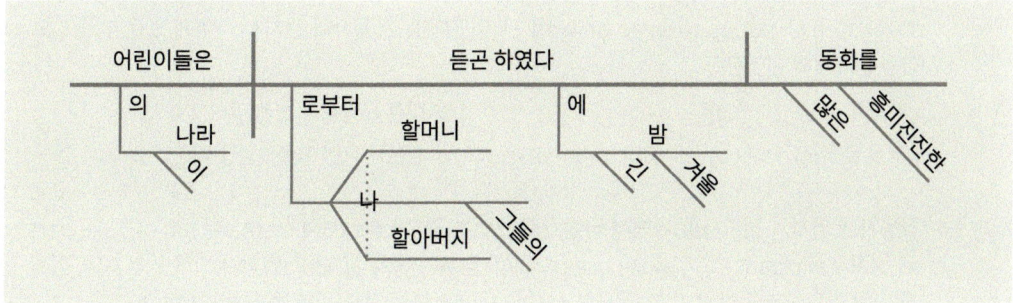

> - '듣곤 하였다'는 '듣다'에 조동사 'used to(~하곤 하였다)'의 의미가 더해진 것이다.
> - '할머니나 할아버지로부터'는 모음으로 끝나 부사구인데, 대등접속사 '나'가 '할머니'와 '할아버지'를 연결하여 '로부터'라는 전치사의 목적어가 둘이다.

어린이들은/의/이/나라/듣곤 하였다/많은/흥미진진한/동화를/로부터/그들의/할머니/나/할아버지/에/긴/겨울/밤.

Children of this country used to hear many exciting fairy tales from their grandmothers or grandfathers in the long winter nights.

Ⅰ. 완전타동사에는 동사가 다른 단어와 결합하여 타동사로 쓰이는 경우와 자동사가 타동사로 쓰이는 경우가 있다.

1. 자동사에 전치사를 가해서 타동사로 쓰이는 경우(look at, look for, account for, add to, call on, laugh at…)

   - Look at the color of the lake in the picture.   사진 속 호수의 색깔을 보세요.
   - His song added to the gaiety of the gathering.   그의 노래가 모임의 흥겨움을 더해 주었다.

2. 자동사에 부사를 가해서 타동사로 쓰이는 경우(look up, check out, carry out, call off, put away…)

   - He carried out the task with ardor.   그는 그 과업을 열심히 수행하였다.
   - Let's go down there and check out the facility. 거기 가서 시설을 확인해 봅시다.
   - I looked the word up in the dictionary.   나는 사전에서 그 단어를 찾아보았다.
     (I looked up the word in the dictionary.)

     ※ '자동사+부사'로 이루어진 타동사는 목적어가 명사일 때는 부사 다음에 오기도 하고 앞에 오기도 한다. 그러나 목적어가 대명사일 때는 부사 앞에만 오고 뒤에는 오지 못한다.
     Look it up in the index. (O) Look up it in the index. (×)   목록에서 그것을 찾아보아라.

3. 자동사에 부사와 전치사를 가해서 타동사로 쓰이는 경우(look down on, do away with, speak well of, put up with, go on with…): 이 경우는 자동사와 전치사 사이에 있는 부사의 의미를 첨가해서 번역한다.

   - Don't speak ill of others.   다른 사람을 나쁘게 말하지 마라.
   - You should do away with such stereotypes.   당신은 그런 고정관념을 버려야 한다.

4. 타동사에 명사와 전치사를 가해서 타동사로 쓰이는 경우(take care of, make fun of, take part in, make allowance for, make use of…): 이 경우는 동사 자체로 3형식이 되기도 하는데, 전체를 타동사로 보기도 한다. 이때 동사와 전치사 사이에 오는 명사는 추상명사라야 한다.

   - Take care of your health above all things.   무엇보다도 건강을 돌봐라.
   - We must make good use of the available space.
     우리는 이용 가능한 공간을 잘 활용해야 한다.

5. 자동사가 동족목적어를 취해서 타동사로 쓰이는 경우: 이 경우는 본래 자동사인데 동사와 어원이나 의미가 동일한 명사를 목적어로 취해 타동사로 쓰인 것이다.

- She laughed a hearty laugh.   그녀는 마음껏 웃었다.
- They are trying their hardest (trial).   그들은 전력을 다해서 하고 있다.
  ※ 동족목적어가 생략되고 그 앞에 온 최상급 형용사만 남은 경우.
- He fought it(=the fight) to the end.   그는 최후까지 싸웠다.
  ※ 동족목적어 대신에 대명사 it이 쓰인 경우.
- She smiled (a smile of) assent.   그녀는 동의의 미소를 지었다.
  ※ 동족목적어가 생략되고 그다음에 오는 형용사구가 전치사까지 생략되어 목적어 역할을 하는 경우.

6. 자동사가 재귀 목적어를 취해서 타동사로 쓰이는 경우

- Do not overwork yourself.   과로하지 마라.
- She laughed herself out of his arms.   그녀는 웃으며 그의 팔에서 빠져나갔다.
- He had absented himself from the office for the day.   그는 그날 결근했었다.

II. 우리말의 표현 방법과 전혀 다른 3형식 동사

1. 목적어를 부사구처럼 번역하는 3형식 동사

"그는 그녀와 결혼하였다."를 "He married with her." 이와 같이 영작을 하면 이 문장은 틀린다. 우리의 사고방식은 '~와 결혼하다' 할 때 marry 동사 다음에 전치사 with를 쓰는 것이 자연스럽다. 그래서 '~와'라는 전치사 with를 쓰려 한다. 하지만 영어의 marry 동사는 전치사 with를 동반하지 않고 바로 목적어를 지배하는 타동사로 쓰인다. 그래서 이 문장은 "He married her." 이렇게 써야 올바른 문장이 된다.

이와 같이 marry 동사의 경우는 우리말의 표현 방식과 차이가 나므로 우리들에게는 주의를 요하는 동사이다. 그러므로 이러한 marry류의 동사는 영작을 할 때 우리말에 나타나는 전치사를 쓰지 말고 바로 목적어를 써야 된다는 점에 주의해야 한다. 이러한 주의를 요하는 3형식 동사들은 다음과 같다.

marry (with), reach (at, in), attend (at), fit (to), become (to), inhabit (in, at), kiss (to), enter (into), greet (to), address (to), approach (to)…

이 동사들을 번역할 때는 목적어를 부사구처럼 번역해야 되며, 영작할 때는 우리말에서는 나타나는 괄호 안에 있는 전치사를 써서는 안 되는 동사들이다.

- She reached the palace at last.   그녀는 마침내 궁전에 도착했다.
- He approached his destination.   그는 목적지에 다가갔다.
- We entered the courtyard.   우리는 안마당으로 들어갔다.
- She greeted me in Russian.   그녀는 러시아어로 나한테 인사했다.
- It did not fit him very well.   그것은 그에게 별로 잘 맞지 않았다.
- Does this new dress become me?   이 새 옷이 나에게 어울리느냐?

- I shall address the boys about it.   내가 그것에 관해서 소년들에게 연설하겠다.
- Only savage tribes inhabit the region.   미개한 부족만이 그 지역에 살고 있다.

2. 목적어는 부사구처럼, 부사구는 목적어처럼 번역해야 하는 3형식 동사

1) '제거하다, 분리하다, 해소하다, 통보하다, 확신시키다' 등의 의미를 지닌 동사(of를 동반)
   - Cancer has robbed him of his future.
     암이 그에게서 그의 미래를 빼앗아 갔다.
   - The doctor should inform the patient of the truth.
     의사는 환자에게 진실을 알려 주어야 한다.
   - His death bereaved her of all her hope.
     그의 죽음은 그녀에게서 모든 희망을 앗아가 버렸다.
     ※ rob(deprive, strip, cure, rid, clear, relieve, ease, break, bare, deliver, disarm, bereave, heal, divest, empty, inform, warn, remind, assure, convince)…of

2) '공급하다'의 의미를 지닌 동사(with를 동반)
   - They supplied sufferers with food and clothing.
     =They supplied food and clothing for sufferers.
     그들은 이재민들에게 식량과 의류를 제공하였다.
   - Nature has endowed him with musical talent.
     =Nature has endowed musical talent to him.
     자연은 그에게 음악적 재능을 부여했다.
     ※ provide(supply) A with B(B for/to A)
        present(trust, endow, entrust, furnish, feed, serve) A with B(B to A)

3. 목적어가 부사구를 수식하는 속격형용사처럼 번역해야 하는 3형식 동사
- He seized me by the arm.   그는 내 팔을 붙잡았다.
- She patted him on the shoulder.   그녀는 그의 어깨를 두드렸다.
  ※ take(catch, seize, hold, pull, shake)…by
     kiss(pat, strike, hit, slap, beat, kick, touch)…on
     stare(look)…in

4. 동사를 먼저 번역하고 목적어를 나중에 번역해야 하는 경우
- She frowned the child into compliance.   그녀는 눈살을 찌푸려 그 아이를 말을 듣게 했다.

5. 주어 목적어 동사를 번역하고 부사구를 맨 마지막에 번역하는 경우
- She pulled down her hair below her knees.   그녀는 머리를 풀자 무릎 밑까지 닿았다.
- I'll try to talk him into helping us.   내가 그를 설득하여 우리를 돕도록 해 볼게요.
- He cheated her out of significant revenue.   그는 그녀를 속여서 상당한 수익을 빼앗아 갔다.

연습문제

1. 그들은 자기 친구들과 함께 그들의 겨울 방학에 대한 계획을 의논했다.
2. 내 사촌은 거리에서 아주 깨끗한 앞치마를 입은 그 노처녀를 만났다.
3. 한 젊은 숙녀가 두 아이의 어머니를 위해 자기의 생명을 포기했다.
   ※ '아이의'는 속격 '의' 앞에 '아이'라는 생물 명사가 왔지만 '아이'를 수식하는 형용사 '두'가 있으므로 형용사구이다. '두'는 모음으로 끝났지만 수량형용사이다.
4. 피터는 30년 동안 프린스가에 있는 가정에 우유를 배달했다.
5. 그 못생긴 소녀는 숲속에 있는 작은 연못에서 그녀의 얼굴을 씻었다.
6. 이 사람들은 호수나 연못에 있는 지주 위에 그들의 집을 짓는다.
7. 여러분은 경주에 있는 박물관에서 왕들의 금관과 많은 석불들 그리고 그 유명한 에밀레 종을 볼 수 있다.
8. 많은 외국 관광객들이 와이키키 해변에서 큰 야자나무와 고운 모래와 태평양의 푸르른 시원한 바닷물을 즐긴다.
9. 극동에 있는 대한민국은 지난 몇 년 동안 끊임없는 노력으로 국제 사회에서 그의 지위를 높였다.

해답

1. They discussed the plans for their winter vacation with their friends.
2. My cousin met the old maid in a very clean apron on the street.
3. A young lady gave up her life for the mother of two children.
4. Peter delivered milk to the families on Prince Street for thirty years.
5. The ugly girl washed her face in the little pool in the woods.
6. These people build their houses on stilts in a lake or pond.
7. You can see kings' gold crowns, many stone Buddhas and the famous Emille Bell at the museum in Gyeongju.
8. Many foreign tourists enjoy the tall palm trees, the fine sands, and the blue cool water of the Pacific Ocean in Waikiki Beach.
9. The Republic of Korea in the far-east Asia enhanced its position in the international society through the strenuous efforts for past several years.

4-4 수여동사(4형식)

주어 · 동사 · 간접목적어 · 직접목적어

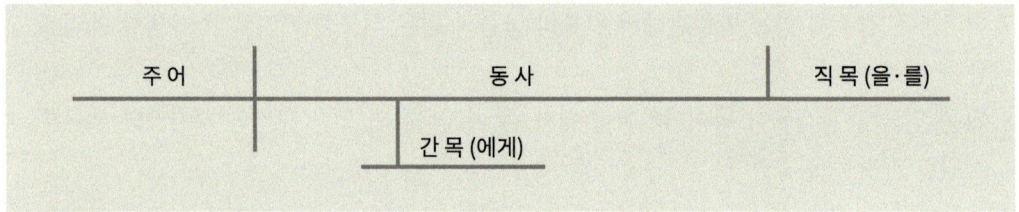

주요소가 '주어·동사·간접목적어·직접목적어'로 이루어진 문장을 4형식 문장이라고 한다. 4형식 동사는 간접목적어와 직접목적어를 지배한다. 간접목적어는 대부분 생물 (대)명사이며 토씨는 '에게'가 붙고 직접목적어는 토씨 '을, 를'이 붙는다.

4형식 동사는 수여의 의미를 지니고 있어 수여동사라 하기도 하고, 이중의 의미를 지니고 있어 이중동사라 하기도 한다. 따라서 4형식 동사는 수여(주다)의 뜻을 포함한 이중의 의미를 지닌다. 예를 들면 '만들어 주다=만들다+주다', '지어 주다=짓다+주다', '사 주다=사다+주다'와 같이 동사가 수여(주다)의 뜻이 들어 있는 이중의 의미이다.

그런데 give와 ask처럼 수여의 뜻을 포함한 이중의 의미가 없는 4형식 동사도 있다. give는 수여의 뜻은 있지만 이중의 의미가 없는데도 간접목적어와 직접목적어가 있으면 4형식이 되며, ask는 수여의 뜻도 이중의 의미도 없지만 간접목적어와 직접목적어가 있으면 4형식이 된다.

간접목적어는 동사 밑에다 ⊥ 이런 모양으로 그린다. 간접목적어의 위치가 도해상에서는 종요소처럼 보이지만 이것은 종요소가 아니라 주요소이다.

예문 1 호주에 있는 내 친구가 이메일로 나에게 호주의 아름다운 사진들을 보내 주었다.

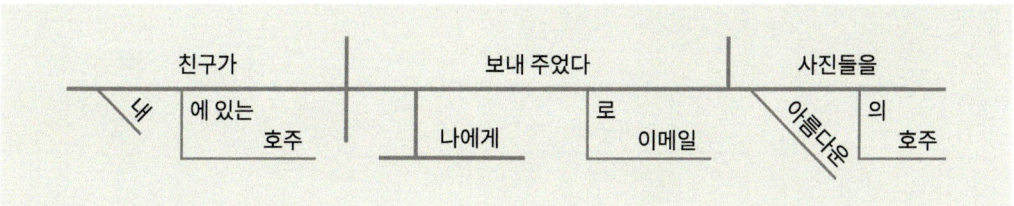

> - '보내 주었다(보내다+주었다)'가 수여의 뜻을 포함한 이중의 의미이므로 4형식 동사이다.
> - '나에게'는 '나'가 생물 대명사이고 '에게'라는 토씨가 있으므로 간접목적어이며, '사진들을'은 '을'이라는 목적격토씨가 있으므로 직접목적어이다.
> - '호주의'는 속격 '의' 앞에 온 '호주'가 무생물 명사이므로 형용사구이다.
> - '내'는 '나의'가 줄어든 속격형용사이다.

내/친구가/에 있는/호주/보내 주었다/나에게/아름다운/사진들을/의/호주/로/이메일.
My friend in Australia sent me beautiful pictures of Australia by email.

> 영어 어순 배열은 주어·동사·간접목적어·직접목적어를 쓰고서, 부사·부사구 순으로 쓴다.

예문 2 나는 나의 다음 편지에 너에게 아주 어린 왕에 관해 매우 슬픈 이야기를 해 주겠다.

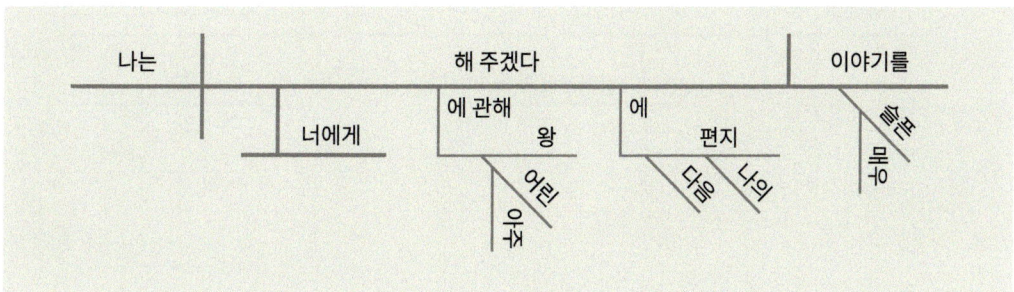

> '너에게'가 '에게'가 있으므로 간접목적어이고, '이야기를'이 '를'이 있어 직접목적어이다.

나는/해 주겠다/너에게/매우/슬픈/이야기를/에/나의/다음/편지/에 관해/아주/어린/왕.
I will tell you a very sad story in my next letter about a very young king.

예문 3 그는 마을의 어린이들에게 유령과 인디언에 관해 재미있는 이야기를 해 주었다.

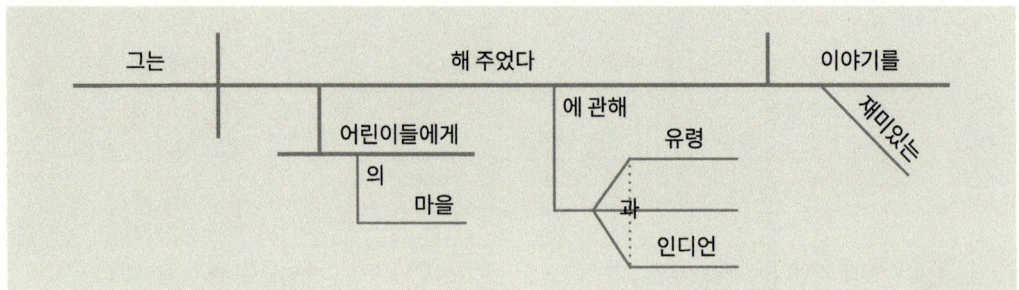

> • 대등접속사 '과'가 '유령'하고 '인디언'을 연결하므로 '에 관해'라는 전치사의 목적어가 '유령'과 '인디언' 둘이다.
> • '마을의'는 '마을'이 무생물 명사이므로 형용사구이다.

그는/해 주었다/어린이들에게/의/마을/재미있는/이야기를/에 관해/유령/과/인디언.

He told the children of the village interesting stories about ghosts and Indians.

예문 4 등산은 힐러리에게 산에 대한 승리감과 그의 나약함에 대한 승리감을 주었다.

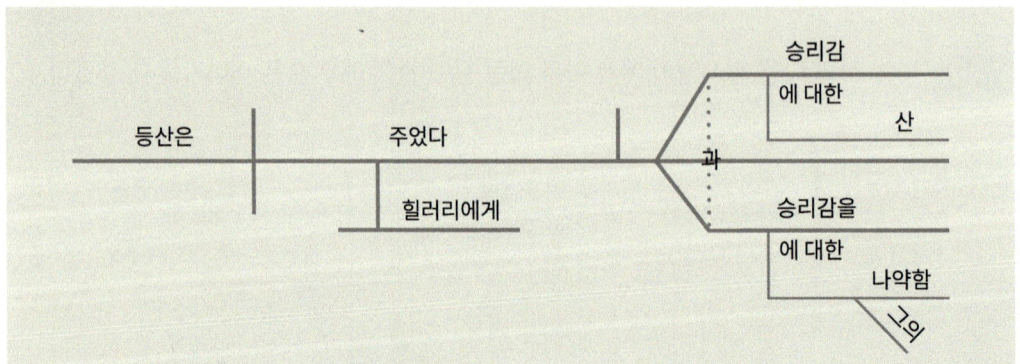

> • '주었다(gave)'는 수여의 뜻을 포함한 이중의 의미가 아니어도 간접목적어, 직접목적어가 있으면 4형식이 되는 동사이다.
> • 대등접속사 '과'가 '승리감'과 '승리감을' 연결하므로 목적어가 둘이다.

등산은/주었다/힐러리에게/승리감/에 대한/산/과/승리감을/에 대한/그의/나약함.

Climbing gave Hillary a victory over the mountain and a victory over his weaknesses.

예문 5 우리의 안내자는 관광 버스 속에서 그 왕국의 기원에 대해 우리에게 재미있는 전설을 이야기해 주었다.

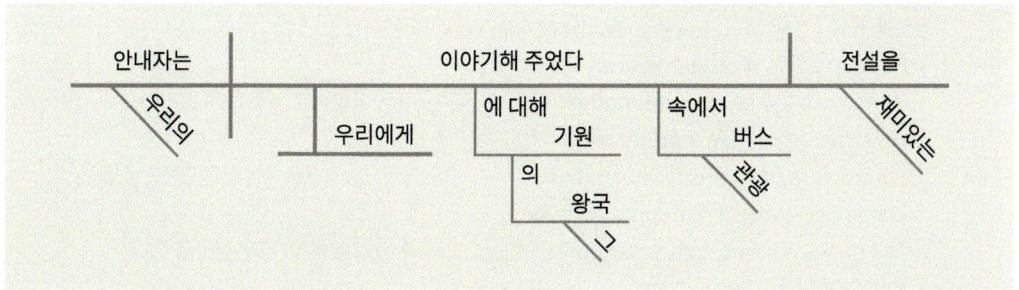

> 주
> - '이야기해 주었다'는 수여의 뜻을 포함한 이중의 의미이므로 4형식 동사이고, '우리에게'가 간접목적어이며 '전설을'이 직접목적어이다.
> - '왕국의'는 '왕국'이 무생물 명사이므로 형용사구이고 '그'는 관사형용사이며, '우리의'는 속격 형용사이다.

우리의/안내자는/이야기해 주었다/우리에게/재미있는/전설을/속에서/관광/버스/에대해/기원/의/그/왕국.

Our guide told us an interesting legend in the tour bus about the origin of the kingdom.

예문 6 큰 가지들이 있는 그 오래된 보리수나무는 여름철에 그 가난한 농부에게 편리한 그늘과 안락함을 주었다.

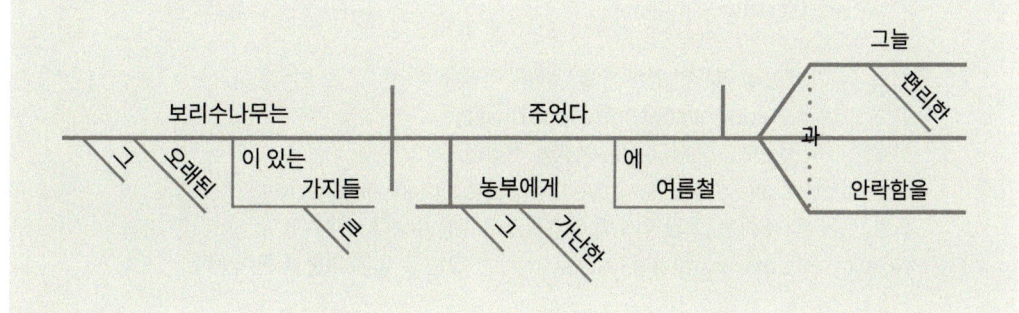

그/오래된/보리수나무는/이 있는/큰/가지들/주었다/그/가난한/농부에게/편리한/그늘/과/안락함을/에/여름철.

The old banyan tree with great branches gave the poor farmer a friendly shade and comfort during summertime.

1. 4형식 문장에서 간접목적어를 직접목적어 뒤에 놓을 때, 간접목적어 앞에 전치사를 붙이는데 give, teach, tell, send, show, write, sell, lend 등은 to를 쓰고, buy, get, make, choose, cook 등은 for를 쓰고, ask는 of를, play는 on/upon을 쓴다.
   - He showed his mother the bean.
     He showed the bean to his mother.   그는 어머니에게 그 콩을 보여 드렸다.
   - His father made him a pretty kite.
     His father made a pretty kite for him.   그의 아버지는 그에게 예쁜 연을 만들어 주었다.
   - The princess asked him some questions.
     The princess asked some questions of him.   그 공주는 그에게 몇 가지 질문을 했다.
   - He played her a mean trick.
     He played a mean trick on her.   그는 그녀에게 비열한 속임수를 썼다.

2. 간접목적어를 직접목적어 뒤에 놓지 못하는 동사: envy, forgive, pardon, save, spare, refuse, cost, strike…
   - It cost him five pounds to buy it back.   그가 그것을 다시 사는 데 5파운드를 지불했다.
     ※ It cost five pounds to him to buy it back. (×)
   - The useful tips below will save you time and money in the long run.
     아래의 유용한 정보가 결국에는 당신에게 시간과 돈을 절약해 줄 것이다.

3. 간접목적어와 직접목적어가 둘 다 대명사인 경우 간접목적어보다 직접목적어가 의미상으로나 발음상으로 약할 때는 간접목적어가 직접목적어 뒤에 오는데 전치사를 동반하기도 한다.
   - He gave it me. (He gave it to me.)
     cf. He gave me this. (He gave this to me.)   ※ He gave this me. (×)

4. 수여의 뜻이 없는 4형식 동사: sell, refuse, play, envy, deny, ask, owe, cost…
   - I sold James my car for ₤800.   나는 제임스에게 내 차를 800파운드에 팔았다.
   - I owe him much gratitude.   나는 그에게 많은 고마움을 느끼고 있다.
     (I owe much gratitude to him.)

5. 간접목적어가 무생물 명사인 경우   ※ 이때의 간접목적어는 '에'로 번역된다.
   - This gave his works a cool, luminous quality.
     이것은 그의 작품에 시원하고 밝은 특성을 주었다.
   - The addition of a drummer gave the music a more organic feel.
     드럼 연주자의 추가는 그 음악에 더 유기적인 느낌을 주었다.
   - He allotted the work two days.   그는 그 일에 이틀을 할애했다.

6. 간접목적어가 재귀대명사인 경우
   - Look into the mirror and give yourself an bright smile.
     거울을 들여다보고 스스로에게 밝은 미소를 지어라.
   - He denied himself every indulgence.   그는 모든 탐닉을 멀리했다.
   - She ordered herself another cup of tea.   그녀는 (자기 앞으로) 차 한 잔을 더 주문했다.

연습문제

1. 현대 과학은 우리들에게 많은 불행한 일들을 가져다주었다.
2. 속담은 우리에게 일상생활에 관해 참된 교훈을 준다.
3. 그 젊은이는 사랑의 표시로 그녀에게 아름다운 보석을 주었다.
4. 그는 그 병사들에게 국왕의 질문과 그 질문에 대한 답을 알려 주었다.
5. 그녀는 그 사신에게 옥타비아의 외모와 성격에 대해 질문을 했다.
6. 그들은 그 나라의 왕에게 그들의 배에 있는 모든 좋은 물건들을 보여 주었다.
7. 그 부유한 상인은 자기 아들에게 아름다운 해변 근처에 안락한 별장을 지어 주었다.
8. 그의 선생님께서는 그에게 에이브러햄 링컨과 어떤 어린 소녀에 관해 유명한 이야기를 해 주셨다.
9. 그녀가 내일 당신에게 두 다른 회사의 구입 주문의 사례를 보여 줄 것이다.

해답

1. Modern science has brought us many unhappy things.
2. A saying gives us a true lesson about everyday living.
3. The young man gave her a beautiful jewel as a sign of love.
4. He told/gave the soldiers the king's questions and the answers to the questions.
5. She asked the messenger questions about Octavia's appearance and character.
6. They showed the King of the country all the good things in their ship.
7. The rich merchant built his son a comfortable villa near the beautiful beach.
8. His teacher told him a famous story about Abraham Lincoln and a little girl.
9. She will show you examples of purchase order of two different companies tomorrow.

4-5 불완전타동사(5형식)

주어 · 동사 · 목적어 · 목적보어

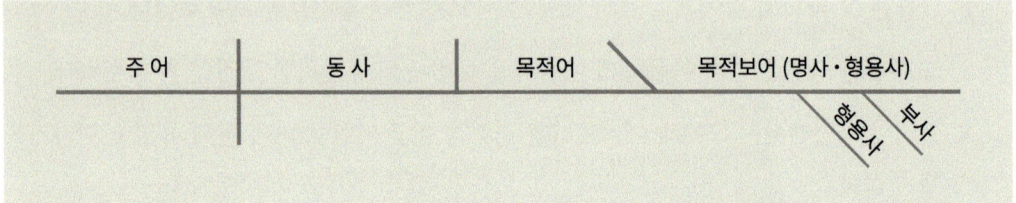

　주요소가 '주어 · 동사 · 목적어 · 목적보어'로 이루어진 문장을 5형식 문장이라고 한다. 5형식 동사를 불완전타동사라 하는데, 이 불완전타동사는 목적어와 목적보어를 필요로 하는 동사이다.

　목적보어가 될 수 있는 품사는 명사와 형용사인데, 명사가 목적보어일 때는 목적어와 격이나 의미가 같으므로 목적격 보어라 하고, 형용사가 목적보어일 때는 형용사는 격이 없으므로 목적어 보어라 한다. 목적보어는 '으로, 라고, 것을, 하게, 도록'이라는 토씨가 붙고 동사에 연접되어 온다.

　목적어 토씨는 '을, 를'이 원칙이나 5형식 동사(불완전타동사)의 목적어는 주어처럼 '이, 은, 는, 가'라는 토씨가 오기도 한다. 그 이유는 목적어와 목적보어는 주술관계(Nexus: 주어 · 술어 관계)가 성립되기 때문이다. 즉 복문이었을 때에 목적어는 주어였고, 목적보어는 술어였기 때문이다.

　목적보어는 목적어를 간접 수식하므로 목적어 쪽으로 기운 빗금으로 그려 도해한다.

> 목적어와 목적보어는 주술관계(Nexus)가 성립된다.
> 목적보어는 우리말에서 동사에 연접되어 온다.

예문 1 좋은 학습 습관은 학교 생활을 성공적으로 만들 수 있다.

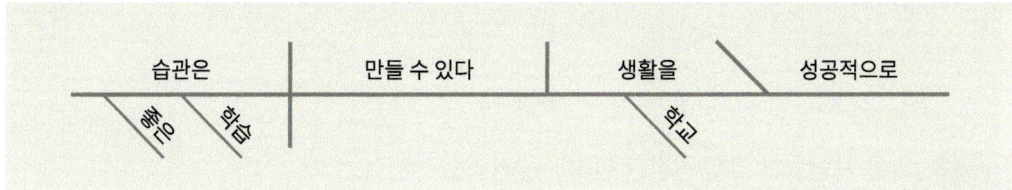

> 주
> - '만들 수 있다'는 '만들다'에 조동사 can의 의미가 더해진 것이다. 동사 '만들 수 있다' 앞에 '으로, 라고, 것을, 하게, 도록'이라는 목적보어 토씨 가운데 '으로'가 동사에 연접되어 왔고, 목적격토씨 '을'이 있으며, 목적어인 '생활'과 목적보어인 '성공적으로'가 '생활이 성공적이다'라는 주술관계가 성립되므로 5형식 문장이다.
> - 여기서 '성공적으로'가 부사 같아 보이지만 형용사이다. 왜냐하면 명사와 형용사만이 목적보어가 될 수 있는 품사이기 때문이다.
> - '학교'는 명사가 형용사로 쓰인 명사형용사이다. 바다 동물(sea animal), 남자 친구(boy friend), 온실 효과(greenhouse effect) 등과 같이 명사형용사가 있음을 유의해야 한다. '학습'도 명사형용사로 쓰였다.

한영 좋은/학습/습관은/만들 수 있다/학교/생활을/성공적으로.
Good study habits can make school life successful.

> 주 영어 어순 배열은 주어·동사·목적어·목적보어를 쓰고서, 부사·부사구의 순으로 쓴다.

예문 2 우리는 그 노인을 현명한 사람이고 진정한 스승이라고 믿는다.

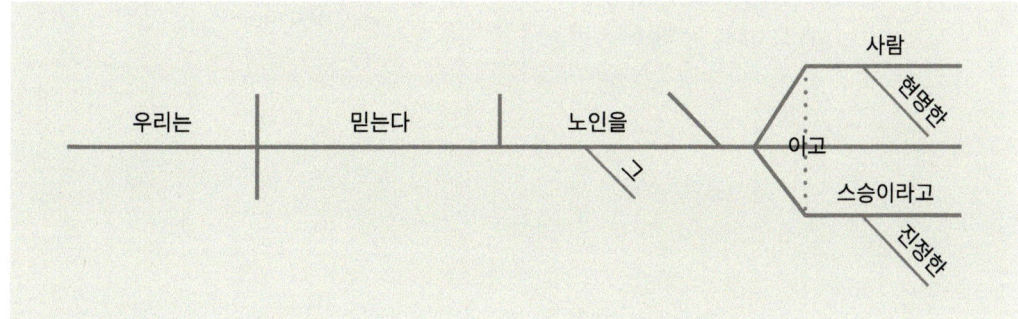

> 주
> - 동사 '믿는다' 앞에 목적보어 토씨 '라고'가 연접되어 왔고, 목적어 '노인'과 목적보어 '사람이고 스승'이 주술관계가 성립되므로 5형식 문장이다.
> - 대등접속사 '(이)고'가 '사람'과 '스승'을 연결하므로 목적보어가 둘이다.

우리는/믿는다/그/노인을/현명한/사람/이고/진정한/스승이라고.
We believe the old man a wise man and real teacher.

예문 3 많은 사람들이 그를 진정한 민속 예술가라고 여긴다.

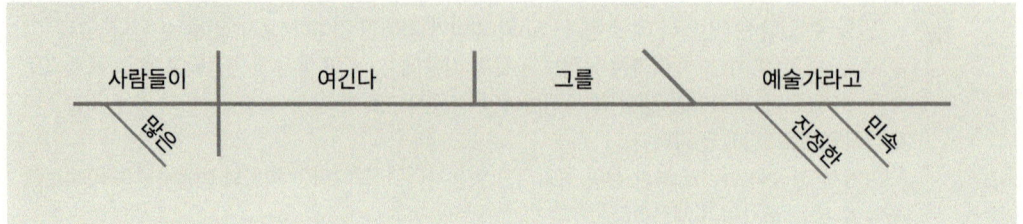

많은/사람들이/여긴다/그를/진정한/민속/예술가라고.
Many people regard him as a real folk artist.

> 주 him 다음의 as는 목적보어를 인도하는 아무 의미 없는 표시, 즉 허사이다. 본래는 모든 5형식 동사의 목적보어 앞에 아무 의미 없는 낱말, 허사 as를 썼으나, 지금은 거의 다 없어지고 regard, recognize, represent, treat, accept, look upon, interpret, use, acknowledge 등 몇몇 5형식 동사의 목적보어 앞에만 쓴다. take, mistake는 목적보어 앞에 허사 for를 쓴다.

```
regard, recognize, represent
treat, accept, look upon        … as      take       … for
interpret, use, acknowledge               mistake
```

인간의 자기 인식은 필요와 유용은 가능하지만 그 이상은 어려울지도 모른다.
왜냐하면 우물에 빠져 있을 때 자기 손으로 머리채를 잡아 건질 수 없으며 자기를 타의 매개 없이
볼 수 없기 때문이다. 이것이 독서와 기타의 만남이다.

예문 4   우리는 모든 생물들을 위해 강과 호수를 깨끗하게 해야 한다.

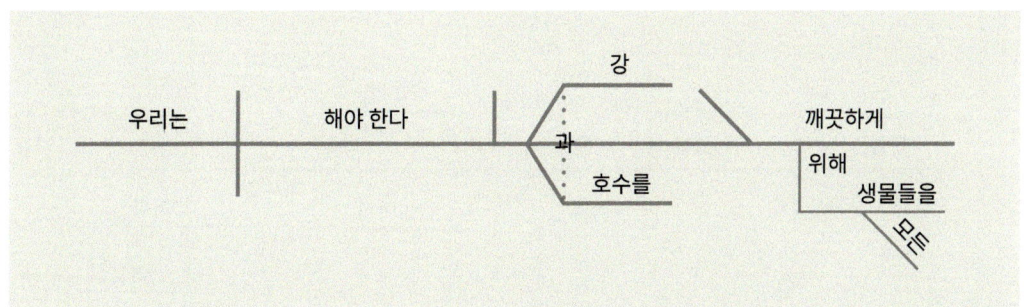

주
- 동사 '해야 한다' 앞에 목적보어 토씨 '하게'가 연접되어 왔고, 목적어와 목적보어가 '강과 호수가 깨끗하다'라는 주술관계가 성립되므로 5형식 문장이다.
- 대등접속사 '과'는 '강'하고 '호수'를 연결하니 목적어가 둘이다.
- '생물들을 위해'는 모음으로 끝나 부사구인데, 형용사나 동사를 뛰어넘지 못하므로 형용사 '깨끗하게'를 수식한다.

우리는/해야 한다/강과/호수를/깨끗하게/위해/모든/생물들을.
We must keep rivers and lakes clean for all living creatures.

예문 5   우리는 어떤 예술가의 최고의 작품을 그의 걸작이라고 부른다.

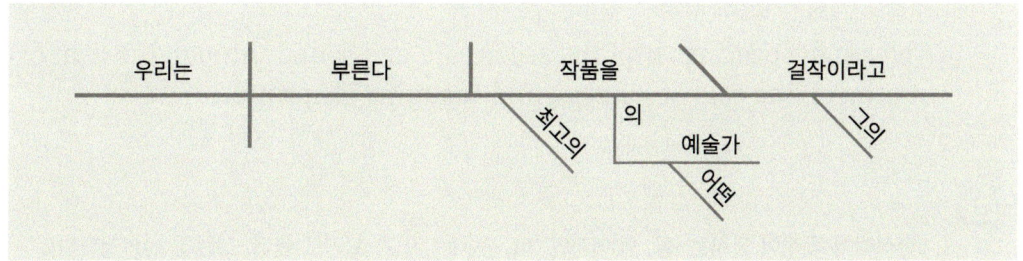

주
'그의'는 속격형용사이고, '최고의'는 최상급 형용사이다. '예술가의'도 속격인데 '어떤'이라는 수식어를 동반했으므로 형용사구가 된다.

우리는/부른다/최고의/작품을/의/어떤/예술가/그의/걸작이라고.
We call the greatest work of an artist his masterpiece.

예문 6 그 단단한 껍질은 씨를 여름철의 더위, 겨울철의 추위 그리고 봄철의 비에서도 안전하고 견실하게 유지시켰다.

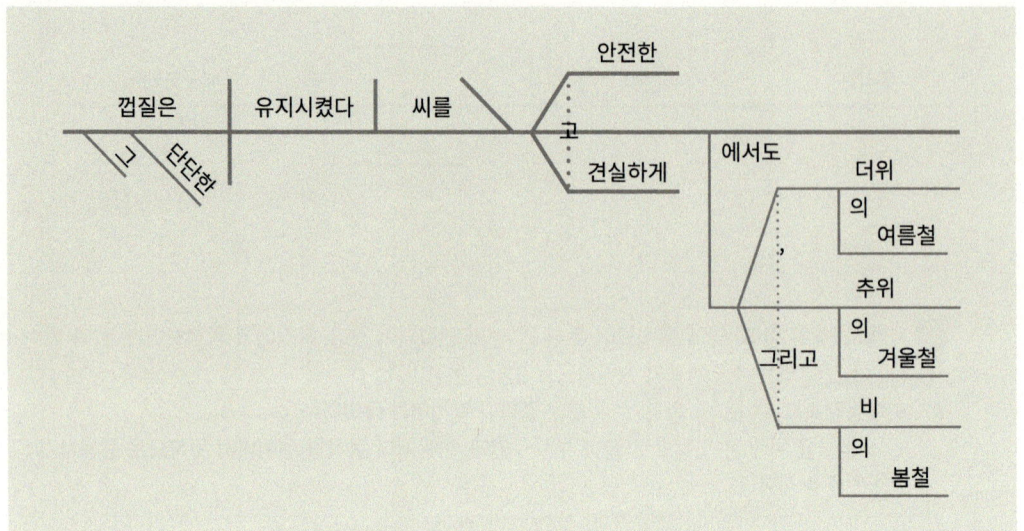

- 동사 '유지시켰다' 앞에 목적보어 토씨 '하게'가 연접되어 왔고, 목적어와 목적보어가 '씨가 안전하고 견실하다'라는 주술관계가 성립되므로 5형식 문장이다.
- 대등접속사 '고'가 '안전한'과 '견실하게'를 연결하므로 목적보어가 둘이다.
- 전치사 '에서도'의 목적어가 '여름철의 더위, 겨울철의 추위, 봄철의 비' 세 개이다.

 그/단단한/껍질은/유지시켰다/씨를/안전한/고/견실하게/에서도/더위/의/여름철,/추위/의/겨울철/그리고/비/의/봄철.

The tough coverings kept the seeds safe and sound through the heat of summers, the cold of winters, and the rains of springs.

1. 5형식에서 목적어 토씨는 '을, 를'이지만 '이, 은, 는, 가'가 오기도 한다. 그런데 ask(청하다), teach(가르치다), tell(말하다) 등의 동사일 때는 목적어 토씨가 '에게'가 온다.
   - Socrates would ask one of them to express his opinion on a particular subject.
     소크라테스는 그들 중 한 사람에게 특별한 주제에 대한 자신의 견해를 말하도록 요청하곤 했다.
   - He told us to love and thank each other.
     그는 우리에게 서로 사랑하고 감사하라고 말했다.
   - Teach your children to live honestly and cheerfully.
     자녀들에게 정직하고 즐겁게 살도록 가르쳐라.

2. **자동사가 재귀대명사를 목적어로 해서 5형식을 이룰 때는 중문번역 한다.**

- She talked herself hoarse.
  그녀는 말을 많이 해서 목이 쉬었다.
- He worked himself ill.
  그는 과로해서 병이 났다.
- She cried herself blind.
  그녀는 어찌나 울었던지 눈이 부었다.

3. **목적보어가 동작의 결과를 나타내는 경우는 중문번역 한다.**

- She pushed the door open.
  그녀는 문을 밀어서 열었다.
- He heated the iron hot.
  그는 철을 달구어서 뜨겁게 했다.
- Nancy quickly tore the envelope open.
  낸시는 서둘러 봉투를 뜯어서 열었다.

4. **목적보어는 본래 부정사이다. 따라서 목적보어가 부정사 아닌 것(명사, 대명사, 형용사, 현재분사, 과거분사)이 올 때는 그 앞에 to be가 생략된 경우이다.**

- I expected Mary to accept the invitation to dinner. (부정사)
  나는 메리가 저녁 식사 초대를 받아들일 것으로 기대했다.
- The present appointed him (to be) Foreign Secretary. (명사)
  대통령은 그를 외무 장관으로 임명했다.
- I think the real owner of the store (to be) her. (대명사)
  나는 그 가게의 실제 주인이 그녀라고 생각한다.
- She thought him (to be) unkind. (형용사)
  그녀는 그를 불친절하다고 생각했다.
- I felt my face (to be) turning red. (현재분사)
  나는 얼굴이 붉어지는 것을 느꼈다.
- I heard my name (to be) called. (과거분사)
  나는 내 이름을 부르는 것을 들었다.

독서는 사고의 씨앗을 뿌리는 행동이라는 점에서 볼 때 책은 그 내용이 어려울수록 좋다.
내용을 쉽게 파악할 수 있을 때는 그저 그 저자의 사고를 따라가는 것일 뿐,
자기 자신의 사고는 할 수 없기 때문이다.

연습문제

1. 이것들은 그들을 아침까지 아늑하고 따뜻하게 유지해 준다.
2. 어떤 사람들은 우표와 주화를 역사의 작은 단편들이라고 부른다.
3. 그녀의 언니들은 그 소녀가 자기들의 못생긴 동생이라고 믿을 수가 없었다.
4. 우리 가족은 그 사건을 재앙이라고 여기지 않았다.
5. 모든 이러한 언어들과 풍습들이 하와이의 생활을 매우 다채롭게 만든다.
6. 로마인들은 왕이 없는 이 새로운 정부를 공화국이라고 불렀다.
7. 많은 십대들은 1990년대에 왕따를 학교 생활의 일부로 받아들였다.
8. 성공에 대한 강한 욕망은 우리의 삶을 불행하고 불안하게 만들 수 있다.
9. 싱가포르의 국민들은 열대 수목과 만발한 꽃들이 있는 자기들의 도시를 전원도시라고 부른다.

해 답

1. These keep them cozy and warm until morning.
2. Some people call stamps and coins little bits of history.
3. Her sisters could not believe the girl their ugly sister.
4. Our family did not regard the event as calamity.
5. All these languages and customs make life in Hawaii very colorful.
6. The Romans called this new government without a king a republic.
7. Many teens accepted bullying as part of school life in the 1990s.
8. The earnest desire for success can make our lives unhappy and nervous.
9. The people in Singapore call their city with tropical trees and blooming flowers the Garden City.

Phrase

05. 구

05 구(Phrase)

구(句·phrase)란 두 개 이상의 단어가 모여 문에서 한 품사처럼 쓰이는 단어 무리를 말한다. 그런데 이 단어 무리가 구를 이루기 위해서 갖추어야 할 요소는 '전치사+명사'이거나 'to+동사원형'이거나 '동사원형ing'이어야 한다.

전치사+명사(전명구)
1. 명사구
2. 형용사구
3. 부사구

to+동사원형(부정사구)
1. 명사구
2. 형용사구
3. 부사구

동사원형ing(분사구)
1. 명사구(동명사)
2. 형용사구(분사)
3. 부사구(분사구문)

5-1 전치사+명사(전명구)

1. 명사구(Noun Phrase: 전치사+명사)

명사의 위치(자리)에 구(전치사+명사)가 오면 명사구이다. 명사의 위치는 주어, 목적어, 보어, 전치사의 목적어 등의 자리이다. 그런데 '전치사+명사'로 된 명사구는 보어와 전치사의 목적어로만 사용된다.

1) 보어구

'전치사+명사'인 구가 보어로 쓰일 때는 주어가 추상명사이거나 추상명사의 의미를 갖는 대명사 it, this, that의 경우이다.

예문 1 The game ban is for students' safety.
그 게임 금지 조치는 학생들의 안전을 위한 것이다.

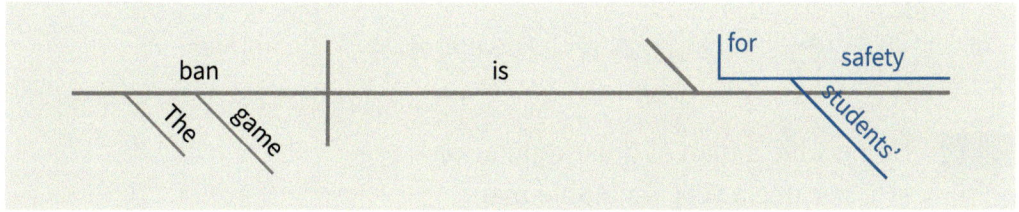

예문 2 Newton's second discovery was about colors.
뉴턴의 두 번째 발견은 색깔에 관한 것이었다.

2) 전치사의 목적어구

전치사 다음에 명사가 와야 할 자리에 '전치사+명사'가 오는 경우이다.

예문 1 These birds have come from over the sea.
이 새들은 바다 건너에서 왔다.

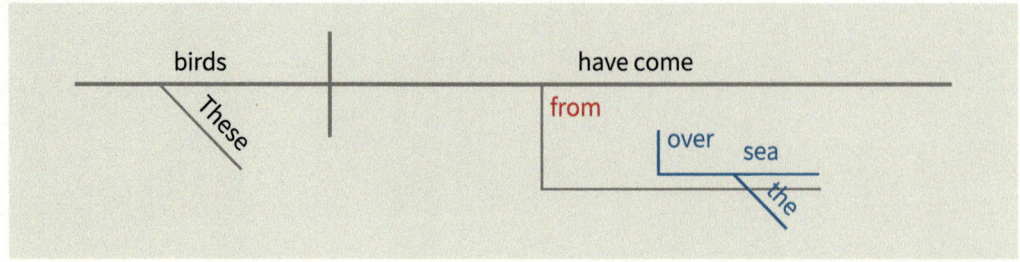

> 주 from(에서)이라는 전치사 다음에 명사가 와야 할 자리에 '전치사+명사'인 over the sea(바다 건너)라는 구(phrase)가 온 경우이다. from over와 같이 전치사가 겹친 것을 이중전치사라 하기도 한다.

예문 2 He walked from under the big tree to the house.
그는 그 큰 나무 밑에서부터 집까지 걸어갔다.

2. 형용사구(Adjective Phrase: 전치사+명사)

1) 직접 수식

명사 다음에 구(전치사+명사)가 올 때이다. 우리말에서는 자음 어미이다.

예문 1 He became a man of great reputation.
=He became a very reputable man.
그는 매우 명망 있는 사람이 되었다.

> 주 '전치사+관사 없는 추상명사'가 구를 이룰 때 형용사구이면 형용사처럼 번역하고, 부사구이면 부사처럼 번역한다. 그래서 of reputation을 형용사(reputable)처럼 번역한다.

예문 2 She looked at me with a smile of indulgence.
=She looked at me with an indulgent smile.
그녀는 너그러운 미소를 지으며 나를 바라보았다.

2) 간접 수식

'전치사+명사'인 구가 보어 자리에 올 때나 목적보어 자리에 올 때이다. 보어 자리에 올 때는 주어가 추상명사가 아닌 경우이며, 목적보어 자리에 올 때도 목적어가 추상명사가 아닌 경우이다.

예문 1 Education is of importance to everyone.
=Education is important to everyone.
교육은 누구에게나 중요하다.

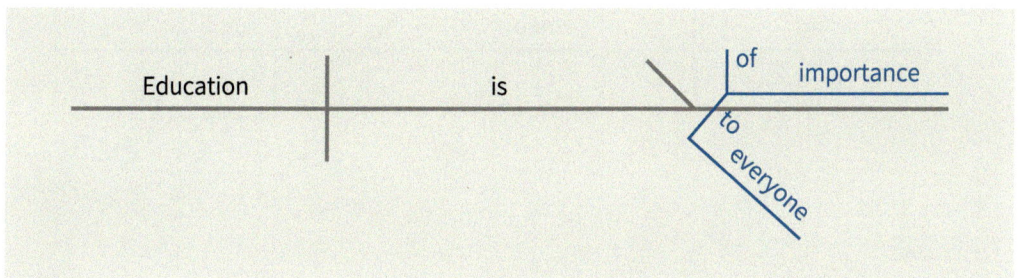

예문 2 This medicine is of no effect.
=This medicine is ineffective.
이 약은 효과가 없다.

예문 3 The land seems at peace.
그 나라는 평온해 보인다.

예문 4 I found all the people in great fear.
나는 모든 사람들이 몹시 무서워하고 있는 것을 알았다.

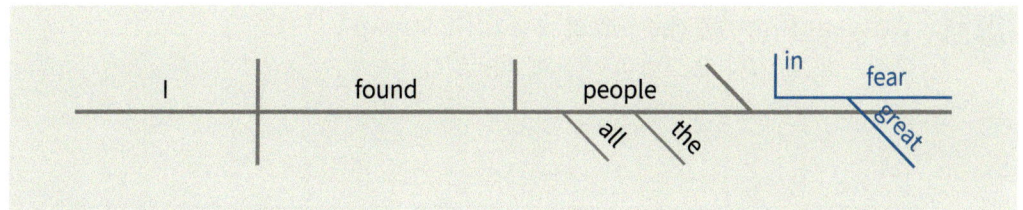

예문 5 She always leaves everything in order.
그녀는 언제나 모든 것을 잘 정돈해 둔다.

3. 부사구(Adverb Phrase: 전치사+명사)

형용사·부사·동사 다음에 구(전치사+명사)가 올 때이다. 우리말에서는 모음 어미이다. 부사와 마찬가지로 형용사·부사·동사를 수식한다.

예문 1 The four sisters were not kind to this poor girl.
네 자매는 이 불쌍한 소녀에게 친절하지 못했다.

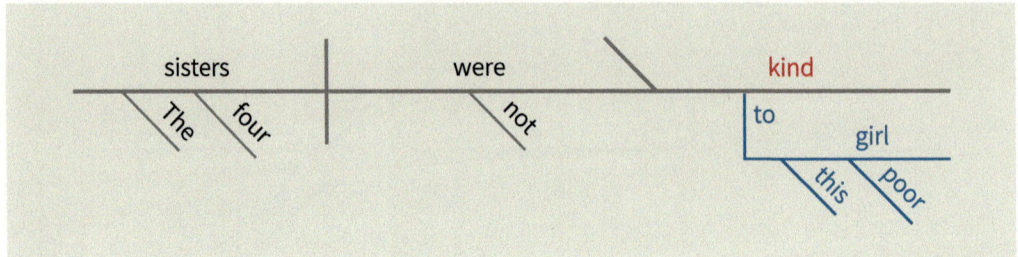

예문 2 The wood was not very far from the hill.
숲은 언덕에서 별로 멀리 떨어져 있지 않았다.

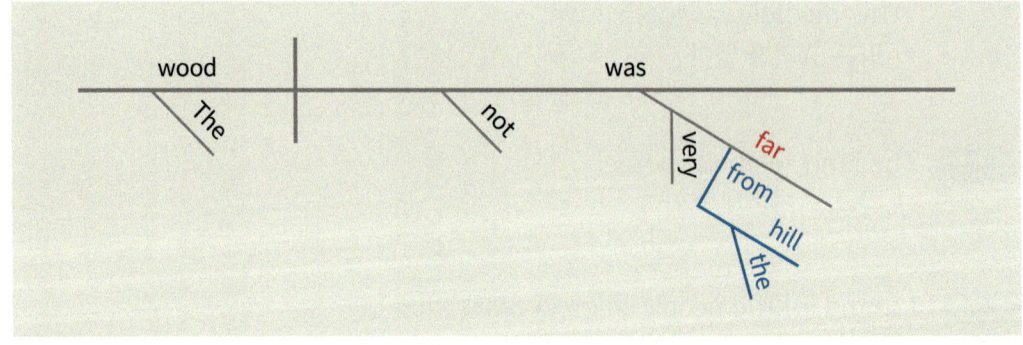

예문 3 We went through the forest to a little stream.
우리는 숲을 지나 조그마한 개울에 이르렀다.

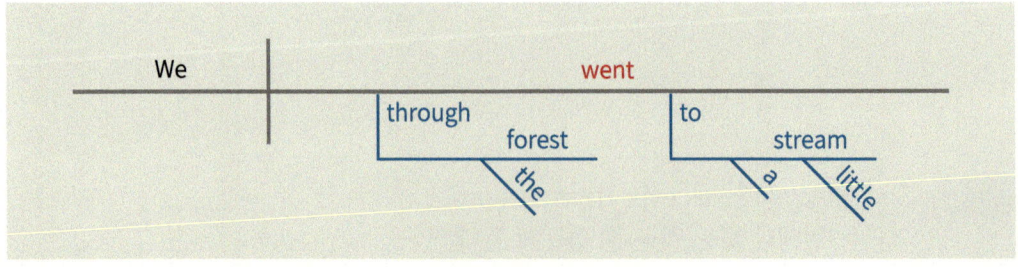

5-2 to+동사원형(부정사구)

'to+동사원형'을 부정사(不定詞)라 하는데 부정사란 시제가 정해져 있지 않다는 뜻이다. 'to+동사원형'의 to는 허사(虛辭, expletive)이다. 허사는 일정한 의미가 없이 문장에서 구조상 기능만 하는 것이다. 허사 to의 기능은 명사적, 형용사적, 부사적인 경우인데 그때마다 우리말에서는 의미가 달라진다.

'동사의 원형'은 동사에 시제가 들어 있지 않은 것을 말한다. 다시 말하면 현재도, 과거도, 미래도 아닌 순수한 동사의 의미만을 뜻하는 사전 속에 있는 그대로의 동사이다.

'to+동사원형'도 구(phrase)이므로 '전치사+명사'인 구(phrase)와 같이 └─ 모양으로 그리고 세로선 오른쪽에 허사(expletive) to를, 가로선 위에 '동사의 원형'을 써넣는다.

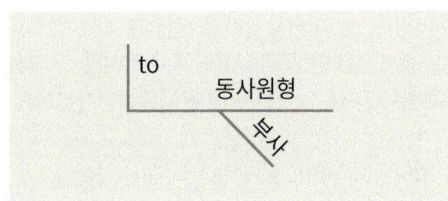 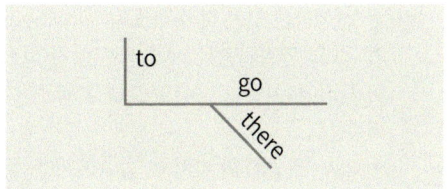

1. 명사구(Noun Phrase: to+동사원형)

명사의 위치(자리)에 구(to+동사원형)가 올 때이다. 명사의 위치는 '주어, 목적어, 보어, 전치사의 목적어, 동격어' 자리이다.(※호격어구는 없다.) 이때 허사 to는 우리말에서 '것'이나 '기'로 번역한다. 우리말은 명사가 아닌 것이 명사 역할을 할 때는 '것'이나 '기'를 붙인다.

1) 주어구

　주어 자리에 'to+동사원형'이 올 때이다. 명사구가 주어가 될 때는 가주어(it)를 사용한다. 명사 아닌 것(구·절)이 주어가 될 때는 가(짜)주어(it)를 먼저 쓰고 맨 나중에 진(짜)주어를 쓴다.

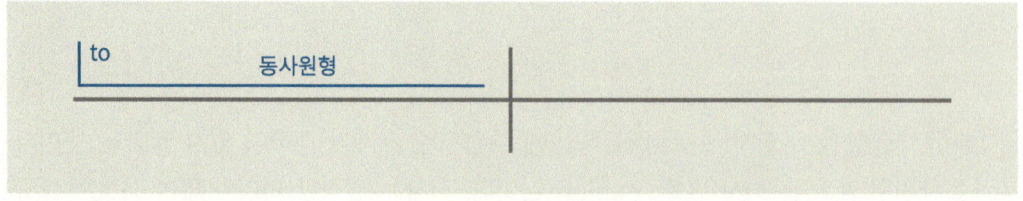

예문 1 　서늘한 숲속에서 조용히 산책하는 것은 건강에 좋다.

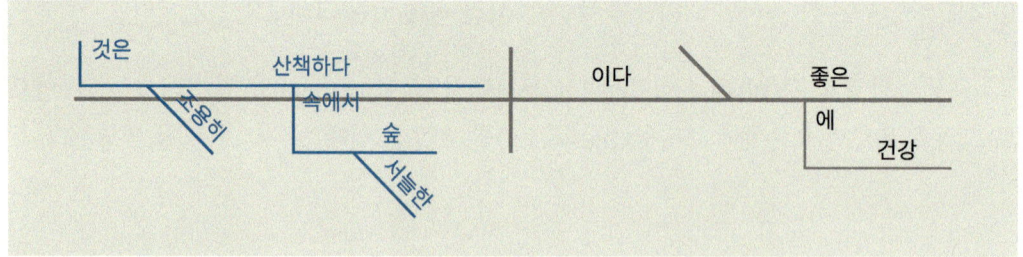

> **주**
> - '산책하는 것은'이 주격토씨 '은'이 있어서 주어인데 '것'이 허사 to이고 '산책하는'은 '산책하다'가 '것'과 연결되면서 어미가 변한 것이므로 'to+동사원형'인 구(phrase)가 주어이다. 그래서 주어 자리에 구(└──)를 그리고 세로선 오른쪽에 '것은'을, 가로선 위에 동사원형인 '산책하다'를 써넣는다.
> - 부사 '조용히'와 부사구 '숲속에서'는 동사를 뛰어넘지 못하므로 '산책하다'를 수식한다.
> - '좋다'는 서술 형용사이므로 계사 '이다'와 형용사 보어 '좋은'으로 나누어 써넣는다.
> - 동사는 항상 1~5형식 중의 하나이므로 구(phrase)일지라도 동사인 한 형식이 있다는 것을 유념해야 한다.

 It/이다/좋은/에/건강/것은/산책하다/조용히/속에서/서늘한/숲.

　It is good for health to walk silently in the cool woods.

> **주**
> 　명사구가 주어가 되었으므로 가주어(it)를 쓰고, 진주어구(to+동사원형)를 뒤에 쓴다. 진주어구에서는 허사 '것은(to)'을 먼저 쓰고, 동사원형 '산책하다'를 쓴 다음 부사·부사구 순으로 쓴다. 그래서 부사 '조용히'를 쓰고 부사구 '서늘한 숲속에서'를 쓴 것이다.

예문 2 아름다운 꽃들과 기이한 동물들로 유명한 것은 사실이다.

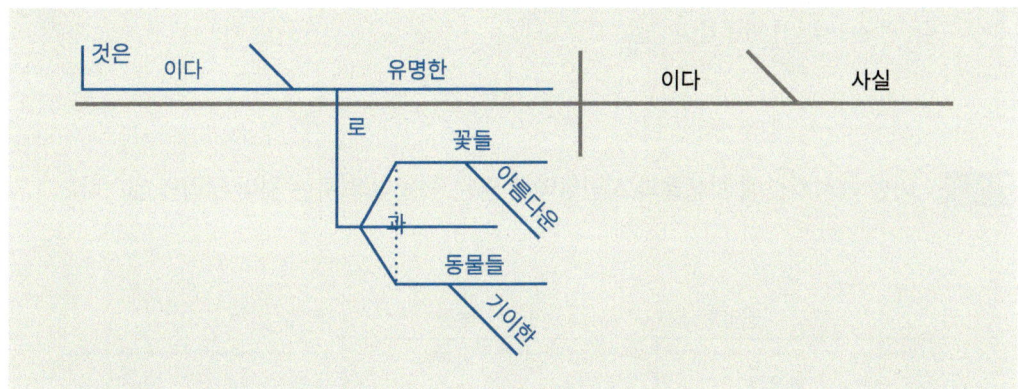

> 주 '유명한 것은'이 'to+동사원형'인 주어구이다. '것'이 허사 to이므로 동사원형이 와야 한다. 그런데 '유명하다'는 동사가 아니라 서술 형용사이다. 그러므로 '유명하다'를 계사 '이다'와 형용사 '유명한'으로 나누어 써넣는다.

한영 It/이다/사실/것은/이다/유명한/로/아름다운/꽃들/과/기이한/동물들.
It is true to be famous for beautiful flowers and strange animals.

> 주 어순 배열 시 구(to+동사원형)가 주어가 되었으므로 가주어(it)를 쓰고 진주어구(to+동사원형)를 뒤에 쓴다. 진주어구에서는 허사 '것은(to)'을 먼저 쓰고 동사원형 '이다', 보어 '유명한'을 차례로 쓴 다음, 부사구 '아름다운 꽃들과 기이한 동물로'를 쓴다.(구도 절처럼 주요소를 먼저 쓰고 종요소를 나중에 쓴다.)

예문 3 부유한 가정에서도 대낮에 위스키와 같은 술을 마시는 것은 관례가 아니다.

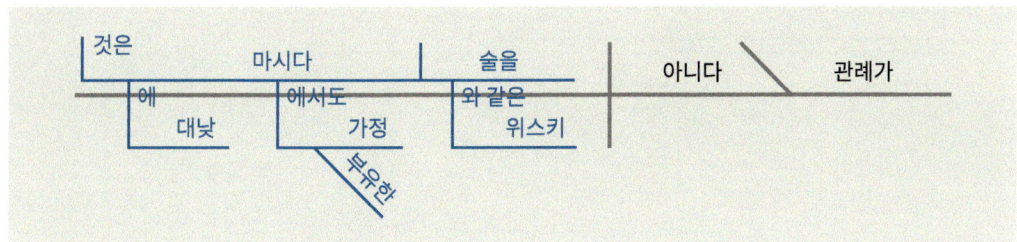

> 주 '…술을 마시는 것은'이 'to+동사원형'인 주어구이다. '것'이 허사 to이고 '마시다'가 동사원형이며 '술을'은 '마시다'의 목적어이다.

It/아니다/관례가/것은/마시다/술을/와 같은/위스키/에서도/부유한/가정/에/대낮.

It is not the custom to drink spirits like whiskey even in wealthy homes in the middle of the day.

예문 4 이번 독서주간에 학생들과 시민들에게 많은 책을 빌려주는 것이 우리의 일이다.

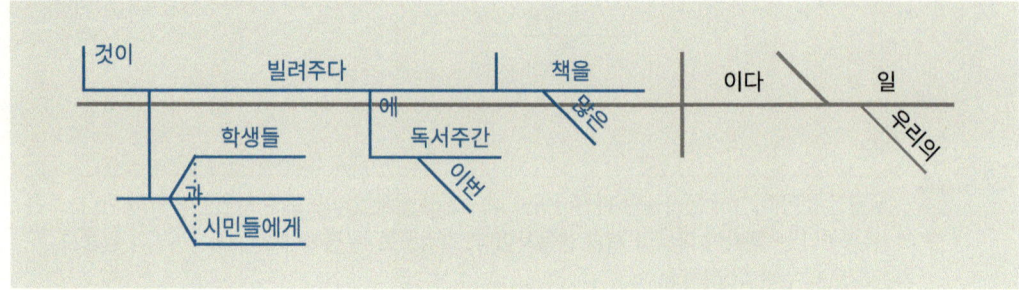

- '빌려주다'가 수여의 뜻을 포함한 이중 의미이므로 4형식 주어구이다.
- '과'는 '학생들'하고 '시민들'을 연결하므로 간접목적어가 둘이다.

It/이다/우리의/일/것이/빌려주다/학생들/과/시민들에게/많은/책을/에/이번/독서주간.

It is our task to lend students and citizens many books during this reading week.

예문 5 모든 시내와 강을 깨끗하게 유지하는 것은 세계의 시민으로서 우리의 책임이다.

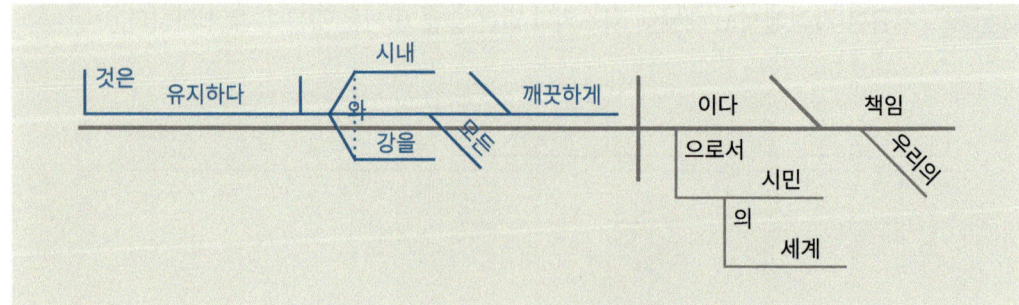

동사 '유지하다' 앞에 목적보어 토씨 '하게'가 연접되어 왔고, 목적격토씨 '을'이 있으며, 목적어와 목적보어가 '시내와 강이 깨끗하다'라는 주술관계가 성립되므로 5형식 주어구이다.

It/이다/우리의/책임/으로서/시민/의/세계/것은/유지하다/모든/시내/와/강을/깨끗하게.
It is our responsibility as citizens of the world to keep all streams and rivers clean.

주어구가 둘일 때는 다음 도해에서 보는 바와 같이 위아래로 주어선을 두 개 그리고, 그 위에다 구를 각각 그려 넣는다. 세 개일 때는 가운데 선에까지 그려 넣으면 되고, 그 이상일 때는 필요한 만큼 그려 넣으면 된다. 목적어구나 보어구일 때도 마찬가지이다.

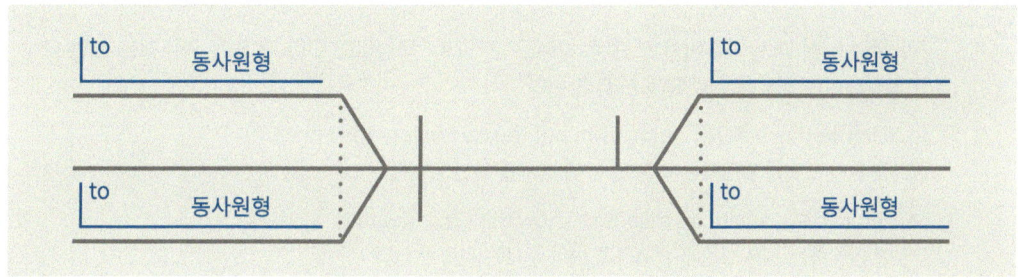

예문 6 입헌 정치를 유지하고 나의 백성들의 행복과 번영을 증진시키는 것이 나의 의무입니다.

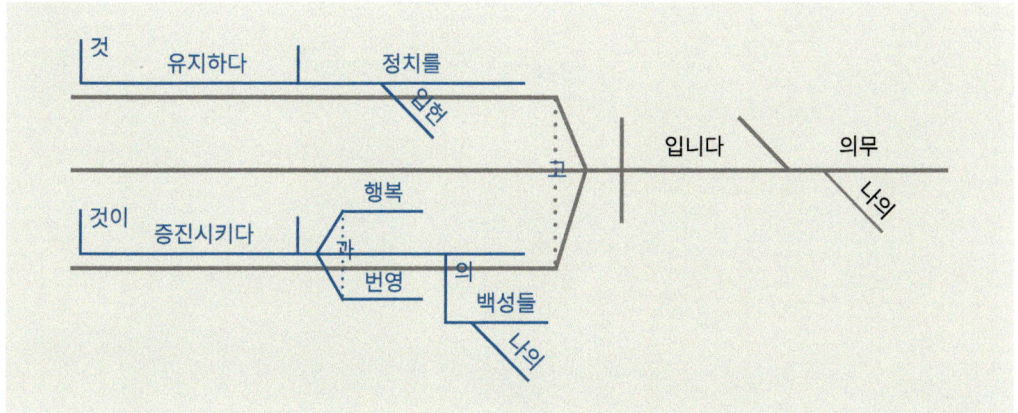

> **주** '입헌 정치를 유지하고…증진시키는 것이'가 주어구인데, 대등접속사 '고'가 '…유지하는 것'과 '…증진시키는 것'을 연결한다. 대등접속사는 동격에 한해서 연결하므로 뒤의 것이 구이면 앞의 것도 구이어야 한다. 그래서 '증진시키는 것이' 구이므로 '고' 앞에 '것'이 생략되어 없지만 도해에서는 '유지하다'에 생략된 '것'을 집어넣어서 구로 만든다.

It/입니다/나의/의무/것/유지하다/입헌/정치를/고/것이/증진시키다/행복/과/번영을/의/나의/백성들.

It is my duty to uphold constitutional government and (to) advance the happiness and prosperity of my peoples.

 우리말에서는 허사 to에 해당되는 '것'이 대등접속사 앞에서 생략되는데, 영어에서는 대등접속사(and) 뒤에서 허사 to가 생략된다.

 구가 주어가 될 때는 가주어를 쓰는데, 보어도 구이거나 목적어도 구일 때 또는 가주어를 쓰면 오히려 복잡해지는 경우는 가주어를 쓰지 않는다.

- To teach writing before reading is to put the cart before the horse.
  읽기에 앞서 쓰기를 가르치는 것은 말 앞에 마차를 두는 것이다.

- To compare to something means to show the similarity to it.
  무엇에 비유하는 것은 그것에 유사점을 보여 준다는 것을 뜻한다.

- To acquire knowledge is necessary for the improvement of life.
  지식을 습득하는 것은 삶을 향상시키는 데 필요하다.

- To take care of children needs a lot of patience.
  아이들을 돌보는 것은 많은 인내심을 필요로 한다.

우리말의 특성은 수은과 같이 굴릴 수도 있고 붙잡을 수도 있으나 들어 올려지지는 않는다.
즉 정중동어(停中動語)이다. 그래서 우리의 철학(삶)은 꼬집어 말할 수는 없으나 무수한 변증을 낳는다.
이는 창조의 싹이다. 원하기만 하면 포착되게 되어 있다.
노동 신성 국가 국민이 아닌 풍류 신성 국가 국민의 피인지도 모른다.

연습문제

1. 더운 여름 날에 바다에서 수영하는 것은 유쾌하다.

2. 정신에 좋은 것은 육체에도 좋다.

3. 사랑과 우정 사이의 경계를 정하기는 어렵다.

4. 미국이나 영국 여인에게 그녀의 나이를 물어보는 것은 금기이다.

5. 우리의 근육을 더 유연하게 하는 것이 건강에 필요하다.

6. 이 나라의 젊은이들에게 참된 과제를 가르쳐 주어서 그들을 훌륭한 젊은이로 만드는 것이 우리의 일이다.

해답

1. It is pleasant to swim in the sea on hot summer days.
   ※ 1형식 주어구

2. It is good for the body to be good in the mind.
   ※ 2형식 주어구

3. It is difficult to define the border between love and friendship.
   ※ 3형식 주어구

4. It is taboo to ask an American or British woman her age.
   ※ 4형식 주어구

5. It is necessary for health to make our muscles more flexible.
   ※ 5형식 주어구

6. It is our task to teach the youth of this country the true subject-matters and (to) make them great youths.
   ※ 4형식 주어구와 5형식 주어구

2) 목적어구

목적어 자리에 'to+동사원형'이 올 때이다.

예문 1 미국 정부는 탈레반과 협상 테이블에 앉기를 거부했다.

 '…앉기를'이 목적격토씨 '를'이 있고 '를' 앞에 '기'가 있으므로 'to+동사원형'인 목적어구이다. '테이블에'와 '탈레반과'가 어미가 모음으로 끝나서 부사구인데 동사를 뛰어넘지 못하므로 '앉다'를 수식한다.

미국/정부는/거부했다/기를/앉다/에/협상/테이블/과/탈레반.

The U.S. government refused to sit at the negotiation table with the Taliban.

예문 2 나는 뉴턴이나 아인슈타인 같은 위대한 과학자가 되기를 원한다.

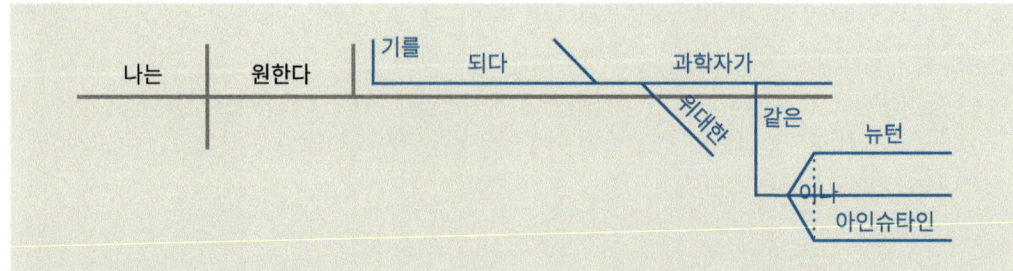

주 '…되기를'이 목적격토씨 '를' 앞에 '기'가 있으므로 'to+동사원형'인 목적어구이다. 동사원형인 '되다'가 2형식 동사이므로 그 앞에 온 '과학자가'가 보어이다. '과학자가'는 명사 보어로 주격 보어이기 때문에 주격토씨 '가'가 붙어 있는 경우이다.

나는/원한다/기를/되다/위대한/과학자가/같은/뉴턴/이나/아인슈타인.
I want to become a great scientist like Newton or Einstein.

예문 3 그는 조용한 시골에서 자기 가족과 함께 이번 여름 휴가를 보내기를 원한다.

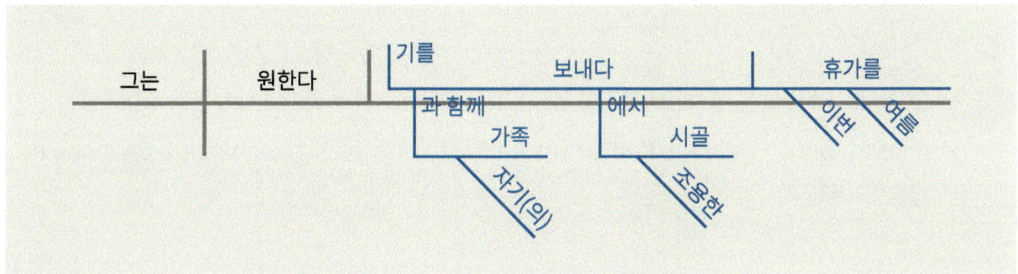

그는/원한다/기를/보내다/이번/여름/휴가를/에서/조용한/시골/과 함께/자기(의)/가족.
He wants to spend this summer vacation in the quiet country with his family.

예문 4 너희들에게 많은 부를 남겨 주기를 바라는 것은 잘못이다.

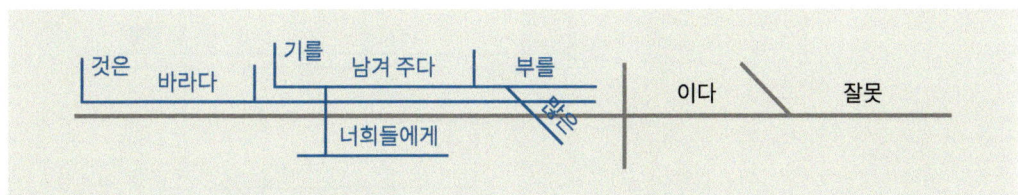

주 '…바라는 것은'이 주어구이고 '…남겨 주기를'이 '바라다'의 목적어구이다. '남겨 주다'는 수여의 뜻을 내포한 이중의 의미이므로 4형식이다.

It/이다/잘못/것은/바라다/기를/남겨주다/너희들에게/많은/부를.
It is wrong to want to leave you much wealth.

예문 5 고대 그리스인들은 그들의 몸을 연무장의 운동으로 튼튼하게 하기를 좋아했다.

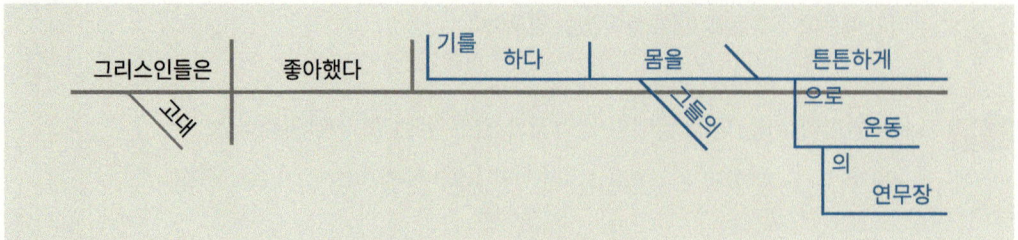

> 주 목적어구 '…하기를'은 동사 '하다' 앞에 목적보어 토씨 '하게'가 와서 '튼튼하게'가 목적보어이고 '몸을'이 목적어인 5형식이다. '운동으로'는 부사구인데, 형용사나 동사를 뛰어넘지 못하므로 '튼튼하게'를 수식한다.

고대/그리스인들은/좋아했다/기를/하다/그들의/몸을/튼튼하게/으로/운동/의/연무장.
The ancient Greeks liked to make their bodies strong with exercises of gymnasium.

예문 6 아난시는 큰 단지에 세상에 있는 모든 지혜를 모아서 숲속에 있는 굵고 큰 나무의 꼭대기에 그것을 숨기기로 결심했다.

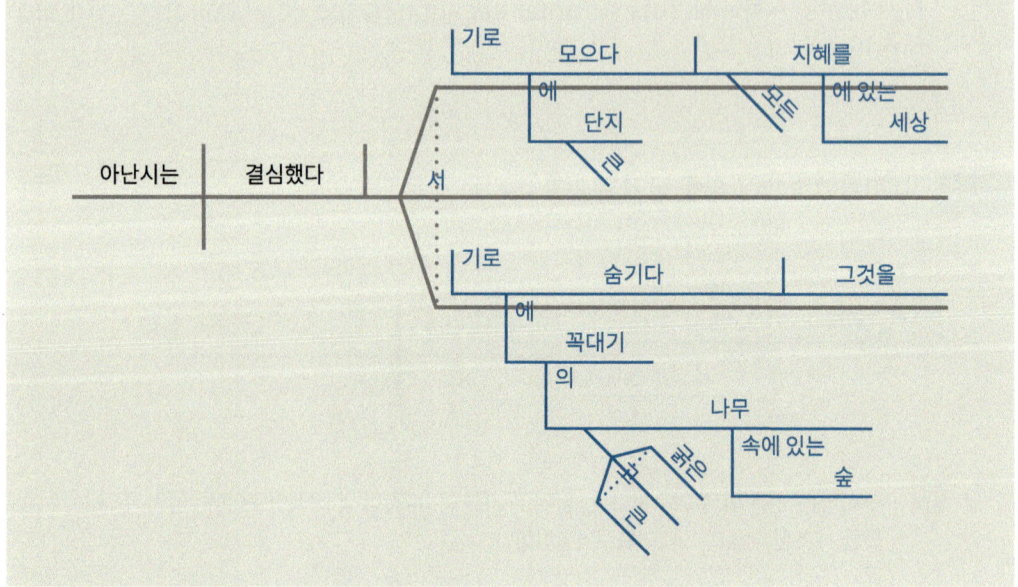

> 주
> • 결심(정)하다(decide) 동사 앞에서는 '기를(것을)' 대신에 주로 '기로'가 온다.
> • 대등접속사 '서'가 '…모으기로'와 '…숨기기로'를 연결하므로 목적어구가 둘이다.

아난시는/결심했다/기로/모으다/모든/지혜를/에 있는/세상/에/큰/단지/서/기로/숨기다/그것을/에/꼭대기/의/굵은/고/큰/나무/속에 있는/숲.

Ananse decided to collect all the wisdom in the world in a big pot and (to) hide it at the top of a big, tall tree in the forest.

1. 5형식의 목적어 자리에 부정사가 올 때는 가목적어(it)를 쓴다.
   - The official finds it difficult to predict the outcome.
     그 관계자는 결과를 예측하기 힘들다는 것을 알았다.
   - Airplanes make it possible to travel fast and far.
     비행기는 빠르고 멀리 이동하는 것을 가능하게 한다.

2. 'to+동사원형'을 목적어로 취하고 '동사원형ing'는 목적어로 취하지 않는 동사

   choose, refuse, offer, promise, manage, wish, hope, desire, consent, contrive, fail, threaten, determine, resolve, expect, pretend, attempt, decide, agree, care, aim, afford, arrange, seek, learn, decline, think, long

3. '동사원형ing'를 목적어로 취하고 'to+동사원형'은 목적어로 취하지 않는 동사

   stop, enjoy, excuse, mind, commence, finish, fancy, avoid, suggest, consider, admit, miss, involve, quit, postpone, delay, imagine, appreciate, deny, risk, practice, give up(=quit), put off(=postpone), keep on(=do something continuously or repeatedly)

4. 'to+동사원형', '동사원형ing' 둘 다 목적어로 취하는 동사

   like, dislike, love, begin, cease, start, prefer, hate, intend, propose, hate, fear, plan, deserve, mean, continue

5. 목적어가 'to+동사원형'일 때와 '동사원형ing'일 때 의미 차이가 있는 동사 forget, remember, try, regret, need, want, require
   - remember(forget) to+동사원형: 미래의 일
   - remember(forget) 동사원형ing: 과거의 일
   - try to+동사원형: …하려고 노력하다
   - try 동사원형ing: 시험 삼아 …해 보다
   - regret to+동사원형: (지금부터 …하려고 하는 일에 대하여) 유감스럽지만 …하다
   - regret 동사원형ing: (과거의 일을) 후회하다
   - need(want, require) to+동사원형: 'to+동사원형'이 능동의 의미
   - need(want, require) 동사원형ing: '동사원형ing'가 피동의 의미

   ※ 더 자세한 것은 글틀영어 형태편 비한정동사(부정사, 분사) 참조

연습문제

1. 그의 손가락이 건반을 따라 움직이기(를) 시작했다.

2. 그는 수학과 철학의 분야에서 유명해지기(를) 시작했다.

3. 인간은 지렛대와 바퀴와 같은 간단한 기계를 이용하는 것을 배웠다.

4. 그녀는 학생들에게 그리스의 역사와 문화를 말해 주기를 좋아했다.

5. 그 위원회는 그들의 도시를 푸른 나무와 밝은 꽃들로 아름답게 만들기로 결정했다.

6. 플로렌스 나이팅게일은 간호사가 되어서 영국이나 다른 나라에 있는 병원에서 일하기를 원했다.

해답

1. His fingers began to move along the keys.
   ※ 1형식 목적어구

2. He began to become famous in the fields of mathematics and philosophy.
   ※ 2형식 목적어구

3. Man learned to use simple machines like the lever and wheel.
   ※ 3형식 목적어구

4. She liked to tell students the history and culture of Greece.
   ※ 4형식 목적어구

5. The committee decided to make their city beautiful with green trees and bright flowers.
   ※ 5형식 목적어구

6. Florence Nightingale wanted to be a nurse and (to) work at the hospitals in England or other countries.
   ※ 2형식 목적어구와 1형식 목적어구

3) 보어구

주어가 추상명사이거나 추상적인 것일 때 보어 자리에 'to+동사원형'이 오는 경우이다.

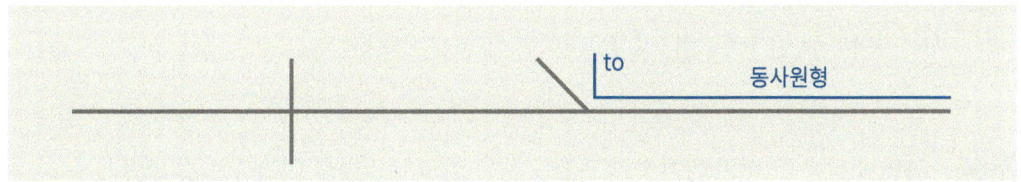

예문 1 나의 계획은 이번 주말에 그녀와 함께 박물관에 가는 것이다.

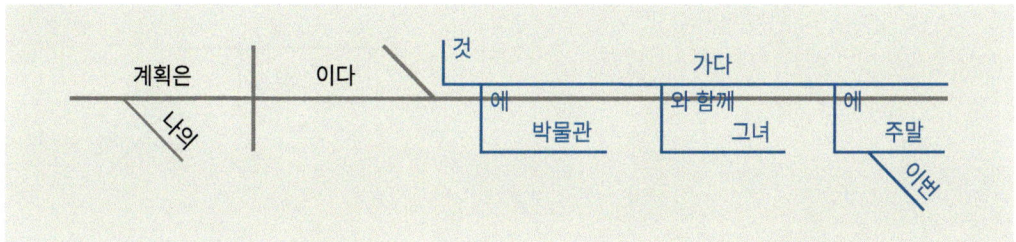

> 주 주어 '계획은'이 추상명사이므로 '가는 것이다'가 동사가 아니고 '이다'만 동사이다. '이다'는 2형식 계사이므로 '이다'에 연접된 '…가는 것'이 보어인데, '것'이 있어서 구가 보어가 된 것임을 알 수 있다.

한영 나의/계획은/이다/것/가다/에/박물관/와 함께/그녀/에/이번/주말.

My plan is to go to the museum with her (on) this weekend.

> 주 • 부정사구에서도 부사나 부사구는 장소, 방법, 시간의 순서로 쓴다.
> • on this weekend에서 weekend가 시간 명사이므로 전치사 on을 생략하고 this weekend를 부사용 대격으로 쓴다.

예문 2 그의 희망은 이 나라의 위대한 지도자가 되는 것이다.

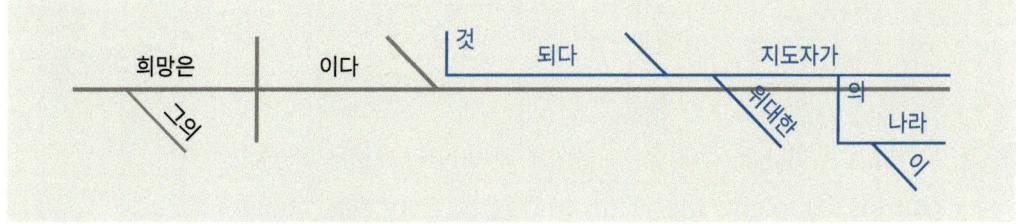

'희망'이 추상명사이므로 '이다'만 동사이고 '…되는 것'이 명사구 보어구이다.

 그의/희망은/이다/것/되다/위대한/지도자가/의/이/나라.
His hope is to be a great leader of this country.

예문 3 그의 소망은 그 어린 왕자의 슬프고도 짧은 삶의 비밀들을 이해하는 것이었다.

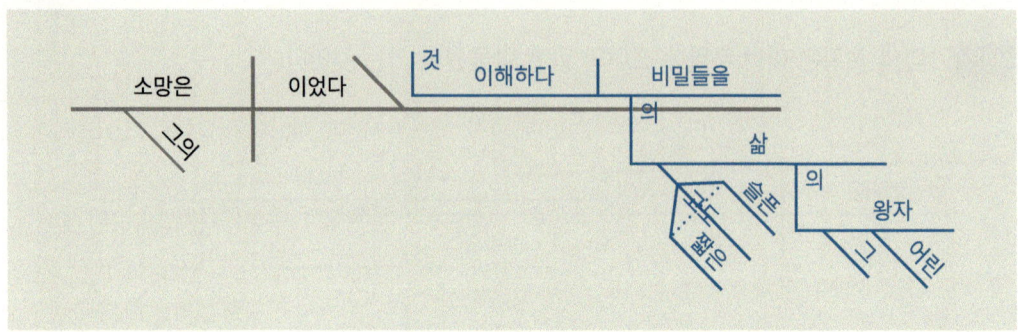

 대등접속사 '고도'는 형용사 '슬픈'과 '짧은'을 연결한다.

 그의/소망은/이었다/것/이해하다/비밀들을/의/슬픈/고도/짧은/삶/의/그/어린/왕자.
His wish was to understand the secrets of the sad and short life of the little prince.

예문 4 우리의 일은 이 나라의 젊은이들에게 새로운 희망을 주는 것이다.

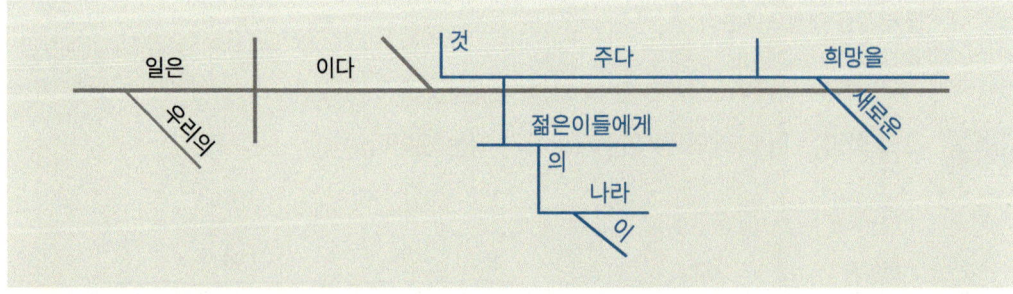

 우리의/일은/이다/것/주다/젊은이들에게/의/이/나라/새로운/희망을.
Our task is to give the youth of this country new hopes.

예문 5 우리의 책무는 우리의 자연 환경을 깨끗하고 아름답게 유지하는 것이다.

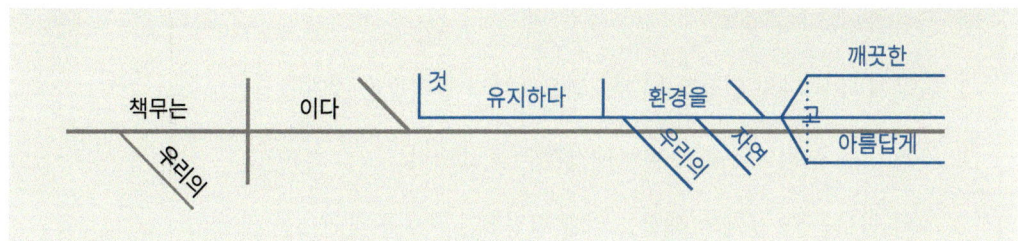

> 주 '책무'가 추상명사이므로 '이다'가 동사이고 '…유지하는 것'이 명사구 보어구이다. '유지하다'는 목적보어 토씨 '하게'의 준말 '게'가 연접되어 왔으므로 '아름답게'가 목적보어인 5형식이다. 대등접속사 '고'가 '깨끗한'과 '아름답게'를 연결하므로 목적보어가 둘이다.

우리의/책무는/이다/것/유지하다/우리의/자연/환경을/깨끗한/고/아름답게.
Our responsibility is to keep our natural environment clean and beautiful.

예문 6 그의 유일한 소망은 훌륭한 의사가 되어서 가난하고 병든 사람들을 치료해 주는 것이다.

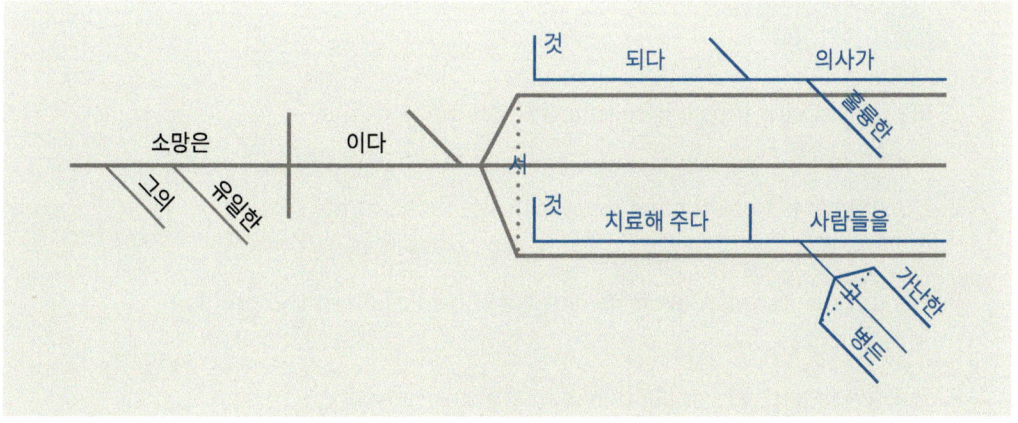

> 주 대등접속사 '서'가 '…되는 것'과 '…치료해 주는 것'을 연결하므로 보어구가 둘이다. '서' 앞에 '것'이 생략되어 나타나 있지 않지만 대등접속사는 동격에 한해서 연결하므로 도해할 때는 '것'을 써넣는다.

그의/유일한/소망은/이다/것/되다/훌륭한/의사가/서/것/치료해 주다/가난한/고/병든/ 사람들을.
His only wish is to become a great doctor and (to) cure the poor and sick people.

연습문제

1. 음악에 대한 나의 열정은 내 부모님으로부터 물려받은 것이다.

2. 그의 꿈은 물리학의 분야에서 대가가 되는 것이다.

3. 그의 임무는 그 문제의 해결을 위한 결정적인 단서를 찾아내는 것이다.

4. 그녀의 일은 아름다운 목소리로 사람들에게 책을 읽어 주는 것이다.

5. 그의 어릴 적의 센스가 그를 훌륭한 예술가로 만든 것이다.

해답

1. My passion for music is to inherit from my parents.
   ※ 1형식 보어구

2. His dream is to become a master in the fields of physics.
   ※ 2형식 보어구

3. His duty is to find a decisive clue for the solution of the problem.
   ※ 3형식 보어구

4. Her job is to read people books in a beautiful voice.
   ※ 4형식 보어구

5. The sense in his childhood is to make him a unique artist.
   ※ 5형식 보어구

4) 전치사의 목적어구

전치사의 목적어 자리에 'to+동사원형'이 오는 경우인데, 전치사 가운데 except, but, save, in, on 등 극히 일부의 전치사만이 부정사(to+동사원형)를 목적어로 지배한다.

예문 1 그들은 참여하는 것 이외에 당신으로부터 아무것도 기대하지 않는다.

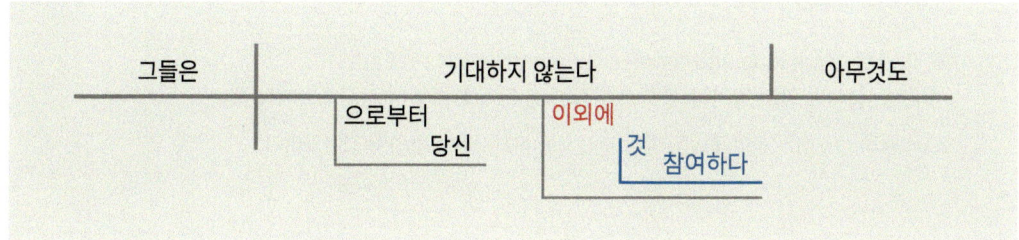

주
- '아무것도'가 목적어인데 목적격토씨 '을, 를' 대신에 강조 토씨 '도'가 왔다. '은, 는, 만, 한, 도'는 강조 토씨이다.
- '참여하는 것 이외에'는 어미가 모음으로 끝나 부사구인데, '이외에'가 전치사이고 '참여하는 것'이 전치사 '이외에'의 목적어구이다. '참여하는 것'은 '것'이 허사 to이고 '참여하다'가 동사원형인 부정사구이다.

그들은/기대하지 않는다/아무것도/으로부터/당신/이외에/것/참여하다.
They don't expect anything from you but to participate.

예문 2 우리는 모리배가 되는 것을 제외하고는 이 나라를 위해서 무엇이나 하겠다.

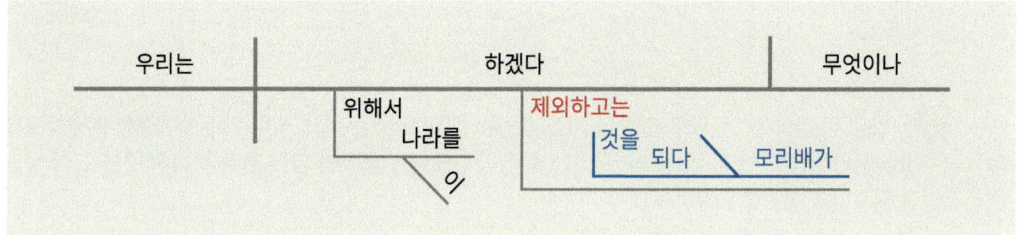

주
- '무엇이나'가 목적어인데 양보 토씨 '이나'가 왔다.
- '모리배가 되는 것을 제외하고는'은 '제외하고는'이 전치사이고 '모리배가 되는 것을'이 'to+동사원형'으로 전치사의 목적어구이다.

5. 구(Phrase)　99

우리는/하겠다/무엇이나/위해서/이/나라를/제외하고는/것을/되다/모리배가.

We will do anything for this country except to be profiteers.

 Your presentation on how to increase our market share is brilliant.
우리의 시장 점유율을 어떻게 증가시킬 것인가에 관한 당신의 발표는 훌륭하다.

※ 의문사 부정사와 whether 부정사의 경우는 어떤 전치사든 구애받지 않는다. 'how to increase our market share'가 의문사 부정사로 전치사 on의 목적어구이다.

We had to think long and hard about whether to proceed.
우리는 진행해야 할지 말아야 할지에 대해 오래 그리고 골똘히 심사숙고해야 했다.

※ whether to proceed가 whether 부정사로 전치사 about의 목적어구이다.

5) 동격어구

추상명사 다음에(우리말에서는 앞에) 'to+동사원형'이 와서 동격을 이루어 보충 설명을 덧붙이는 경우인데 형용사구처럼 번역한다.

 교수가 되겠다는 그의 소망은 전쟁으로 좌절되었다.

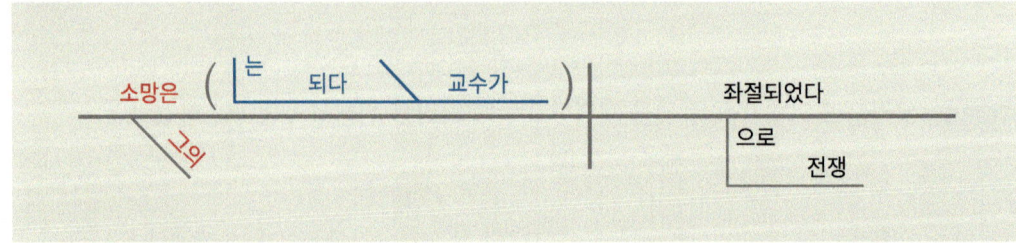

주 '소망'이 추상명사이므로 '교수가 되겠다는'은 '는'이 허사 to이고 '되다'가 동사원형인 부정사구(to+동사원형)로 '소망'의 동격어구이다. 동격어구 도해는 동격어 옆에 괄호를 하여 구를 그려 넣는다.

 그의/소망은/는/되다/교수가/좌절되었다/으로/전쟁.

His desire to become a professor was frustrated by the war.

예문 2 그들은 불필요한 관료주의를 없앨 계획을 짰다.

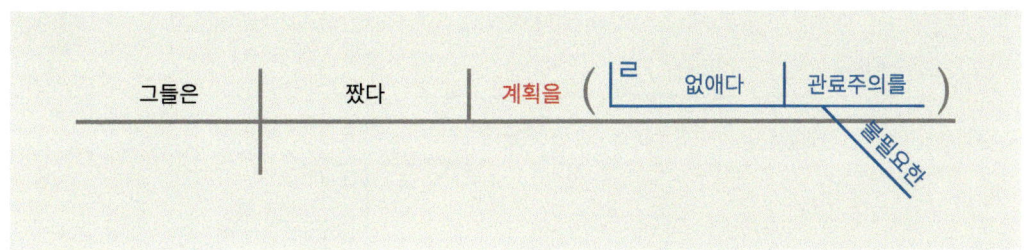

 '불필요한 관료주의를 없앨'은 'ㄹ'이 허사 to이고 '없애다'가 동사원형으로 추상명사 '계획'의 동격어구이다.

그들은/짰다/계획을/ㄹ/없애다/불필요한/관료주의를.
They framed a plan to eliminate unnecessary bureaucracy.

2. 형용사구(Adjective Phrase: to+동사원형)

명사를 직접 또는 간접 수식한다. 이때 허사 to는 우리말에서 자음 어미로 번역한다. 형용사가 명사를 수식할 때 직접 수식하기도 하고, 간접 수식하기도 하는 것처럼 형용사구도 명사에 연접되어 직접 수식하기도 하고, 계사 다음에 와서 간접 수식하기도 한다.

1) 직접 수식

명사 다음에 'to+동사원형'이 올 때이다. 허사 to는 자음 어미 'ㄴ'이나 'ㄹ'로 번역한다.

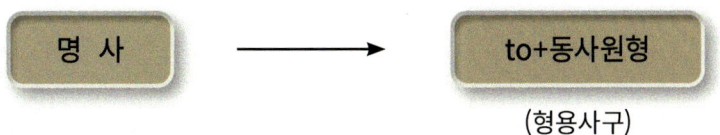

토씨어는 구의 변증운동처럼 변증문화어이다. 그러나 위치어는 환의 반복운동처럼 반복문화어이다.

예문 1 그 가난한 농부는 인도에 있는 어떤 마을의 변두리에서 홀로 사는 이상한 사람이었다.

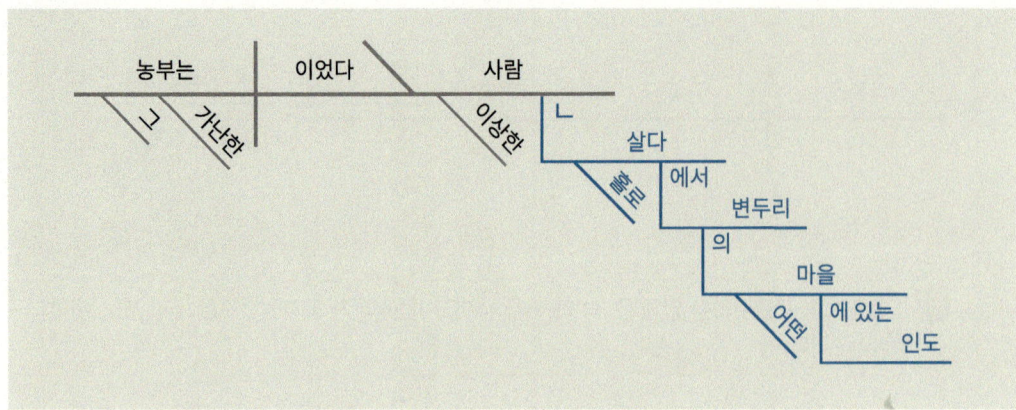

주
- '…사는'이 자음 어미 'ㄴ'으로 끝나 형용사나 형용사구인데 'ㄴ'이 허사 to이고 '살다'가 동사원형으로 'to+동사원형'인 형용사구이다.
- 부사 '홀로'와 부사구 '변두리에서'는 동사를 뛰어넘지 못하므로 '살다'를 수식한다.

한영 그/가난한/농부는/이었다/이상한/사람/ㄴ/살다/홀로/에서/변두리/의/어떤/마을/에 있는/인도.

The poor farmer was a strange man to live alone on the edge of a village in India.

예문 2 다윈은 진화에 대한 그의 이론으로 유명하게 된 영국 생물학자였다.

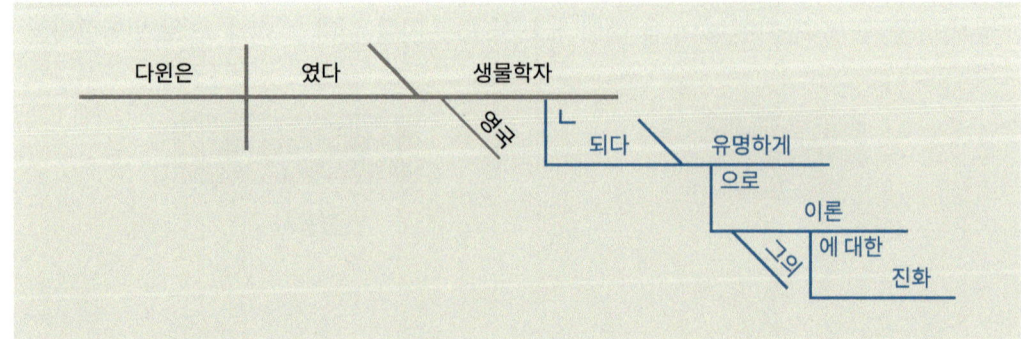

주 '…된'은 자음 어미로 'ㄴ'이 허사 to이고 '되다'가 동사원형인 'to+동사원형' 형용사구이다. '되다'는 2형식 동사이므로 '되다' 앞에 온 '유명하게'가 보어이다.

다윈은/였다/영국/생물학자/ㄴ/되다/유명하게/으로/그의/이론/에 대한/진화.

Darwin was a British biologist to become famous for his theories on evolution.

예문 3 고대 이집트에서 나일강을 따라 그들의 집을 지은 최초의 사람들은 농부들이었다.

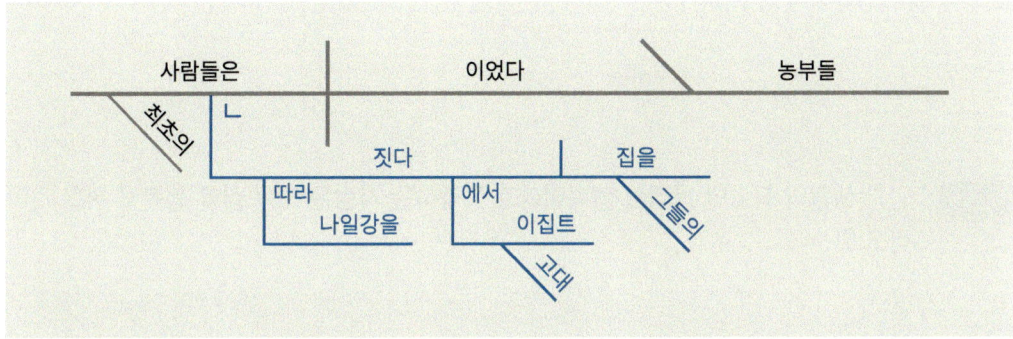

주
- '최초의'는 서수형용사이다.
- '…지은'은 'ㄴ'이 허사 to이고 '짓다'가 동사원형인 'to+동사원형' 형용사구인데 '짓다' 앞에 목적격토씨 '을'이 있으므로 3형식 구이다.
- '고대'는 '고대의'가 줄어든 속격형용사이다.

최초의/사람들은/ㄴ/짓다/그들의/집을/따라/나일강을/에서/고대/이집트/이었다/농부들.

The first men to make their homes along the Nile River in ancient Egypt were farmers.

예문 4 우화는 우리에게 아주 중요한 진리를 가르쳐 주는 간단한 이야기다.

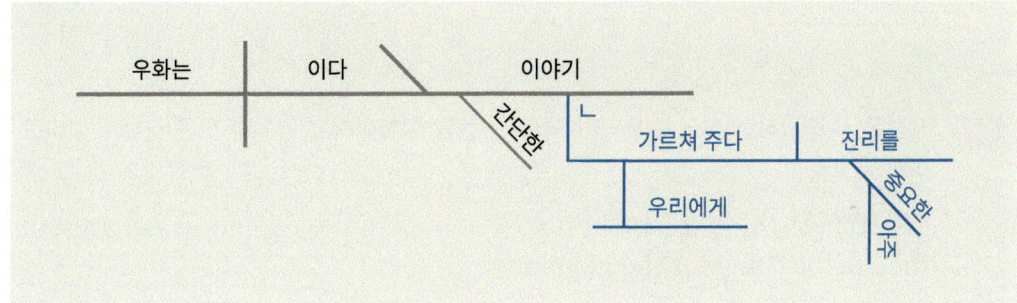

> - 우리말에서 일정하게 동사가 없을 때는 계사 '이다'가 보어와 결합된 경우이다. 따라서 '이야기다'는 '이야기이다'가 줄어든 것이므로 '이다'가 동사이고 '이야기'가 보어이다.
> - '…가르쳐 주는'은 'ㄴ'이 허사 to이고 '가르쳐 주다'가 동사원형인 'to+동사원형' 형용사구인데 '가르쳐 주다'가 수여의 뜻을 포함한 이중의 의미이므로 4형식 구이다.

 우화는/이다/간단한/이야기/ㄴ/가르쳐 주다/우리에게/아주/중요한/진리를.
A fable is a simple story to teach us a very important truth.

예문 5 인간 생활의 최고의 목적이 행복이라고 생각하는 사람은 모든 삶을 행복을 위한 것이라고 믿는다.

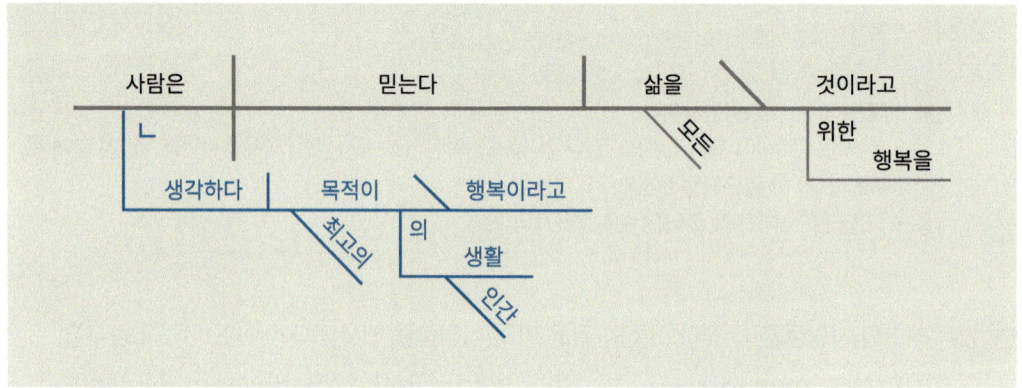

> - 동사 '믿는다' 앞에 목적보어 토씨 '라고'가 와서 '것이라고'가 불완전명사로 목적보어이고, '삶을'이 목적어인 5형식 문장이다. '행복을 위한'은 자음으로 끝나 '것'을 수식하는 형용사구이다.
> - '…생각하는'은 'ㄴ'이 허사 to이고 '생각하다'가 동사원형인 'to+동사원형' 형용사구인데, 목적보어 토씨 '라고'가 동사에 연접되어 왔고 목적어 '목적이'와 목적보어 '행복이라고'가 '목적이 행복이다'라는 주술관계가 성립되므로 5형식 구이다. 목적어 '목적이'는 목적격토씨 '을' 대신에 '이'가 온 경우이다.

 사람은/ㄴ/생각하다/최고의/목적이/의/인간/생활/행복이라고/믿는다/모든/삶을/것이라고/위한/행복을.
The man to think the highest goal of human life happiness believes all the life the thing for the happiness.

예문 6 봄은 우리의 마음에 희망을 가져오고 새로운 생활로 우리를 채워 주는 계절이다.

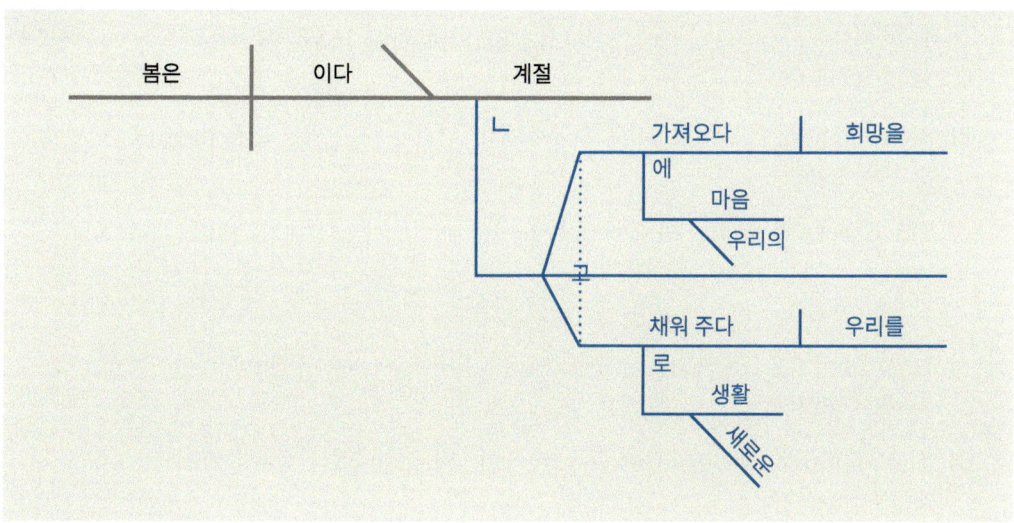

 대등접속사 '고'는 '…가져오는'과 '…채워 주는'을 연결하므로 형용사구가 둘이다.

 봄은/이다/계절/ㄴ/가져오다/희망을/에/우리의/마음/고/채워 주다/우리를/로/새로운/생활.
Spring is the season to bring hope to our hearts and (to) fill us with new life.

연습문제

1. 작은 연못에 도달한 그 소녀는 맑은 물에 그 반지를 씻었다.

2. 의사가 된 슈바이처는 1913년에 자기 부인과 함께 아프리카로 갔다.

3. 그리스인들은 서방 세계에서 고전적인 것들을 만든 최초의 사람들이었다.

4. 그는 자기에게 그 숲의 모든 비밀을 가르쳐 준 그 노인을 찾아갔다.

5. 자기 자신을 대단한 탐정이라고 생각하는 그 사람은 현명한 농부였다.

6. 사랑은 사람들의 마음을 여는 무기이고 증오의 화살과 분노의 창을 막아 주는 방패이다.

> ### 해 답
>
> 1. The girl to come to a little pool washed the ring in fresh water.
>   ※ 1형식 형용사구
>
> 2. Schweitzer to become a doctor went to Africa with his wife in 1913.
>   ※ 2형식 형용사구
>
> 3. The Greeks were the first people to make classical things in the Western world.
>   ※ 3형식 형용사구
>
> 4. He visited the old man to teach him all the secrets of the forest.
>   ※ 4형식 형용사구
>
> 5. The man to consider himself a remarkable detective was a wise farmer.
>   ※ 5형식 형용사구
>
> 6. Love is a weapon to open the hearts of men and a shield to repulse the arrows of hate and the spears of anger.
>   ※ 3형식 형용사구가 2개
>   ※ 생물 명사 속격은 주로 ~'s 속격을 쓰지만 of~ 속격을 쓰기도 한다. 여기서 '사람들의'는 men's를 써서 형용사로 하는 것보다는, 증오(hate)와 분노(anger)가 무생물 명사로 of~ 속격의 형태를 쓰므로 거기에 맞추어 of~ 형태의 속격 of men을 써서 형용사구로 하는 것이 더 좋다.

2) 간접 수식

주어가 추상명사가 아닐 때 보어 자리에 'to+동사원형'이 와서 형용사구 보어로 쓰이는 경우이다. 이때 be 동사 다음의 허사 to는 '예정, 의도, 의무, 당연, 가능, 운명, 명령, 필요, 가정' 등을 나타낸다.

(형용사구)

예문 1 His grandfather was to tell him interesting old stories. (예정)
그의 할아버지는 그에게 재미있는 옛날이야기를 해 줄 작정이었다.

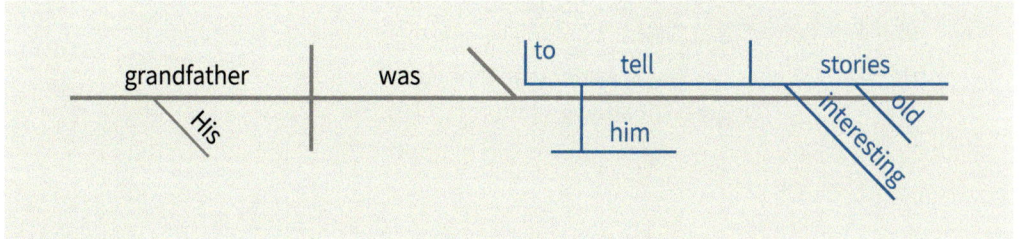

> 주어 grandfather가 추상명사가 아니므로 to tell…이 형용사구로서 보어구이다. 여기서 허사 to는 '작정(예정)'을 나타내고 있다.

예문 2 Good nutrition is essential if patients are to make a quick recovery. (의도)
환자들이 빨리 회복하려면 좋은 영양은 필수적이다.

예문 3 You are to follow the orders of your superiors. (의무)
당신은 상급자의 명령을 따라야 한다.

예문 4 We are to take constant care of our health. (당연)
우리는 건강을 끊임없이 살펴야 한다.

예문 5 We are to save time. (필요)
우리는 시간을 아낄 필요가 있다.

예문 6 Beer like that is not to be had outside of Germany. (가능)
그와 같은 맥주는 독일 밖에서는 구할 수 없다.

예문 7 His son was to marry the daughter of a very poor, humble man. (운명)
그의 아들은 매우 가난하고 비천한 사람의 딸과 결혼하게 될 운명이었다.

예문 8 You are to finish your homework today. (명령)
너는 숙제를 오늘 끝마쳐야만 한다.

예문 9 I should be upset if you were to forget your promise. (가정)
당신이 약속을 잊는다면 나는 심란해질 것이다.

> be가 아닌 다른 2형식 동사 다음에 'to+동사원형'이 오는 경우는 의미가 다르다.
> - This new trend appears to be continuing for a while.
>   이 새로운 추세는 한동안 계속될 것으로 보인다.
> - He seems to consider honor rather than money.
>   그는 돈보다 오히려 명예를 고려하는 것 같다.

3. 부사구(Adverb Phrase: to+동사원형)

형용사, 부사, 동사 다음에 'to+동사원형'이 올 때이다. 허사 to는 우리말에서 모음 어미로 번역한다.

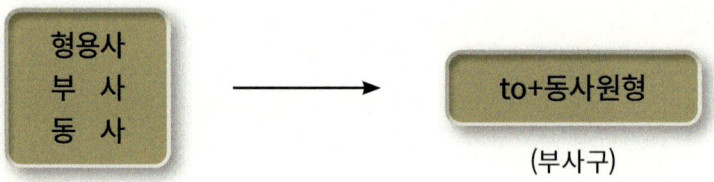

> 형용사를 수식하든, 부사를 수식하든, 동사를 수식하든 다 부사구라는 이름으로는 같지만 허사 to 의 의미는 각기 다 다르다.

1) 형용사 수식 부사구

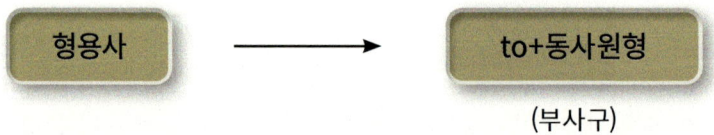

주로 희(喜)·로(怒)·애(哀)·락(樂)·경악(驚愕) 등 감정형용사 다음에 'to+동사원형' 이 올 때는 허사 to는 이유 표시(~하고서, ~하니(까), ~때문에)로 번역하고, 기타의 형용사, 즉 비감정형용사 다음에 'to+동사원형'이 올 때는 허사 to는 조건 표시(~하기에)로 번역한다.

※ 희, 로, 애, 락, 경악 등 감정을 나타내는 형용사: happy, glad, pleased, delighted, angry, sad, sorry, disappointed, surprised, amazed, astonished…

| 희·로·애·락·경악(감정형용사) | ⇒ | to+동사원형 | to: 이유 표시 (~하고서/하니(까)/때문에) |
| 비 희·로·애·락·경악(비감정형용사) | ⇒ | to+동사원형 | to: 조건 표시 (~하기에) |

예문 1 나는 여기에서 너를 만나니 매우 기쁘다.

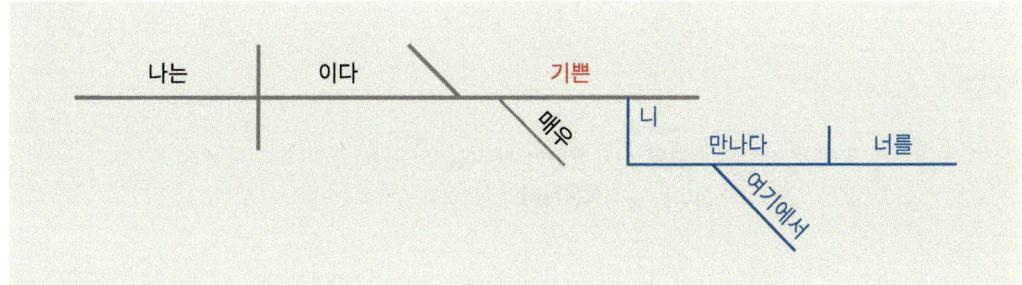

- '기쁜'이 감정형용사이므로 '만나니'가 이유 표시 부사구이다. 그래서 '니'가 허사 to이고, '만나다'가 동사원형'인 'to+동사원형(to see)' 부사구이다.
- '너를'은 '만나다'의 목적어이고 '여기에서'는 '만나다'를 수식하는 부사이다.

나는/이다/매우/기쁜/니/만나다/너를/여기에서.
I am very glad to see you here.

예문 2 그들은 매우 많은 것들을 배우기 때문에 행복하다.

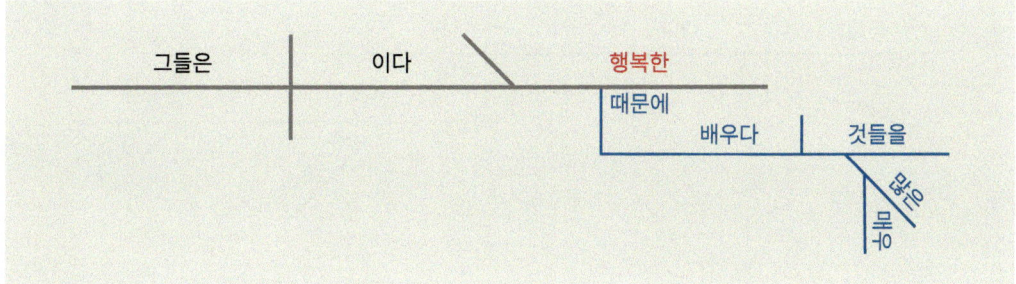

그들은/이다/행복한/때문에/배우다/매우/많은/것들을.
They are happy to learn so many things.

예문 3 그들은 그들 가족의 소식을 듣지 못했기 때문에 슬펐다.

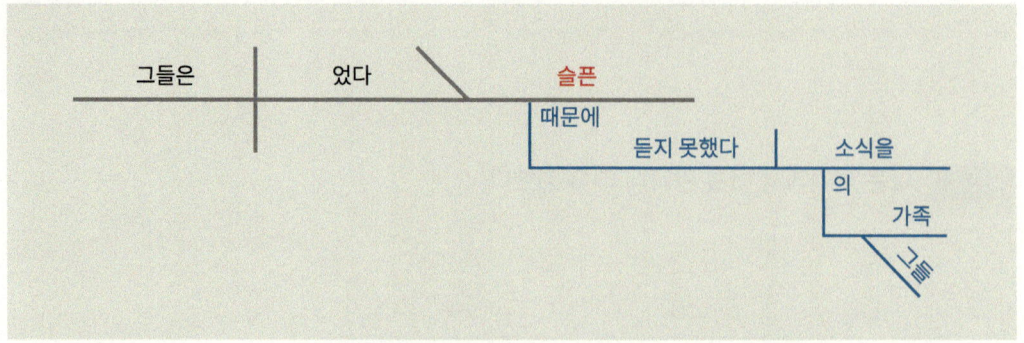

주
- '슬픈'이 감정형용사이므로 '듣지 못했기 때문에(not to hear)'가 이유 표시 부사구이다.
- '그들'은 '그들의'가 줄어든 속격형용사이다.

 그들은/이었다/슬픈/때문에/듣지 못했다/소식을/의/그들/가족.
They were sad not to hear the news of their family.

주
- 부정어 부정사는 부정어가 부정사 앞에 온다. 그래서 not to hear라고 쓴 것이다.
- '듣지 못했다'를 영어로 쓸 때는 동사원형으로 써야 한다. 우리말에서는 과거 시제로 나타나지만, 영어에서는 부정사로 to 다음에 동사원형을 써야 하기 때문이다.

예문 4 도해는 어려운 문장도 체계적으로 강의하기에 편리하다.

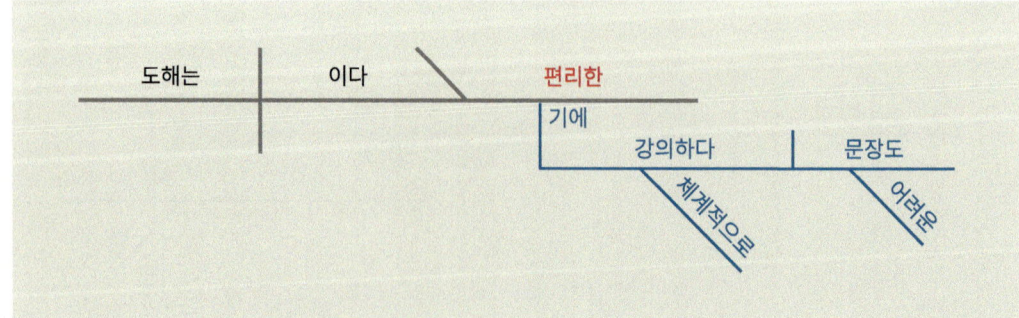

주
- '편리한'이 비감정형용사이므로 '강의하기에(to teach)'가 조건 표시 부사구이다. '문장도'는 '문장을'이라는 목적어가 강조되어 목적격토씨 '을' 대신에 강조 토씨 '도'가 붙은 것이다. 우리말의 강조 토씨는 '은, 는, 만, 한, 도' 등이다.

도해는/이다/편리한/기에/강의하다/어려운/문장도/체계적으로.
Diagram is convenient to teach the hardest sentence systematically.

예문 5 그 증거는 이번에 황량한 들판에서 일어난 사건의 개요를 설명하기에 족하다.

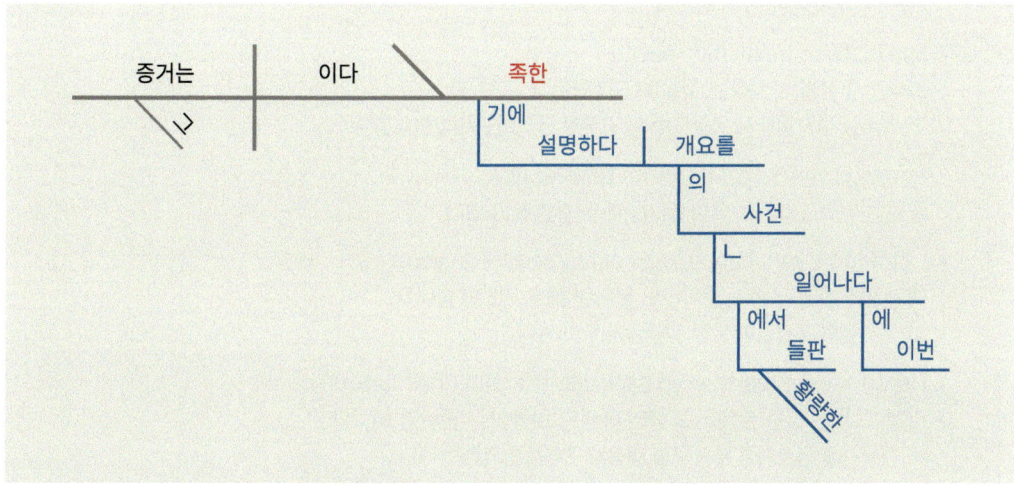

- '족한'이 비감정형용사이므로 '설명하기에(to explain)'가 조건 표시 부사구이다.
- '일어난'은 'ㄴ'이 허사 to이고 '일어나다'가 동사원형인 'to+동사원형' 형용사구이다.

 그/증거는/이다/족한/기에/설명하다/개요를/의/사건/ㄴ/일어나다/에서/황량한/들판/에/이번.

The evidence is sufficient to explain the outline of the accident to happen in a desolate plain at this time.

- He must be foolish to believe such a man.
  그는 그런 사람을 믿다니 어리석음에 틀림없다.
  ※ foolish가 비감정형용사이므로 to believe…가 조건 표시 부사구여야 한다. 그런데 주절의 동사가 must be일 때는 부정사구가 판단의 전제로 이유 표시 부사구이다.

- They are certain to miss the road.
  그들은 길을 잃은 것이 틀림없다.
  ※ 조건 표시 부사구가 명사구처럼 번역된 예다.

- He is sure to be cut from the committee.
  그는 틀림없이 위원회에서 제명될 것이다.(그는 위원회에서 제명될 것이 확실하다.)
- Here's a dish that is simple and quick to make.
  여기 만들기 간단하고 빠른 요리가 있다.
- He is very quick to catch on to things.
  그는 사태 파악이 아주 빠르다.
- She is shy to begin her speech.
  그녀는 연설을 시작하는 것을 부끄러워한다.
  ※ 특수한 부사절에서 문장 전환된 경우로 목적어구처럼 번역된다.
- Pooley is very eager to return to West Africa.
  풀리는 서아프리카로 돌아가기를 매우 갈망하고 있다.
- I should be very happy to be of any service to you.
  내가 당신에게 무슨 도움이라도 된다면 매우 기쁘겠습니다.
  ※ 부사절의 조건절이 문장 전환된 경우의 예다.
- Now, they are ready to go back into the wild, their natural home.
  이제, 그들은 그들 본래의 고향인 야생으로 돌아갈 준비가 되었다.
  ※ 형용사를 명사처럼 부사구를 형용사구처럼 번역하는 예다.
- He is perfectly qualified to receive the award.
  그는 그 상을 받을 자격이 충분하다.(그는 그 상을 받을 충분한 자격이 있다.)

2) 부사 수식 부사구

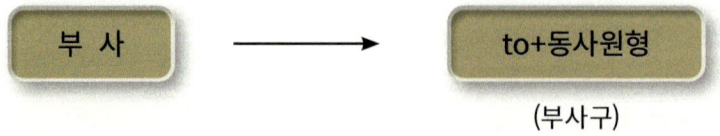

(부사구)

부사로서 부정사의 수식을 받을 수 있는 부사는 so, enough, too 세 단어뿐이다. 이 세 단어는 very(아주, 매우, 너무, 대단히)와 같은 의미이다. 부사를 수식하는 부사구는 모두 다 결과 표시 부사구인데 결과 표시는 중문번역 한다. 중문번역이란 앞에서부터 내리 번역하는 것으로 우리말 어순과 비슷하다.

so를 수식할 때는 허사 to를 결과 표시(~해서/결과…다)로, enough를 수식할 때는 허사 to를 결과 표시 가능(~해서/결과…할 수 있다)으로, too를 수식할 때는 허사 to를 결과 표시 불가능(~해서/결과…할 수 없다)으로 번역한다.

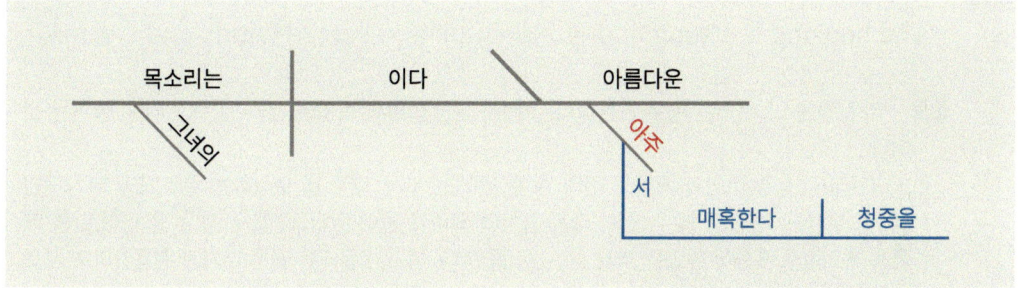

so	⇒	to+동사원형	to: 결과 표시(~해서/결과…다)
enough	⇒	to+동사원형	to: 결과 표시 가능(~해서/결과…할 수 있다)
too	⇒	to+동사원형	to: 결과 표시 불가능(~해서/결과…할 수 없다)

 그녀의 목소리는 아주 아름다워서 청중을 매혹한다.

- 이 문장은 '그녀의 목소리는 아주 아름답다. 그래서 청중을 매혹한다.'가 줄어든 것이다.
- '(그래)서 청중을 매혹한다'는 부사 '아주'를 수식하는 결과 표시 부사구다. 여기서 '아주'가 없으면 결과 표시 부사구도 있을 수 없다.

 그녀의/목소리는/이다/아주/아름다운/서/매혹한다/청중을.

Her voice is so beautiful as to hypnotize the audience.

- 어순 배열은 결과 표시 부사구를 마지막에 쓴다.
- '(그래)서 청중을 매혹한다'는 단순 결과 표시를 나타내는 부사구이므로 '아주'를 영어로 쓸 때 so를 쓴다. 그리고 부정사가 so, such, same 등과 관계있을 때는 부정사 앞에 허사 as를 덧붙인다. 이 허사 as가 so, such, same과 부정사가 관계있음을 알려 준다.
- 허사 to 다음에는 동사원형을 써야 하므로 '매혹한다'는 우리말에서 현재 시제로 나타나 있지만 영어로는 동사원형을 써야 한다.

 그 주택은 매우 튼튼해서 심한 바람과 폭풍을 견뎌 낼 수 있다.

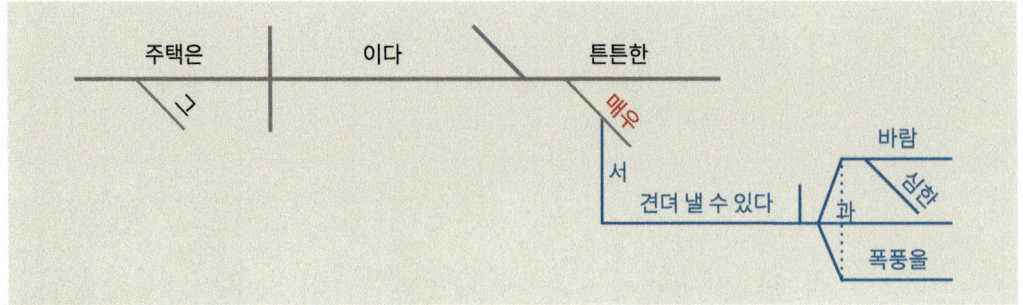

 그/주택은/이다/튼튼한/매우/서/견뎌 낼 수 있다/심한/바람/과/폭풍을.
The housing is strong enough to withstand severe winds and storms.

> • 이 문장은 '그 주택은 매우 튼튼하다. 그래서 심한 바람과 폭풍을 견뎌 낼 수 있다'가 줄어든 것이다.
> • '(그래)서 심한 바람과 폭풍을 견뎌 낼 수 있다'는 부사 '매우'를 수식하는 결과 표시 부사구인데, 이 부사구 속에 '…할 수 있다'라는 가능의 의미가 들어 있다. 그래서 '매우'를 영어로 쓸 때 가능의 의미를 포함하고 있는 부사 enough를 쓴다. 여기서 유의할 점은 부사가 형용사나 부사를 수식할 때는 전위 수식하는데 enough만은 언제나 후위 수식한다는 점이다.

예문 3 그는 너무 어려서 제대로 그 일을 할 수 없다.

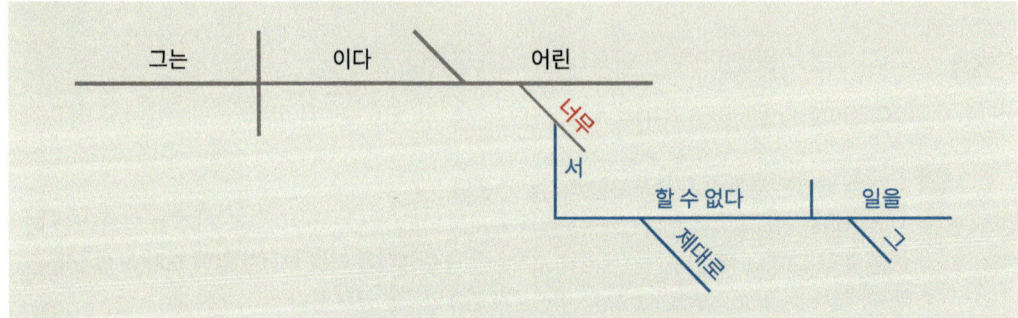

 그는/이다/너무/어린/서/할 수 없다/그/일을/제대로.
He is too young to do the work properly.

> • 이 문장은 '그는 너무 어리다. 그래서 제대로 그 일을 할 수 없다'가 줄어든 것이다.
> • '(그래)서 제대로 그 일을 할 수 없다'는 '너무'를 수식하는 결과 표시 부사구인데, 이 부사구 속에 '…할 수 없다'라는 불가능의 의미가 들어 있다. 그래서 '너무'를 영어로 쓸 때 불가능의 의미를 포함하고 있는 부사 too를 쓴다.

'too afraid(ready, apt, eager, easy, willing) to+동사원형'인 구문은 too가 very의 뜻이며, 'too~to+동사원형' 구문이 아니고 부정사가 형용사를 수식하는 부사구이다.

- Do not be too afraid to show your true colors.
  당신의 진짜 색깔을 보여 주는 것을 너무 두려워하지 마시오.
- People are too apt to envy the success of others.
  사람들은 다른 사람들의 성공을 질시하는 경향이 짙다.
- You are too eager to dismiss her.
  당신은 그녀를 해고하기를 몹시 바란다.
- I disagree with you that electronic dictionaries are too easy and quick to use.
  나는 전자사전이 사용하기에 아주 쉽고 빠르다는 것에 당신과 의견이 다르다.

3) 동사 수식 부사구

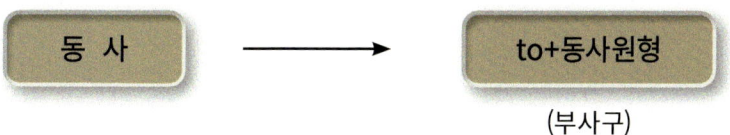

주로 의지 동사를 수식할 때는 허사 to를 목적 표시(~할 목적으로, ~하려고, ~하기 위해서)로 번역하고, 무의지 동사를 수식할 때는 허사 to를 결과 표시(~해서, ~결과)로 번역한다. 또 감정 동사를 수식할 때는 허사 to를 이유 표시(~하고서, ~하니(까), ~때문에)로 번역한다.

의지 동사란 인간의 힘으로 할 수 있는 동사이고, 무의지 동사란 인간의 힘으로 할 수 없는 동사이다. 즉 '살다, 죽다, 잠자다, 깨다, 자라다' 류의 동사는 무의지 동사이다.

```
의지 동사   ⟹ to+동사원형   to: 목적 표시(~할 목적으로/하려고/하기 위해서)
무의지 동사 ⟹ to+동사원형   to: 결과 표시(~해서/결과)
감정 동사   ⟹ to+동사원형   to: 이유 표시(~하고서/하니(까)/때문에)
```

예문 1 그는 자기 아내와 함께 조용한 시골에서 살기 위해서 그 오래된 집을 샀다.

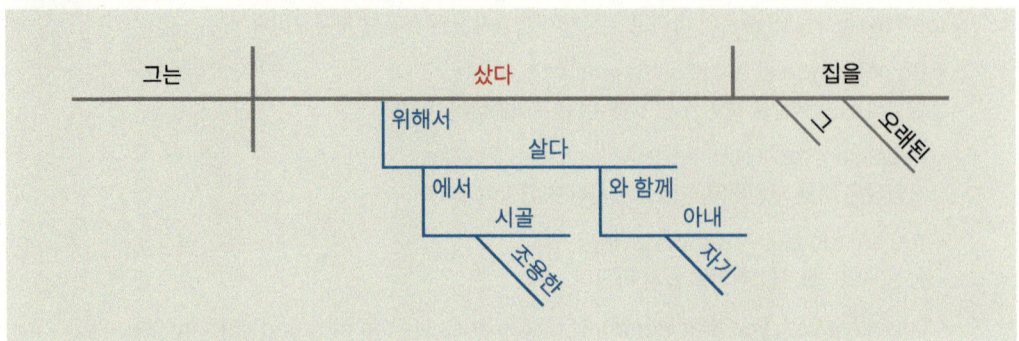

> 주
> - '살기 위해서'는 '위해서'가 목적 표시 허사 'to'이고 '살다'가 동사원형인 부정사구(to live)로 의지 동사 '샀다'를 수식하는 목적 표시 부사구이다
> - '조용한 시골에서'와 '자기 아내와 함께'는 어미가 모음으로 끝나 부사구인데, 동사를 뛰어넘지 못하므로 '살다'를 수식한다.

한영 그는/샀다/그/오래된/집을/위해서/살다/에서/조용한/시골/와 함께/자기/아내.
He bought the old house to live in the quiet country with his wife.

> 주 어순 배열은 주요소인 주어·동사·목적어를 쓰고 나서, 종요소인 부사구를 쓴다.

예문 2 그녀는 최고의 발레리나가 되기 위해서 이른 아침부터 저녁까지 아주 열심히 연습하였다.

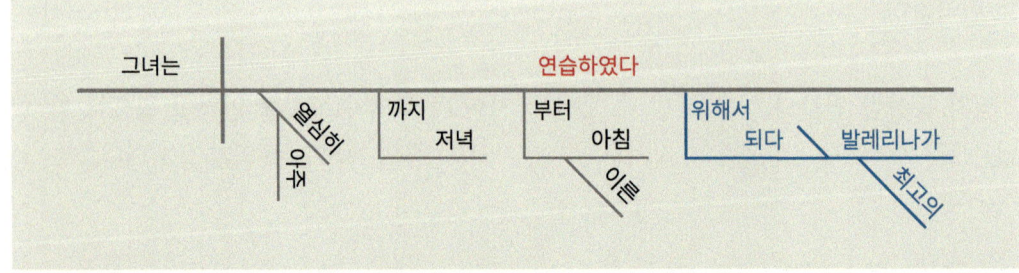

> 주
> - '최고의 발레리나가 되기 위해서'는 '위해서'가 목적 표시 허사 to이고 '되다'가 동사원형인 부정사구(to become)로 의지 동사 '연습했다'를 수식하는 목적 표시 부사구이다.
> - '되다'는 '발레리나가'가 보어인 2형식이다.

그녀는/연습하였다/아주/열심히/부터/이른/아침/까지/저녁/위해서/되다/최고의/발레리나가.

She practiced very hard from early morning till evening to become a top ballerina.

 '전치사+명사'와 'to+동사원형'인 구가 겹쳐 나올 때는 '전치사+명사'인 구를 먼저 쓰고, 'to+동사원형'인 구를 나중에 쓴다.

예문 3 인간은 자기 필요와 욕구를 충족시키기 위하여 생각하고 계획하고 세계를 변화시킬 수 있다.

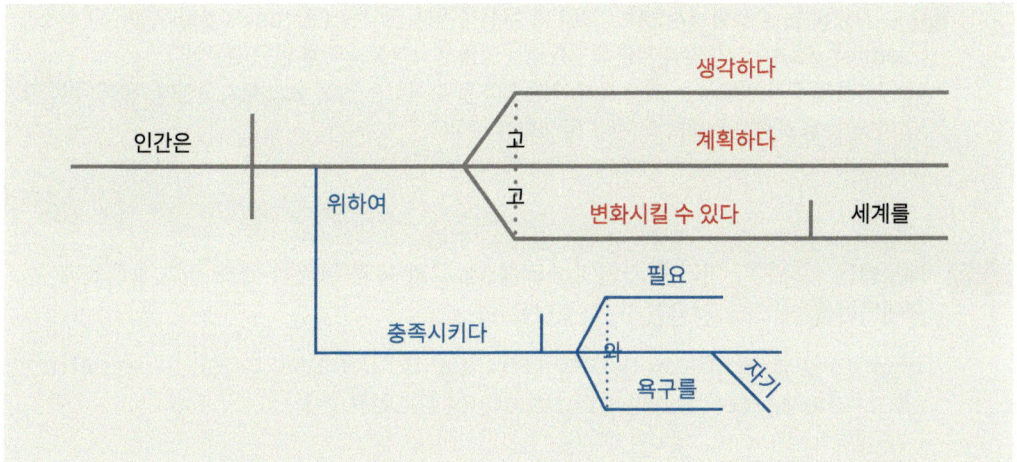

주 • 대등접속사 '고'가 '생각하다'와 '계획하다'와 '변화시킬 수 있다'를 연결하므로 동사가 3개이다. 여기서 '생각하다'와 '계획하다'는 1형식이고 '변화시킬 수 있다'는 3형식이다.
• '자기 필요와 욕구를 충족시키기 위하여'는 '위하여'가 허사 to이고 '충족시키다'가 동사원형인 목적 표시 부사구인데 '생각하다', '계획하다', '변화시킬 수 있다'를 다 수식하는 공통 부사구이다. '충족시키다'는 앞에 목적격토시 '를'이 있으므로 3형식인데 대등접속사 '와'가 '필요'와 '욕구'를 연결하므로 목적어가 둘이다. '자기'는 '자기의'가 줄어든 속격형용사인데 '필요'와 '욕구'를 둘 다 수식하는 공통 형용사이다.

 인간은/생각하다/고/계획하다/고/변화시킬 수 있다/세계를/위하여/충족시키다/자기/필요/와/욕구를.

Man can think and plan and change the world to satisfy his needs and desires.

예문 4 베토벤은 우리들에게 시골의 평온함과 아름다움에 대해 무엇인가를 말해 주기 위해서 그의 음악에 이러한 자연의 소리를 이용했다.

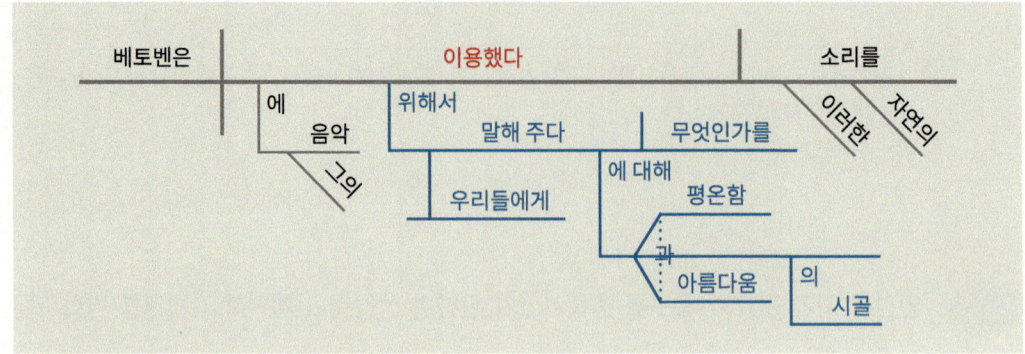

- '자연의'는 속격형용사인데, '자연'이 무생물 명사이지만 Fortune's smile(행운의 미소), nature's way(자연의 방식)처럼 의인화해서 생물 명사처럼 속격을 만든 경우이다.
- '…말해 주기 위해서'는 의지 동사 '이용했다'를 수식하는 목적 표시 부사구인데, '말해 주다'가 수여의 뜻을 포함한 이중의 의미이므로 4형식 구이다.

베토벤은/이용했다/이러한/자연의/소리를/에/그의/음악/위해서/말해 주다/우리들에게/무엇인가를/에 대해/평온함/과/아름다움/의/시골.

Beethoven used these nature's sounds in his music to tell us something about the peacefulness and beauty of the country.

예문 5 그는 그 여행을 그의 어린 자녀들에게 더 흥미롭게 하기 위해서 그 도시의 이름을 비밀로 했다.

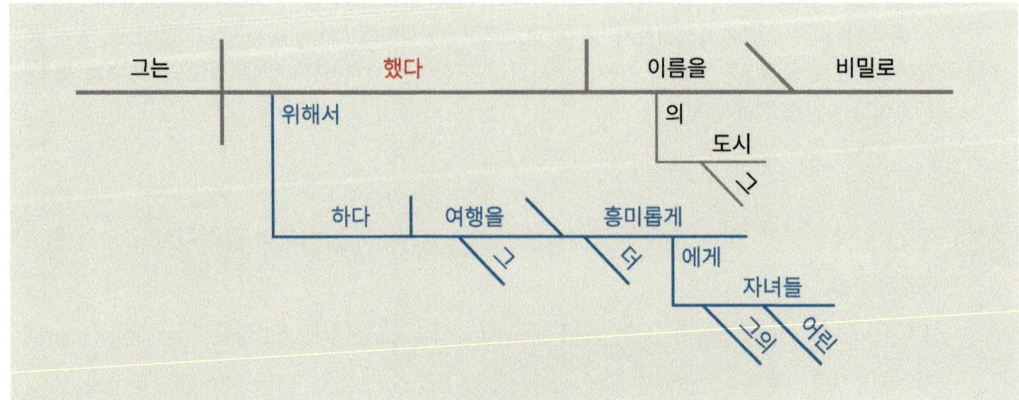

- '비밀로'는 목적보어 토씨 '으로'가 '로'로 줄어든 경우이다.
- '…하기 위해서'는 의지 동사 '했다'를 수식하는 목적 표시 부사구인데, '하다' 앞에 목적보어 토씨 '하게'의 준말 '게'가 연접되어 왔고, 목적어와 목적보어가 '여행이 흥미롭다'라는 주술관계가 성립되므로 5형식 구이다.

그는/했다/이름을/의/그/도시/비밀로/위해서/하다/그/여행을/더/흥미롭게/에게/그의/어린/자녀들.

He kept the name of the town a secret to make the trip more interesting for his young children.

예문 6 이집트인들은 사물과 생각을 나타내고 그들 언어의 소리를 나타내기 위해서 단순한 그림이나 기호를 그렸다.

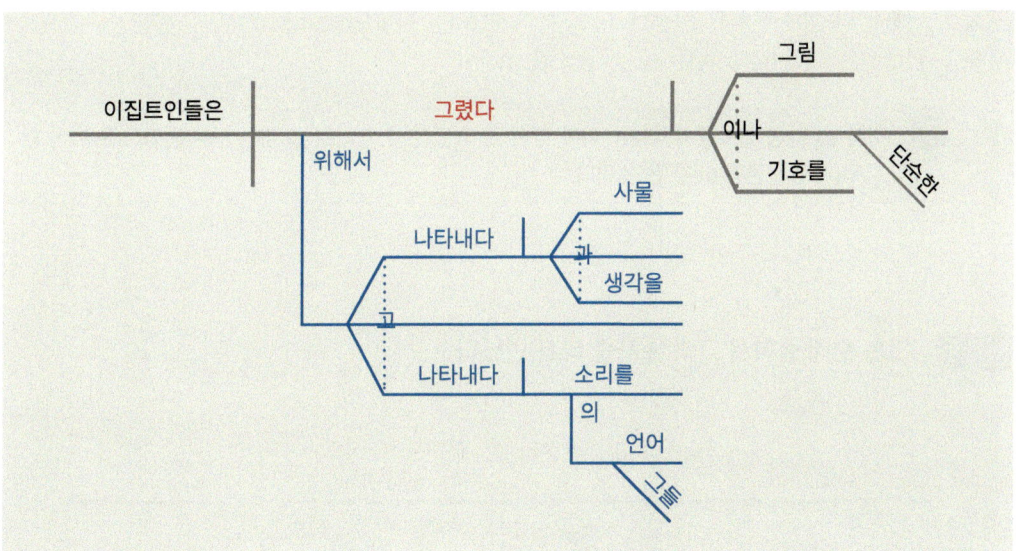

주 대등접속사 '고'가 '사물과 생각을 나타내다'와 '그들 언어의 소리를 나타내다'를 연결하므로 목적 표시 부사구가 둘이다.

이집트인들은/그렸다/단순한/그림/이나/기호를/위해서/나타내다/사물/과/생각을/고/(위해서)/나타내다/소리를/의/그들/언어.

The Egyptians drew simple pictures or signs to represent things and ideas and (to) represent the sound of their language.

예문 7   그는 자라서 현명하고 훌륭한 사람이 되었다.

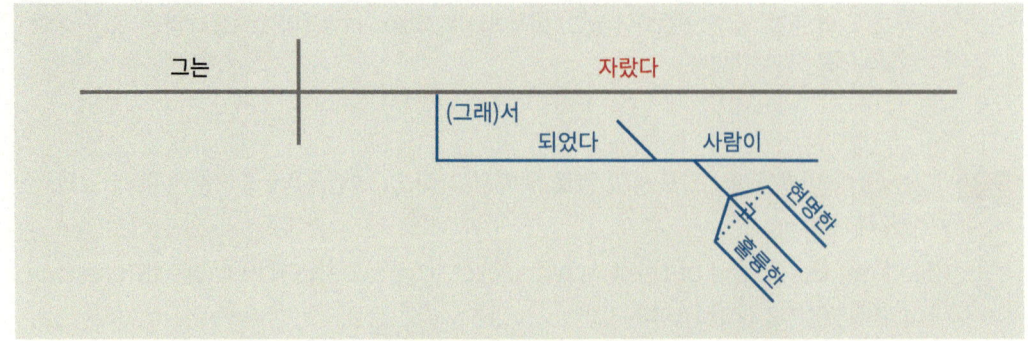

주   이 문장은 '그는 자랐다. 그래서 현명하고 훌륭한 사람이 되었다'가 줄어든 것이다. '자랐다'가 무의지 동사이므로 '(그래)서 현명하고 훌륭한 사람이 되었다'는 결과 표시 부사구이다.

 그는/자랐다/(그래)서/되었다/현명한/고/훌륭한/사람이.
He grew to be a wise and good man.

주   허사 to 다음에는 동사원형을 써야 하므로 '되었다'를 영어로 쓸 때는 동사원형으로 써야 한다. 그래서 동사원형 be를 쓴 것이다.

예문 8   그는 오래 살아서 그의 손자를 다시 만났다.

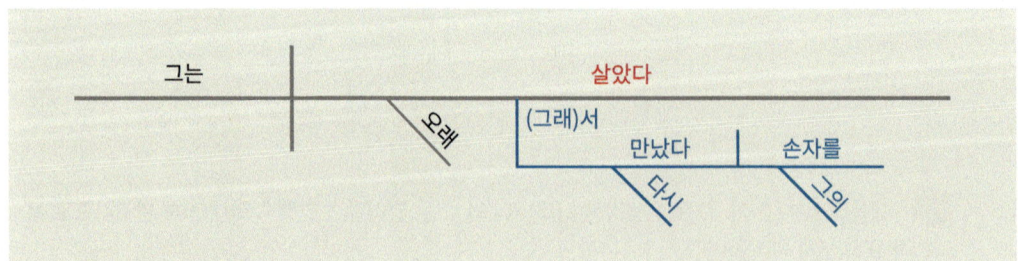

주   '살았다'가 무의지 동사이므로 '(그래)서 그의 손자를 다시 만났다'는 결과 표시 부사구이다.

그는/살았다/오래/(그래)서/만났다/그의/손자를/다시.
He lived long to meet his grandson again.

예문 9 그녀는 아테네에서 나와 내 친구를 보고서 반가워했다.

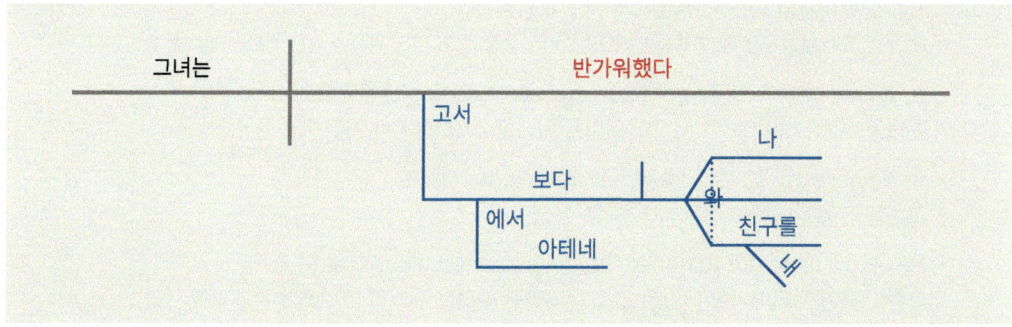

 '반가워했다'가 감정 동사이므로 '아테네에서 나와 내 친구를 보고서'가 부정사(to+동사원형)로 이유 표시 부사구이다.

 그녀는/반가워했다/고서/보다/나/와/내/친구를/에서/아테네.
She rejoiced to see me and my friend in Athens.

1. He came here to meet her. (그는 그녀를 만날 목적으로 여기에 왔다.)
   1   6   5   4   3   2
   ※ came이 의지 동사이므로 'to meet her'가 목적 표시 부사구이다. 숫자는 번역 순서임.

   He lived here to meet her. (그는 여기에 살아서 그녀를 만났다.)
   1   3   2   4   6   5
   ※ lived가 무의지 동사이므로 'to meet her'가 결과 표시 부사구이다.

2. 의지 동사를 수식하는 부정사의 허사 to가 목적 표시가 아니라 '(하)자고, 해서, 데(에)' 또는 '양보, 조건, 중문, 방법 표시' 등을 나타내는 경우가 있다.

- Make the sentence easy to use the following words.
  다음 단어들을 사용해서 문을 간편하게 하여라.

- Sue pulled down the curtain and motioned to Behrman to go into the other room.
  슈는 커튼을 내리고서 베어먼에게 다른 방으로 가자고 몸짓했다.

- In Africa, watermelons are used to make jams.
  아프리카에서 수박은 잼을 만드는 데 사용된다.

- To listen to him, one would take him for a fool.
  그의 이야기를 들으면 누구나 그를 바보로 여길 것이다.

- I was dumbfounded, to tell the truth.
  사실을 말하자면 나는 너무 놀라서 어안이 벙벙했다.
  ※ 조건 표시 부사구와 양보 표시 부사구는 문두, 문중, 문미 어느 위치에 오든 반드시 콤마를 동반한다.

- To do my best, I could not figure out the meaning of the sentence.
  최선을 다했으나 나는 그 문장의 의미를 이해할 수 없었다.

- To do her utmost, she could not do as other times.
  그녀는 전력을 다해도 다른 때처럼 할 수 없었다.

- He held a hand out to her, as if to help her out of her seat.
  그는 그녀가 자리에서 일어나는 것을 돕기라도 하려는 것처럼 그녀에게 손을 내밀었다.

- He goes to wash his clothes as though to wash himself of his past.
  그는 마치 과거의 자신을 세탁하려는 것처럼 자기 옷을 세탁하러 간다.

- They roll, rotate, and connect with each other to make a new form.
  그것들은 구르고 회전하고 서로 연결되어 새로운 형태를 만든다.

- Artists in Sweden used an igloo to show off carvings made of ice.
  스웨덴의 예술가들은 이글루를 사용해서 얼음으로 만들어진 조각품들을 과시하였다.

3. 동사를 수식하는 부정사구가 독립적인 의미를 나타내는 경우가 있다.

- And then, to make matters worse, his parents turned up.
  그리고 그때 설상가상으로 그의 부모님이 나타났다.

- It is a good method, to be sure, but it is hard to practice.
  확실히 그것은 좋은 방법이지만 실행이 어렵다.

- To begin with, I'll explain the background of my proposal.
  우선, 저의 제안에 대한 배경을 설명해 드리겠습니다.

- She can play the piano, not to speak of singing.
  그녀는 노래는 물론이고(말할 것도 없이) 피아노도 칠 수 있다.

- Needless to say, silence is gold. (It is needless to say that silence is gold.)
  말할 필요도 없이 침묵은 금이다.

- Strange to say, I dreamed the same dream twice last night.
  이상한 이야기이지만 나는 어젯밤 두 번이나 같은 꿈을 꾸었다.

- She is very frugal, not to say stingy.
  그녀는 인색하다고까지는 말할 수 없으나 매우 검약하다.

- To say the least, his last movie was slightly ahead of his time.
  줄잡아 말해도 그의 마지막 영화는 그의 시대를 조금 앞서갔다.

- They were drunk with love, so to speak.
  말하자면 그들은 사랑에 취했다.

연습문제

1. 그녀는 자기 남편으로부터 그 소식을 듣고서 매우 기뻤다.

2. 그 소녀는 그 연주회장에서 우리를 보고서 놀랐다.

3. 이 야회복은 봄에 입기(에) 좋다.

4. 그는 아주 빨리 걸어서 시간 내에 역에 도착했다.

5. 이 말들은 아주 똑똑해서 애완견들처럼 그들의 주인을 알아볼 수 있다.

6. 그녀는 너무 바빠서 나와 시간을 보낼 수 없다.

7. 그는 숲속에서 자유롭게 살려고 조용한 계곡에다 작은 집을 지었다.

8. 그는 유식하고 현명해지기 위해서 많은 책을 읽었다.

9. 그리스인들은 그 질문들에 대한 해답을 발견하기 위해 많은 것들을 가지고 실험했다.

10. 우리는 우리나라, 우리 가족과 친구, 그리고 세계의 다른 사람들을 돕기 위해서 현대 과학에 관한 우리의 지식을 사용해야 한다.

11. 우리는 많은 학생들에게 다른 나라의 문화와 관습과 예술을 가르쳐 주기 위해서 이번 방학 동안에 특별 프로그램을 만들었다.

12. 사람들은 자신의 몸과 마음을 튼튼하게 하기 위해 요가를 한다.

13. 많은 이주자들이 광활한 공간과 아름다운 해변을 향유하고 양과 소를 기르기 위해서 오스트레일리아로 왔다.

해 답

1. She was very delighted to hear the news from her husband.
   ※ 이유 표시 부사구 3형식

2. The girl was surprised to see us in the concert hall.
   ※ 이유 표시 부사구 3형식

3. This evening dress is good to wear in spring.
   ※ 조건 표시 부사구 3형식, 목적어가 생략되었음

4. He walked so fast as to arrive at the station in time.
   ※ so를 수식하는 결과 표시 부사구 1형식

5. These horses are smart enough to recognize their owners like pet dogs.
   ※ enough를 수식하는 결과 표시 부사구 3형식

6. She was too busy to spend time with me.
   ※ too를 수식하는 결과 표시 부사구 3형식

7. He built a small house at the quiet valley to live freely in the woods.
   ※ 의지 동사를 수식하는 1형식 목적 표시 부사구

8. He has read many books to become learned and wise.
   ※ 의지 동사를 수식하는 2형식 목적 표시 부사구

9. The Greeks experienced with many things to discover the answers to the questions.
   ※ 의지 동사를 수식하는 3형식 목적 표시 부사구

10. We should use our knowledge of modern science to help our country, our families and friends, and other people in the world.
    ※ 의지 동사를 수식하는 3형식 목적 표시 부사구

11. We made a special program during this vacation to teach many students the culture, customs, and art of other countries.
    ※ 의지 동사를 수식하는 4형식 목적 표시 부사구

12. People do yoga to make their bodies and minds strong.
    ※ 의지 동사를 수식하는 5형식 목적 표시 부사구

13. Many settlers came to Australia to enjoy the wide-open spaces and the beautiful beaches and (to) raise sheep and cattle.
    ※ 의지 동사를 수식하는 3형식 목적 표시 부사구가 2개

❖ 부정사의 형식상 분류

	능동 (active)	피동 (passive)
기　　본	to take	to be taken
진　　행	to be taking	(*to be being taken)
완　　료	to have taken	to have been taken
완　료　진　행	to have been taking	(*to have been being taken)

※ 피동의 경우 피동 진행 부정사와 피동 완료 진행 부정사는 없다. 그래서 능동형 4가지, 피동형 2가지 이렇게 6가지 형태의 부정사가 있다.

❖ 부정사의 의미상 분류

일반 부정사	to+동사원형
부정어 부정사	부정어(not/never) to+동사원형
의문사 부정사	의문사(who … how) to+동사원형 ※ "why to+동사원형"은 없음
whether 부정사	whether to+동사원형

※ 의문사 부정사와 whether 부정사는 명사구로만 쓰인다.

❖ 부정사의 의미상 주어

> 'for+목적격'이 원칙적으로 의미상 주어이다.

1. 명사구(명사적 용법)의 경우

1) 의미상 주어가 없을 때는 'for+목적격'이 생략된 경우이다.

- It is the will of God for him to marry her.
  그가 그녀와 결혼한 것은 신의 뜻이었다.

- It is sometimes necessary to change the definition slightly.
  정의를 약간 변경시키는 것이 때로는 필요하다.
  ※ to change 앞에 의미상 주어 for us가 생략된 경우이다.

2) 주절의 보어가 good, bad, kind, generous, nice, foolish, silly, stupid, considerate, thoughtful, thoughtless, careless, unkind, mean, cruel, clever, wise, honest, right, rude, unfair 등의 형용사일 때 부정사의 의미상 주어는 'of+목적격'이다.

- It was wise of her to go there with him.
  그녀가 그와 함께 거기에 간 것은 현명하였다.
- It was very silly of you to make such a mistake.
  네가 그러한 실수를 저지른 것은 매우 어리석었다.

2. 형용사구(형용사적 용법)의 경우

1) 직접 수식의 경우

(1) 부정사의 수식을 받는 명사가 부정사의 의미상 주어와 같다. 따라서 부정사의 의미상 주어 'for+목적격'이 생략된 경우이다.

- He was not the kind of person to give up hope.
  그는 희망을 포기할 그런 사람이 아니었다.

(2) 부정사의 수식을 받는 명사가 의미상 주어가 아닐 때는 다음과 같은 경우인데 의미상 주어가 없을 때는 생략된 것이다.

① 형용사구의 '동사원형'이 자동사이면 전치사를 동반한다. 즉 수식받는 명사가 전치사의 목적어이다.

- The child had no friends to play with.
  그 아이는 함께 놀 친구가 없었다.

② 형용사구의 '동사원형'이 타동사이면 목적어 자리가 비어 있어야 한다. 즉 수식받는 명사가 동사원형의 목적어이다.

- Here is fresh water to drink.
  이곳에는 마실 신선한 물이 있다.
- There is nothing for me to do about them.
  내가 그것들에 관해 할 수 있는 것은 없다.

③ 형용사구의 '동사원형'이 타동사인데 목적어가 있으면 전치사를 동반한다. 즉 수식받는 명사가 전치사의 목적어이다.

- This is a pencil to draw pictures with.
  이것은 그림을 그리는 연필이다.

④ 수식받는 명사가 시간, 이유, 방법 등을 나타내는 명사일 때.

- The best way to learn English is to keep practicing it.
  영어를 배우는 가장 좋은 방법은 영어를 계속 연습하는 것이다.
- Fall is the best time to visit Korea.
  가을이 한국을 방문할 가장 좋은 때이다.
- Have you any other reason to connect Mr. Drukker with this crime?
  이 범죄와 드러커 씨를 연관시킬 어떤 다른 이유라도 있는 거요?

2) 간접 수식의 경우

(1) 주절의 주어가 대신한다.

- Just then the little mouse happened to pass by.
  바로 그때 작은 생쥐가 우연히 옆으로 지나가게 되었다.

(2) 5형식의 경우 목적어가 의미상 주어가 된다.
- The captain allowed us to land on the rocky island.
  선장은 우리들이 바위섬에 상륙하는 것을 허가했다.

3. 부사구(부사적 용법)의 경우

1) 'for+목적격'이 의미상 주어이다.
- The car slowed down for the children to pass by.
  그 차는 아이들이 옆으로 지나가도록 속도를 늦추었다.

2) 의미상 주어가 없을 때는 주절의 주어가 대신한다.
- The fisherman went to the sea to catch fish.
  그 어부는 물고기를 잡으러 바다로 나갔다.
- I am pleased to be able to contribute to it.
  그것에 기여할 수 있어 기쁘다.

❋ 부정사의 시제

부정사의 시제는 주절의 시제가 대신한다. 단 소망, 기대, 예상, 예정 등을 나타내는 동사가 있을 때는 부정사가 이 동사가 나타내는 때보다 미래의 일을 나타낸다. 또 부정사가 동사가 나타내는 때보다 이전의 일 또는 그때까지 완료되거나 계속되는 일을 나타낼 때는 완료 부정사를 사용한다.

- The man seems to enjoy the music.
  =It seems that the man enjoys the music.
  그 남자는 음악을 즐기는 것 같다.
- New and exciting things seemed to happen in Paris.
  =It seemed that new and exciting things happened in Paris.
  새롭고 흥미 있는 일들이 파리에서 일어나는 것 같았다.
- I expect to hear from her soon.
  =I expect that I will hear from her soon.
  나는 곧 그녀에게서 소식을 들을 것이라고 기대한다.
- I hope to see Richard today.
  =I hope that I will see Richard today.
  나는 오늘 리처드를 만났으면 한다.
- She promised to pay me eight hundred dollars.
  =She promised that she would pay me eight hundred dollars.
  그녀는 나에게 800달러를 지불하겠다고 약속했다.
- He seems to have been happy.
  =It seems that he was (*or* has been) happy.
  그는 행복했던 것 같다.

5-3 동사원형ing(분사구)

동사원형ing도 구(phrase)를 이루는 요소로서 명사구, 형용사구, 부사구가 된다. 동사원형ing가 명사구일 때 동명사(명사용 분사)라 하고, 형용사구일 때 명사나 대명사를 수식하는 분사(형용사용 분사)라 하고, 부사구일 때 분사구문(부사용 분사)이라 한다.

동사원형ing인 구(phrase)도 부정사구(to+동사원형)와 마찬가지로 1형식에서 5형식으로 이루어져 있다.

1. 명사구(명사용 분사, 동명사)

명사의 위치(자리)에 동사원형ing가 올 때이다. 명사의 위치는 주어, 목적어, 보어, 전치사의 목적어 등이며, 우리말에서는 '것'이나 '기'로 번역한다.

예문 1 Reading a poem aloud is often the best way to appreciate it.
시를 큰 소리로 읽는 것이 종종 그것을 감상하는 가장 좋은 방법이다.

예문 2 He began playing a sad and very lovely movement.
그는 슬프면서도 매우 아름다운 선율을 연주하기 시작했다.

예문 3 Living is not merely breathing.
산다는 것은 단순히 숨쉬는 것만은 아니다.

예문 4 She is skillful in making wine from grapes.
그녀는 포도로 포도주를 만드는 데 능숙하다.

2. 형용사구(형용사용 분사, 명사나 대명사를 수식하는 분사)

1) 직접 수식

동사원형ing가 명사의 앞이나 뒤에 연접되어 와서 형용사 역할을 하는 경우이다. 우리말에서는 진행(~고 있~)으로 번역한다.

예문 1 Perhaps you read about "whispering pines."
아마도 여러분은 "속삭이는 소나무"에 대해 읽었을 것이다.

예문 2 Looks at the charming lady dancing on the stage.
무대에서 춤추고 있는 저 매력적인 여인을 보아라.

2) 간접 수식

주어가 추상명사가 아닐 때 보어 자리에 동사원형ing가 오거나 목적어가 추상명사가 아닐 때 목적보어 자리에 동사원형ing가 오는 경우이다.

예문 1 He stood leaning against a tree.
그는 나무에 기대어 서 있었다.

예문 2 We saw a strange ship coming toward us.
우리는 이상한 배 한 척이 우리를 향해 오고 있는 것을 보았다.

3. 부사구(부사용 분사, 분사구문)

위치는 구애 없이 동사원형ing가 콤마를 동반하여 부사 역할을 하는 경우이다. 분사구문이 문에서 가지는 의미는 시간, 이유/원인, 조건, 양보, 중문(부대 상황) 등이다.

예문 1 Hearing the noise, she came to my help. (시간)
그 소리를 듣고 그녀는 나를 도우러 왔다.

예문 2 Not knowing what to say, I remained silent. (이유/원인)
어떻게 말해야 할지를 몰라서 나는 가만히 있었다.

예문 3 Strictly speaking, this is not a correct expression. (조건)
엄밀히 말하면 이것은 올바른 표현이 아니다.

예문 4 Having a good piano, she seldom uses it. (양보)
좋은 피아노를 가지고 있지만 그녀는 그것을 거의 사용하지 않는다.

예문 5 He worked from morning till night, singing merrily. (중문/부대 상황)
그는 즐겁게 노래 부르며 아침부터 밤까지 일했다.

※ 동명사, 분사, 분사구문에 관한 더 자세한 것은 글틀영어 형태편(품사편) 비한정동사 참조

사람의 생이 무형의 물같이 단순히 흘러가는 한 장(場)의 토막이 아니라고 믿어 하나의 역사적인 존재로 고찰할 때 삶은 결코 처음부터 시작되는 법은 없고 언제나 벌써 형성된 문화 사회 속에 피투되어 있는 것이다. 그러므로 본래적인 것은 아니라 하더라도 그런 류의 의식이 이미 내재되어 있어서 어느 정도는 불편 없이 모자람 없이 대열에 끼어 영위한다. 그러나 우리가 눈만 뜨면 언제나 자유롭고 순수하게 사물의 본질을 꿰뚫어 볼 수 있다고 생각한다면 그것은 커다란 과오인 것이다. 왜냐하면 일상생활에 있어서 우리들은 항상 실질적인 욕구에 매여서만 사물의 세계를 보고 있는 것이다. 우리는 이 욕구 때문에 사물 자체를 보는 것이 아니고 다만 우리들의 용도에 따른 이용 가치만을 보게 되는 것이다. 사물 자체의 순수한 의미를 깨닫기 위해서 우리는 우리들의 이 욕구적인 면에서 해방되어야만 그 사물의 본질을 바로 볼 수 있게 되는 것이다. 하지만 이 자기 욕구로부터 스스로를 해방시킨다는 일은 일상 생활인에게는 거의 불가능하며 가능하다 하더라도 아주 드물게 일어나는 현상이다. 그러므로 스스로를 욕구에서 해방시킬 수 있는 경우만이라도 마련하는 것이 어떤 인생의 획기적인 계기인 것이다.

Clause

06. 절

06 절(Clause)

　문(문장)은 하나의 낱말로 된 것, 두 개 이상의 낱말로 된 것, 하나의 절로 된 것, 두 개 이상의 절로 된 것이 있는데, 절과는 달리 문에는 반드시 주어·동사가 들어 있는 것은 아니다.
　이와는 달리 절은 하나의 동사를 중심으로 여러 문법적인 요소, 즉 주어, 목적어, 보어 등이 어우러져서 완전한 사상이나 판단, 감정, 사실 등을 표현한 것이다. 한 개의 절로 된 문을 단문이라 하고, 두 개 이상의 절로 된 문을 중문 또는 복문이라 한다.
　절의 종류는 크게 나누어 독립절(단문: simple sentence), 대등절(중문: compound sentence), 종속절(복문: complex sentence) 3종류가 있다.

※ 문은 의미상으로는 평서문, 의문문, 명령문, 감탄문, 기원문으로 나눌 수 있고, 구조상으로는 단문, 중문, 복문, 혼합문으로 나눌 수 있다. 혼합문은 중문과 복문이 섞여 있는 경우이다.

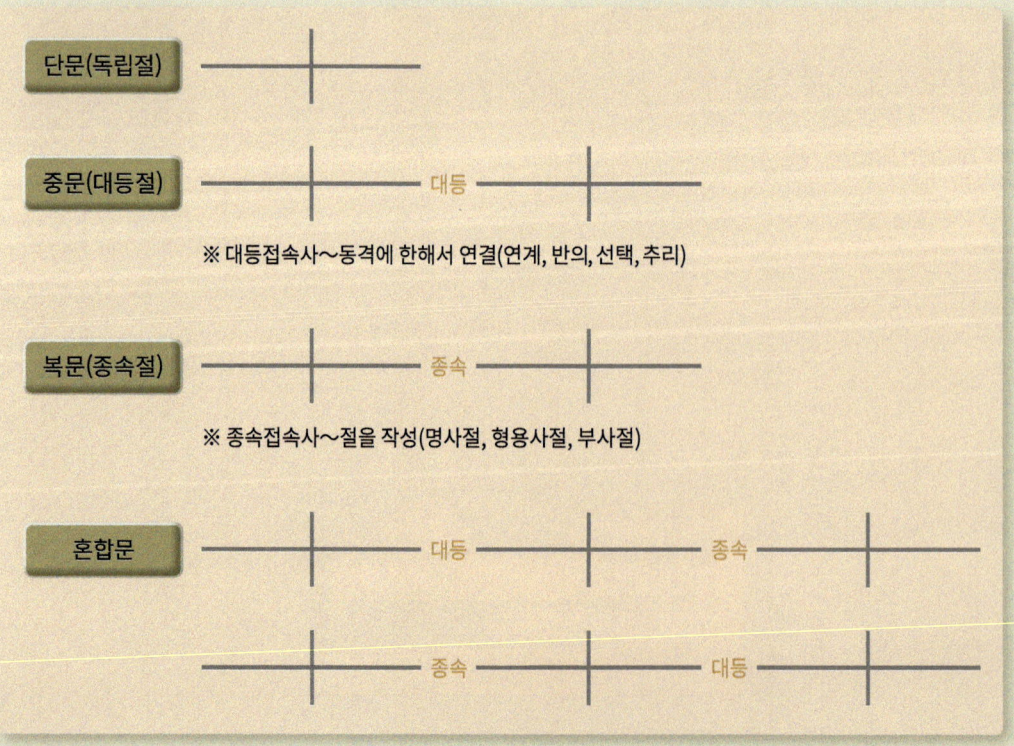

6-1 독립절(단문: Simple Sentence)

독립절은 한정동사(정동사)가 하나만 있는 문이다.(※아래 '동사의 종류' 참조) 이에는 평서문, 의문문, 명령문, 감탄문, 기원문 등이 있다.

동사의 종류

주어의 양태에 따라 한정동사와 비한정동사로 나눈다.

1. **한정동사(정동사: Finite Verb)**
   형식상 주어(주격)를 취하고 그 주어의 수, 인칭, 그리고 시제 및 태 등의 제한을 받는 동사.

2. **비한정동사(준동사: Non-finite Verb)**
   의미상 주어(목적격, 속격)를 취하고 그 주어의 수, 인칭, 그리고 시제 및 태 등의 제한을 받지 않는 동사. 이에는 의미상 주어에 따라 부정사와 분사 두 종류가 있다.

   1) 목적격을 의미상 주어로 하는 비한정동사를 부정사라 한다.
      즉 for+목적격·to+동사원형
      ※ 목적격임을 암시하기 위해서 허사 for를 붙임.

   2) 속격을 의미상 주어로 하는 비한정동사를 분사라 한다.
      즉 속격·동사원형ing

   그가 간다.
   - 한정동사: He goes.
   - 비한정동사
     - 부정사: For him to go
     - 분　사: His going

   ※ 대명사의 경우는 주격과 목적격이 구별되지만, 명사는 주격과 목적격의 형태가 같다. 그래서 부정사의 의미상 주어 목적격 앞에 목적격임을 암시하는 허사 for를 붙인다.

1. 평서문(Declarative Sentence)

어떤 사실을 긍정적으로든지 부정적으로든지 밝혀주는 문이며 첫 글자를 대문자로 시작해서 문장 끝에 온점(.)을 찍는다. 우리말에서는 일반적으로 '～다'로 끝난다.

1) 긍정문

예문 1 The good wife and health are a man's best wealth.
현숙한 아내와 건강은 남자의 최고의 부다.

예문 2 He seemed to be in deep thought.
그는 깊은 생각에 잠긴 듯이 보였다.

예문 3 This kind old man always wanted to make other people happy.
이 친절한 노인은 언제나 다른 사람들을 행복하게 해 주고 싶어했다.

예문 4 The streets and the houses were covered with snow.
길과 집들이 눈으로 뒤덮였다.

2) 부정문

긍정문 어순에 not이나 never 등을 붙이는데 조동사가 없을 때 not을 쓰려면 조동사 do를 빌려다 쓴다. 단, be 동사와 have 동사(소유의 의미)는 조동사 do를 빌려다 쓰지 않고 동사 다음에 not을 쓴다. not 이외의 부정어는 조동사 do를 빌려 오지 않는다.

예문 1 He could not sing merrily now.
그는 이제 즐겁게 노래 부를 수가 없었다.

예문 2 Alice did not say a single word.
앨리스는 한마디도 하지 않았다.

예문 3 This spider is not dangerous to humans.
이 거미는 사람에게 위험하지 않다.

예문 4 I have never seen such a pretty lady.
나는 그렇게 예쁜 여인을 보지 못했다.

2. 의문문(Interrogative Sentence)

'질문'이나 '의문' 등의 묻는 내용의 문장인데 요구, 권유, 간청 등을 나타내기도 한다. 평서문의 정상적인 위치인 '주어·동사'에서 동사가 주어 앞으로 나가고 문장 끝에 물음표(?)를 붙이면 의문문이 된다. 읽을 때는 의문사가 없는 의문문은 끝을 올려 읽고, 의문사가 있는 의문문은 끝을 내려 읽는다. 영어는 위치중심어이므로 평서문과 어순을 다르게 해서 의문문을 만들지만, 우리말은 토씨중심어이므로 문장 끝에 '〜냐, 〜까, 〜요'를 붙이고 억양을 약간 높이면 의문문이 된다.

의문사의 종류

의문대명사 : who(누구), which(어느 것), what(무엇), when(언제), where(어디)

의문형용사 : whose(누구의), which(어떤), what(무슨)
 ※ 수식받는 관사 없는 명사를 동반한다.

의 문 부 사 : when(언제), where(어디에), why(왜, 어째서), how(어떻게, 얼마나)
 ※ how가 형용사나 부사를 수식할 때는 수식받는 형용사나 부사를 동반한다.
 ※ when, where, why는 동사만 수식하는 의문부사이다.

의문문 어순

의문사가 없는 의문문
1. 조동사·주어·본동사…?
2. Be/Have·주어…?
3. Be·there·주어…?

의문사가 있는 의문문
1. 의문사·조동사·주어·본동사…?
2. 의문사·be/have·주어…?
3. 의문사(주어)·동사…?

 '주어·동사'에서 동사가 주어 앞으로 갈 때 동사에 딸린 것(목적어, 보어, 수식어 등)이 나가는 혼잡을 피하기 위해서 조동사를 내세워 주어 앞에 보내고 본동사는 그 자리에 있는 것이다. 이때 조동사가 없으면 조동사 do를 빌려다 쓰는데 be, have(소유의 의미)는 조동사를 쓰지 않고 직접 주어 앞으로 나와서 의문문을 이룬다.
 직접 의문문에서 의문사는 품사에 상관없이 어제나 문장 앞에 오며, 의문사가 있는 의문문의 대답에는 yes나 no를 쓰지 않는다.

1) 의문사가 없는 의문문

(1) 조동사·주어·본동사…?

예문 1 Can you imagine skiing in the middle of the desert?
(You can imagine skiing in the middle of the desert.)
사막 한가운데에서 스키를 타는 것을 상상할 수 있나요?

> 주 조동사는 언제나 본동사 앞에만 온다.

예문 2 Does she have to attend the meeting? (조동사 do를 빌려다 쓴 경우)
(She has to attend the meeting.)
그녀가 회의에 참석해야 합니까?

예문 3 May I speak to Mr. Jack Martin in marketing, please?
(I may speak to Mr. Jack Martin in marketing, please.)
마케팅 부서의 잭 마틴 씨와 통화할 수 있을까요?

(2) Be/Have·주어…?

예문 1 Are these instructions clear enough?
(These instructions are clear enough.)
이 지시 사항들은 아주 명확한가요?

예문 2 But are they really good role models for children?
(But they are really good role models for children.)
하지만 그들이 정말로 어린이들에게 좋은 역할 모델이 될까요?

예문 3 Have you any questions? (You have any questions.)
무슨 질문이 있습니까?

> 주 영어의 소유 동사는 우리말로 옮길 때 '가지고 있다'나 존재 표시 '있다'로 번역한다. 존재 표시 '있다'로 번역할 때는 목적어를 주어처럼 번역한다. 그래서 '질문을'을 '질문이'로 번역한 것이다.

(3) Be·there·주어…?

예문 1 Are there many crocodiles around here?
(There are many crocodiles around here.)
이 주변에 악어가 많이 있습니까?

예문 2 Is there a small pond in the garden?
(There is a small pond in the garden.)
정원에 작은 연못이 있습니까?

예문 3 Isn't there another way to get there?
(There isn't another way to get there.)
거기에 가는 다른 방법은 없습니까?

2) 의문사가 있는 의문문

(1) 의문사·조동사·주어·본동사…?

예문 1 What will you do on Thanksgiving Day?
(You will do what on Thanksgiving Day.)
추수감사절에 무엇을 할 건가요?

예문 2 Which restaurant do you prefer? (조동사 do를 빌려다 쓴 경우)
(You prefer which restaurant.)
어떤 레스토랑을 선호하십니까?

> 주 which가 의문형용사이므로 수식받는 관사 없는 명사 restaurant를 동반한 것이다.

예문 3 How long have you been waiting here?
(You have been waiting here how long.)
여기서 얼마나 오래 기다리셨습니까?

예문 4 Why would he have done such a thing?
(He would have done such a thing why.)
왜 그가 그런 일을 하였을까?

6. 절(Clause) **137**

(2) 의문사 · be/have · 주어…?

예문 1 Whose idea was the original design?
(The original design was whose idea.)
최초의 디자인은 누구의 아이디어였지요?

> 주) whose가 의문형용사이므로 관사 없는 명사 idea를 동반한 것이다.

예문 2 How much is the airfare to Chicago?
(The airfare to Chicago is how much.)
시카고행 항공 요금이 얼마지요?

> 주) how는 형용사나 부사를 수식할 때는 수식받는 형용사나 부사를 동반한다.

예문 3 How many accountants have you in your office?
(You have how many accounts in your office.)
당신의 사무실에는 경리가 몇 명이나 있습니까?

(3) 의문사(주어) · 동사…?

예문 1 Who told you something like that?
(Who told you something like that.)
누가 당신에게 그런 말을 했어요?

> 주) 의문대명사가 주어이므로 어순이 평서문과 같다.

예문 2 Which way is quicker? (Which way is quicker.)
어느 길이 더 빠릅니까?

> 주) 의문형용사의 수식을 받는 명사가 주어이므로 어순이 평서문과 동일하다.

예문 3 How many factors are shown on the graph?
(How many factors are shown on the graph.)
그래프에는 몇 개의 요소가 나타나 있습니까?

3. 명령문(Imperative Sentence)

명령, 금지, 요구, 의뢰, 충고 등을 나타내는 문장으로 주어 you를 생략하고 동사원형을 쓴다. 문장 끝은 평서문과 같이 온점(.)을 찍으나 감정을 넣을 때는 느낌표(!)를 찍기도 한다. 우리말에서는 일반적으로 '～라'나 '～오'로 끝난다. 크게 나누어 직접 명령과 간접 명령이 있다.

1) 직접 명령

2인칭(상대방)에 내리는 명령으로 주어 you를 생략하고 언제나 동사의 원형을 사용한다.

예문 1 Be faithful. (You are faithful.)
성실하여라.

> 주) 주어가 3인칭 단수가 아닐 때, be 동사는 동사의 원형과 동사의 현재형이 구별되지만 그 밖의 동사는 동사의 원형과 동사의 현재형이 구별이 안 된다.

예문 2 Find an interesting poem to read to her.
(You find an interesting poem to read to her.)
그녀에게 읽어 줄 재미있는 시를 찾아라.

예문 3 Don't be vulgar. (You are not vulgar.)
속되지 마라.

> 주) be 동사일지라도 부정 명령일 때는 do를 빌려다 쓴다.

예문 4 Don't count on a verbal promise.
(You don't count on a verbal promise)
말로 한 약속은 믿지 마라.

예문 5 Never say such a lie. (You never say such a lie.)
그러한 거짓말을 하지 마라.

> 주) never는 조동사 do를 쓰지 않는다.

2) 간접 명령

'Let 목적어 동사원형…'의 형태로 2인칭(you)을 통해 1인칭이나 3인칭에 내리는 명령으로 let 동사를 사용한다. let 동사 다음에 오는 목적어가 1인칭이면 1인칭에 내리는 명령이고, 3인칭이면 3인칭에 내리는 명령이다.

예문 1 Let's go to the beach this summer.
(We go to the beach this summer.)
올여름에는 해변으로 갑시다.

예문 2 Don't let him go there. (He does not go there.)
그를 거기에 가지 못하게 하시오.

> **주** 간접 명령의 부정은 목적보어 앞에 not을 쓴다.(Let him not go there.) 그런데 구어체에서는 주로 don't를 let 앞에 써서 부정 명령을 만든다.

예문 3 Let him read the book on philosophy or education.
(He reads the book on philosophy or education.)
그가 철학이나 교육학에 관한 책을 읽게 하여라.

4. 감탄문(Exclamatory Sentence)

기쁨, 놀라움, 경탄, 슬픔 등의 강한 느낌이나 감동을 표현하는 글인데 문장 끝에 반드시 느낌표(!)를 찍는다. 우리말에서는 대체로 '정말/참으로 ~하구나!' 또는 '어찌나/얼마나 ~한지/한가!'이다.

> **감탄문 어순**
> 1. What·수식받는 명사·주어·동사…!
> 2. How·수식받는 형용사나 부사·주어·동사…!
> 3. 감탄사! 주어·동사….

1) What·수식받는 명사·주어·동사…!

예문 1 What a wonderful sight this is! (This is a very wonderful sight.)
참으로 절경이구나!

예문 2 What much money he has! (He has very much money.)
그는 돈이 어찌나 많은지!

2) How · 수식받는 형용사/부사 · 주어 · 동사…!

예문 1 How beautiful she is! (She is very beautiful.)
그녀는 참으로 아름답구나!

예문 2 How nice the weather is! (The weather is very nice.)
날씨가 얼마나 좋은지!

3) 감탄사! 주어 · 동사….

예문 1 Oh! I have lost my chance.
오! 나는 기회를 놓쳤구나.

> 주 Oh는 감탄사로서 독립 요소이다.

예문 2 Bravo! It was a great hit
브라보! 그것은 대단한 히트였다.

상대방이 알 수 있을 때 감탄문에서 주어 · 동사가 생략되는 경우가 종종 있다.
- What a nice present (it is)! 정말로 멋진 선물이구나!
- What a charming young man (he is *or* you are)! 얼마나 멋진 젊은이인가!
- How exciting (it is)! 얼마나 흥미진진한지!
- What a (wonderful) present (it is)! 굉장한 선물이구나!
  ※ 형용사까지 생략

5. 기원문(Optative Sentence)

기원이나 소원을 나타내는 문인데 문장 끝에는 감탄문처럼 느낌표(!)가 있으나 감탄문과는 달리 기원의 뜻이 분명하게 들어 있고 동사의 시제가 다르며 동사 및 부사의 어순이 다르다.

현재나 미래의 소원을 기원할 때는 문 앞에 기원을 나타내는 조동사 may(~이기를 빈다. ~하옵소서)를 두고 평서문처럼 쓰거나, 아니면 부사나 부사구를 문 앞에 내세워서 주어와 동사의 위치를 바꾸어 쓰는데 언제나 동사의 원형을 쓴다.

현재 사실에 반대되는 것이나 과거 사실에 반대되는 것을 소원할 때는 언제나 문 앞에 I wish, Would (that), Would to God (that), Would to Heaven (that), Oh (that) 등을 사용하며 현재 사실에 반대되는 기원에는 과거 복수동사를, 과거 사실에 반대되는 기원에는 과거 완료를 쓴다.

예문 1　May the grace of God be with you! (The grace of God may be with you.)
　　　　신의 은총이 당신과 함께 하기를!

예문 2　Long live the new queen of soul! (The new queen of soul lives long.)
　　　　소울 음악의 새로운 여왕 만세!

예문 3　With me be God! (God is with me.)
　　　　신이 나와 함께 하기를! (나를 지켜 주소서!)

예문 4　I wish (that) I could go there with him!
　　　　그와 함께 거기에 갈 수 있다면 (좋을 텐데)!

예문 5　Would (that) I were blind! (=I wish I were blind.)
　　　　장님이라도 되었으면!　　※would=wish

예문 6　Would to God I were the child's father!
　　　　내가 그 아이의 아버지라면 (좋겠는데)!

예문 7　Would to Heaven I could marry her!
　　　　내가 그녀와 결혼할 수 있다면 얼마나 좋을까!

예문 8　I would to God that I had been able to tell the truth!
　　　　내가 진실을 말할 수 있었다면 좋았을 텐데!

예문 9　Oh (that) I could have seen him!
　　　　오, 그를 만나 볼 수 있었다면 (좋았을 텐데)!

6-2 대등절(중문: Compound Sentence)

대등절은 등위절이라고도 하는데 한정동사가 두 개 이상이되 반드시 대등접속사로 이어진 문이다. 즉 두 개 이상의 단문이 대등접속사로 연결된 것이다. 대등접속사는 동격에 한해서 연결하며 이에는 연계접속사, 반의접속사, 선택접속사, 추리접속사가 있다.

대등절 도해는 아래 그림과 같이 두 개의 문장을 위아래로 나란히 그리고 두 문장 문 앞에서 수직 점선으로 연결한다. 이때 두 문장의 형식은 각기 1형식에서 5형식까지 다양하다.

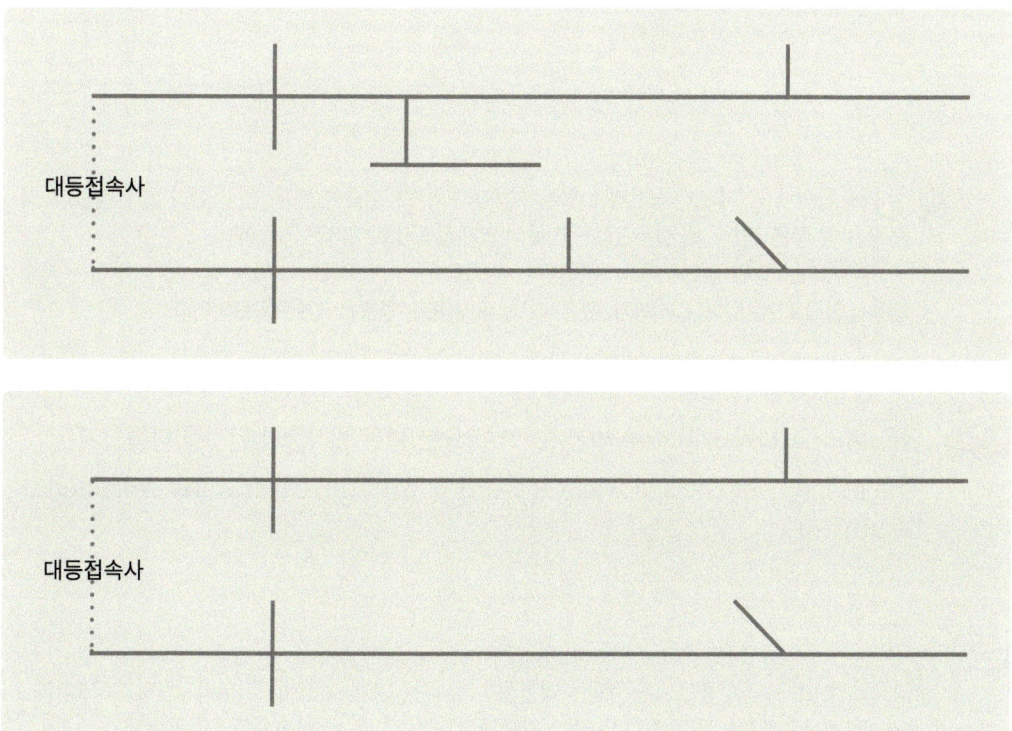

1. 연계접속사 중문

연계접속사는 순수 연결의 의미만 가진 것이다. 연계접속사에는 and, both~and, not only~but (also), nor…… 등이 있고, 우리말에서는 '와, 과, 고, 서, 며, 데, 그리고, 그래서, 그런데……' 등이 있다.

예문 1 그 바다 위의 달은 매우 밝았고, 그 고요한 물은 아름답게 그것을 반사했다.

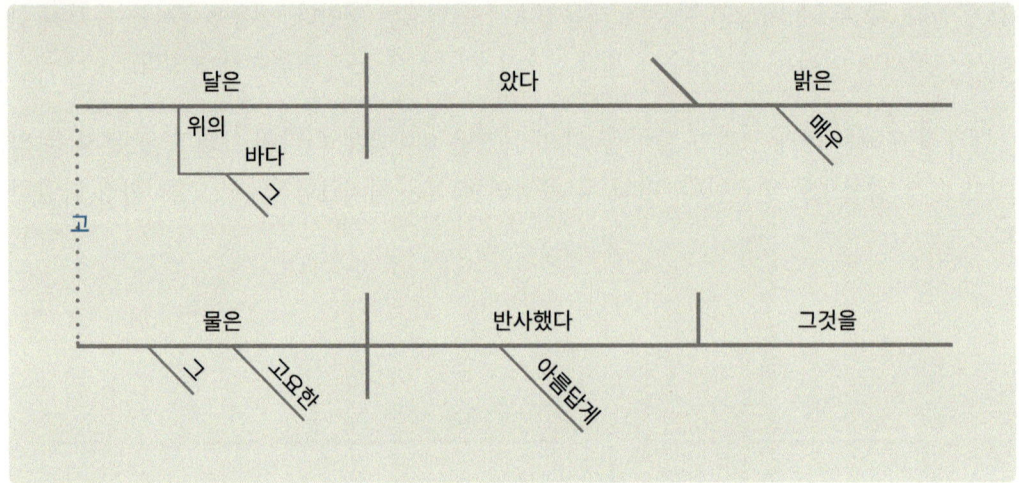

- 대등접속사 '고'가 '그 바다 위의 달은…밝았다'와 '그 고요한 물은…반사했다'를 연결한다. 이 문장은 앞 절은 2형식, 뒤 절은 3형식인 문이 연계접속사로 이어진 중문이다.
- '밝았고'는 '밝았다 그리고'의 준말이다. '밝았다'는 '어떠어떠하다'라는 상태를 나타내는 서술 형용사이므로 계사 '이다'의 과거 '었/았다'가 동사이고, 형용사 '밝은'이 보어이다.

 달은/위의/그/바다/았다/매우/밝은/고/그 고요한/물은/반사했다/그것을/아름답게.
The moon over the sea was very bright and the calm water reflected it beautifully.

💬 and, nor, but, or, for 등으로 연결되는 대등절이 길 때는 대개 comma로 분리시킨다. 그러나 아주 짧을 때나 서로 의미상 밀접하거나 내용상 분리될 수 없을 때는 comma를 찍지 않는다.

예문 2 딕은 낮에는 강가에 있는 창고에서 일하고, 그는 밤에는 그 집의 꼭대기에 있는 그의 작은 방에서 잤다.

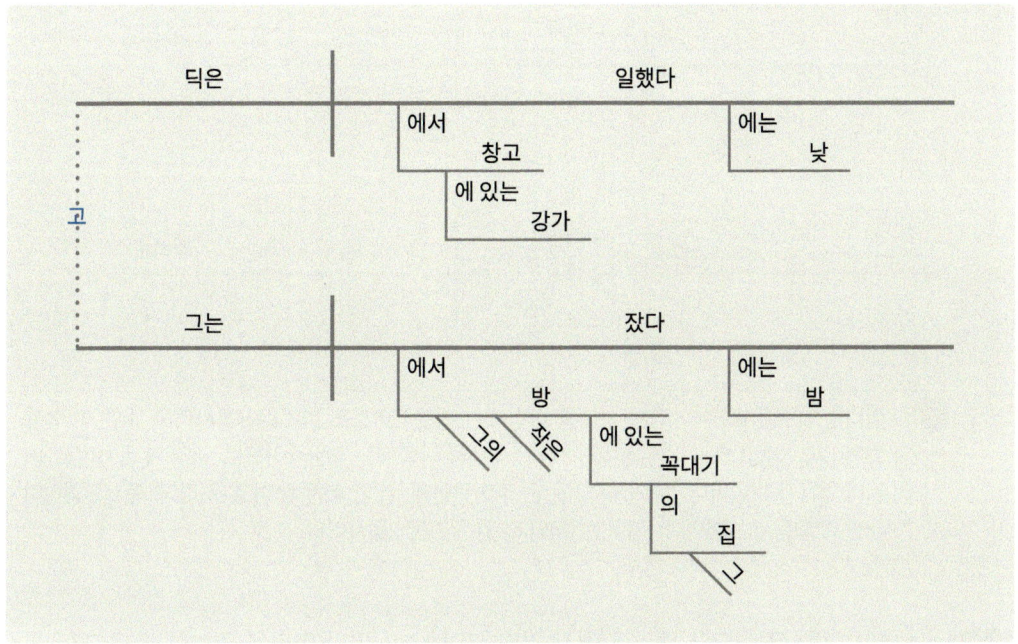

 대등접속사 '고'는 '딕은…일했다'와 '그는…잤다'를 연결한다. '낮에는'과 '밤에는'은 부사구이므로 모음 어미이어야 하는데 자음 어미인 것은 '은, 는, 만, 한, 도'라는 강조 토씨 가운데 '는'이 왔기 때문이다.

딕은/일했다/에서/창고/에 있는/강가/에는/낮/고/그는/잤다/에서/그의/작은/방/에 있는/꼭대기/의/그/집/에는/밤.

Dick worked in the warehouse by the riverside in the day and he slept in his little room at the top of the house at night.

2. 반의접속사 중문

반의접속사는 뜻이 반대되거나 앞·뒤의 문이 서로 대조적일 때 쓴다. 반의접속사에는 but, yet, still, while…… 등이 있으며, 우리말에서는 '그러나, 나, 만……' 등이 있다.

예문 1 어떤 분야에서 대가가 되기는 쉬우나, 인간으로서 위대해지기는 어렵다.

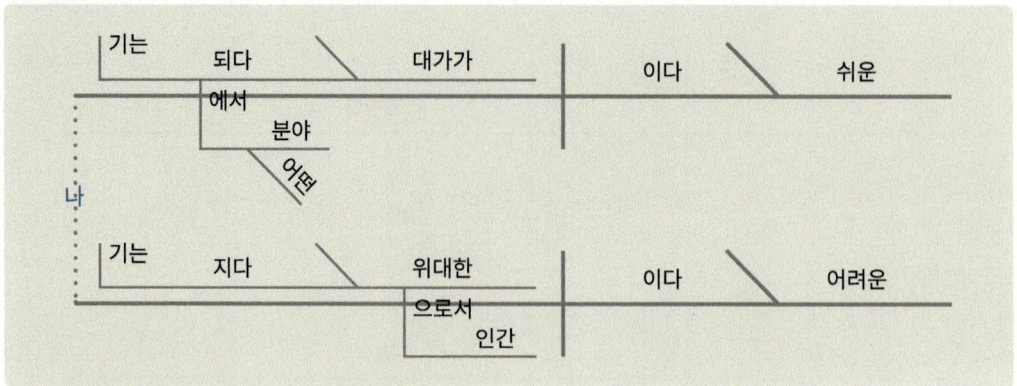

> **주** '쉽다'는 '어떠어떠하다'라는 상태를 나타내는 형용사이므로 '이다'가 동사이고 '쉬운'이 형용사 보어이다. '어렵다'도 '어떠어떠하다'라는 상태를 나타내는 형용사이므로 '이다'가 동사이고 '어려운'이 형용사 보어이다. '위대해지기는'은 주어구인데 '기'가 허사 to이고 '지다'가 동사원형이며 '위대한'이 형용사 보어이다. '지다'는 '되다'와 같은 2형식 동사이다.

한영 It/이다/쉬운/기는/되다/대가가/에서/어떤/분야/나/it/이다/어려운/기는/지다/위대한/으로서/인간.

It is easy to become an expert/authority in a field, but it is hard to be great as man.

예문 2 그 소년들 중 둘은 숲속으로 가서 그를 찾기를 원했지만, 마크와 짐은 야영지에 함께 머물러 있기를 원했다.

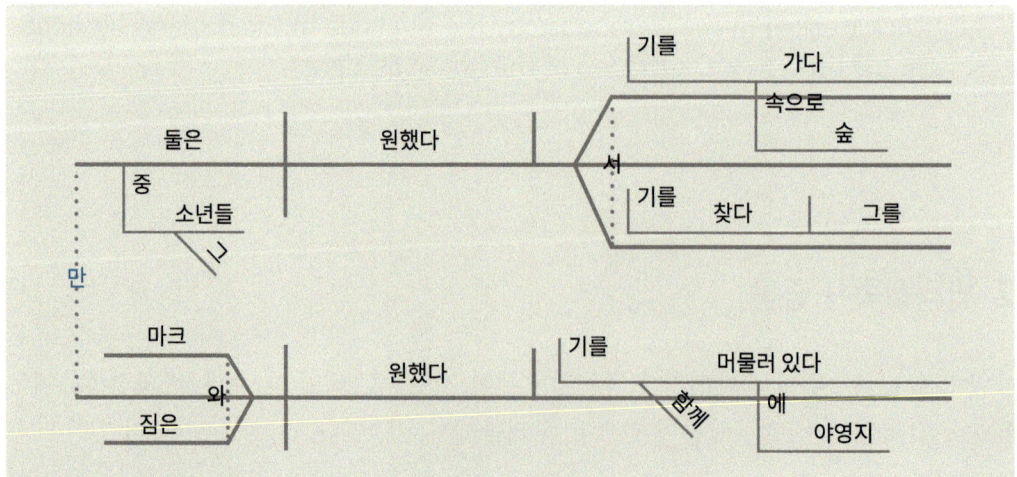

대등접속사 '만'이 '그 소년들 중 둘은…원했다'와 '마크와 짐은…원했다'를 연결한다.

 둘은/중/그/소년들/원했다/기를/가다/속으로/숲/서/기를/찾다/그를/만/마크/와/짐은/원했다/기를/머물러 있다/함께/에/야영지.

Two of the boys wanted to go into the forest and (to) look for him, but Mark and Jim wanted to stay together at the campsite.

3. 선택접속사 중문

선택접속사는 선택의 의미를 나타내는 것이다. 선택접속사에는 or, either~or, neither~nor…… 등이 있으며, 우리말에서는 '또는, 혹은, 그렇지 않으면……' 등이 있다. 단어와 단어를 연결하는 경우는 많지만 구나 절을 연결하는 경우는 흔하지가 않다.

예문 1 그들은 그 아파트를 좋아했다, 그렇지 않다면 그들이 그렇게 오래 머물지 않았을 것이다.

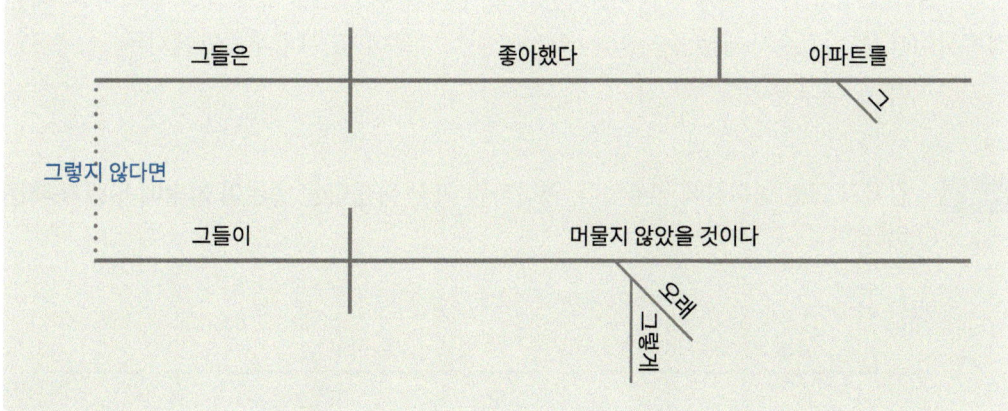

 그들은/좋아했다/그/아파트를/그렇지 않다면/그들이/머물지 않았을 것이다/그렇게/오래.

They liked the apartment or they wouldn't have stayed so long.

 '그들은 그 아파트를 좋아했다'와 '그들이 그렇게 오래 머물지 않았을 것이다'를 선택접속사 '그렇지 않다면'이 연결하고 있다.

예문 2 그들은 영국에서 살고 있거나 또는 (그들은) 거기에서 휴가를 보내고 있다.

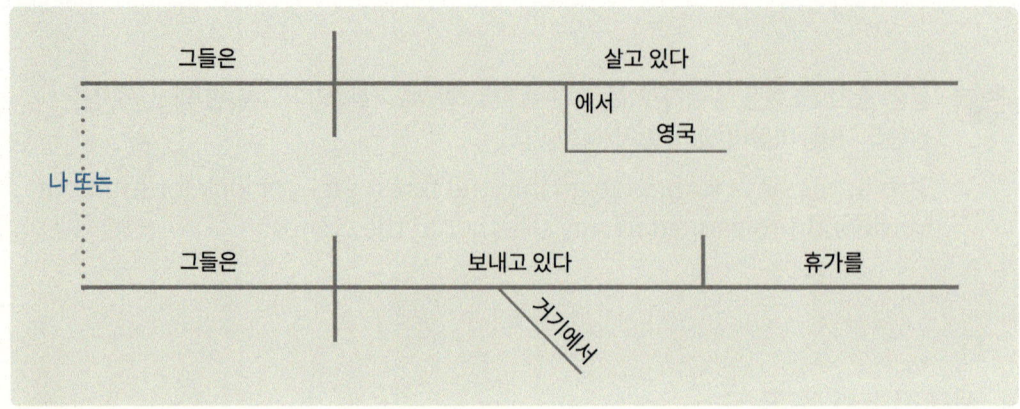

 그들은/살고 있다/에서/영국/나 또는/그들은/보내고 있다/휴가를/거기에서.
They are living in England or they are spending a vacation there.

4. 추리접속사 중문

추리접속사 중문은 추론을 하는 설명문으로 추리접속사는 절과 절만을 연결하는 대등접속사이다. 추리접속사에는 for, therefore, so…… 등이 있으며 우리말에서는 '왜냐하면 ~때문이다'가 대부분이다.

예문 1 갑자기 그는 경이감에 멈추었다, 왜냐하면 가장 아름다운 얼굴이 물속에 비쳤기 때문이다.

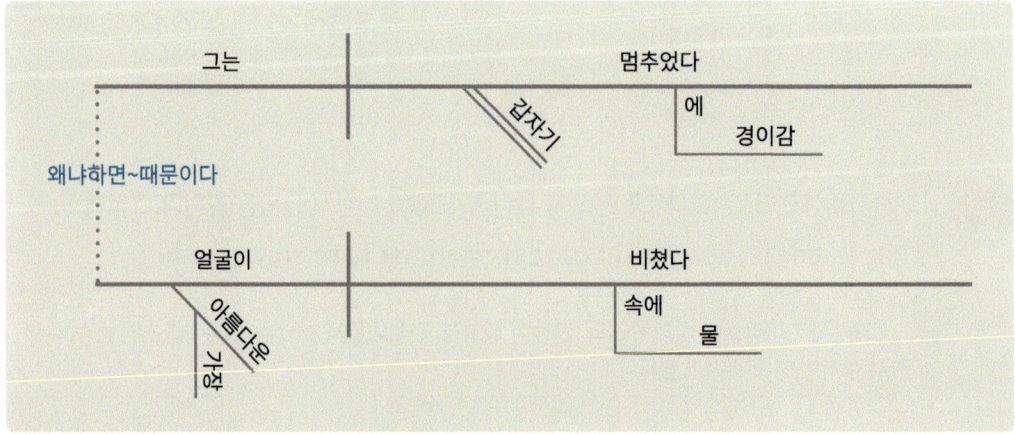

148 글틀영어 구문편

• '갑자기 그는 경이감에 멈추었다' 와 '가장 아름다운 얼굴이 물속에 비쳤다'를 추리접속사 '왜냐하면~때문이다'가 연결하고 있다.
• '갑자기'는 부사인데 전치 강조된 것이다. 동사를 수식하는 부사나 부사구가 문 앞에 와서 강조를 나타내는 경우가 있다. 강조된 것은 도해할 때 두 줄을 그어서 전치 강조임을 표시한다.(강조 구문 참조)
• '가장'은 자음 어미이지만 형용사나 부사의 최상급을 나타내는 정도부사이다.

 갑자기/그는/멈추었다/에/경이감/왜냐하면~때문이다/가장/아름다운/얼굴이/비쳤다/속에/물.

Suddenly he paused in wonder, for the most beautiful face was reflected in the water.

예문 2 별들은 선원 생활에 매우 중요하다, 왜냐하면 그들이 안전한 항구로 배를 인도하기 때문이다.

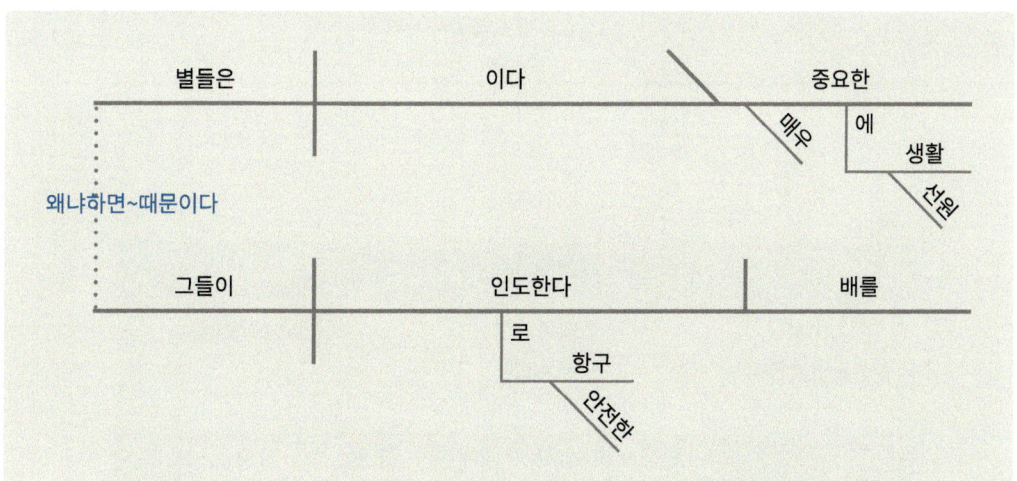

 '중요하다'는 '어떠어떠하다'라는 '상태'를 나타내는 형용사이므로 '이다'가 동사이고 '중요한'이 보어이다.

 별들은/이다/매우/중요한/에/선원/생활/왜냐하면~때문이다/그들이/인도한다/배를/로/안전한/항구

Stars are very important in a sailor's life, for they guide the ship into the safe harbor.

6. 절(Clause) **149**

6-3 종속절(복문: Complex Sentence)

　종속절은 한정동사가 두 개 이상이되 반드시 종속접속사로 이어진 문이다. 즉 두 개 이상의 단문이 종속접속사로 연결된 것이다. 종속접속사는 절만을 이끌므로 종속접속사 뒤에는 반드시 절(주어·동사)이 온다. 이 종속접속사가 이끄는 절에는 명사절, 형용사절, 부사절 3종류가 있다.

　종속접속사의 도해는 종속절 동사 위에다 비스듬히 점선으로 그린다.

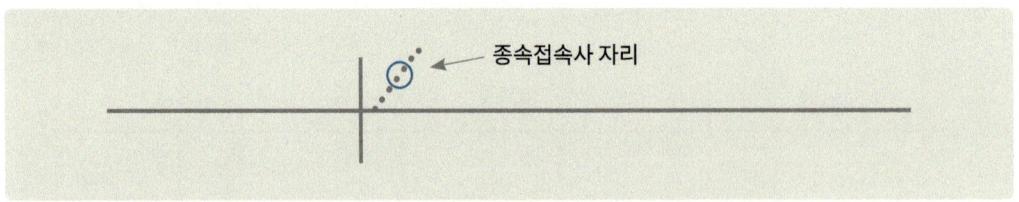

명사절: 명사의 위치에 절이 올 때		
1.that절	2.의문사절	3.if/whether절
4.인용절	5.what절	

형용사절: 명사 다음에 절이 올 때		
1.관계대명사	2.관계형용사	3.관계부사

부사절: 형용사, 부사, 동사 다음에 절이 올 때		
1.시간절	2.장소절	3.이유/원인절
4.조건절	5.양보절	6.목적절
7.결과절	8.비교절	9.특수한 부사절

1. 명사절(Noun Clause)

명사의 위치(자리)에 절(주어·동사)이 올 때이다. 즉 명사 동등어구로서 명사의 위치에 와서 명사적인 역할을 하는 것이다. 명사의 위치는 주어, 목적어, 보어, 전치사의 목적어, 동격어 등의 자리이다.(※호격어절은 없다.) 명사절에는 that절, 의문사절, if/whether절, 인용절, what절 등이 있다.

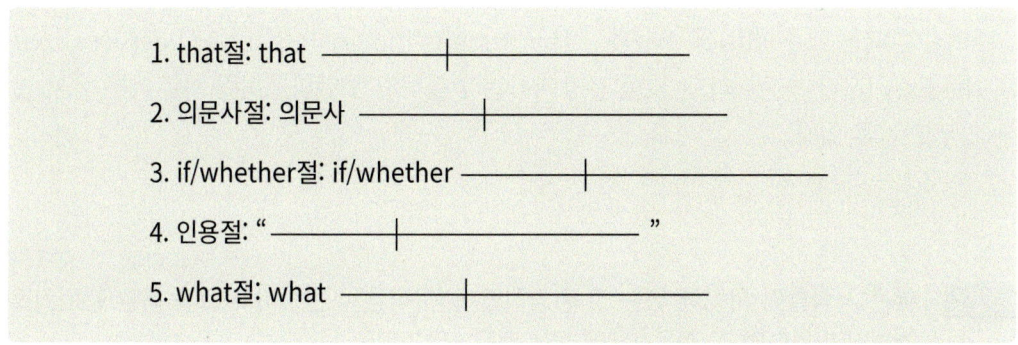

1) that절: that 주어·동사

that이라는 종속접속사 다음에 '주어·동사' 즉 절이 온 것이다.

that절 만드는 법

1. 평서문 문 앞에 that을 쓰고 첫 글자 대문자를 소문자로 한다.
2. 종속접속사 that은 우리말에서 '것'이나 '기'로 번역한다.

| His dream has come true. | 그의 꿈이 실현되었다. |
| That his dream has come true | 그의 꿈이 실현되었다는 것 |

~것/기 ┌ 구: to (······것/기)
       └ 절: that (~이/은/는/가······것/기)

(1) 주어절: 주어 자리에 that절이 올 때

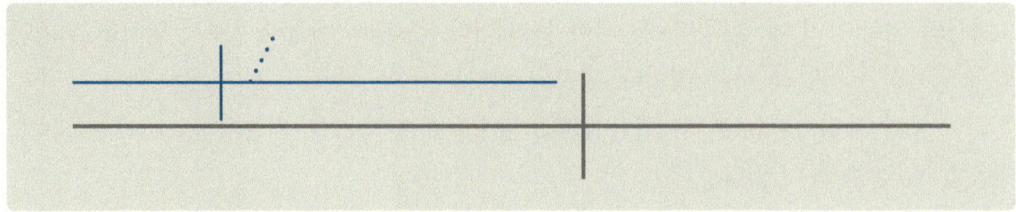

주어절일 때는 가주어(it)를 쓰는데, "That time is money has never been realized in the East.(시간이 돈이라는 것을 동양에서는 인식하지 못했다.)"처럼 가주어를 쓰지 않은 경우도 간혹 있다.

예문 1 많은 사람들이 화랑에 있는 그 환상적인 얼음 작품을 관람하고 그 독특한 분위기를 경험하기 위하여 이 얼음호텔에 오는 것은 사실이다.

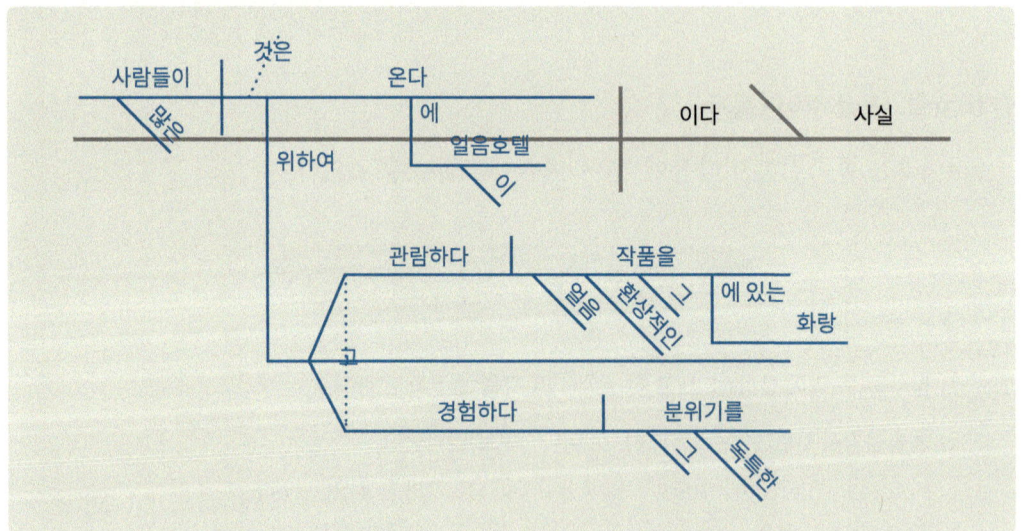

주
- '많은 사람들이…이 얼음호텔에 오는 것은'이 주어이다. 그런데 주격토씨 '은' 앞에 '것'이 있어서 '구'나 '절'인데 앞에 '사람들이'라는 주어가 있으므로 절이 주어가 된 것이다.
- '…경험하기 위하여'는 '위하여'가 모음 어미로 목적 표시 허사 to이고 '경험하다'가 동사원형인 부정사로 목적 표시 부사구인데, 대등접속사 '고'가 '관람하다'와 '경험하다'를 연결하므로 목적 표시 부사구가 2개이다.
- '얼음호텔'은 명사로 한 단어이다. '이'는 '얼음호텔'을 수식하는 지시형용사이다.
- '얼음 작품'에서 '얼음'은 자음으로 끝나 '작품'을 수식하는 형용사이다.

It/이다/사실/것은/많은/사람들이/온다/에/이/얼음호텔/위하여/관람하다/그/환상적인/ 얼음/작품을/에 있는/화랑/고/(위하여)/경험하다/그/독특한/분위기를.

It is true that many people come to this Ice Hotel to look at the fantastic ice art in gallery and (to) experience the unique atmosphere.

예문 2 유럽의 많은 현대 국가들이 로마제국의 영토였다는 것은 사실이다.

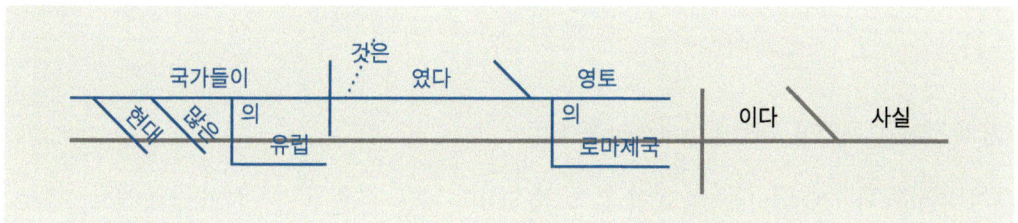

주 '유럽의 많은 현대 국가들이 로마제국의 영토였다는 것은'이 주격토씨 '은' 앞에 종속접속사 that에 해당하는 '것'이 있고 또 '국가들이'라는 주어가 있으므로 주어절이다.

 It/이다/사실/것은/많은/현대/국가들이/의/유럽/였다/영토/의/로마제국.

It is true that many modern countries in Europe were provinces of the Roman Empire.

예문 3 젊은 사람들이 만원 버스 속에서 노인들에게 그들의 자리를 양보하는 것이 우리나라의 관습이다.

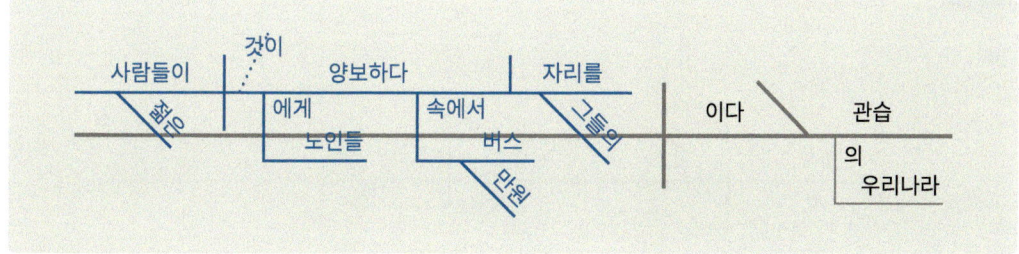

 It/이다/관습/의/우리나라/것이/젊은/사람들이/양보하다/그들의/자리를/에게/노인들/ 속에서/만원/버스.

It is the custom in our country that young people give up their seats to elderly people in a crowded bus.

it cannot be, it is impossible, is it possible 등의 뒤에 쓰인 but (that)절은 '…않다는 것(that… not)'의 뜻이다.

- It was impossible but he should see it.
  그가 그것을 보지 않았을 리가 없다.(그가 그것을 보지 않았을 것이라는 것은 불가능하였다.)

- How is it possible but that we should be discontented?
  우리가 어찌 불만을 품지 않을 수 있겠는가?(우리가 불만을 품지 않는다는 것이 어떻게 가능하겠는가?)

(2) 목적어절: 목적어 자리에 that절이 올 때

목적어절 접속사 that은 그 절이 짧고 복잡하지 않을 경우 비격식적인 표현에서 생략되는 일이 많다. 그러나 부사나 부사구와 같은 수식어가 많이 들어 있는 문에서는 명확성의 필요에 따라 생략하지 않는다. 또 학술 논문이나 보도문 등의 문장이나 간접목적어가 있는 경우에는 보통 that을 생략하지 않는다.

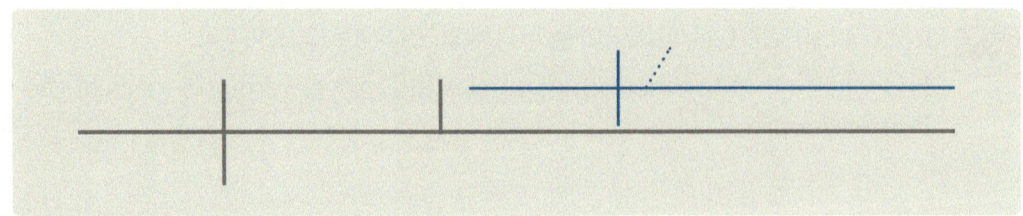

예문 1 이집트의 현명한 사람들은 하늘에 있는 가장 밝은 별이 시리우스라는 것을 알았다.

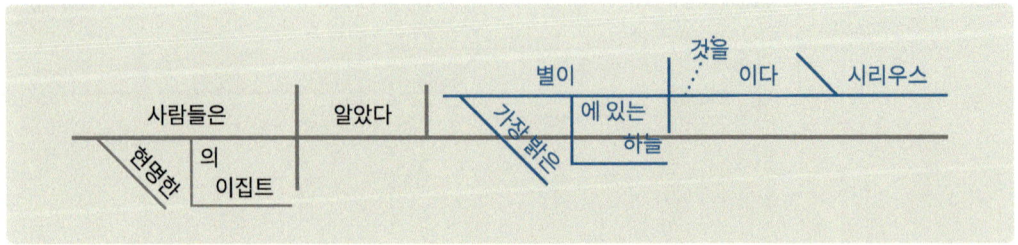

> 주) 동사 '알았다' 앞에 목적격토씨 '을'이 있으므로 '알았다'는 3형식 동사이고, '하늘에 있는 가장 밝은 별이 시리우스라는 것을'이 목적어이다. 그런데 '을' 앞에 '것'이 있고 또 '별이'라는 주어가 있으므로 절이 목적어가 된 것이다.

현명한/사람들은/의/이집트/알았다/것을/가장 밝은/별이/에 있는/하늘/이다/시리우스.
The wise men of Egypt knew (that) the brightest star in the sky was Sirius.

예문 2 많은 사람들이 카레가 1600년대에 인도에서 온 것이라고 생각한다.

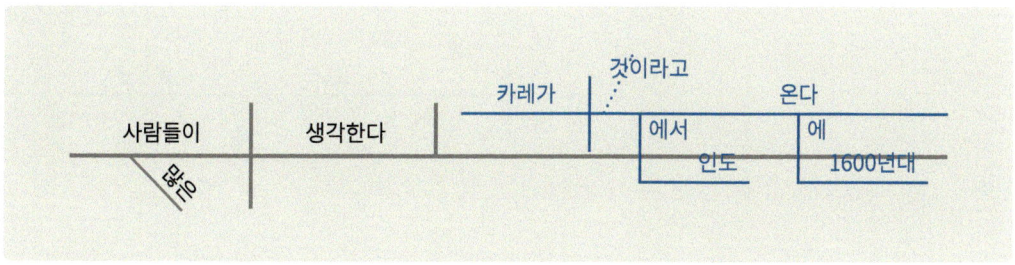

주 • 목적어절에서 '것을' 대신에 '고, (이)라고'가 오기도 한다.
• '이라고' 앞에 '것'이 있고 '카레가'라는 주어가 있으므로 절이 목적어다.

많은/사람들이/생각한다/것이라고/카레가/온다/에서/인도/에/1600년대.
Many people think (that) curry comes from India in the 1600s.

예문 3 나는 그녀에게 내가 내 누이를 위해 아주 귀중한 선물을 찾고 있다고/있노라고 말해 주었다.

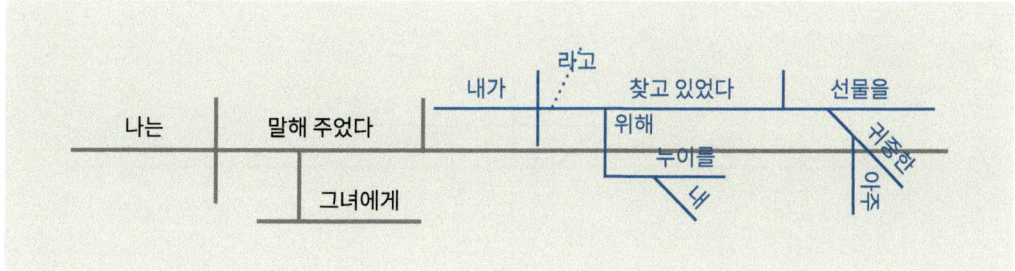

나는/말해 주었다/그녀에게/라고/내가/찾고 있었다/아주/귀중한/선물을/위해/내/누이를.
I told her that I was looking for a very valuable present for my sister.

6. 절(Clause) **155**

예문 4 우리는 시저가 가난한 사람들에게 늘 친절하고 관대하였으며 그가 언제나 그들에게 동정을 느꼈다는 것을 알고 있다.

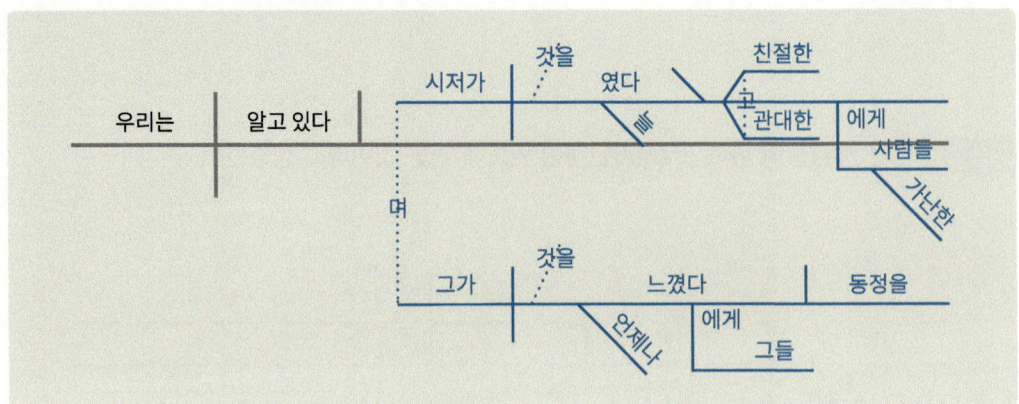

우리는/알고 있다/것을/시저가/였다/늘/친절한/고/관대한/에게/가난한/사람들/며/것을/그가/언제나/느꼈다/동정을/에게/그들.

We know (that) Caesar was always kind and generous to poor people and that he always felt pity for them.

> • 목적어절이 중문일 때 첫 번째 목적어절 접속사의 that은 생략할 수 있으나, 두 번째 이후의 목적어절 접속사의 that은 생략할 수 없다.
> • 빈도부사나 정도부사는 be 동사를 수식할 때는 be 동사 다음에 오지만, be 동사 이외의 동사를 수식할 때는 동사 앞에 온다. 그래서 always가 was 다음에, felt 앞에 왔다.

 예문 5 그는 최종 결정은 그의 책상 위에서 마무리된다는 것을 분명하게 했다.

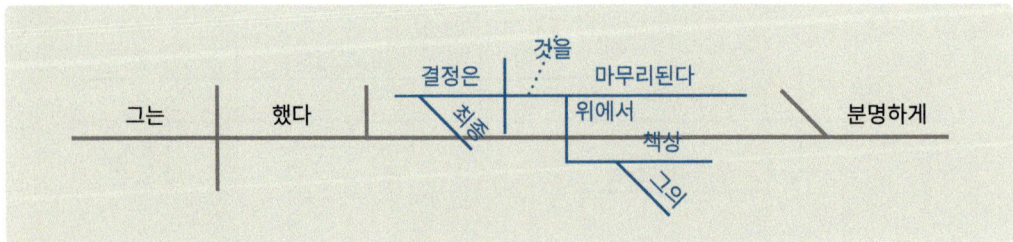

그는/했다/it/분명하게/것을/최종/결정은/마무리된다/위에서/그의/책상.

He made it clear that the final decision ends on his desk.

> 5형식의 목적어 자리에 절이 올 때는 가목적어(it)를 쓴다. 이 경우는 접속사 that을 생략할 수 없다. We take it for granted that knowledge advances rapidly.(우리는 지식이 급속히 향상되는 것을 당연한 것으로 여긴다.)

▶ that절을 목적어로 취하지 않는 3형식 동사

attempt(시도하다), care(하고 싶어 하다), decline(거절하다), like(좋아하다), offer(하겠다고 말하다, 제의하다), refuse(거부하다), try(시도하다), want(바라다)

▶ 주절이 부정 또는 수사 의문문 구문일 때 deny, doubt, question, wonder, hinder 등의 뒤에 쓰인 but (that/what)절은 '…라는 것(사실)(that)'의 뜻인데, but을 생략하고 that만 쓰기도 하고, 또 that을 생략하고 but만 쓰기도 한다. 이때 but은 that절을 강조하여 쓰인 것이다. 이 의미로는 오늘날에 that을 쓰는 것이 일반적이다.

- I don't question but that you can do it.
  나는 당신이 그것을 할 수 있다는 것을 의심하지 않는다.

- I do not deny but he is diligent.
  나는 그가 부지런하다는 것을 부정하지 않는다.

- Who doubt but he will win?
  그가 이기리라는 것을 누가 의심하는가?

- I don't doubt but (that) you will achieve it.
  =There is no doubt but (that) you will achieve it.
  당신이 그것을 해내리라는 것을 의심치 않는다.

- There is no question but all will come right.
  모두가 잘 되리라는 것은 틀림이 없다.
  ※ doubt, question 같은 명사 뒤에 와도 같은 뜻이다.

▶ 주절이 부정 또는 수사 의문문 구문일 때 say, think, consider, believe, expect, fear, know, see, be sure 등의 뒤에 쓰인 but (that/what)절은 '…않다는 것(that…not)'의 뜻이다.

- Never fear but I'll go.
  반드시 갈 테니 걱정하지 마라.(내가 가지 않을 거라고 걱정하지 마라.)

- I could hardly believe but it was all real.
  나는 그것이 전부 사실이 아니라는 것을 도저히 믿을 수 없었다.

- Who knows but that he may be right?
  어쩌면 그가 옳을지도 모른다.(그가 옳지 않으리라는 것을 누가 알겠는가?)

- Who knows but what we may die tomorrow?
  우리는 내일이라도 죽을지 모른다.(우리가 내일 죽지 않으리라는 것을 누가 알겠는가?)

(3) 보어절: 보어 자리에 that절이 올 때. ※ 목적보어 자리에는 오지 않음.

명사구 보어구의 경우처럼 주어가 추상명사나 추상적인 것일 때이다.

예문 1 실수는 그가 그 일에 대해 성급하게 결론지은 것이다.

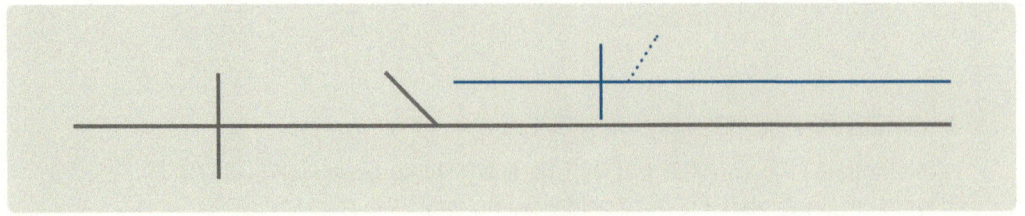

주 주어 '실수'가 추상명사이므로 '이다'만 동사이다. '이다' 앞에 온 '그가 그 일에 대해 성급하게 결론지은 것'이 보어인데, 접속사 that에 해당하는 '것'이 있고 '그가'라는 주어가 있으므로 절이 보어이다.

한⇄영 실수는/이다/것/그가/결론짓다/성급하게/에 대해/그/일.
The error is that he concludes hastily about the matter.

예문 2 그 이유는 그가 전적으로 자기의 의무를 게을리한 것이다.

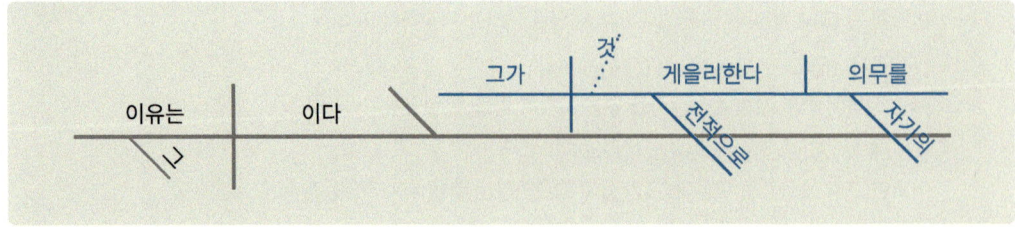

주 주어 '이유'가 추상명사이므로 '이다'가 동사이다. '이다' 앞에 '것'이 있고 '그가'라는 주어가 있으므로 절이 보어이다.

그/이유는/이다/것/그가/게을리한다/자기의/의무를/전적으로.
The reason is that he neglects his duty entirely.

예문 3 사실은 독일 선원들이 1800년대 말에 미국인들에게 이 새로운 음식을 소개했다는 것이다.

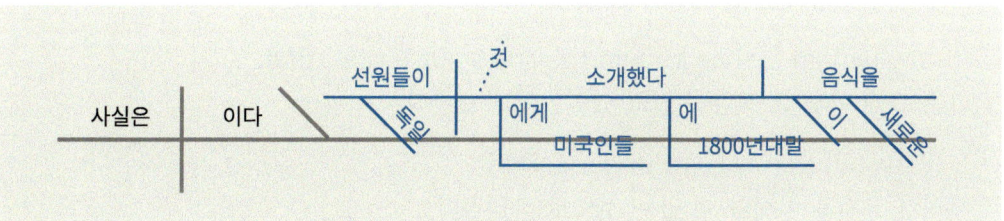

 사실은/이다/것/독일/선원들이/소개했다/이/새로운/음식을/에게/미국인들/에/1800년대 말.
The truth is that German sailors introduced this new food to Americans in the late 1800s.

 '1800년대 말'에서처럼 우리말은 연대의 '초엽이나 중엽, 말엽'을 나타낼 때 '초엽이나 중엽, 말엽'을 나타내는 말이 연대 뒤에 오는데, 영어는 the late 1800s(the early 1800s, the mid 1800s)에서처럼 연대 앞에 온다. 그래서 우리말 도해에서는 편의상 '1800년대 말'을 한꺼번에 써 넣었다.

 격식을 차리지 않는 표현에서는 보어절 접속사 that을 생략하는 경우가 있다. that을 생략하고 콤 마를 찍기도 한다.

- What I want to emphasize is health is everything.
  내가 강조하고 싶은 것은 건강이 가장 중요한 것이라는 것이다.

- Smog is smoke and fog combined.
  스모그는 스모크와 포그가 합쳐진 것이다.

- The fact was, I don't like to go there.
  사실은 나는 거기에 가고 싶지 않다.

✿ 순형식주어 문

It seems that…,   It appears that…,   It happens that…,   It chances that…,
It proves that…,   It may be that…,   It looks as if/as though…

이와 같은 구문을 순형식주어 문이라 한다. 이 구문에서 it은 순형식주어로 번역이 없으며 that절이 보어절이다.

- It seems that our work will be continued without end.
  우리의 작업은 끝없이 지속될 것처럼 보인다.

- It proves that what people see isn't perfect.
  사람들이 보는 것은 완벽하지 않은 것으로 판명되었다.

- It may be that he has known the truth since that time.
  그는 그때 이후 그 진상을 알고 있었는지도 모른다.

- It turns out that we can understand it.
  우리가 그것을 이해할 수 있는 것으로 밝혀졌다.

- It looks as if it's going to rain.
  비가 올 것 같다.

(4) 전치사의 목적어절: 전치사의 목적어 자리에 that절이 올 때

모든 전치사가 다 that절을 목적어로 지배하는 것이 아니고 except, but, save, beyond, besides, in이 that절을 지배한다.

예문 1 그 결과는 용광로가 격렬하게 끓어올랐다는 점에서 극적이었다.

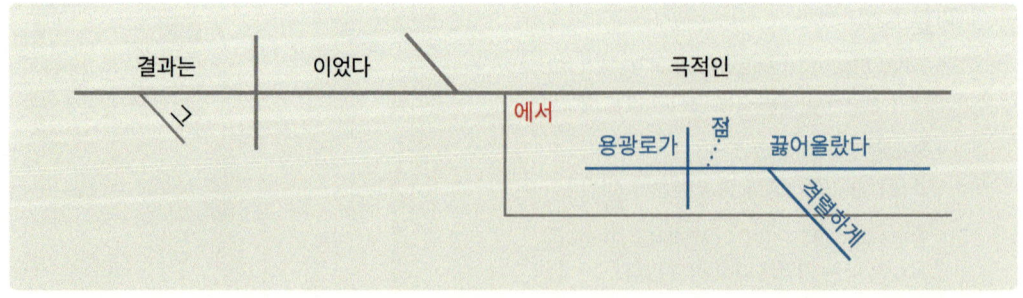

 '용광로가 격렬하게 끓어올랐다는 점'이 '용광로가'라는 주어가 있고 '것'에 해당하는 '점'이 있으므로 that절인데 전치사 '에서'의 목적어절이다.

 그/결과는/이었다/극적인/에서/점/용광로가/끓어올랐다/격렬하게.
The result was spectacular in that the furnace boiled violently.

예문 2 그녀는 (그녀가) 이기적이고 음흉하며 경솔하였다는 점을 제외하고는 완벽하였다.

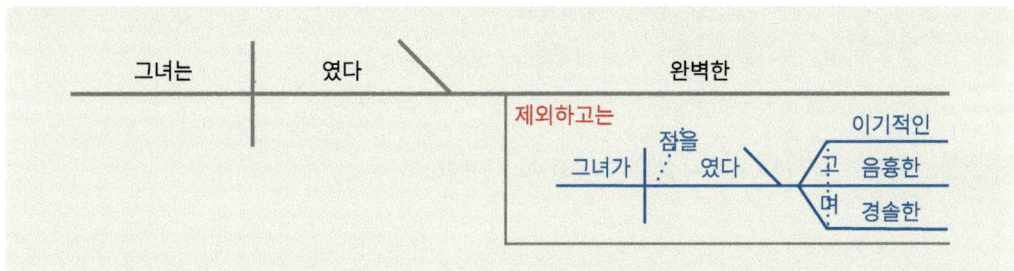

> 주: '그녀가 이기적이고 음흉하며 경솔하였다는 점을'이 '그녀가'라는 주어가 있고 '것'에 해당하는 '점'이 있으므로 that절인데 전치사 '제외하고는'의 목적어절이다. '제외하고는'에서 '는'은 강조 토씨이다.

그녀는/였다/완벽한/제외하고는/점을/그녀가/였다/이기적인/고/음흉한/며/경솔한.
She was perfect except that she was selfish, sly and imprudent.

예문 3 우리는 그가 전쟁 중에 군대에 있었다는 것 외에는 그에 대해 아무것도 모른다.

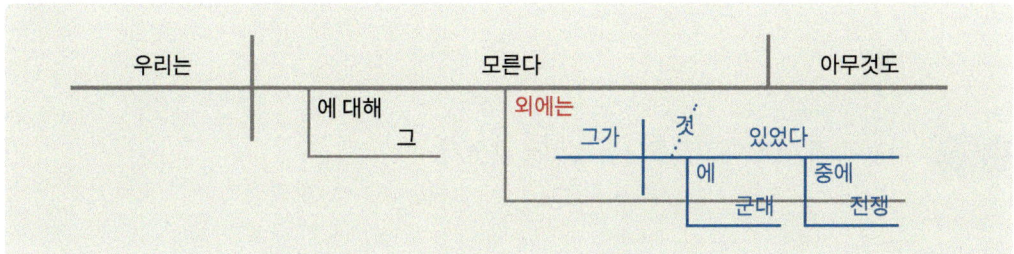

> 주:
> • '아무것도'가 목적어인데 목적격토씨 '을, 를' 대신에 강조 토씨 '도'가 왔다.
> • '그가 전쟁 중에 군대에 있었다는 것'이 that절로 전치사 '외에는'의 목적어절이다.

우리는/모른다/아무것도/에 대해/그/외에는/것/그가/있었다/에/군대/중에/전쟁.
We know nothing about him save that he was in the army during the war.

> 주: 목적어로 nothing이 와서 부정이므로 동사는 don't know가 아니라 know를 쓴다. 우리말은 동사 부정만 있는데, 영어는 동사 부정 이외에 명사(대명사) 부정도 있다.

(5) 동격어절

　추상명사 다음에(우리말에서는 앞에) that절이 와서 동격을 이루어 그 명사를 보충 설명해 주는 경우이다. 우리말에서는 형용사절처럼 번역한다.

예문 1 지구가 자전한다는 사실은 누구에게나 명백하다.

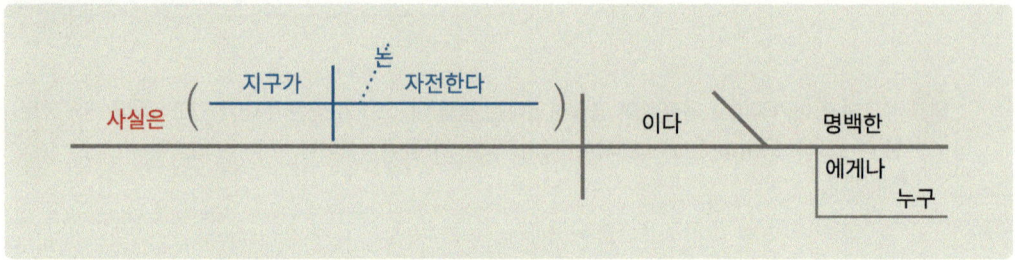

> 주 　'지구가 자전한다는'이 '주어·동사'가 있으므로 절인데 '사실'이 추상명사이므로 형용사절이 아니고 that절로 추상명사 '사실'의 동격어절이다. 동격어절의 도해도 동격어구처럼 동격어 옆에 괄호를 하여 절을 그려 넣는다.

　사실은/는/지구가/자전한다/이다/명백한/에게나/누구.
　The fact that the earth rotates is apparent to everybody.

예문 2 나는 그가 어제 해고당했다는 소식을 들었다.

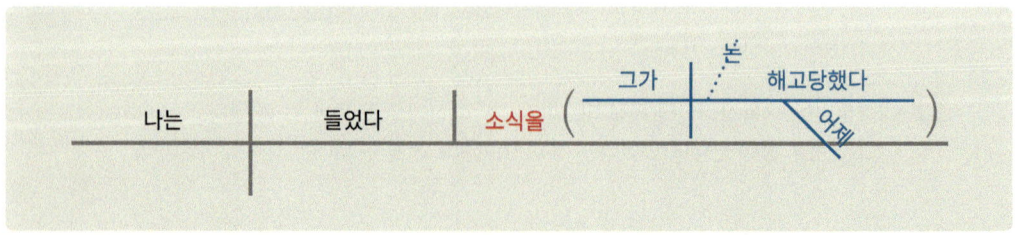

> 주 　'그가 어제 해고당했다는'이 that절로 추상명사 '소식'의 동격어절이다.

　나는/들었다/소식을/는/그가/해고당했다/어제.
　I heard the news that he was fired yesterday.

예문 3 이것이 그가 우리들에게 말하곤 했던 그의 야망이다.

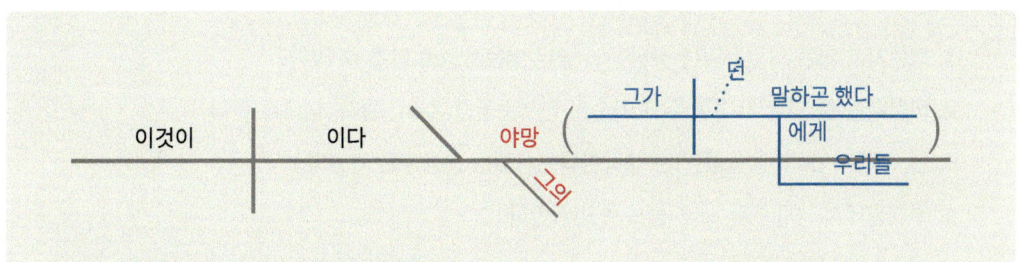

> 주 '그가 우리들에게 말하곤 했던'이 that절로 추상명사 '야망'의 동격어절이다.

한영 이것이/이다/그의/야망/던/그가/말하곤 했다/에게/우리들.
This is his ambition that he used to talk with us.

예문 4 우리는 불경기가 계속되고 있다는 사실에 주목을 해야 한다.

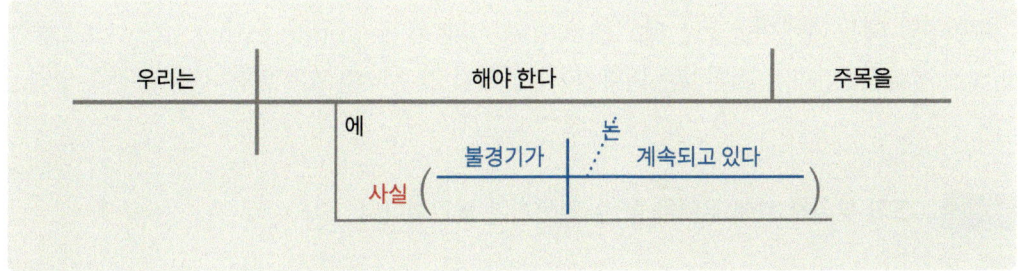

한영 우리는/해야 한다/주목을/에/사실/는/불경기가/계속되고 있다.
We should pay attention to the fact that the recession continues.

2) 의문사절(간접 의문문): 의문사·주어·동사

　의문사 다음에 절이 온 것인데 이때의 의문사는 종속접속사가 아니고 종속접속사처럼 문 앞에서 종속절(의문사절)을 이끌 뿐이다.

　간접 의문문(의문사절, if/whether절)을 취하는 주절의 의미는 '의문의 뜻'이나 '모르는 뜻'이다.

의문사절 만드는 법

1. 의문사가 있는 의문문이나 감탄문의 경우 의문사절로 만들 수 있다.
2. 의문사는 문 앞에 그대로 두고 어순을 평서문처럼 '주어·동사' 순으로 한다.
3. 단, 조동사 do와 물음표(?)는 생략한다. (시제는 본동사가 가진다.)
4. 우리말에서 '~지, ~가, ~냐' 등으로 번역한다.

- What time did she arrive at the airport?   그녀가 공항에 몇 시에 도착했습니까?
  What time she arrived at the airport   그녀가 공항에 몇 시에 도착했는지
- What is he doing now?   그는 지금 무엇을 하고 있느냐?
  What he is doing now   그는 지금 무엇을 하고 있는지/가
- How beautiful is that little creature!   그 작은 생명체가 얼마나 아름다운가!
  How beautiful that little creature is   그 작은 생명체가 얼마나 아름다운지

---

(1) 주어절: 주어 자리에 의문사절이 올 때

주어절일 때는 가주어를 쓰는데, "How they began is an interesting story.(그것들이 어떻게 시작되었는가는 재미있는 이야기이다.)"처럼 가주어를 쓰지 않은 경우도 간혹 있다.

예문 1 그가 우리를 위해 무엇을 할 수 있는지가 불확실하다.

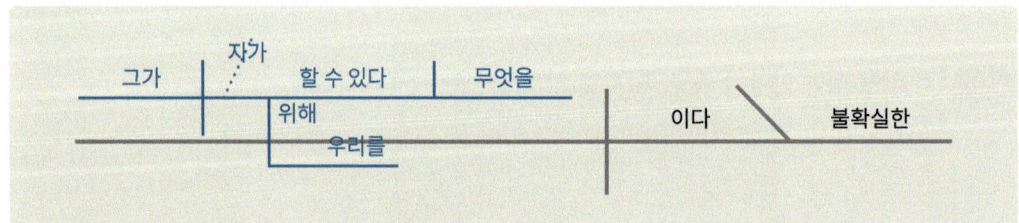

> 주 • 주격토씨 '가' 앞에 의문사절 접속사 '지'가 있고 '그가'라는 주어가 왔으므로 '그가 우리를 위해 무엇을 할 수 있는지가'가 의문사절로 주어절이다.
> • 주절의 의미는 '의문'이나 '모르는 뜻'이어야 하는데, '불확실하다'이므로 '모르는 뜻'이다.

 It/이다/불확실한/(지가)/무엇을/그가/할 수 있다/위해/우리를.
It is uncertain what he can do for us.

> 주 '지'는 우리말에서는 종속접속사로 나타나는데 영어에는 없다. 의문사절은 종속접속사가 없으므로 의문사가 종속접속사 자리에 와서 의문사절을 이끈다. 그래서 의문대명사 what이 목적어이지만 he 앞에 와서 의문사절을 이끈다.

예문 2   누가 나에게 이런 멋진 선물을 보내 주었는지(가) 궁금하다.

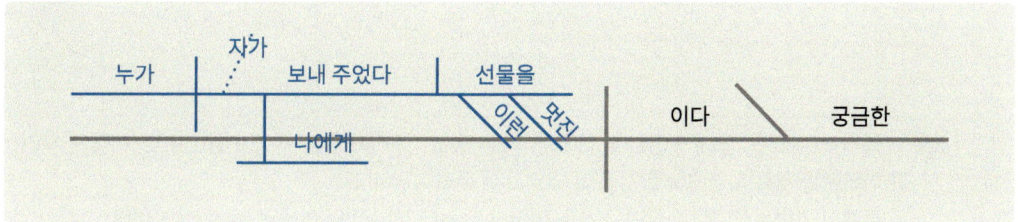

 It/이다/궁금한/(지가)/누가/보내 주었다/나에게/이런/멋진/선물을.
It is doubtful who sent me this nice present.

> 주 who가 의문대명사로서 sent의 주어이다. 그래서 제자리가 종절 문 앞이므로 의문사절 어순이 평서문과 같다.

예문 3   어떤 방법으로 그를 영접하는 것이 우리에게 좋은지가 의문이다.

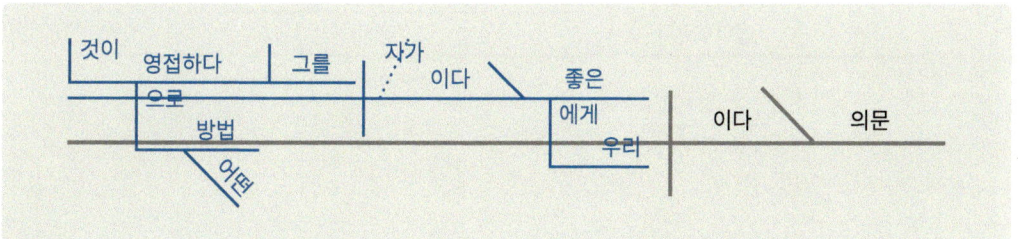

 It/이다/의문/(지가)/어떤/방법/it/이다/좋은/에게/우리/것이/영접하다/그를/으로.
It is question which way it is good to us to meet him in.
It is question in which way it is good to us to meet him.

> 주 '어떤'이 의문형용사이므로 수식받는 관사 없는 명사를 동반해야 한다. 그래서 which 다음에 way가 따라 나온 것이다. 또 in which way가 구이므로 같이 오기도 한다.

(2) 목적어절: 목적어 자리에 의문사절이 올 때

예문 1 우리는 어떻게 우리가 이러한 문제를 해결해야 할지를 알 수 없다.

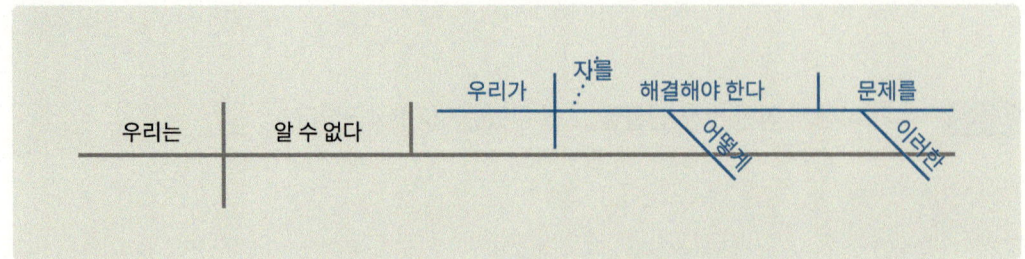

> 주
> - 목적격토씨 '를' 앞에 의문사절 접속사 '지'가 있고, '우리가'라는 주어가 왔으므로 '어떻게 우리가 이러한 문제를 해결해야 할지를'이 의문사절 목적어절이다.
> - 주절의 의미는 '의문'이나 '모르는 뜻'이어야 하는데 '알수없다'이므로 '모르는 뜻'이다.

한→영 우리는/알 수 없다/(지를)/어떻게/우리가/해결해야 한다/이러한/문제를.
We can't know how we shall solve this problem.

예문 2 나는 그에게 내가 훌륭한 사람이 되기 위해서 무슨 책을 읽어야 하는지를 물어보았다.

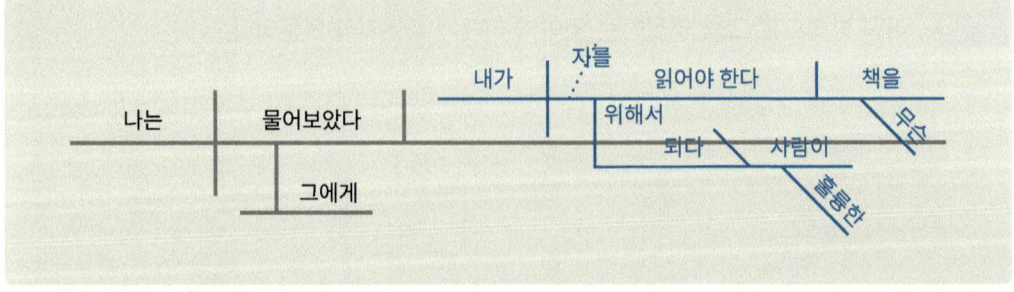

한→영 나는/물어보았다/그에게/(지를)/무슨/책을/내가/읽어야 한다/위해서/되다/훌륭한/사람이.
I asked him what books I should read to be a great man.

> 주
> - what은 의문형용사이므로 수식받는 관사 없는 명사 books를 동반하여 종속접속사 자리에 와서 의문사절을 이끈다.
> - to be a great man은 read(의지 동사)를 수식하는 목적 표시 부사구이다.

예문 3 우리는 그 지친 여행자에게 그가 어디에서 왔는지를 물어보았다.

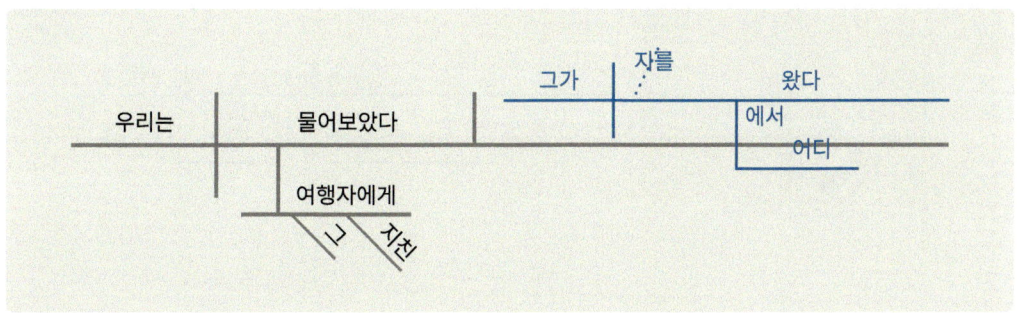

우리는/물어보았다/그/지친/여행자에게/(지를)/어디/그가/왔다/에서.
We asked the weary traveler where he came from.

(3) 보어절: 보어 자리에 의문사절이 올 때

예문 1 문제는 우리가 얼마나 빨리 이 일을 끝마칠 수 있느냐이다.

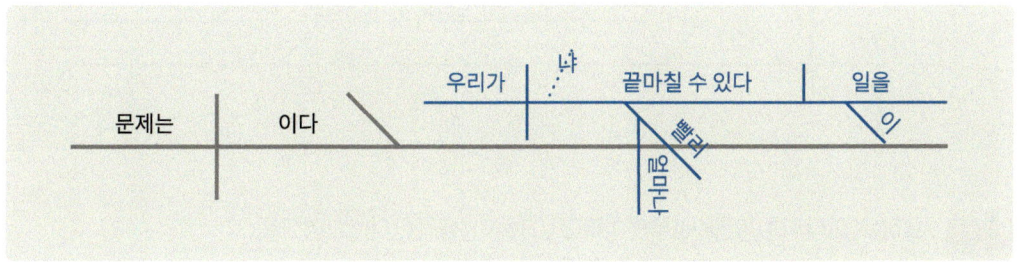

> • 계사 '이다' 앞에 의문사절 접속사 '냐'가 왔고 '우리가'라는 주어가 있으므로 '우리가 얼마나 빨리 이 일을 끝마칠 수 있느냐'가 의문사절 보어절이다.
> • '이'는 지시형용사이다.

문제는/이다/(냐)/얼마나/빨리/우리가/끝마칠 수 있다/이/일을.
The problem is how fast we can finish this work.

> how는 형용사나 부사를 수식할 때는 수식받는 형용사나 부사를 동반하므로 how 다음에 fast 가 따라 나왔다.

예문 2 중요한 것은 우리가 어떤 방법으로 학생들에게 영어를 가르쳐 주느냐이다.

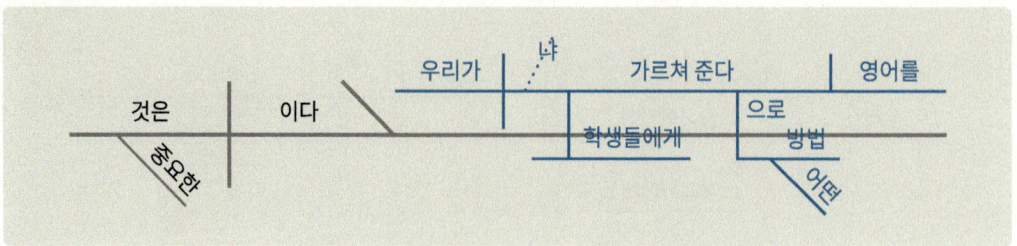

 중요한/것은/이다/(냐)/어떤/방법/우리가/가르쳐 준다/학생들에게/영어를/으로.
The important thing is which way we teach students English in.
The important thing is in which way we teach students English.

> 주 '어떤(which)'이 의문형용사이므로 수식받는 관사 없는 명사 '방법(way)'을 동반한 것이다.

예문 3 요점은 그들이 그 영화를 어떻게(무엇이라고) 생각하느냐이다.

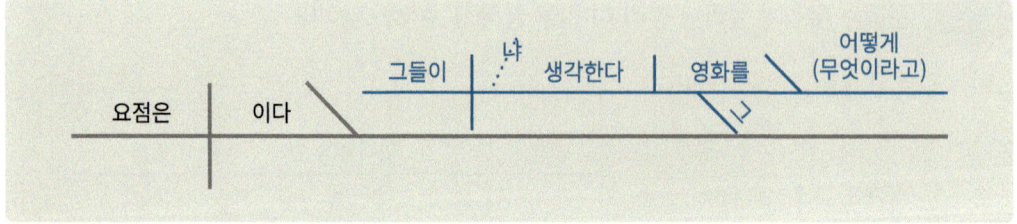

 요점은/이다/(냐)/어떻게(무엇이라고)/그들이/생각한다/그/영화를.
The point is what they think of that film.

> • what이 (목)보어나 목적어인 경우, 부사 how처럼 번역되는 경우가 있다. 그래서 '어떻게'가 부사가 아니라 목적보어이다.
> • think of는 '자동사+전치사'로 타동사를 이루어 5형식으로 쓰였다.

(4) 전치사의 목적어절

전치사의 목적어 자리에 의문사절이 올 때인데, 의문사절은 that절과는 달리 어떤 특정한 전치사의 제한을 받지 않는다.

예문 1 우리의 미래는 우리가 이 일을 얼마나 잘 하느냐에 달려있다.

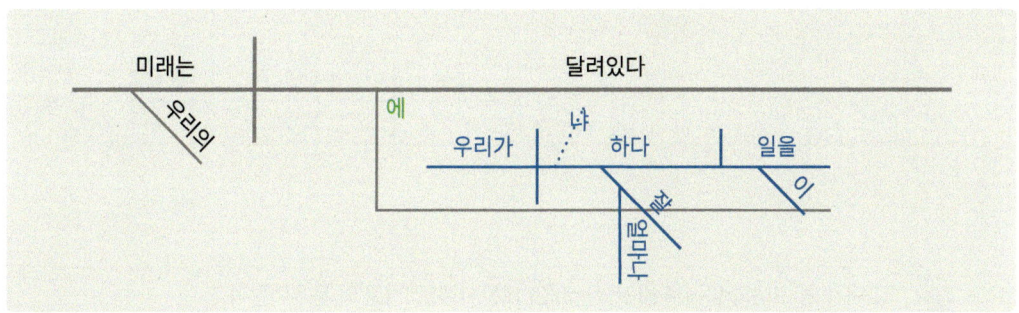

주 '우리가 이 일을 얼마나 잘 하느냐'가 의문사절로 전치사 '에'의 목적어절이다.

한영 우리의/미래는/달려있다/에/(냐)/얼마나/잘/우리가/하다/이/일을.
Our future depends on how well we do this job.

예문 2 과학자들은 고래가 왜 해안까지 헤엄쳐 왔는지에 대해 곤혹스러워한다.

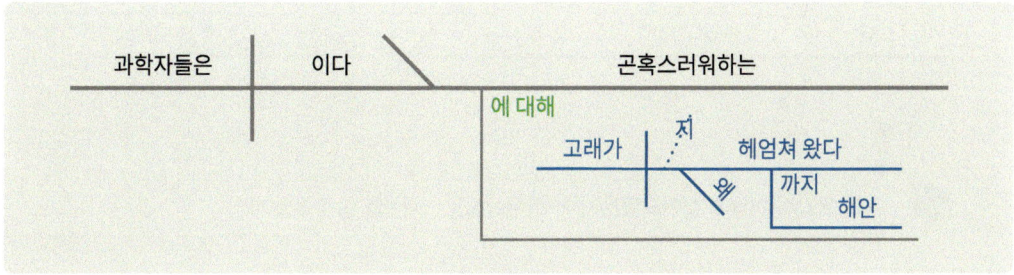

주 '고래가 왜 해안까지 헤엄쳐 왔는지'가 의문사절로 전치사 '에 대해'의 목적어절이다.

한영 과학자들은/이다/곤혹스러워하는/에 대해/(지)/왜/고래가/헤엄쳐 왔다/까지/해안.
Scientists are puzzled as to why the whale had swum to the shore.

(5) 동격어절

doubt, question, suspicion 등의 뜻을 가진 명사 다음에(우리말에서는 앞에) 의문사절이 와서 동격을 이루어 그 명사를 보충 설명해 주는 경우이다.

예문 1 그는 그녀가 왜 그녀의 방식을 바꾸었는지 질문을 하였다.

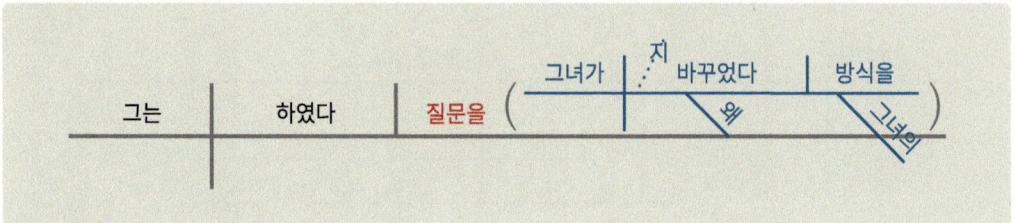

주 '그녀가 왜 그녀의 방식을 바꾸었는지'가 의문사절로 '질문'의 동격어절이다.

한영 그는/하였다/질문을/(지)/왜/그녀가/바꾸었다/그녀의/방식을.
He asked the question why she changed her ways.

예문 2 그녀는 그의 목적이 어떻게 실현되었는지 의문을 품었다.

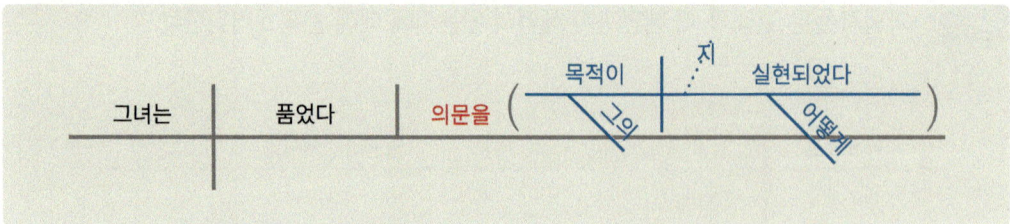

주 '그의 목적이 어떻게 실현되었는지'가 의문사절로 '의문'의 동격어절이다.

한영 그녀는/품었다/의문을/(지)/어떻게/그의/목적이/실현되었다.
She has doubts how his goal was realized.

💬 주어의 동격어절인 경우는 동격어절이 추상명사 앞에 오는 경우도 간혹 있다. 그러나 유도부사 문인 경우는 항상 뒤에 온다.

- The question, what you can make, is larger.
  What you can make, the question is larger.
  네가 무엇을 만들 수 있을까 하는 의문이 더 크다.

- There is a question, when the white doctor had arrived.
  백인 의사가 언제 도착하였는가 하는 의문이 있다.

3) if/whether절(간접 의문문): if/whether 주어·동사

if나 whether 다음에 절이 온 것이다. 의문사절처럼 의문문에서 온 것인데 의문사가 없는 의문문을 간접 의문문으로 바꾼 것이다.

if/whether절 만드는 법

1. 의문사가 없는 의문문의 경우, 문 앞에 if나 whether를 쓰고 어순을 평서문처럼 '주어·동사' 순으로 한다.
2. 단, 조동사 do와 물음표(?)는 생략한다. (시제는 본동사가 가진다.)
3. 우리말에서는 '~인지 (아닌지)'로 번역한다.

- Did he invite you to his party?
  그가 당신을 파티에 초대했습니까?

  If/Whether he invited you to his party
  그가 당신을 파티에 초대했는지 안 했는지

- Can you recommend a good hotel in Boston?
  보스턴에 있는 괜찮은 호텔을 추천해 주시겠습니까?

  If/Whether you can recommend a good hotel in Boston
  보스턴에 있는 괜찮은 호텔을 추천해 주실 수 있는지 없는지

- Is she well enough to travel?
  그녀가 여행을 할 정도로 건강한가요?

  If/Whether she is well enough to travel
  그녀가 여행을 할 정도로 건강한지 안 한지

 • 명사절 if절은 구어체에서 많이 쓰이고 whether절은 문어체에서 많이 쓰인다. 그런데 공문서의 경우는 if절을 주로 사용한다.
• whether절은 whether 바로 다음이나 whether절 끝에 or not이 올 수 있다. 그런데 if절은 if절 끝에는 or not이 올 수 있지만 if 바로 다음에는 or not이 올 수 없다. or not 대신에 or no가 오기도 한다.

(1) 주어절: 주어 자리에 if/whether절이 올 때. 가주어(it) 사용

예문 1 그가 나에게 그 귀중한 책을 빌려줄 것인지 아닌지가 의문이다.

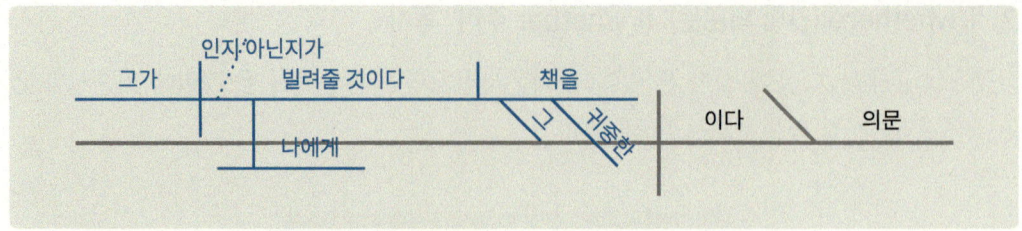

> 주격토씨 '가' 앞에 if/whether절 접속사 '인지 아닌지'가 왔고 '그가'라는 주어가 있으므로 '그가 나에게 그 귀중한 책을 빌려줄 것인지 아닌지가'가 if/whether절로 주어절이다.

It/이다/의문/인지 아닌지가/그가/빌려줄 것이다/나에게/그/귀중한/책을.
It is question whether/if he will lend me the valuable book.

> 주어절로 쓰일 때는 가주어 it을 쓴다. 그러나 "Whether it rains or not doesn't concern me.(비가 오든지 안 오든지는 나에게 상관없다.)"처럼 가주어를 쓰지 않은 경우도 간혹 있는데, 이와 같이 문 앞에 오는 경우에는 if절은 쓰지 않고 whether절만 쓴다.

예문 2 그가 이 일을 하기를 원하는지 않는지가 분명하지 않다.

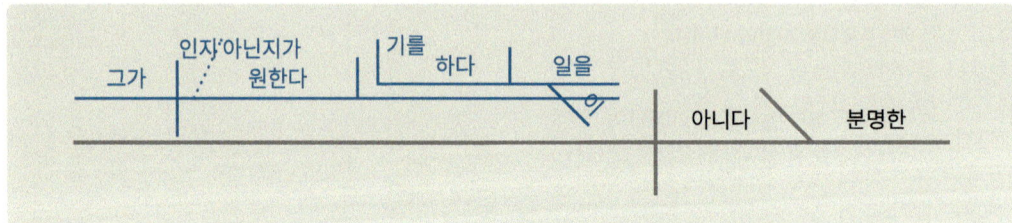

It/아니다/분명한/인지 아닌지가/그가/원한다/기를/하다/이/일을.
It is not clear whether/if he wants to do this work.

예문 3 저런 돛단배로 대서양을 횡단하는 것이 가능할지 어떨지 미심쩍다.

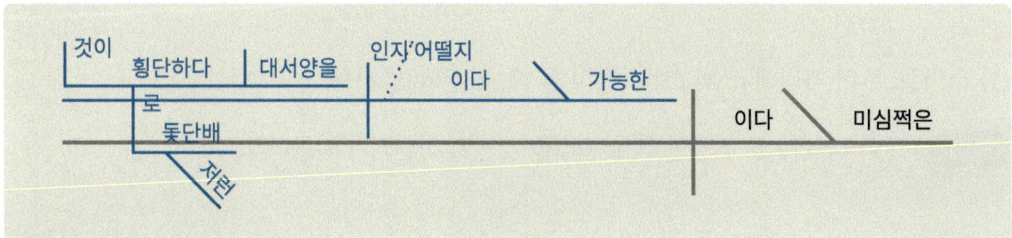

It/이다/미심쩍은/인지 어떨지/it/이다/가능한/것이/횡단하다/대서양을/로/저런/돛단배.
It is doubtful whether/if it is possible to cross the Atlantic (Ocean) on that sailing boat.

(2) 목적어절: 목적어 자리에 if/whether 절이 올 때

예문 1 그는 자기가 그 위험을 모면하게 될 것인지 아닌지를 알지 못했다.

> 목적격토씨 '를' 앞에 if/whether절 접속사 '인지 아닌지'가 왔고 또 '자기가'라는 주어가 있으므로 '자기가 그 위험을 모면하게 될 것인지 아닌지를'이 if/whether절로 목적어절이다.

 그는/알지 못했다/인지 아닌지를/자기가/모면하게 될 것이다/그/위험을.
He did not know if/whether he would escape the danger (or not).

> - "He did not know if/whether he would escape the danger or not."은 "He did not know if/whether he would escape the danger or he would not escape the danger."에서 두 번째 if/whether절의 같은 부분은 다 생략되고 not만 남은 것이다.
> - or는 if/whether절 2개를 연결하는 선택접속사이다.
> - 도해는 다음과 같이 생략된 부분까지 다 그려 넣고 괄호를 한다. whether 다음에 or not이 왔을 때는 반대로 앞부분이 생략된 경우이다.

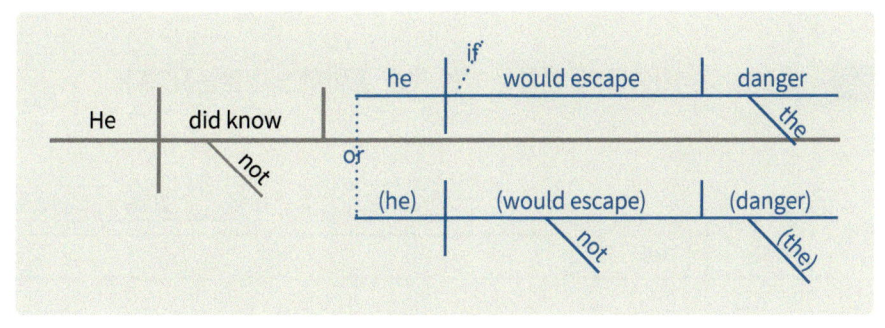

6. 절(Clause) **173**

예문 2 그는 자기가 이 연구과제에 특별한 기여를 할 것인지 말 것인지를 결정해야 한다.

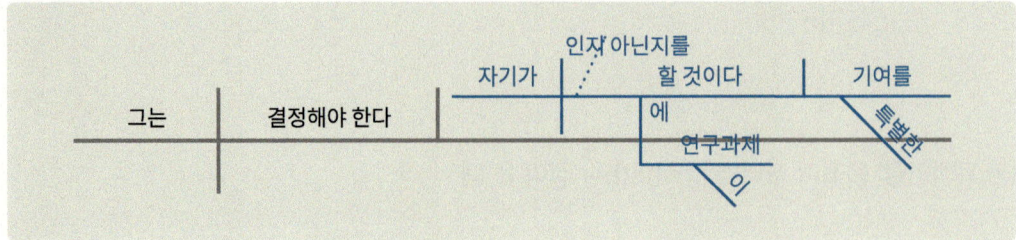

한영 그는/결정해야 한다/인지 아닌지를/자기가/할 것이다/특별한/기여를/에/이/연구과제.
He has to decide if/whether he will make a unique contribution to this project.

예문 3 그녀는 그 문제를 풀기가 어려운지 안 어려운지를 알기를 원한다.

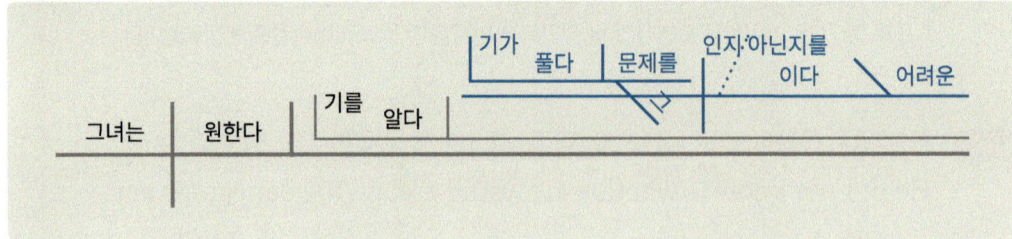

한영 그녀는/원한다/기를/알다/인지 아닌지를/it/이다/어려운/기가/풀다/그/문제를.
She wants to know if/whether it is difficult to solve the problem.

(3) 보어절: 보어 자리에 if/whether절이 올 때

예문 1 문제는 그녀가 이러한 선물을 받는 것을 좋아하는지 않는지이다.

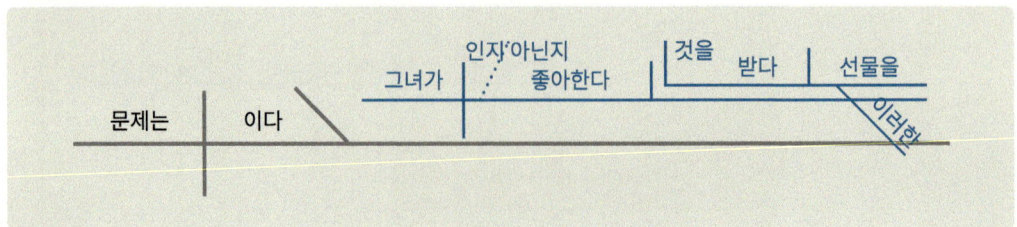

> 계사 '이다' 앞에 if/whether절 접속사 '인지 아닌지'가 왔고, 주어 '그녀가'가 있으므로 '그녀가 이러한 선물을 받는 것을 좋아하는지 않는지'가 if/whether절 보어절이다.

문제는/이다/인지 아닌지/그녀가/좋아한다/것을/받다/이러한/선물을.
The question is whether she likes to receive this present (or not).

> if/whether절이 보어절로 쓰일 때는 if절보다는 whether절을 주로 쓴다.

예문 2 그의 주된 고민은 그가 자기 친구들에게 그 비밀을 고백해야 하는지 말아야 하는지이다.

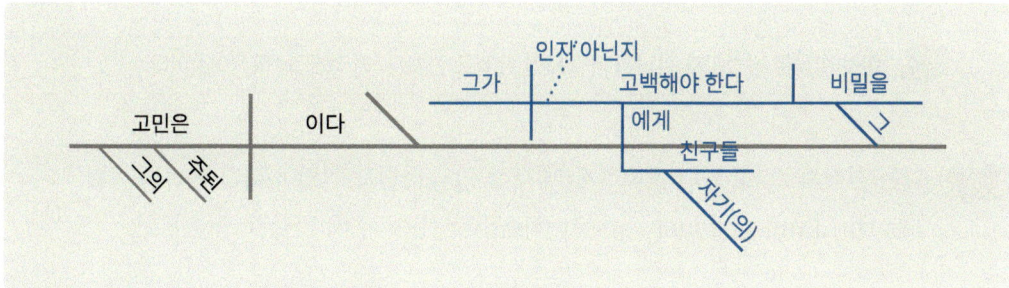

그의/주된/고민은/이다/인지 아닌지/그가/고백해야 한다/그/비밀을/에게/자기/친구들.
His main trouble is whether he should confess the secret to his friends.

예문 3 우리의 의혹은 그녀가 그를 만나려고 거기에 갔는지 안 갔는지이다.

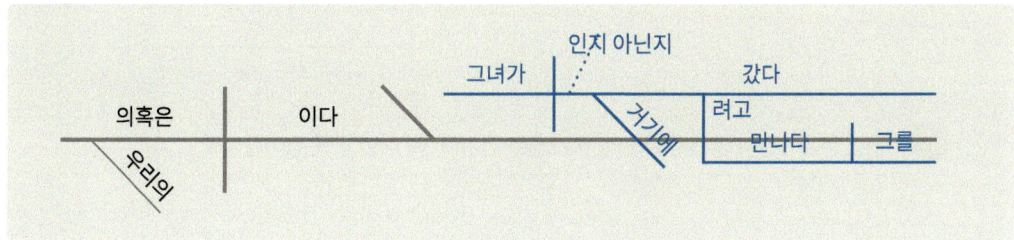

우리의/의혹은/이다/인지 아닌지/그녀가/갔다/거기에/려고/만나다/그를.
Our doubt is whether she went there to see him.

(4) 전치사의 목적어절

　의문사절과 마찬가지로 어떤 특정한 전치사의 제한을 받지 않는데 전치사의 목적어절로는 if절보다는 whether절을 주로 쓴다.

예문 1 나는 이것이 올바른 방법인지 아닌지에 대해 진지하게 심사숙고하고 있다.

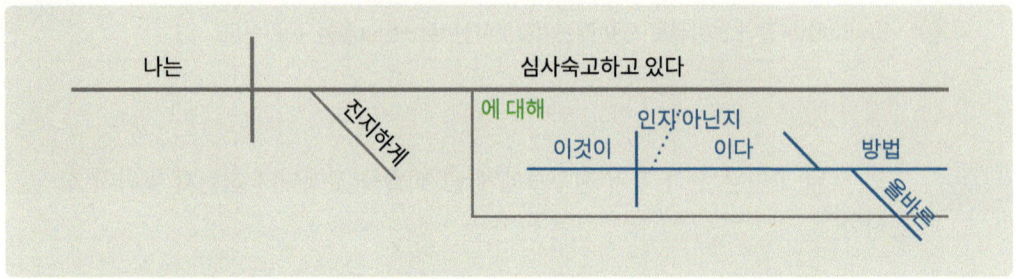

주　'이것이 옳은 방법인지 아닌지'가 whether절로 전치사 '에 대해'의 목적어절이다.

한영　나는/심사숙고하고 있다/진지하게/에 대해/인지 아닌지/이것이/이다/올바른/방법.
I'm thinking seriously about whether this is the right method.

예문 2 이 논문은 신이 존재하는지 않는지에 대한 몇몇 쟁점을 다루고 있다.

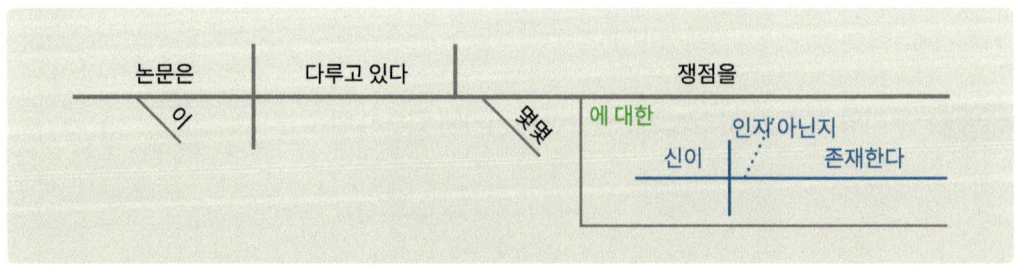

주　'신이 존재하는지 않는지'가 whether절로 전치사 '에 대한'의 목적어절이다.

한영　이/논문은/다루고 있다/몇몇/쟁점을/에 대한/인지 아닌지/신이/존재한다.
This paper addresses some issues on whether God exists.

(5) 동격어절

doubt, question, suspicion 등의 뜻을 가진 명사 다음에(우리말에서는 앞에) 와서 동격을 이루어 그 명사를 보충 설명해 주는 경우이다. 동격어절도 if절보다는 whether절을 주로 쓴다.

예문 1 대중은 대통령이 진실을 말하고 있는지 어떤지 의문을 제기했다.

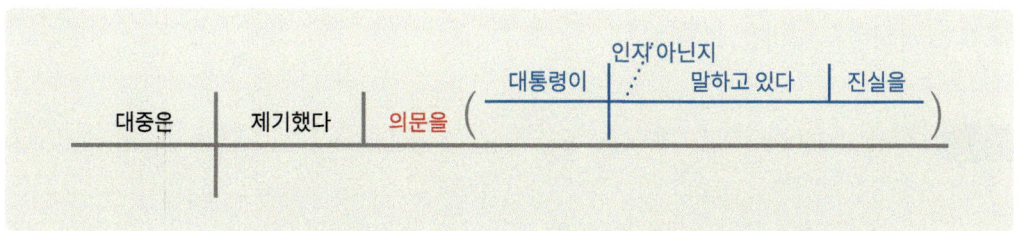

주 '대통령이 진실을 말하고 있는지 어떤지'가 whether절로 '의문'의 동격어절이다.

대중은/제기했다/의문을/인지 아닌지/대통령이/말하고 있다/진실을.
The public raised a question whether the President was telling the truth.

예문 2 나는 심사위원들이 그 의무를 받아들일 것인지 아닌지 심각한 의혹을 가지고 있다.

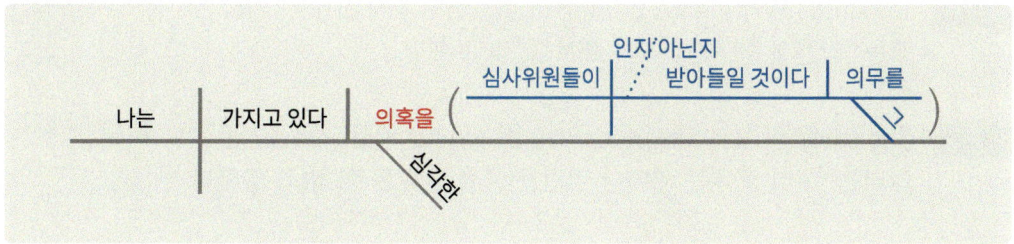

주 '심사위원들이 그 의무를 받아들일 것인지 아닌지'가 whether절로 '의혹'의 동격어절이다.

나는/가지고 있다/심각한/의혹을/인지 아닌지/심사위원들이/받아들일 것이다/그/의무를.
I have severe doubts whether the judges would accept that obligation.

4) 인용절: "주어·동사 (——┼——)"

인용절은 평서문, 의문문, 명령문, 감탄문, 기원문 등 그 어느 문이든 문장 양편에 따옴표 (quotation marks)("~")를 붙여서 명사절로 만든 것이다.

위치중심어들은 이 인용절이 많은데 인용절은 거의 목적어절로 쓰인다.(혹 주어절, 보어절, 전치사의 목적어절, 동격어절이 되는 경우도 있으나 다만 전후의 문맥으로 보아 알 수 있는 때에 한한다. "I feel blue" means "I'm unhappy." It was "I have a dream.")

인용절의 위치는 주절의 동사 다음에 오는 것이 보통이지만 주절의 앞에도 온다. 인용절과 주절 사이에는 콤마를 찍는다.

예문 1 Our teacher said, "We do not learn our lessons only for examination's sake."
"We do not learn our lessons only for examination's sake," our teacher said <or said our teacher.>
우리 선생님께서는 "우리가 단지 시험만을 위한 공부를 해서는 안 된다."고 말씀하셨다.

예문 2 He said to her, "Why did Cassius kill himself with his own sword?"
그는 그녀에게 "왜 캐시어스는 자기 칼로 자살했습니까?"라고 말했다.

예문 3 She said to me, "Will you stay here for one day?"
그녀는 나에게 "하루 동안 여기에 머무를 것입니까?"라고 말했다.

예문 4 He said, "Write your composition on every other line."
그는 "작문을 한 줄씩 띄어 쓰시오."라고 했다.

예문 5 She said, "What a wonderful gift we have all received!"
그녀는 "우리 모두는 얼마나 멋진 선물을 받았는가!"라고 말했다.

예문 6 She said, "May God have mercy on us!"
그녀는 "하느님 우리에게 자비를 베푸소서!"라고 말했다.

5) what절: what 주어·동사

(what절은 형용사절에서 온 것이므로 형용사절을 읽고 나서 읽어야 알 수 있다.)

대명사를 수식하는 형용사절에서 그 선행사와 관계사를 합하여 what으로 바꾸어 그 이하 형용사절을 명사절로 바꾼 것이다. (대명사+관계사=what)

이와 같이 what은 선행사와 관계사가 합쳐진 것이므로 wh는 선행사이고 at는 관계사라 생각해도 된다. what절은 선행사를 대신하므로 명사절이며, what의 위치나 격은 관계사와 같다. 즉 관계사가 주어(주격)이었으면 what은 주어(주격)이고 관계사가 목적어(목적격)이었으면 what은 목적어(목적격)이다.

what절에는 두 가지가 있는데 하나는 뚜렷한 사람 및 사물을 나타내는 명사를 전제해서 쓰는 경우와 또 하나는 전제한 명사 없이 뚜렷한 어떤 것을 지적하지 않고 어물어물하는 경우이다. 즉 우리말에서는 꼭 어떻다고 내세울 수 없는 것이거나, 아니면 내세우기 어려운 말들, 가령 "어떤 것, 누군가, 무엇, 그런 것" 등의 경우이다.

what절은 동격어절이나 호격어절은 없다.

(1) 주어절: 주어 자리에 what절이 올 때

what절은 주어절일지라도 가주어(it)를 사용하지 않는다.

예문 1
What bought the house is making a windmill.
=Who bought the house is making a windmill.
=He who bought the house is making a windmill.
그 집을 산 사람이 풍차를 만들고 있다.

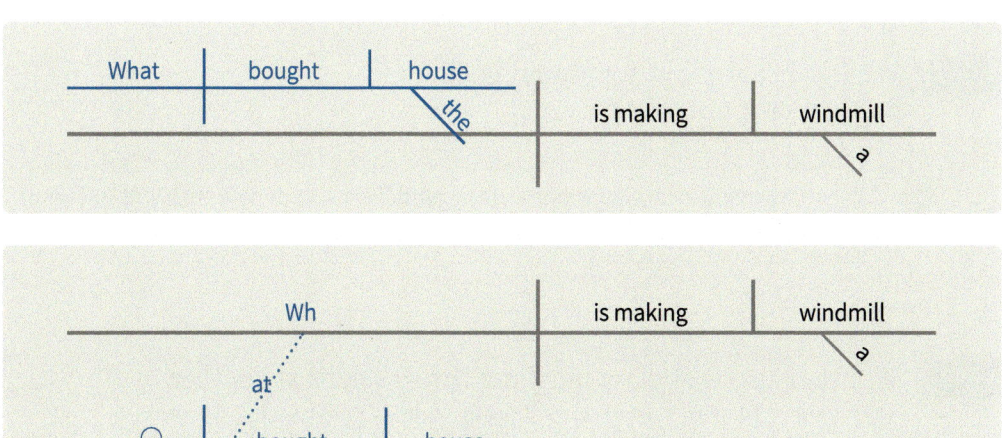

> what절은 명사절이므로 명사 자리에 what절을 도해할 수도 있고, 본래 형용사절에서 선행사와 관계사가 합쳐진 것이므로 wh와 at를 나누어 wh는 선행사로, at는 관계사로 분리해서 형용사절처럼 도해할 수도 있다.

> 주
> - (He is a man.) ⓐ He is making a windmill. ⓑ He bought the house.
> - ⓐ, ⓑ 두 문장을 관계대명사를 사용하여 한 문장으로 만들면 "He who bought the house is making a windmill."이 된다. 그런데 "He is a man."에서 a man이 전제되었으므로 he가 man임을 알 수 있다. 그래서 번거롭게 He who를 쓸 것이 아니라 하나로 합쳐 What으로 바꾸어 그 이하의 형용사절을 명사절로 바꾼 것이다.
> - what절에서 전제된 것이 사람이면 what 대신 who(whose, whom)를 쓸 수도 있으며, 또 이들에 ever를 가하면 양보의 의미를 지니게 된다.
> - what의 격은 at(=who)가 무슨 격 출신인가로 안다. 이 문장에서는 at의 전신 who가 주격이었으므로 what이 주격이다.
> - what절이 의문사절과 구별되는 것은 주절의 의미가 '의문'이나 '모르는 뜻'이 아닌 점이며, 또 가주어를 쓰지 않는다는 점이다.

예문 2 **What he painted** was people in the street.
그가 그린 그림은 길거리에 있는 사람들이었다.

> 주
> - (This is a picture.) ⓐ It was people in the street. ⓑ He painted it.
> - ⓐ+ⓑ It which he painted was people in the street.
> - What은 at(=which)가 목적격이었으므로 목적격이다.

예문 3 **What is beautiful** is not always good.
아름다운 것이 언제나 선은 아니다.

> 주 "The thing that is beautiful is not always good."에서 The thing과 that이 합쳐져 What으로 바뀐 것이다. What은 at(=that)가 주격이었으므로 주격이다.

예문 4 **Whose house is of glass** must not throw stones at another.
자기 집이 유리로 만들어진 사람은 남의 집에 돌을 던져서는 안 된다.

> 주 "He whose house is of glass must not throw stones at another."에서 He와 whose를 합쳐 선행사를 포함한 Whose(=He whose)로 쓴 것이다.

예문 5 What little wealth he had has been squandered away.
=All of the little wealth that he had has been squandered away.
그는 가지고 있던 얼마 안 되는 재산 전부를 낭비했다.

> 주 What은 본래 wealth를 수식하는 관계형용사였으므로 수식받는 명사 wealth가 동반된 것이다.

(2) 목적어절: 목적어 자리에 what절이 올 때

예문 1 I'll take what wants to go with me.
=I'll take who wants to go with me.
나는 나와 함께 가기를 원하는 사람을 데리고 가겠다.

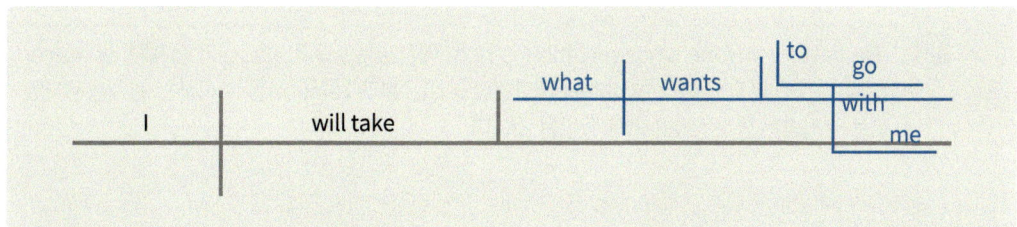

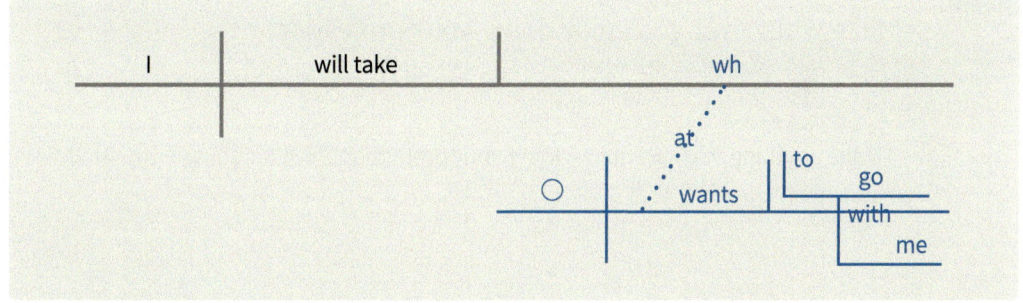

> 주 (He is a man.) "I'll take him who wants to go with me."에서 him과 who가 합쳐져 what으로 바뀐 것이다. what은 at(=who)가 주격이었으므로 주격이다.

예문 2 He bought me what was written in plain English.
그는 나에게 쉬운 영어로 쓰인 책을 사 주었다.

> 주 (This is a book.) "He bought me it which was written in plain English."에서 it과 which가 합쳐져 what으로 바뀐 것이다. what은 at(=which)가 주격이었으므로 주격이다.

예문 3 You may take whatever book you choose.
=You may take whichever book you choose.
너는 네가 선택하는 어떠한 책이든 가져도 좋다.

> - "You may take any which book you choose."에서 any와 which가 합쳐져 whatever로 바뀐 것이다. what(which)은 본래 book을 수식하는 관계형용사였으므로 수식받는 명사 book이 동반된 것이다.
> - what절에서 전제된 것이 사물일 때 whatever 대신 whichever를 쓰기도 한다.
> - what/who/whom/whose/which에 ever를 가하면 양보의 의미를 지닌다.

예문 4 He flatters whatever relation is rich.
=He flatters whosever relation is rich.
그는 친척이 부자인 사람 누구에게나 아첨한다.

> "He flatters anyone whose relation is rich."에서 anyone과 whose가 합쳐져 whatever(whosever)로 바뀐 것이다. whatever(whosever)는 본래 relation을 수식하는 관계형용사였으므로 수식받는 명사 relation이 동반된 것이다.

예문 5 Make whatever you enjoy doing your profession.
=Make whichever you enjoy doing your profession.
네가 하기를 좋아하는 것 어떤 것이든 너의 직업으로 삼아라.

> "Make anything that you enjoy doing your profession."에서 anything과 that이 합쳐져 whatever(whichever)로 바뀐 것이다.

> 의문사절과 what절의 구분이 힘든 경우도 있다. "I want to know what you have." 이 문장은 주절이 '알기를 원한다'이므로 '모르는 뜻'이다. 그러므로 'what you have'가 의문사절로 '네가 무엇을 가지고 있는지'이다. 그런데 한편으로는 what절로 막연한 것을 나타내는 '네가 가진 것'이란 뜻으로도 통한다. 이런 경우는 양쪽이 다 가능하다.

(3) 보어절: 보어 자리에 what절이 올 때

예문 1 He is what is referred to as a Byronic hero.
=He is who is referred to as a Byronic hero.
그는 바이런풍의 영웅으로 불리는 사람이다.

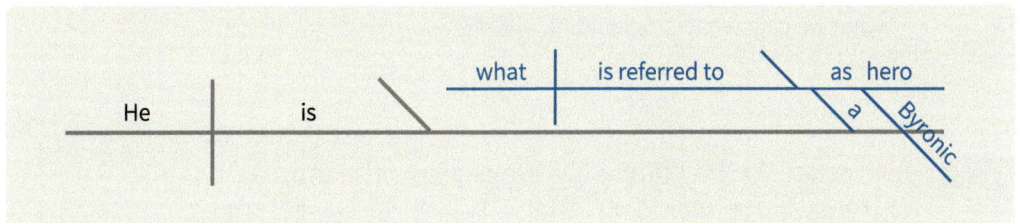

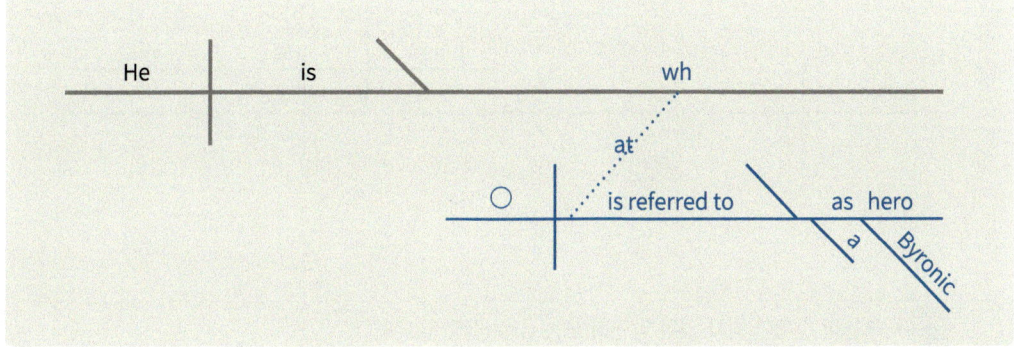

> (This is a man.) "He is he who is referred to as a Byronic hero."에서 he와 who가 합쳐져 what으로 바뀐 것이다. what은 at(=who)가 주격이었으므로 주격이다.

예문 2 That is what he or she will want to hear.
그것이 그나 그녀가 듣고 싶어 하는 말일 것이다.

> (That is a word.) "That is it which he or she will want to hear."에서 it과 which가 합쳐져 what으로 바뀐 것이다. what은 at(=which)가 목적격이었으므로 목적격이다.

예문 3 The important thing is not what you have but what you are.
중요한 것은 재산이 아니라 사람됨이다.

> • 특별히 전제한 명사 없이 막연히 쓰는 what절의 경우이다. 예를 들면 what one is(~사람 또는 ~인물 됨됨), what one has(~재산) 등이다.
> • not A but B : A가 아니라 B (not~but이 대등접속사)

예문 4 She is what we call a X generation girl.
그녀는 소위 X세대 여성이다.

> 주
> - 특별히 전제한 명사 없이 막연히 쓰는 what절의 경우이다.
> - what we call=what is called(소위, 이를테면)

예문 5 Leaves are to the plant what lungs are to the animal.
나뭇잎이 식물에 대한 관계는 허파가 동물에 대한 관계와 같다.

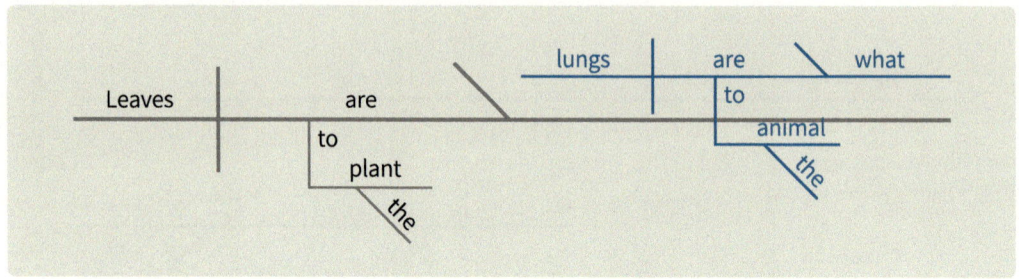

> 주
> - 특별히 전제한 명사 없이 막연히 쓰는 what절의 경우이다.
> - A is to B what C is to D : A가 B에 대한 관계는 C가 D에 대한 관계와 같다.

예문 6 My teacher has made me what I am.
내 선생님께서 나를 지금의 나로 만드셨다.

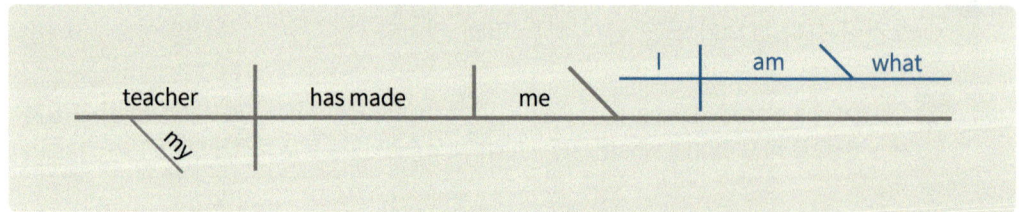

> 주
> what I am(현재의 나)은 특별히 전제한 명사 없이 막연히 쓰인 what절로 목적보어로 쓰였다.

(4) 전치사의 목적어절

전치사의 목적어 자리에 what절이 오는 경우인데 어떤 전치사의 제한도 받지 않는다.

예문 1 It is quite different from what I expected.
그것은 내가 기대했던 것과는 사뭇 다르다.

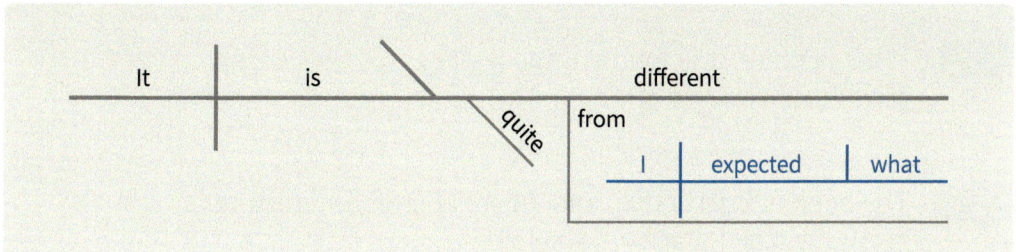

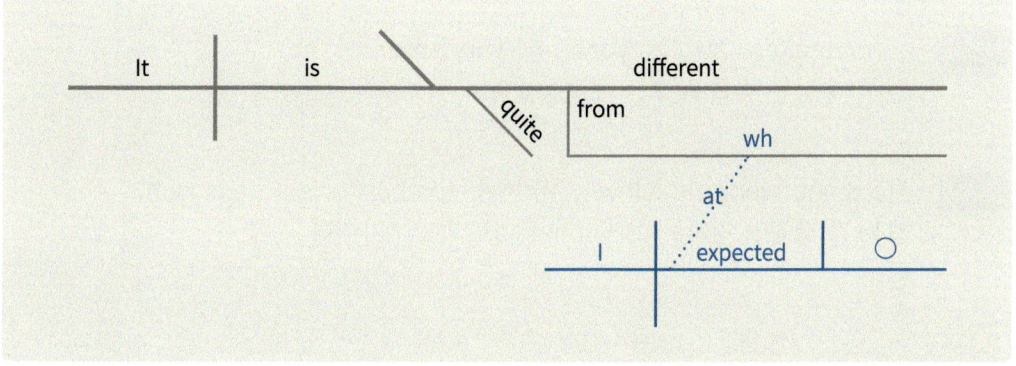

주 "It is quite different from the thing which I expected."에서 the thing과 which가 합쳐져 what으로 바뀐 것이다.

예문 2 The government is not indifferent to what we are doing.
정부는 우리가 하고 있는 것에 무관심하지 않다.

주 "The government is not indifferent to the thing which we are doing."에서 the thing과 which가 합쳐져 what으로 바뀐 것이다.

예문 3 I will give an opera ticket to whatever wants it.
=I will give an opera ticket to whoever wants it.
나는 원하는 사람은 누구든 오페라 입장권을 주겠다.

주 "I will give an opera ticket to anyone who wants it."에서 anyone과 who가 합쳐져 whatever(whoever)로 바뀐 것이다.

(5) 삽입절

문의 소속 없이 독립적으로 사용되는 경우이다.

예문 1 What is more, it is totally unnecessary.
게다가 그것은 완전히 쓸모가 없다.

예문 2 The book is instructive, and what is better, interesting.
그 책은 교훈적이고 게다가 재미있다.

예문 3 What makes matters worse, he was fired.
엎친 데 덮친 격으로 그는 해고당했다.

예문 4 He is good-looking, clever, and what is best of all, he is rich.
그는 잘 생겼고 영리하며 게다가 무엇보다도 부자이다.

(6) 부사구

예문 1 I completely forgot her birthday, what with one thing and another.
나는 이런저런 일들 때문에 그녀의 생일을 완전히 잊어버렸다.

예문 2 What with her joy and shyness, she was speechless for a while.
기쁘기도 하고 수줍기도 하여 그녀는 한동안 말문을 열지 못했다.

예문 3 What by luck and what by skill he succeeded in business.
한편으로는 행운으로, 한편으로는 기술로 그는 사업에 성공했다.

사람은 잠시라도 먹지 않으면 등신이 된다. 계속해서 먹어야 한다.
그런데 그것은 입으로 먹는 음식이 아니고 마음이다.
잠시라도 마음을 먹지 않으면 등신이 되고 마음을 잘못 먹으면 자·타에 독약보다 더 큰 해를 가져온다.
음식 타박은 말고 좋은 마음을 먹도록 항상 유념하자.

2. 형용사절(Adjective Clause)

형용사절은 명사 다음에 절(주어·동사)이 올 때이다. 우리말에서는 자음 어미(ㄴ, ㄹ)로 번역한다. 형용사절은 주절의 명사를 수식하기 위하여 평서문을 끌어다 작성한 것으로 명사절이나 부사절과는 달리 형용사절 종속접속사(관계사)는 접속사의 역할 이외에 형용사절 내에서 명사적 역할, 형용사적 역할, 부사적 역할도 한다.

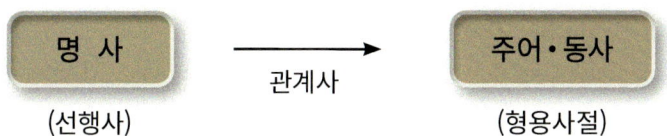

관계사 앞에 와서 형용사절의 수식을 받는 명사를 선행사(antecedent)라 하고, 선행사 다음에 와서 형용사절을 이끄는 종속접속사를 일명 관계사(relative)라 한다. 관계사는 형용사절에서 하는 역할에 따라 관계대명사(relative pronoun), 관계형용사(relative adjective), 관계부사(relative adverb)로 나눈다.

형용사절은 직접 수식뿐이고 간접 수식은 없다.

관계대명사

(1) 선행사가 사람일 때: who, whom
(2) 선행사가 사물/동·식물일 때: which
(3) 선행사가 공통일 때: that, as, but, than
　※ as, but, than은 유사 관계대명사이다.

관계형용사

(1) 격이 있을 때: whose
(2) 격이 없을 때: which(일정수), what(부정수)
　※ 관계형용사는 수식받는 관사 없는 명사를 동반한다.

관계부사

(1) 선행사가 시간명사일 때: when
(2) 선행사가 장소명사일 때: where
(3) 선행사가 이유명사일 때: why
(4) 선행사가 방법명사일 때: how
(5) 선행사가 공통일 때: that
(6) 기타: before, after

 이상에서 보듯이 형용사절을 이끄는 종속접속사인 관계사는 10여 가지나 된다. 그러나 우리말에서는 자음 어미 ㄴ, ㄹ로만 번역된다.

형용사절의 도해는 선행사 밑에서부터 형용사절의 동사 위까지 비스듬히 점선으로 연결하여 그린다. 그리고 관계사가 형용사절에서 하는 역할을 ○ 표시로 나타낸다. 즉 명사 역할(관계대명사)을 하면 명사 자리에, 형용사 역할(관계형용사)을 하면 형용사 자리에, 부사 역할(관계부사)을 하면 부사 자리에 ○ 표시를 하여 그 역할을 나타낸다.

1) 관계대명사(Relative Pronoun)

관계대명사는 관계사가 형용사절을 이끄는 종속접속사 역할도 하고, 형용사절 안에서는 주어, 목적어, 보어, 전치사의 목적어 등의 (대)명사적 역할도 하는 것이다. 즉 형용사절을 이끄는 '종속접속사+대명사'의 합성어이다.

관계사를 사용하여 두 문장을 한 문장으로 만드는 방법

1. 주절과 종절을 찾는다.(언제나 먼저 나온 절이 주절이다.)
2. 공통된 것을 찾는다.
3. 그 공통된 것이 사람인가, 사물인가
4. 종절의 공통된 것이 무슨 격인가
5. 종절의 공통된 것을 관계사로 바꾼다.
6. 관계사를 종절 문 앞으로 가져간다.
7. 관계사가 이끄는 종절을 선행사(앞에서 공통되었던 단어) 다음에 가져다 놓는다.
   ※ 선행사와 관계사는 언제나 일치(동일)한다.

(1) 선행사가 사람일 때

① who

예문 1 He is the man who knows Spanish well.
그는 스페인어를 잘 아는 사람이다.

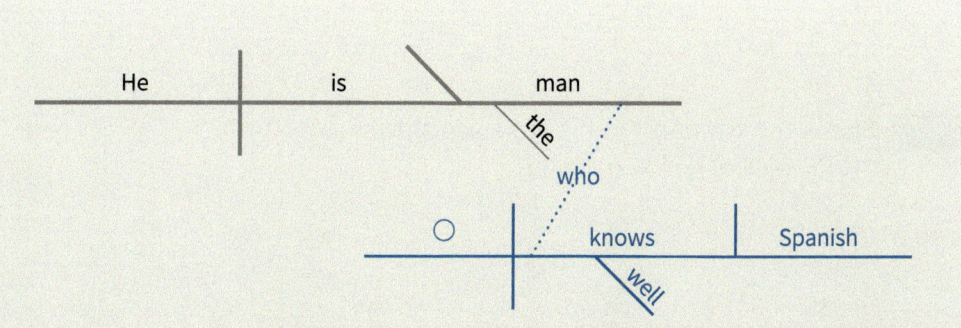

※ 이 도해에서 보듯이 관계대명사 who는 두 문장 사이에서 관계를 맺어 주며, 종절에 돌아와서는 주어 역할을 한다. 도해에서는 관계사의 접속사 역할 외에 종절에서의 본래의 역할을 ○ 표시로 나타낸다. 여기에서 who는 주어 역할을 하므로 주어 자리에 ○ 표시를 하여 who가 종절에서 주어였음을 나타내 주는 것이다.

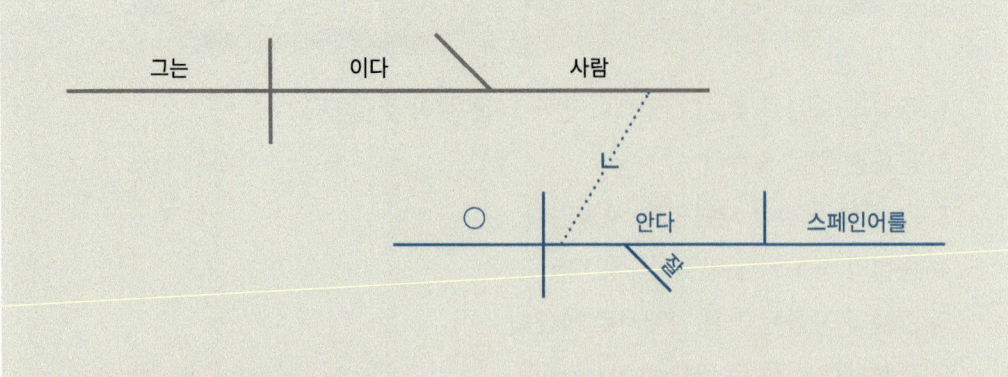

※ '스페인어를 잘 아는'을 형용사구로 쓰는 것이 우리는 더 알기 쉽다. 그러나 여기서는 형용사절 난이기에 부득이 절로 쓴 것이다.

 • ⓐ He is a man. ⓑ The man knows Spanish well. 이 두 문장을 관계대명사를 사용하여 한 문장으로 만드는 방법에 따라 하면, 앞에 나온 ⓐ문이 주절, ⓑ문이 종절이다. ⓐ문의 man과 ⓑ문의 man이 공통이다. 이 공통된 man이 사람이고, 종절의 The man이 knows의 주어이므로 주격이다. 그래서 종절의 The man을 관계대명사로 바꾸면 who가 된다.
• 이 관계대명사 who를 종절 문 앞으로 가져가는데, who의 자리가 종절 문 앞이므로 그대로 그 이하의 종절을 이끌고 선행사 다음에 온 문장이 "He is the man who knows Spanish well."이다.
• 이때 선행사 앞의 관사 a를 the로 바꾼다. 왜냐하면 형용사구나 형용사절의 제한을 받아 특정한 것을 나타낼 때는 그 명사 앞에 관사 the를 쓰기 때문이다.

 She is the woman who is very beautiful.
그녀는 매우 아름다운 여인이다.

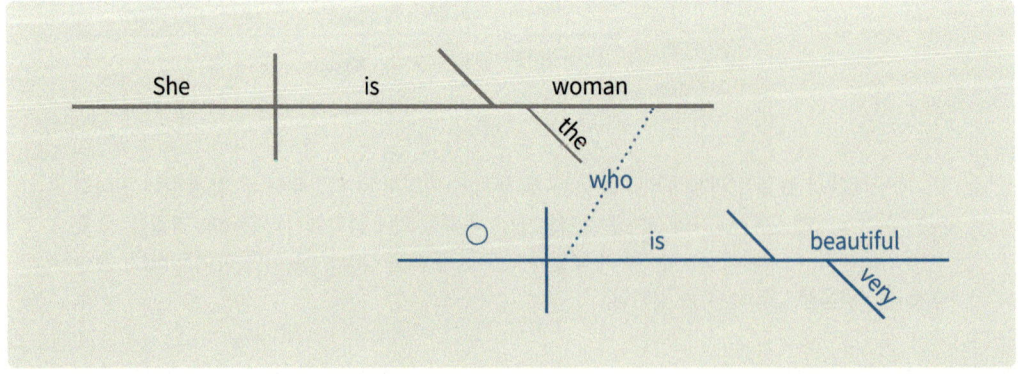

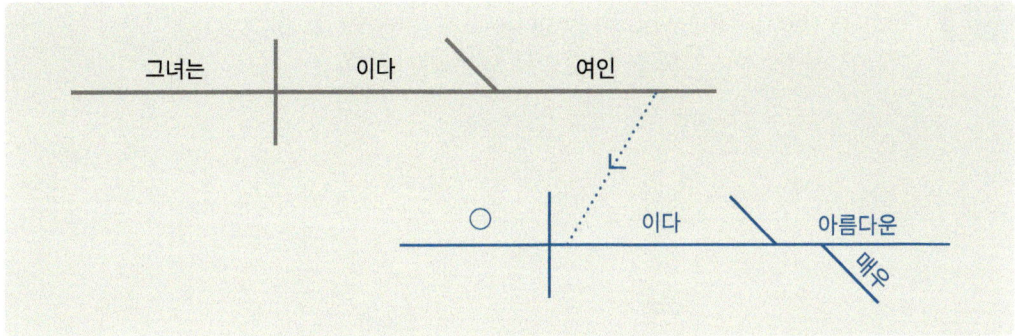

> 주
> - ⓐ She is a woman. ⓑ The woman is very beautiful.
> - ⓐ문의 woman과 ⓑ문의 woman이 공통이다. The woman이 사람이고 주격이므로 The woman을 관계대명사 who로 바꾸어, 종절 문 앞으로 가져가서 who 이하의 형용사절을 선행사 woman 다음에 쓴다.

예문 3 The girl who is playing the violin in the hall is my sister.
홀에서 바이올린을 연주하고 있는 소녀는 내 누이이다.

> 주 ⓐ The girl is my sister. ⓑ The girl is playing the violin in the hall.

예문 4 The man who bought me the book on my birthday is my grandfather.
내 생일에 나에게 그 책을 사 주신 분은 내 할아버지이시다.

> 주 ⓐ The man is my grandfather. ⓑ The man bought me the book on my birthday.

예문 5 He loves the girl who is called Annabel.
그는 애너벨이라고 하는(불리는) 소녀를 사랑한다.

> 주 ⓐ He loves a girl. ⓑ The girl is called Annabel.

예문 6 He is the only witness who saw her stealing into the room.
그는 그녀가 방으로 몰래 들어가고 있는 것을 본 유일한 목격자다.

> 주 ⓐ He is the only witness. ⓑ The witness saw her stealing into the room.

예문 7 This is the doctor who they believe wrote the book.
이분은 사람들이 그 책을 쓴 것으로 믿는 박사이다.

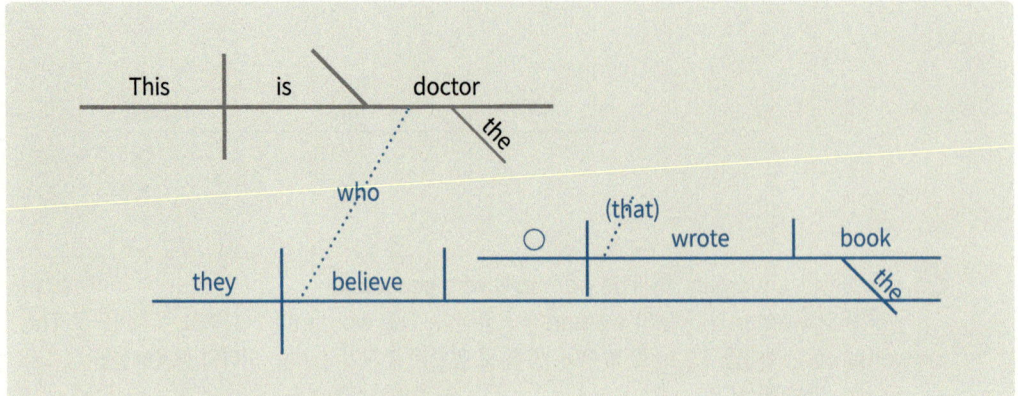

 • ⓐ This is a doctor. ⓑ They believe (that) the doctor wrote the book.
  • ⓐ문의 doctor와 ⓑ문의 doctor가 공통인데, the doctor가 사람이고 wrote의 주어이므로 주격이다. 그래서 the doctor를 관계대명사 who로 바꾸어 종절 문 앞으로 가져가서, who 이하의 형용사절을 선행사 doctor 다음에 쓴다.
  • they believe the doctor wrote the book에서 the doctor가 목적격이 아니고 wrote의 주어로 주격이라는 점에 유의해야 한다.

예문 8 There came many people who were interested in art.
=Many people came who were interested in art.
예술에 관심 있는 많은 사람들이 왔다.

 • ⓐ There came many people. ⓑ Many people were interested in art.
  • 이 예문과 같이 주어를 수식하는 형용사절이 와서 주부가 길 때 두 번째 문장처럼 유도부사를 사용하지 않을 경우는 형용사절이 동사 뒤에 온다.(만일 people 다음에 형용사절이 오면 주부는 길고 술부는 아주 짧아 문의 균형이 맞지 않기 때문이다.) 이와 같이 형용사절이 선행사 바로 뒤에 오지 않고 떨어져서 오는 경우도 있다.

　　He is not poor that has little, but he (is poor) that desires much.
　　가진 게 없는 사람이 가난한 것이 아니고 더 갖고 싶어 하는 사람이 가난하다.

　　Those will be blessed who help people in need.
　　어려움에 처한 사람들을 돕는 사람들은 축복받을 것이다.

　　He longed for the morning to come, when he should see her again.
　　그는 그녀를 다시 볼 아침이 오기를 갈망했다.

선행사가 사람이 아니더라도 의인화나 강조의 경우 who/whom을 쓴다.

- The God who gave us life gave us liberty at the same time.
  우리에게 생명을 준 신은 동시에 우리에게 자유를 주었다.
  ※ God을 의인화해서 관계대명사 who를 썼다.

- Nature, who gives supplies of food to every creature.
  모든 생물에게 식량을 제공하는 자연.
  ※ Nature를 의인화해서 who를 썼다.

- They visit the tree, who teaches them about time.
  그들은 그 나무를 찾아갔는데, 그 나무는 그들에게 시간에 대해 가르쳐 주었다.
  ※ tree를 의인화해서 who를 썼다.

- What they didn't see was the cat who crawled under the table.
  그들이 보지 못한 것은 탁자 밑으로 기어 들어간 고양이였다.
  ※ cat을 의인화 및 강조해서 who를 썼다.

- This is the country whom we must guard.
  이것이 우리가 지켜야만 할 국가다.
  ※ country를 강조해서 whom을 썼다.

② whom

 The lady (whom) I met at the party yesterday is a novelist.
내가 어제 파티에서 만난 숙녀는 소설가이다.

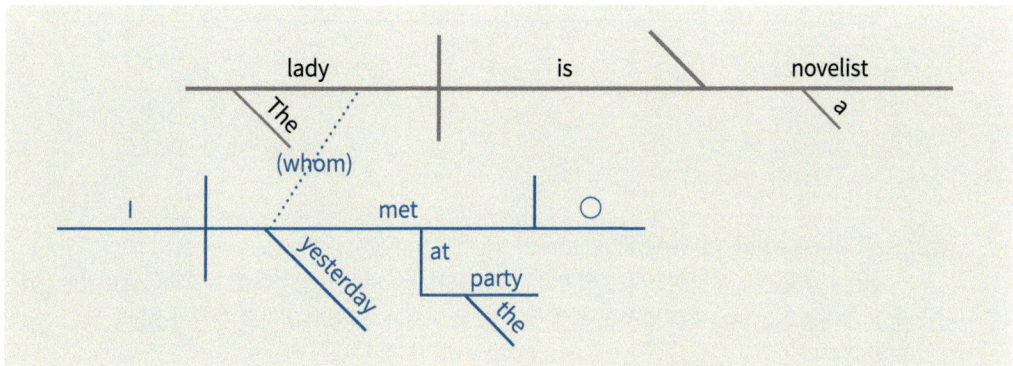

 • ⓐ The lady is a novelist. ⓑ I met the lady at the party yesterday.
- lady가 공통인데 사람이며 종절의 the lady가 목적격이므로 관계대명사 whom으로 바꾸어 종절 문 앞으로 가져가, whom 이하의 형용사절을 선행사 the lady 다음에 쓴다.
- 관계대명사 목적격은 생략할 수 있다.
- 관계대명사 whom은 형용사절에서 목적어 역할을 하므로 목적어 자리에 ○ 표시를 하여 목적어였음을 나타낸다.

예문 2 She is the woman (whom) I know intimately.
그녀는 내가 친하게 아는 여인이다.

> • ⓐ She is a woman. ⓑ I know the woman intimately.
> • whom은 형용사절에서 know의 목적어이며, 목적격이므로 생략될 수 있다.

예문 3 The man (whom) she wants to visit lives on a Kentucky hill farm.
그녀가 방문하고 싶어 하는 사람은 켄터키 산간 농장에서 산다.

> • ⓐ The man lives on a Kentucky hill farm. ⓑ She wants to visit the man.
> • whom은 형용사절에서 목적어구 to visit의 목적어이며, 목적격이므로 생략될 수 있다.

예문 4 She is the girl (whom) we talked about the other day.
She is the girl about whom we talked the other day.
그녀는 우리가 요전 날 이야기했던 소녀이다.

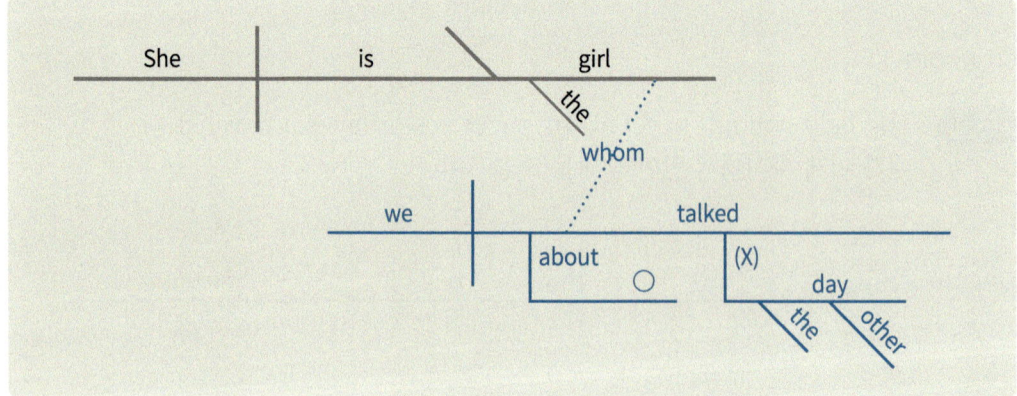

> • ⓐ She is a girl. ⓑ We talked about the girl the other day.
> • girl이 공통인데, 사람이고 종절의 the girl이 전치사 about의 목적어로 목적격이므로 the girl을 관계대명사 whom으로 바꾸어 종절 문 앞으로 가져가, whom 이하의 형용사절을 선행사 girl 다음에 쓴다.
> • 또 관계대명사 whom을 종절 문 앞으로 가져갈 때 about whom이 '전치사+명사'로서 구를 이루므로 전치사 about을 동반한 문장이 두 번째 문장이다. 관계대명사가 전치사를 동반했을 때는 목적격이라도 관계대명사를 생략하지 못한다.
> • 관계대명사가 전치사의 목적어일 때 전치사를 관계대명사 앞에 놓는 것은 격식적인 영어이다. 또 전치사가 관계대명사 앞에 올 때는 whom/which 대신에 that을 쓰지 못한다. 그러나 비격식적인 영어나 구어체에서는 전치사를 뒤에 두고 관계대명사만 오는데, 이때는 whom/which 대신에 that을 쓰기도 하지만, 관계대명사를 생략하는 것이 더 일반적이다.

예문 5   This is the man (whom) we think a fine gentleman.
이분은 우리가 훌륭한 신사라고 생각하는 분이다.

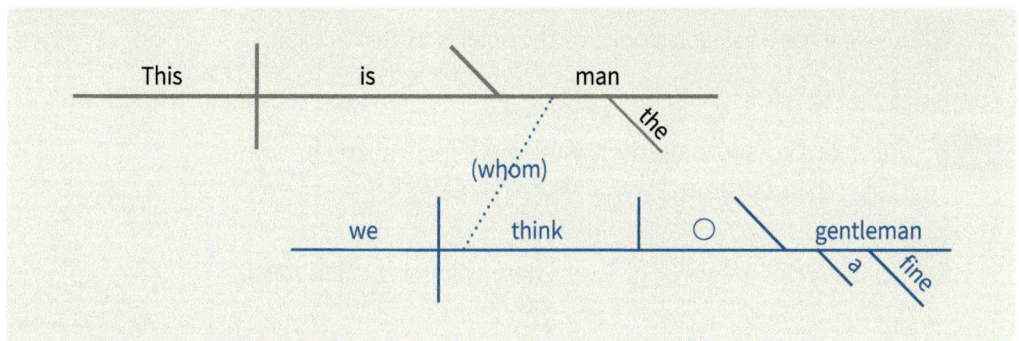

 • ⓐ This is a man. ⓑ We think him a fine gentleman.
- ⓐ문의 man과 ⓑ문의 him이 공통이다.
- whom은 형용사절에서 think의 목적어인데 목적격이므로 생략할 수 있다.

(2) 선행사가 사물/동·식물일 때

① which(주격)

예문 1   This is the book which is very useful to me.
이것은 나에게 매우 유용한 책이다.

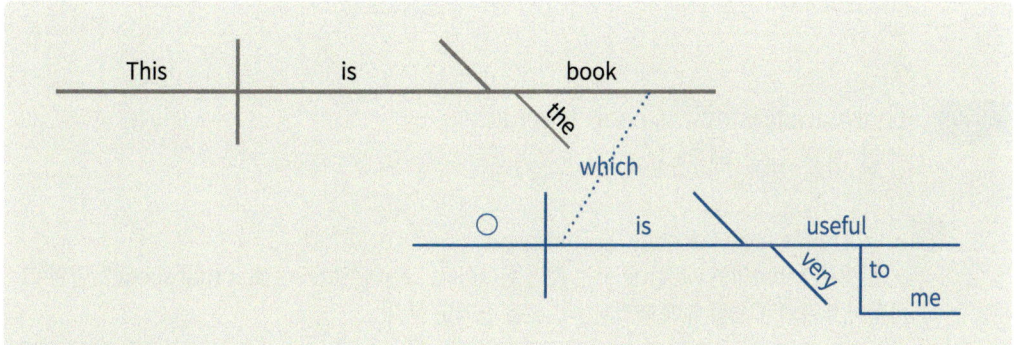

 • ⓐ This is a book. ⓑ The book is very useful to me.
- 공통인 book이 사물이고 종절의 The book이 주격이므로 The book을 관계대명사 주격 which로 바꾸어 종절 문 앞으로 가져간다. 그런데 which의 자리가 종절 문 앞이므로 그대로 그 이하의 종절을 선행사 book 다음에 쓴다.

예문 2 She has a valuable book which is written in Latin.
그녀는 라틴어로 쓰인 귀중한 책 한 권을 가지고 있다.

> 주 ⓐ She has a valuable book. ⓑ The book is written in Latin.

예문 3 She went to swans which were swimming in the water.
그녀는 물에서 헤엄치고 있는 백조에게 다가갔다.

> 주 ⓐ She went to swans. ⓑ Swans were swimming in the water.

예문 4 I began to read the book, which was very difficult to me.
나는 그 책을 읽기 시작했는데, 그것이 내게는 매우 힘들었다.

> 주 • ⓐ I began to read the book. ⓑ It was very difficult to me.
> • to read the book과 It이 공통이다. 선행사가 구나 절일 때는 관계대명사 which만 쓰고 계속적 용법(비제한적 용법)으로만 쓰인다.

예문 5 Caesar crossed the Rubicon, which was in effect a declaration of war.
시저가 루비콘 강을 건넜는데, 그것은 사실상 선전포고였다.

> 주 • ⓐ Caesar crossed the Rubicon. ⓑ It was in effect a declaration of war.
> • ⓐ문 전체인 Caesar crossed the Rubicon과 It이 공통이다. 선행사 Caesar crossed the Rubicon이 절이므로 관계대명사 which를 계속적 용법으로 썼다.

예문 6 That which is evil is soon learned.
못된 짓은 금방 배운다.

> 주 • ⓐ That is soon learned. ⓑ That is evil.
> • 선행사가 that이면 which를 쓰는 것이 통례이다. 그런데 "Who is that that spoke? (말한 그 사람이 누구냐?)"처럼 때에 따라서는 that을 쓰기도 한다.

예문 7 A whole is that which has beginning, middle and end.
전체란 시작, 중간 그리고 끝이 있는 것이다.

> 주 ⓐ A whole is that. ⓑ That has beginning, middle and end.

- He's a business man which is what Northern Rock needs most.
  그는 노던 락이 가장 필요로 하는 사업가이다.
  ※ 선행사가 신분, 지위, 직업, 성격(인품), 집단 등일 때는 which를 쓴다. business man이 직업을 나타내므로 who를 쓰지 않고 which를 썼다. what Northern Rock needs most는 what절 보어절이다.

- She is not the scholar which James is.
  제임스가 학자라면 그녀는 학자도 아니다.
  ※ scholar가 신분을 나타내므로 which를 썼다.

- Glasken became a woman which was also controversial.
  글라스켄은 또한 논란이 많은 여인이 되었다.
  ※ woman이 성격을 나타내므로 which를 썼다.

- The book also talks about Okonkwo's family which consists of his many wives and numerous children.
  그 책은 또한 그의 여러 아내와 수많은 자녀들로 이루어진 오콘코우의 가족에 대해 이야기한다.
  ※ family가 집단을 나타내므로 which를 쓰는데 집단이라도 단수 취급을 한다. 그러나 구성원 개개인을 나타낼 때는 who(whom)를 쓰며 복수 취급한다. They are a close-knit family who take good care of each other. (그 사람들은 서로를 잘 보살피는 끈끈한 가족이다.)

- He instructed the crowds which surrounded him.
  그는 자기를 둘러싼 군중을 가르쳤다.   ※ crowds가 집단을 나타내므로 which를 썼다.

② which(목적격)

 The flower (which) my mother likes most is narcissus.
내 어머니께서 가장 좋아하시는 꽃은 수선화다.

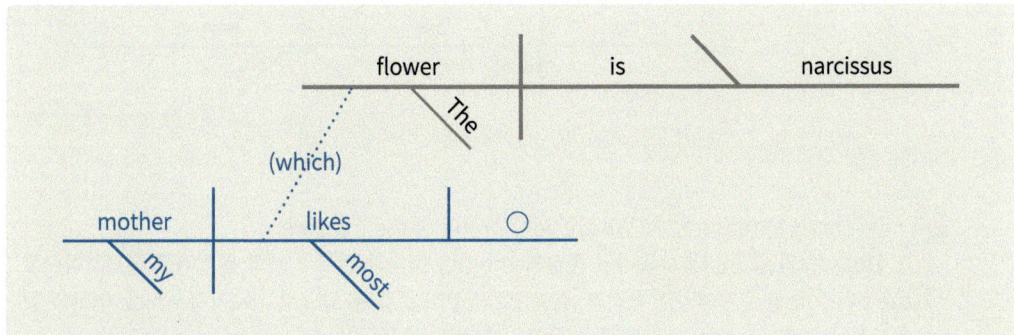

 • ⓐ The flower is narcissus. ⓑ My mother likes the flower most.
• flower가 공통인데, 식물이고 종절의 the flower가 목적격이므로 the flower를 관계대명사 목적격 which로 바꾸어 종절 문 앞으로 가져가서 그 이하의 종절을 선행사 flower 다음에 쓴다. 여기서 which는 목적격이므로 생략될 수 있다.

I have lost the bicycle (which) my uncle bought me.
나는 삼촌께서 사 주신 자전거를 잃어버렸다.

> 주 • ⓐ I have lost the bicycle. ⓑ My uncle bought me the bicycle.
> • bought는 직접목적어인 the bicycle이 which로 바뀌어 종절 문 앞으로 나감으로써 직접목적어가 없는 4형식 동사가 되었다. 이러한 경우에는 간접목적어 앞에 전치사를 써서 부사구로 만들어 "I have lost the bicycle (which) my uncle bought for me."로 써도 된다.(give…to, buy…for, ask…of)

예문 3 This is the flower (which) we call lilac.
이것은 라일락이라고 하는 꽃이다.

> 주 ⓐ This is a flower. ⓑ We call the flower lilac.

예문 4 This is the treasure (which) we are very proud of.
This is the treasure of which we are very proud.
이것이 우리가 몹시 자랑하는 보물이다.

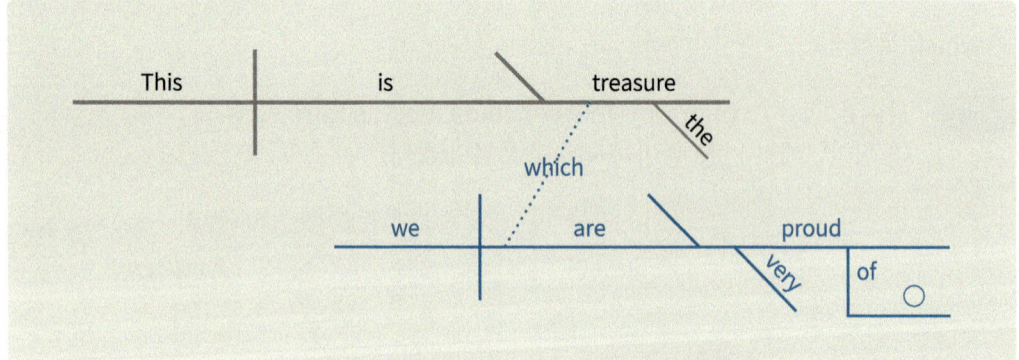

> 주 • ⓐ This is a treasure. ⓑ We are very proud of the treasure.
> • treasure가 공통인데 사물이고 종절의 the treasure가 전치사 of의 목적어로 목적격이므로 the treasure를 관계대명사 목적격 which로 바꾸어 종절 문 앞으로 가져가서 which 이하의 형용사절을 선행사 treasure 다음에 쓴 문장이 첫 번째 문장이다.
> • 그리고 관계대명사 which를 종절 문 앞으로 가져갈 때 전치사를 동반하여 of which가 종절 문 앞으로 나간 문장이 두 번째 문장이다.
> • of which처럼 관계대명사가 전치사를 동반하여 나올 때는 목적격이라도 관계대명사를 생략하지 못한다.

예문 5 There are mountains of which the tops are covered with snow in summer.
=There are mountains the tops of which are covered with snow in summer.
=There are mountains whose tops are covered with snow in summer.
꼭대기가 여름에도 눈으로 덮여 있는 산이 있다.

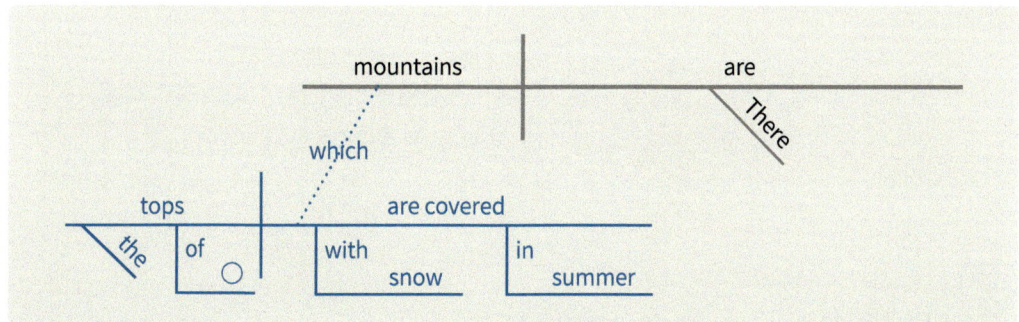

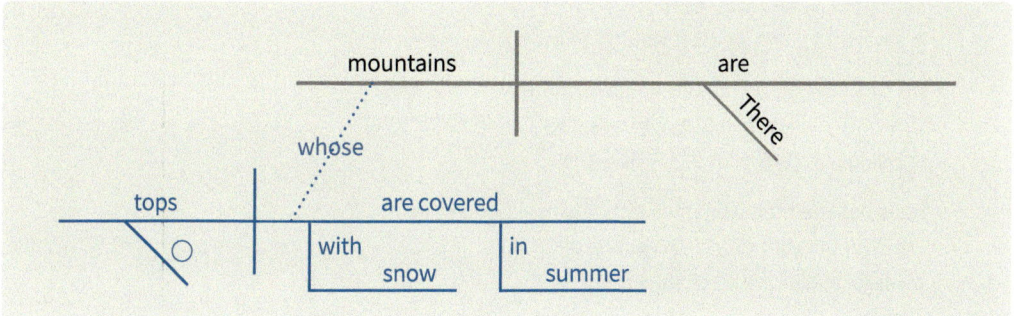

- ⓐ There are mountains. ⓑ The tops of the mountains are covered with snow in summer.
- ⓑ문의 of the mountains는 tops를 수식하는 형용사구이다. '전치사+관계대명사'가 부사구일 때는 관계대명사만 종절 문 앞으로 갈 수도 있고, 전치사를 동반하여 '전치사+관계대명사'가 종절 문 앞으로 갈 수도 있다.
- 그러나 '전치사+관계대명사'가 형용사구일 때는 첫 번째 문장처럼 관계대명사가 전치사를 동반하는 경우만 가능하다. 그리고 두 번째 문장처럼 그 형용사구의 수식을 받는 명사(the tops)를 '전치사+관계대명사(of which)' 앞에 동반하여 쓰기도 한다.
- 또 관계대명사가 전치사와 더불어 구를 이룰 때 형용사구이면 관계형용사로, 부사구이면 관계부사로 바꿀 수 있다. 그래서 of which가 형용사구이므로 관계형용사로 바꿀 수 있다.(격이 있는 경우는 whose로, 격이 없는 경우는 which나 what으로 바꾼다.) 여기서는 which가 전치사 of의 목적어로서 목적격이기에 격이 있으므로 of which를 whose로 바꾸어 세 번째 문장처럼 쓴다.
- whose는 관계형용사이므로 수식받는 관사 없는 명사(tops)를 동반한다. of which는 형용사구이므로 명사(tops) 다음에 오지만, whose는 형용사이므로 명사 앞에 온다.
- 위의 세 문장 중에서 딱딱한 어투인 of which보다는 세 번째인 관계형용사 whose가 많이 쓰인다. 그리고 of which가 쓰인 문장에서는 두 번째 문장이 첫 번째 문장보다 많이 사용된다.

> 관계대명사가 전치사와 더불어 구를 이룰 때
>
> 형용사구이면 관계형용사로
> 부사구이면 관계부사로] 바꿀 수 있다.

> 관계대명사일지라도 형용사구인 경우나 관계형용사인 문은 종속접속사를 생략할 수 없으므로 부정사나 분사 등으로 전환하지 못한다.

- The savage, which we had taken prisoner.
  우리가 포로로 잡았었던 야만인.
  ※ savage가 신분을 나타내므로 which를 썼다.

- His mother had ten children, of which he was the eldest.
  그의 어머니는 자녀들이 열이 있었는데, 그는 그 가운데 맏이였다.
  ※ children이 집단을 나타내므로 which를 썼다.

- He is not the man which his father wanted him to be.
  그는 자기 아버지가 바랐던 그러한 사람이 아니다.
  ※ man이 성격을 나타내므로 which를 썼다.

(3) 선행사가 공통일 때: 선행사가 사람이든 사물/동·식물이든 다 가능한 경우

① that(주격)

예문 1 Nobody who/that watched the match will ever forget it.
그 경기를 본 사람은 누구라도 그것을 결코 잊지 못할 것이다.

> 주 선행사가 사람이고 주격일 때는 관계대명사 who를 쓰는 것이 정상적이다. 그런데 all, everyone, everybody, no one, nobody, those 등의 뒤에서는 that을 써도 된다.

예문 2 This book is about wild flowers which/that have their own value and purpose.
이 책은 그것들만의 가치와 목적을 지닌 야생화에 관한 것이다.

> **주** 선행사가 사물, 동·식물이고 주격일 때 관계대명사 which나 that 다 가능하나, which를 쓰는 것이 더 격식적인 영어이다. 그런데 all, everything, little, much, none, no, no의 결합어, 최상급 다음에서는 that을 쓰고 which는 거의 쓰이지 않는다.

예문 3 Philemon, simple and kindhearted old man (that/which) he was, had not many secrets.
옛날의 소박하고 인정 많은 노인이었던 필레몬은 비밀이 많지 않았다.

> **주** 선행사 man이 성격을 나타내므로 which를 쓰는데, 관계대명사가 형용사절에서 be 동사의 보어 역할을 할 때는 that을 쓰기도 하고 생략하기도 한다. She is not the woman that her mother was.(그녀는 옛날의 그녀 어머니 같은 여인이 아니다.) I am a Mule too, which you are not.(나는 또한 고집쟁이인데 당신은 아니다.)

② that(목적격)

예문 1 The man (whom/who/that) I was waiting for didn't turn up.
내가 기다리고 있던 그 사람은 나타나지 않았다.

> **주** • 선행사가 사람이고 목적격일 때는 관계대명사 whom을 쓰는 것이 정상적이다. 그러나 일상 회화에서는 who나 that이 사용되기도 한다. 이때 who보다는 that이 더 흔히 사용되지만, 관계대명사를 생략하는 경우가 보통이다.
> • wait for는 '자동사+전치사'로써 타동사를 이룬다. 이런 경우는 전치사를 관계대명사 앞으로 가져가서 '전치사+관계대명사'의 형태로 쓸 수 없다

예문 2 Thank you very much for the present (which/that) you sent me.
당신이 (내게) 보내 준 선물에 대해 (당신에게) 매우 감사한다.

> **주** 선행사가 사물, 동·식물이고 목적격일 때도 관계대명사 which나 that 다 가능하다. 그러나 all, everything, little, much, none, no, no의 결합어, 최상급 다음에서는 which는 거의 쓰이지 않고 that을 쓰거나 관계대명사를 생략한다.

예문 3 The subject (which/that) Ryan talked about was difficult.
=The subject about which Ryan talked was difficult.
라이언이 이야기하는 주제는 어려웠다.

> **주** 관계대명사 that은 전치사 다음에는 쓰지 못한다. 따라서 about which에서 which 대신에 that을 쓸 수 없다.

③ that을 쓰는 경우

a) 선행사 앞에 **최상급, 서수, the very, the only, the same** 등의 형용사가 올 때

이 경우는 선행사가 사물이나 동·식물일 때는 which를 쓰지 않고 that을 쓴다. 그러나 사람일 때는 who/whom이나 that을 다 쓴다.

예문 1 I will show you one of the strangest things (that) man has ever seen in the world.
나는 너에게 사람이 이 세상에서 지금까지 보아 온 가장 신기한 것들 중의 하나를 보여 주겠다.

예문 2 Peary was the first man who/that reached the North Pole.
피어리는 북극에 도달한 최초의 사람이었다.

예문 3 This is the very book (that) I want to read.
이것이 내가 읽고 싶은 바로 그 책이다.

예문 4 Faust is the only opera (that) he dislikes.
파우스트는 그가 싫어하는 유일한 오페라다.

예문 5 She is the same girl who/that wrote this novel.
그녀가 이 소설을 쓴 바로 그 소녀다.

b) 사람과 사물, 동·식물이 동시에 선행사일 때

예문 1 She wrote a book on the people and the things (that) she had seen in India.
그녀는 그녀가 인도에서 보았던 사람들과 사물들에 관해 책을 썼다.

예문 2 There is a story about a man and a lion that lived together in the cave.
동굴에서 함께 살았던 한 남자와 사자에 관한 이야기가 있다.

예문 3 There are many exotic animals and plants that live in the Amazon rain forest.
아마존 열대 우림에 살고 있는 많은 이국적인 동물과 식물이 있다.

c) 의문대명사가 선행사일 때

예문 1 Who that has common sense would do such a thing?
상식을 가진 사람이면 누가 그런 짓을 할 수 있겠는가?

예문 2 Which (that) you have, is best?
네가 가지고 있는 것 중 어느 것이 가장 좋으냐?

d) all이 선행사일 때

예문 1 Rose told him all that had happened to Oliver.
로우즈는 올리버에게 일어났었던 모든 일을 그에게 말해 주었다.

예문 2 The doctors did all that was humanly possible.
그 의사들은 인간의 능력으로 할 수 있는 모든 일을 다 했다.

e) 이중 제한일 때 첫 번째 형용사절의 경우

예문 1 Is there anything that you want which you don't have?
당신이 원하는 것으로서 당신이 갖고 있지 않은 것이 있습니까?

> **주** 형용사절의 이중 제한이란 선행사를 수식하는 형용사절이 대등접속사로 이어진 중문이 아니고, 두 개의 형용사절이 겹친 것을 말한다. 이때 첫 번째 형용사절은 관계대명사 that을 쓴다.

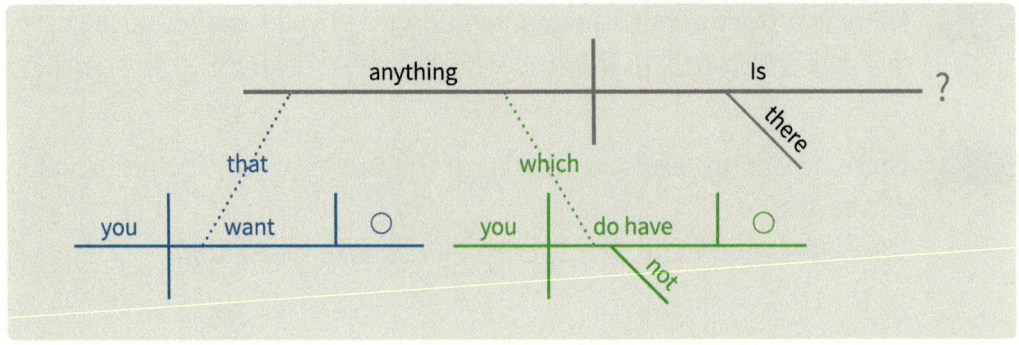

예문 2 Can you mention anyone that we know who is as talented as he?
우리가 아는 사람으로서 그이만큼 재능 있는 어떤 사람을 당신은 언급할 수 있습니까?

예문 3 There is no one that I know of who deserves to love you.
내가 알고 있는 사람으로 당신을 사랑할 자격이 있는 사람은 아무도 없다.

(4) 유사(의사) 관계대명사

유사(의사) 관계대명사는 사람이나 사물에 공통으로 쓰이는데 이에는 as, but, than이 있다.

① as: 선행사에 주로 such, same, as 등이 올 때

예문 1 Read such books as are instructive.
교훈적인 그러한 책을 읽어라.

> 주
> • ⓐ Read such books. ⓑ The books are instructive.
> • ⓐ문이 주절이고 ⓑ문이 종절이다. 공통된 books가 사물이고, 종절의 The books가 주격이므로 The books를 관계대명사 which로 바꾸어야 하지만, 선행사 앞에 such가 있으므로 which 대신 as로 바꾸어 종절 문 앞으로 가져가서, as 이하의 종절을 선행사 다음에 쓴 것이다.

예문 2 Such as wish to enter our club are welcome.
우리 클럽에 입회하기를 원하는 그런 사람은 환영한다.

> 주 선행사가 Such이므로 as를 썼다. Such as=Those people who

예문 3 This is the same book as he read.
이것은 그가 읽은 것과 같은 류의 책이다.

> 주 the same…as, the same…that은 둘 다 의미 차이 없이 '그와 같은 류'나 '바로 그것'의 의미로 쓰인다.

예문 4 She lent me as much money as she had with her.
그녀는 자기가 가지고 있던 돈을 (가지고 있던 만큼) 다 나에게 빌려주었다.

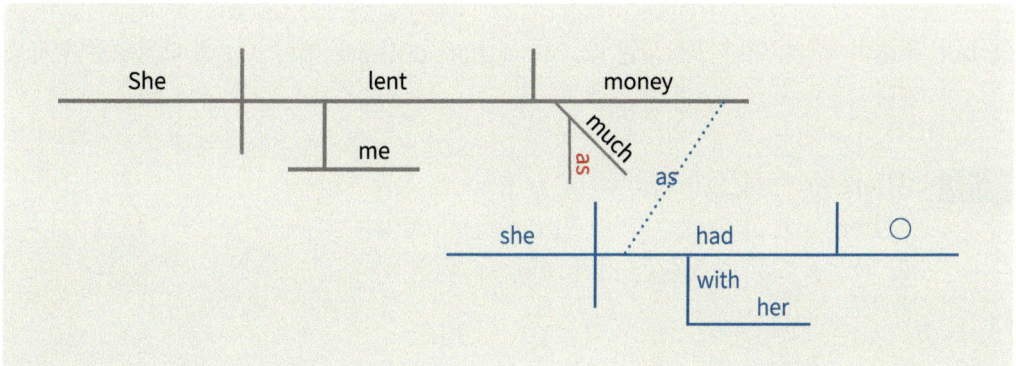

예문 5 He was a foreigner, as they perceived from his accent.
그는 외국인이었다. 그들은 그의 어조로 그것을 알았다.

> 주
> - ⓐ He was a foreigner. ⓑ They perceived the fact from his accent.
> - ⓐ문이 주절이고 ⓑ문이 종절이다. 주절 전체와 종절의 the가 공통이므로 관계형용사 which를 쓰면 "He was a foreigner, which fact they perceived from his accent."이다. 위의 예문은 which fact 대신에 as를 쓴 것이다. 계속적 용법으로만 사용된다.

예문 6 That day he was absent, as matter is often the case.
그날 그는 결근하였다. 그런 일은 흔히 있는 일이지만.

> 주
> - ⓐ That day he was absent. ⓑ The matter is often the case.
> - ⓐ문이 주절이고 ⓑ문이 종절인데, 주절 전체와 종절의 The가 공통이므로 관계형용사 which를 쓰면 "That day he was absent, which matter is often the case."이다. 위의 예문은 which 대신에 as를 쓴 것이다.

예문 7 I helped her, as was my duty.
나는 그녀를 도와주었다. 왜냐하면 그것은 내 의무였기 때문에.

> 주 • ⓐ I helped her. ⓑ It was my duty.
> • ⓐ문이 주절이고 ⓑ문이 종절인데, 주절 전체와 종절의 It이 공통이므로 관계대명사 which를 쓰면 "I helped her, which was my duty."이다. 위의 예문은 which 대신에 as를 쓴 것이다.
> as=which=for it

② but: 주절이 부정문이나 의문문일 때, 'who(that) do(have, be) not'의 대용으로만 사용된다.

예문 1 There are few but know the truth.
=There are few who do not know the truth.
그 사실을 모르는 사람은 거의 없다.

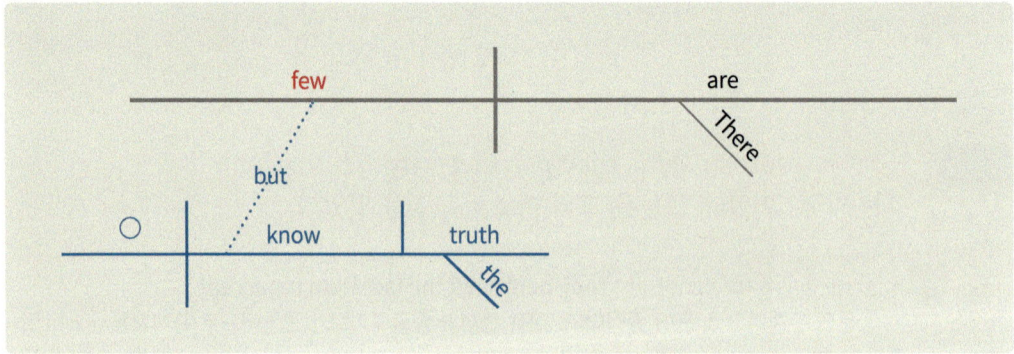

> 주 • who do not know the truth로 써도 상관없으나, who 대신 부정 의미를 지닌 but을 씀으로써 부정문을 만들기 위해서 빌려 온 조동사 do와 부정어 not이 생략되므로 그만큼 간편해진다. 이때 but 앞에 콤마가 없음을 유의해야 한다.
> • 종절의 조동사가 can, may, will, shall…등일 때는 but을 쓰지 못하고, do not, be not, have not일 때만 but을 쓴다.

 예문 2 There is no one but has his faults.
=There is no one who has not his faults.
결점이 없는 사람은 없다.

예문 3 There has not been a statesman of eminence but was a man of industry.
=There has not been a statesman of eminence who was not a man of industry.
근면한 사람이 아닌 탁월한 정치가는 한 사람도 없다.

예문 4 Who is there but makes errors?
=Who is there that does not make errors?
=Every man makes errors.
실수를 하지 않는 사람 누가 있겠는가?(누구나 실수를 한다.)

③ than: 선행사에 비교급이 올 때

예문 1 Don't use more words than are necessary.
필요한 것 이상의 단어들을 사용하지 마라.

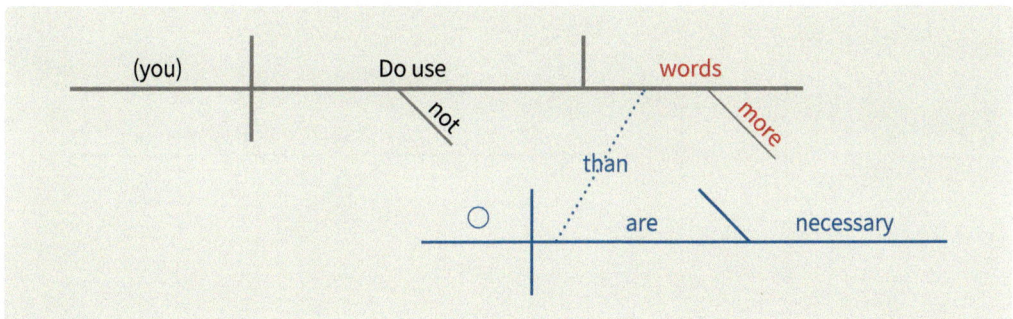

예문 2 There is more in life than meets the eye.
인생에는 눈에 보이는 것 이상의 것이 있다.

예문 3 I've never had more money than would last me a few days at a time.
나는 한 번에 며칠 동안 견뎌 낼 만한 것 이상의 돈을 가져 보지 못했다.

> 주 last는 1형식 동사인데 me는 for me의 의미로 간접목적어와 같다. a few days는 for a few days에서 for가 생략된 부사용 대격이다.

예문 4 It is a bad habit to buy more books than you can read.
읽을 수 있는 것 이상의 책을 사는 것은 나쁜 습관이다.

2) 관계형용사(Relative Adjective)

관계형용사는 관계사가 형용사절을 이끄는 종속접속사 역할도 하고, 형용사절 안에서는 명사를 수식하는 형용사의 역할도 하는 것이다. 즉 형용사절을 이끄는 '종속접속사+형용사'의 합성어이다.

관계형용사는 의문형용사처럼 수식받는 관사 없는 명사를 동반한다.

(1) whose: 격이 있는 경우

예문 1 This is the story of a man whose wife suddenly loses her memory.
이것은 그의 아내가 갑자기 기억력을 상실한 어떤 남자의 이야기이다.

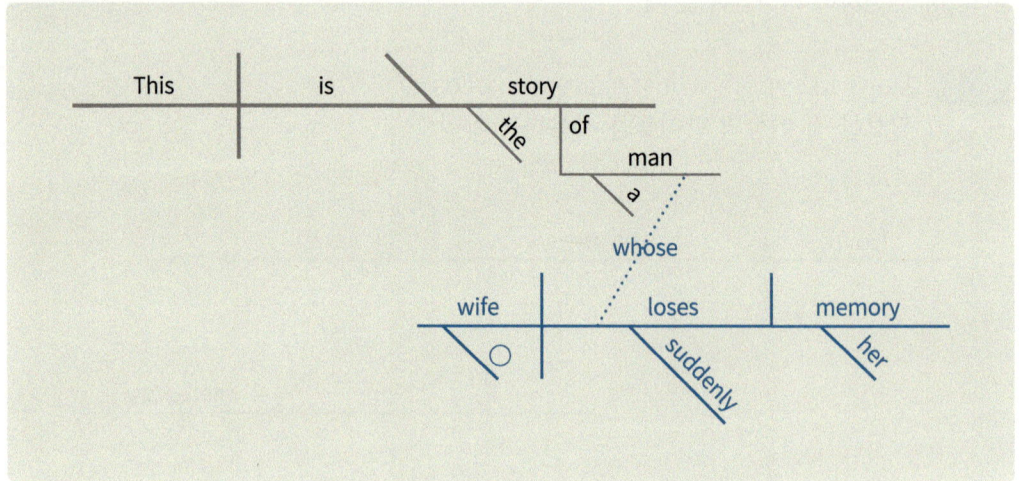

 • ⓐ This is the story of a man. ⓑ His wife suddenly loses her memory.
• 이 두 문장에서 man과 His가 공통이다. His가 속격으로 격이 있으므로 관계형용사 whose로 바꾸어, 수식받는 관사 없는 명사(wife)를 동반하여 종절 문 앞으로 가져가야 하는데, whose가 종절 문 앞이므로 그대로 선행사 man 다음에 쓴다.
• whose는 형용사절을 이끄는 종속접속사인 동시에 형용사절에서는 명사 wife를 수식하는 형용사 역할도 하는 관계형용사이다.

예문 2 I found a book whose title looked very interesting.
=I found a book the title of which looked very interesting.
나는 제목이 아주 재미있어 보이는 책 한 권을 발견했다.

- ⓐ I found a book. ⓑ Its title looked very interesting.
- 이 두 문장에서 book과 Its가 공통이다. Its가 속격으로 격이 있으므로 Its를 관계형용사 whose로 바꾸어, 수식받는 관사 없는 명사 title까지 동반하여 종절 문 앞으로 가져가야 하는데, whose가 종절 문 앞이므로 그대로 선행사 book 다음에 쓴다.
- 또 Its title은 The title of it(=the book)과 같다. 그래서 whose title을 the title of which 로 쓸 수도 있다.(of which는 딱딱한 어투이므로 whose를 많이 쓴다.)

예문 3 I'm looking for a building whose walls are made of glass.
=I'm looking for a building the walls of which are made of glass.
나는 벽이 유리로 된 건물을 찾고 있다.

- ⓐ I'm looking for a building. ⓑ Its walls are made of glass.
- 이 두 문장에서 building과 Its가 공통이다. Its가 속격으로 격이 있으므로 Its를 관계형용사 whose로 바꾸어, 수식받는 관사 없는 명사 walls까지 동반하여 종절 문 앞으로 가져가야 하는데, whose가 종절 문 앞이므로 그대로 선행사 building 다음에 쓴다.
- 또 Its walls는 The walls of it(=the building)과 같다. 그래서 whose walls를 the walls of which로 쓸 수도 있다.

(2) which(일정수), what(부정수): 격이 없는 경우

예문 1 This book is written in Sanskrit which language they do not know.
이 책은 그들이 알지 못하는 산스크리트어로 쓰여 있다.

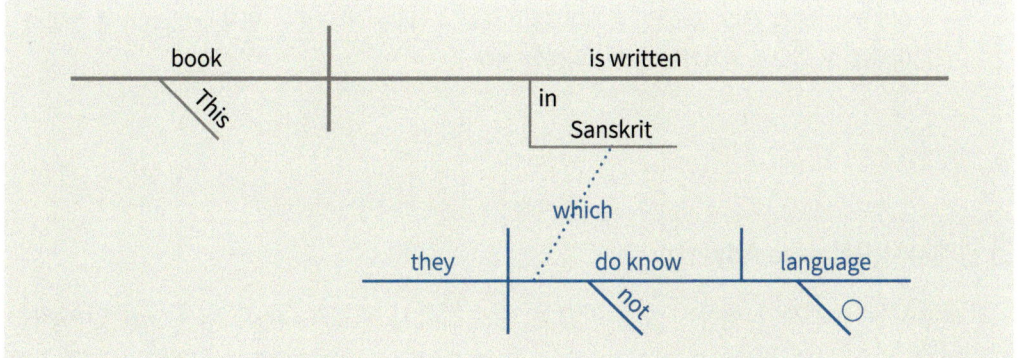

- ⓐ This book is written in Sanskrit. ⓑ They do not know the Sanskrit language.
- 이 두 문장에서 Sanskrit가 공통인데 종절인 ⓑ문의 Sanskrit가 형용사이다. 형용사는 격이 없으므로 which나 what을 쓰는데, Sanskrit가 일정수(一定數)이므로 which를 쓴다. which가 관계형용사이므로 수식받는 관사 없는 명사 language를 동반하여 종절 문 앞으로 가져가서 선행사 다음에 쓴다.

We spent two days in the cave, during which time we could eat nothing.
우리는 동굴 속에서 이틀을 보냈는데, 그 시간 동안 우리는 아무것도 먹지 못했다.

- ⓐ We spent two days in the cave. ⓑ We could eat nothing during the time.
- 이 두 문장에서 ⓐ문 전체와 ⓑ문의 the가 공통인데 the가 관사형용사로 격이 없고 일정수(一定數)이므로 which를 쓴다. during which time이 '전치사+명사'로 구를 이루므로 함께 형용사절 앞으로 왔다.

 This is the stone what house he builds.
이것은 그가 집을 짓는 돌이다.

- ⓐ This is the stone. ⓑ He builds the stone house.
- 이 두 문장에서 stone이 공통인데, 종절인 ⓑ문의 stone이 형용사로 격이 없고 부정수(不定數)이므로 what을 쓴다. what이 관계형용사이므로 수식받는 관사 없는 명사 house를 동반하여 종절 문 앞으로 가져가서 선행사 다음에 쓴다.

 The sand what sculpture she is making is very white and fine.
그녀가 조각품을 만들고 있는 모래는 아주 하얗고 곱다.

- ⓐ The sand is very white and fine. ⓑ She is making the sand sculpture.
- 이 두 문장에서 sand가 공통인데, 종절인 ⓑ문의 sand가 형용사로 격이 없고 부정수(不定數)이므로 what을 쓴다. what이 관계형용사이므로 수식받는 관사 없는 명사 sculpture를 동반하여 종절 문 앞으로 가져가서 선행사 다음에 쓴다.

3) 관계부사(Relative Adverb)

관계부사는 관계사가 형용사절을 이끄는 종속접속사 역할도 하고, 형용사절 안에서는 동사를 수식하는 부사 역할도 하는 것이다. 즉 형용사절을 이끄는 '종속접속사+부사'의 합성어이다.

관계부사의 선행사는 주로 시간·장소·이유·방법 등의 명사이다.

(1) when: 선행사가 시간명사일 때(time, day, year, month, season, century…)

예문 1 The day when he arrived here was the last of October.
=The day on which he arrived here was the last of October.
그가 여기에 도착한 날은 10월 말이었다.

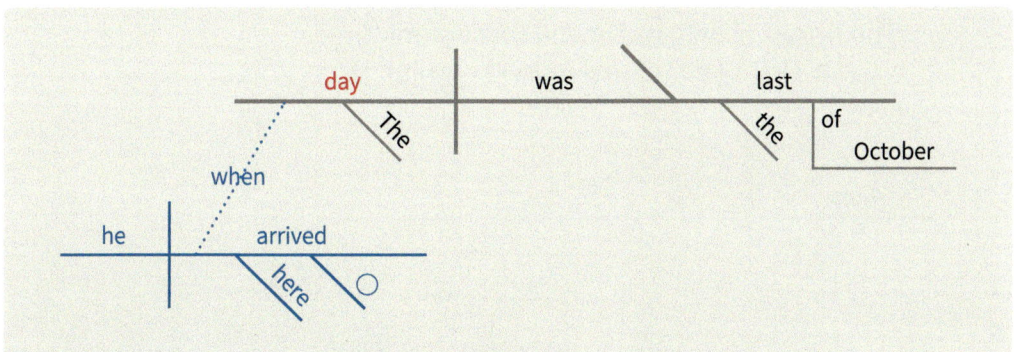

- ⓐ The day was the last of October. ⓑ He arrived here on the day.
- 이 두 문장에서 day가 공통이므로 두 문장을 관계대명사로 연결한 것이 두 번째 문장이다.
- 관계대명사가 전치사와 더불어 구를 이룰 때 부사구이면 관계부사로 바꿀 수 있는데, on which가 부사구이고 선행사 day가 시간명사이므로 on which를 관계부사 when으로 바꾼 것이 첫 번째 문장이다. 이와 같이 관계부사는 '전치사+관계대명사'에서 온 것이다.
- 관계부사는 생략할 수 있다. 그러므로 관계부사 when을 생략해도 된다.

예문 2 Fall is the time when the mountain is most beautiful.
=Fall is the time in which the mountain is most beautiful.
=Fall is when the mountain is most beautiful.
가을은 그 산이 가장 아름다운 때다.

- ⓐ Fall is the time. ⓑ The mountain is most beautiful in the time.
- 이 두 문장에서 time이 공통이므로 두 문장을 관계대명사로 연결한 것이 두 번째 문장이다. 그리고 in which가 부사구이고 time이 시간명사이므로 in which를 관계부사 when으로 바꾼 것이 첫 번째 문장이다.
- 세 번째 문장은 관계부사의 선행사 the time이 생략되어 when 이하의 형용사절이 명사절 보어절이 된 것이다.

"Tell me when he will arrive.(그가 도착할 시간을 말해 다오. 그가 언제 도착할지를 말해 다오.)"처럼 관계부사의 선행사가 생략된 명사절인지 의문사절인지 구분하기 힘든 경우도 있다. 이런 경우는 양쪽이 다 가능한데 문맥을 보아 판별한다.

(2) where: 선행사가 장소명사일 때(place, position, country, park, lake, street…)

예문 1 The library is the place where I spend most of my time.
=The library is the place in which I spend most of my time.
=The library is where I spend most of my time.
도서관은 내가 대부분의 시간을 보내는 곳이다.

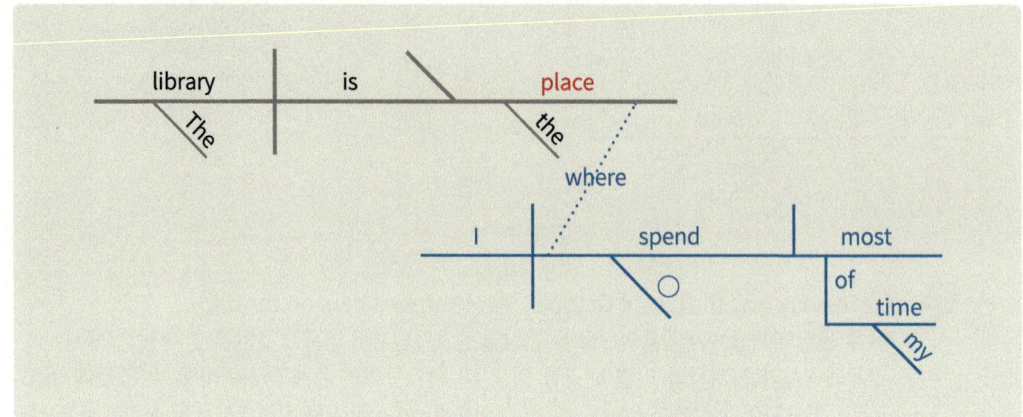

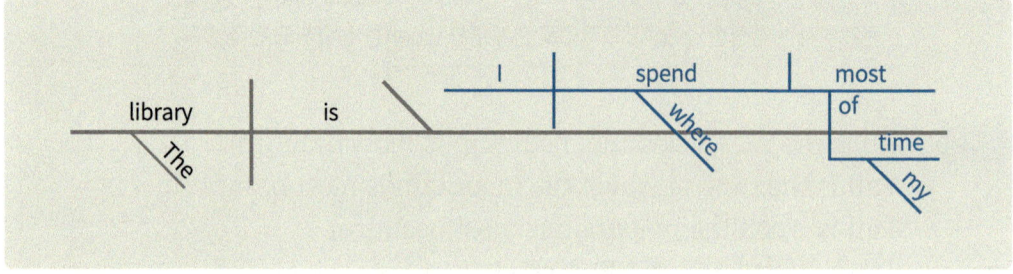

- ⓐ The library is the place. ⓑ I spend most of my time in the place.
- 이 두 문장에서 place가 공통이므로 두 문장을 관계대명사로 연결한 것이 두 번째 문장이다. 첫 번째 문장은 두 번째 문장에서 in which가 부사구이고 place가 장소명사이므로 in which를 관계부사 where로 바꾼 것이다.
- 세 번째 문장은 관계부사의 선행사 the place가 생략되어 where 이하의 형용사절이 명사절 보어절이 된 것이다.

예문 2 They came to a steep place where no one seems to be able to go farther.
=They came to a steep place to which no one seems to be able to go farther.
그들은 아무도 더 이상 나아갈 수 없는 듯이 보이는 가파른 곳에 이르렀다.

• ⓐ They came to a steep place. ⓑ No one seems to be able to go farther to the place.
  • 이 두 문장에서 place가 공통이므로 두 문장을 관계대명사로 연결한 것이 두 번째 문장이다. 첫 번째 문장은 to which를 관계부사 where로 바꾼 것이다.
  • 여기서는 선행사가 일반적인 경우가 아닌 특수한 경우이므로 관계부사의 선행사를 생략하여 형용사절을 명사절로 바꾼 문장은 쓸 수 없다. 선행사가 일반적인 경우가 아닐 때 선행사를 생략해 버리면 선행사의 내용을 알 수 없기 때문이다.

- There are many cases where you have to compromise.
  타협해야만 할 경우도 많다.
- There are cases when politeness cuts deeper than impertinence.
  공손함이 무례함보다 마음을 더 깊이 상하게 하는 경우가 있다.
- This is the point where legal sentiment and logic collide.
  이것이 법 감정과 법 논리가 충돌하는 점이다.
- There comes a point when you just have to accept things.
  상황을 받아들여야만 할 시점이 온다.
- There is no circumstance where it can be broken.
  그것이 부서질 만한 정황이 없다.
  ※ case, point, circumstance 등과 같이 선행사가 특수한 경우도 있다.

(3) why: 선행사가 원인, 이유명사일 때(reason, cause…)

 I can not understand the reason why he did such a behavior.
=I can not understand the reason for which he did such a behavior.
나는 그가 그러한 처신을 한 이유를 이해할 수 없다.

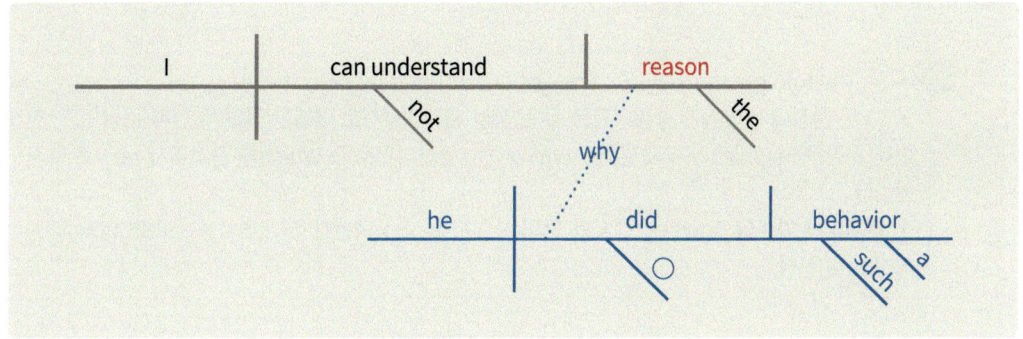

6. 절(Clause) **213**

- ⓐ I can not understand the reason.　ⓑ He did such a behavior for the reason.
- 이 두 문장에서 reason이 공통이므로 두 문장을 관계대명사로 연결한 것이 두 번째 문장이고, 첫 번째 문장은 for which가 부사구이고 reason이 이유명사이므로 for which를 관계부사 why 로 바꾼 것이다.

예문 2　The cause why he did it is complicated.
　　　　=The cause for which he did it is complicated.
　　　　그가 그것을 한 이유는 복잡하다.

　ⓐ The cause is complicated.　ⓑ He did it for the cause.

(4) how: 선행사가 방법명사일 때(way, method, manner…)

예문 1　She told me the way (how) she got out of the danger.
　　　　=She told me the way in which she got out of the danger.
　　　　그녀는 나에게 자기가 위험에서 벗어난 방법을 말해 주었다.

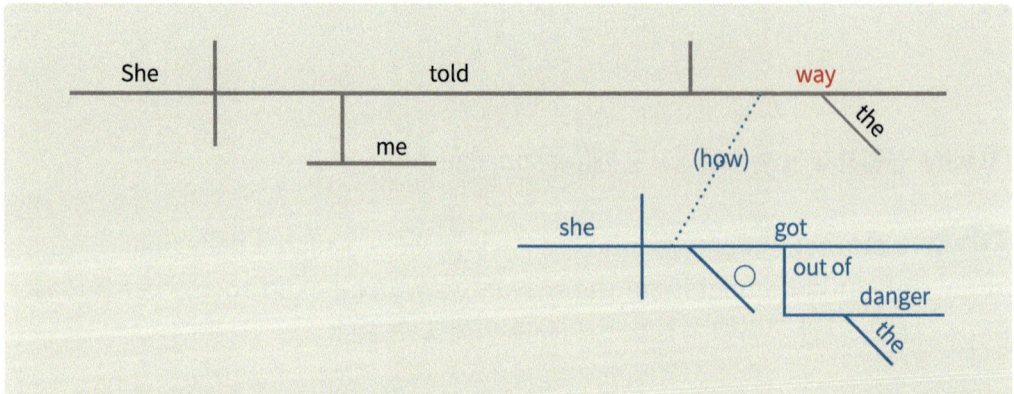

- ⓐ She told me the way.　ⓑ She got out of the danger in the way.
- 이 두 문장에서 way가 공통이므로 두 문장을 관계대명사로 연결한 것이 두 번째 문장이고, 첫 번째 문장은 in which가 부사구이고 way가 방법명사이므로 in which를 관계부사 how로 바꾼 것이다.
- 관계부사 가운데 how는 선행사와 같이 쓰이지 않고 생략된다. 관계부사를 쓰려면 how 대신에 that을 쓴다.

예문 2 The night was concluded in the manner (how) we began the morning.
=The night was concluded in the manner by which we began the morning.
밤은 우리가 아침을 시작하는 방식으로 끝맺어진다.

> 주 ⓐ The night was concluded in the manner. ⓑ We began the morning by the manner.

(5) that: when, where, why, how 대신에 that을 쓰기도 한다. 특히 when 대신에 쓰이는 경우가 제일 많으며 또 that이 생략되기도 한다.

예문 1 Do you still remember the day that we first met?
우리가 처음 만났던 날을 여전히 기억하십니까?

예문 2 Do you know a restaurant that we can have a really good meal?
정말로 맛있는 식사를 할 수 있는 레스토랑을 알고 계십니까?

예문 3 Authorities did not know the reason that the building shook.
당국은 건물이 흔들린 이유를 알지 못했다.

예문 4 Maybe this will change the way that we eat in the future.
아마도 이것이 우리가 미래에 식사하는 방식을 변화시킬 것이다.

(6) 기타: after, before

after, before는 다른 관계부사와는 달리 번역이 있고, 형용사절 안에서 하는 역할은 없다.

예문 1 It always rains the day after I wash the car.
내가 세차한 다음 날은 언제나 비가 온다.

예문 2 He was called up three months after the war broke out.
그는 전쟁이 발발한 후 3개월 만에 징병되었다.

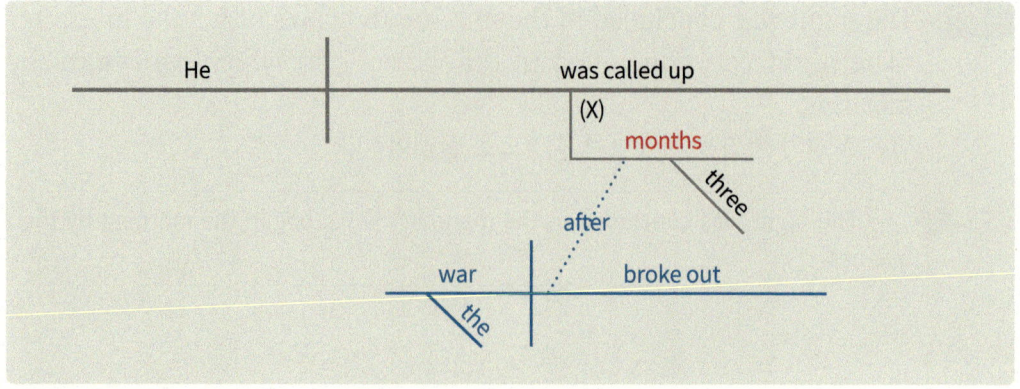

<예문 3> A year after she graduated from college, she married her boyfriend.
그녀는 대학을 졸업한 후 1년 만에 그녀의 남자 친구와 결혼했다.

<예문 4> She died only a few weeks before the camp she was staying in was liberated by the British.
그녀는 그녀가 머무르고 있던 수용소가 영국군에 의해 해방되기 불과 몇 주 전에 사망했다.

<예문 5> He had actually left the company a year before the rumpus started.
그는 그 소동이 시작되기 1년 전에 실제로 그 회사를 그만두었었다.

4) 관계사의 두 가지 용법

(1) 제한적 용법

선행사와 관계사 사이에 콤마가 없으며 선행사는 대개 막연한 사람, 사물인 경우가 많은데 관계사 이하의 형용사절에 의해 명확해진다. 우리말에서는 대체로 관계사 이하의 형용사절을 먼저 번역해서 선행사를 제한하는 경우이다. 즉 복문번역 하는 경우이다.

<예문 1> He is exactly the man which such an education was likely to form.
그는 그러한 교육이 만들어 낼 수 있었을지도 모르는 바로 그 사람이다.

> 주 man이 성격을 나타내므로 which를 썼다.

예문 2 I met a man who seemed to be a philosopher.
나는 철학자인 듯이 보이는 사람을 만났다.

예문 3 There came at last the message which she was looking forward to.
그녀가 학수고대하고 있던 전갈이 마침내 왔다.

> 주 look forward to가 '자동사+부사+전치사'로써 타동사를 이룬다.

예문 4 The film is about a spy whose wife betrays him.
그 영화는 그의 아내가 그를 배반하는 스파이에 관한 것이다.

예문 5 The day will come when all mystery will be cleared up.
모든 비밀이 밝혀질 날이 올 것이다.

> 주 관계부사 형용사절이 선행사 바로 다음에 오지 않고 떨어져 왔다.

예문 6 He pointed a finger toward the barn where the fox was hiding.
그는 여우가 숨어 있는 헛간 쪽으로 손가락을 가리켰다.

예문 7 There are several reasons why I didn't marry him.
내가 그와 결혼하지 않은 몇 가지 이유가 있다.

(2) 비제한적 용법(계속적 용법)

부가적 용법이라고도 하는데 선행사는 대개 특정한 사람, 사물인 경우가 많으며, 선행사와 관계사 사이에 콤마가 있어 선행사를 수식하지 않고, 오히려 관계사가 선행사의 의미를 받아 가며 선행사에 설명을 덧붙이는 경우이다.

예문 1 My sister, who lives in Rome, had a baby last night.
내 누이는 로마에 사는데 어젯밤에 아기를 낳았다.

> 주 나는 누이가 하나 있는데 그녀는 로마에 산다는 정보를 덧붙인 것이다. cf. "My sister who lives in Rome had a baby last night.(로마에 사는 내 누이가 어젯밤에 아기를 낳았다.)"는 나는 누이가 여럿 있는데, 그중 로마에 사는 누이를 말한다.

예문 2 His girl friend, whom he trusted absolutely, turned out to be an enemy spy.
그의 여자 친구는, 그가 전적으로 신뢰했는데, 적의 스파이임이 밝혀졌다.

예문 3 He tried to solve the problem, which he found impossible.
그는 그 문제를 풀려고 해 보았으나 그것이 불가능하다는 것을 알았다.

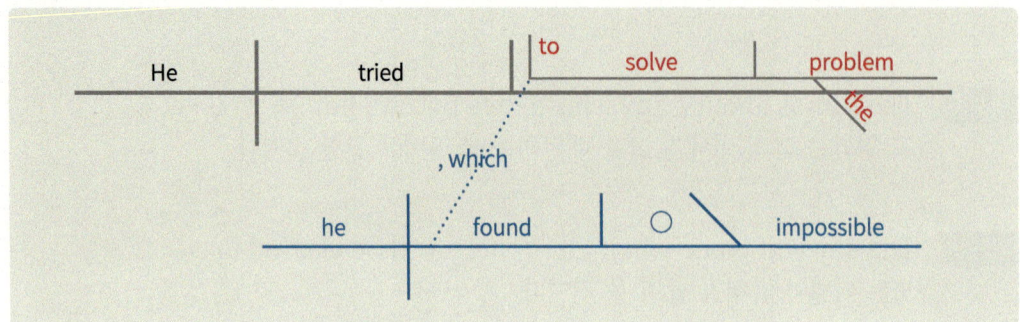

> 주 목적어구 to solve the problem이 선행사이다. 구나 절이 선행사일 때는 비제한적 용법(계속적 용법)으로만 쓰인다.

예문 4 He said nothing, which made her all the more angry.
그는 아무 말도 하지 않았다. 그래서 그녀는 더 화가 났다.

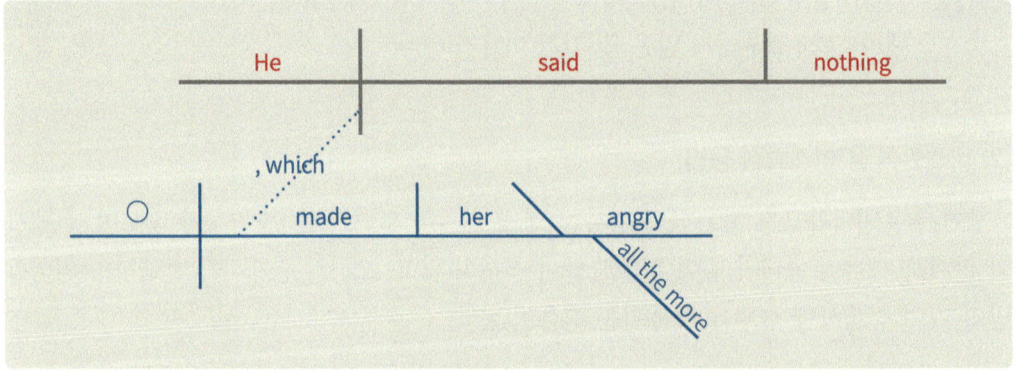

> 주 앞 문장 He said nothing 전체가 선행사이다.

예문 5 I told Peter, who said it wasn't his business.
=I told Peter, but he said it wasn't his business.
나는 피터에게 말했지만 그는 그것은 자기의 일이 아니라고 했다.

예문 6　I went to Munich, which I had always wanted to visit.
　　　　=I went to Munich, for I had always wanted to visit it.
　　　　나는 뮌헨에 갔다. 왜냐하면 내가 늘 방문하기를 원했었기 때문이다.

예문 7　The book, which is old, is of great value to us.
　　　　=The book, though it is old, is of great value to us.
　　　　그 책은, 비록 낡았지만, 우리에게 매우 귀중하다.

예문 8　We came in sight of a hill, whose top was still buried in the fog.
　　　　=We came in sight of a hill, and its top was still buried in the fog.
　　　　우리는 언덕이 보이는 데까지 왔는데, 그 정상은 아직 안개에 싸여 있었다.

예문 9　He came to a deep valley, where he rested for a while.
　　　　=He came to a deep valley, and there he rested for a while.
　　　　그는 깊은 계곡에 이르러 그곳에서 잠시 쉬었다.

　주　관계부사 가운데 when과 where만 비제한적 용법(계속적 용법)이 있고, why, how는 비제한적 용법(계속적 용법)이 없다.

예문 10　He will be back before seven, when we shall discuss how to do it.
　　　　=He will be back before seven, and then we shall discuss how to do it.
　　　　그가 7시까지는 돌아올 테니 그때 그것을 어떻게 해야 할지 논의할 것이다.

1. 관계대명사나 관계부사가 비제한적 용법(계속적 용법)일 때는 that을 쓰지 못한다.
2. 제한적 용법과 비제한적 용법의 경우 우리말과 영어가 항상 일치하는 것은 아니다. 영어에서는 제한적 용법이지만 우리말에서는 비제한적 용법으로 번역하는 것이 더 좋은 경우도 있으며, 또 영어에서는 비제한적 용법인데 우리말에서는 제한적 용법으로 번역하는 것이 더 좋은 경우도 있다. 그러므로 문맥을 파악하여 적절하게 번역해야 된다.

　• So she decided to put up at an inn, which she happened to find at a village.
　　그래서 그녀는 어느 마을에서 우연히 발견한 한 여인숙에 묵기로 작정했다.

　• She is a domineering mother whose children are afraid of her.
　　그녀는 횡포한 어머니라서 자식들이 그녀를 두려워한다.

5) 관계사의 생략

(1) 관계대명사

① 주격: 관계대명사 주격은 원칙적으로 생략할 수 없지만, 주절이나 종절이 유도부사로 이루어진 문이거나, 주절이 that is(was)…로 시작되는 문일 때, 그리고 관계대명사가 형용사절에서 be 동사의 보어 역할을 할 때는 생략할 수 있다.

예문 1 There was a man (who) wanted to see you yesterday.
어제 당신을 만나기를 원했던 사람이 있었다.

예문 2 This is one of the best works (that) there are in English literature.
이것은 영문학에 있어서 가장 훌륭한 작품들 중의 하나이다.

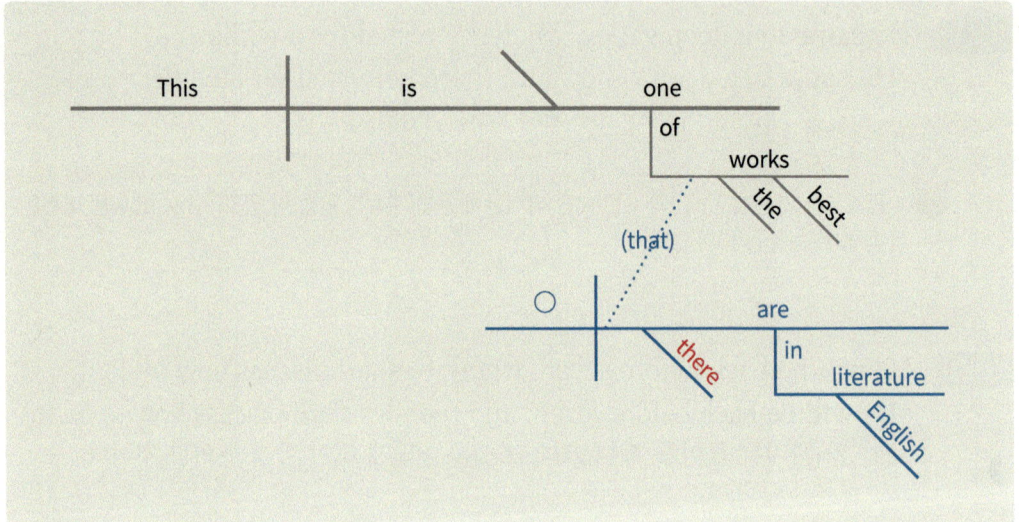

예문 3 That's a thing (which) might happen to any man.
그것은 누구에게나 일어날 수 있는 일이다.

예문 4 It wasn't the elegant building (which/that) it is today.
그것은 오늘날과 같은 우아한 건물이 아니었다.

예문 5 She is no longer the shy girl (which/that) she was a few years ago.
그녀는 이제 몇 년 전의 수줍어하던 소녀가 아니다.

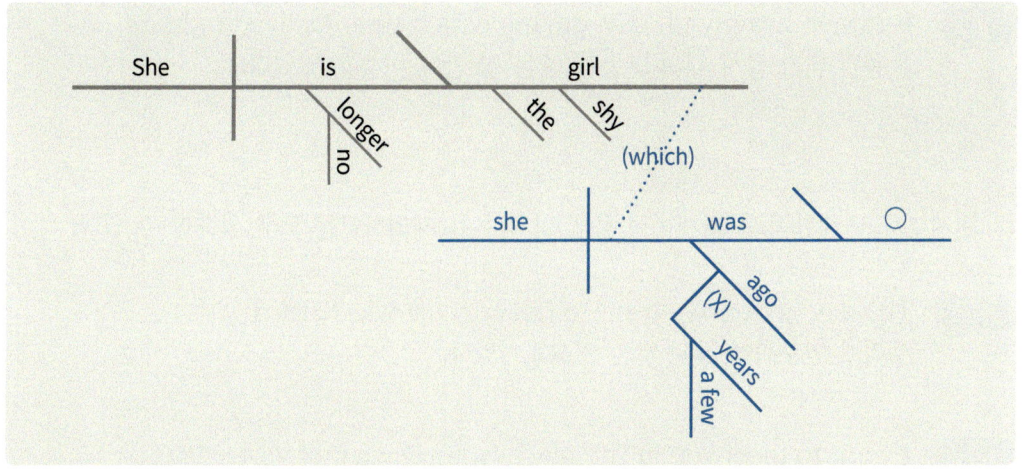

> 주
> - 선행사가 성격을 나타내므로 which를 쓰는데, 관계대명사가 형용사절 안에서 be 동사의 보어 역할을 할 때는 that을 쓰기도 하고 생략하기도 한다.
> - 형용사나 부사를 수식하는 부사용 대격은 전위 수식하므로 a few years가 ago 앞에 왔다.

② **목적격**: 관계대명사 목적격은 생략할 수 있다. 특히 일상 회화에서는 거의 생략된다. 그러나 전치사를 동반했을 때와 비제한적 용법(계속적 용법)일 때는 생략할 수 없다.

예문 1 Fall is the season (which) I like best.
가을은 내가 가장 좋아하는 계절이다.

예문 2 He is the man (whom) we thought a country farmer.
그는 우리가 한 시골 농부라고 생각했던 사람이다.

예문 3 They are not the people (whom) we are concerned about.
=They are not the people about whom we are concerned.
그들은 우리가 관심을 가지고 있는 사람들이 아니다.

(2) 관계형용사: 일체 생략할 수 없다.

예문 1 This test is for businessmen whose native language is not English.
이 시험은 모국어가 영어가 아닌 비즈니스맨을 위한 것이다.

예문 2 It rained heavily all day, during which time I stayed indoors.
온종일 비가 몹시 내려 그동안 나는 집 안에 머물러 있었다.

(3) 관계부사: 비제한적 용법(계속적 용법)인 경우를 제외하고는 모두 생략할 수 있다.

예문 1 The day (when) we went to the concert was Saturday.
우리가 연주회에 갔던 날은 토요일이었다.

예문 2 I want to meet you at the place (where) we met yesterday.
나는 우리가 어제 만났던 그곳에서 당신을 만나고 싶다.

> 주 관계부사 where는 선행사가 somewhere, anywhere, everywhere, nowhere, the place 일 때는 대체로 생략하나, 그 이외의 경우는 대체로 생략하지 않는다.

예문 3 He wants to know the reason (why) she got angry.
그는 그녀가 화낸 이유를 알고 싶어 한다.

예문 4 It has greatly changed the ways (how) people live.
그것은 사람들이 생활하는 방식을 몹시 변화시켰다.

우리가 아는 자연은 매개된 언어이다. 그 매개체가 아름답지 못할 때 자연 또한 아름답지 않다.
정교하지 못할 때 역시 자연까지도 정교하지 않다. 그러므로 현상론의 본질은
이성·오성 운운하고는 있으나 실제로는 재검토의 필요성이 절실하게 요구되고 있지는 않을는지…….

3. 부사절(Adverb Clause)

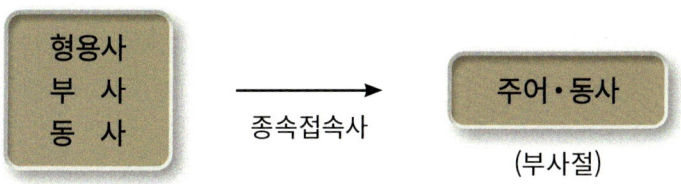

부사절은 형용사·부사 및 동사를 수식하는 절인데 모음 어미로 번역한다.(부사적 의미를 지니고 있으면서 어미가 모음이 아닌 경우도 있다.) 접속사의 의미에 따라 시간절, 장소절, 이유/원인절, 조건절, 양보절, 목적절, 결과절, 비교절, 특수한 부사절로 나뉜다. 이 9종류의 부사절 가운데 시간절, 장소절, 이유/원인절, 조건절, 양보절, 목적절은 동사만 수식하는 부사절이며, 결과절, 비교절, 특수한 부사절은 형용사나 부사를 수식하는 부사절이다.

부사절의 도해는 다음과 같이 주절의 동사나 형용사나 부사 밑에서부터 부사절의 동사 위에까지 비스듬히 점선으로 연결하여 그린다.

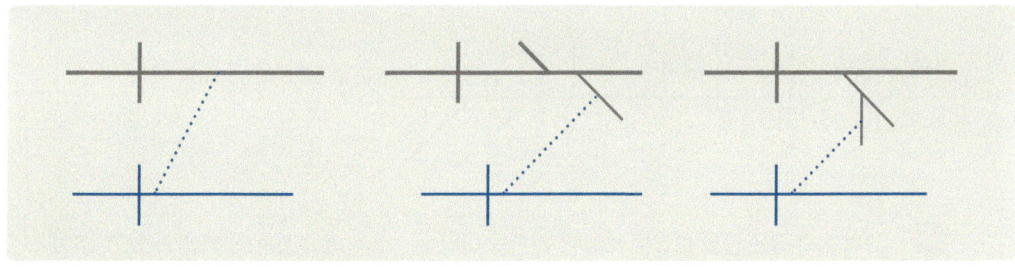

> **동사를 수식하는 부사절**
>
> 동사를 수식하는 부사절(시간절, 장소절, 이유/원인절, 조건절, 양보절, 목적절)은 위치는 구애 없으나 주절보다 먼저 나올 때는 종절 끝에 콤마를 동반하며, 문중에 올 때는 양편에 콤마를 동반한다.
> 우리말은 접속사가 종절 끝에 온다.

1) 시간절

시간절은 접속사의 의미가 시간의 의미를 나타내는 것으로 시간절 접속사로는 when, whenever, while, after, before, till, until, as, since, as soon as, hardly~when/before, no sooner~than 등이 있다.

(1) when(~때에)

예문 1　When she saw the little bear, she knew (that) he would not hurt her.
그녀가 그 작은 곰을 보았을 때에 그녀는 그가 자기를 해치지 않을 것이라는 것을 알았다.

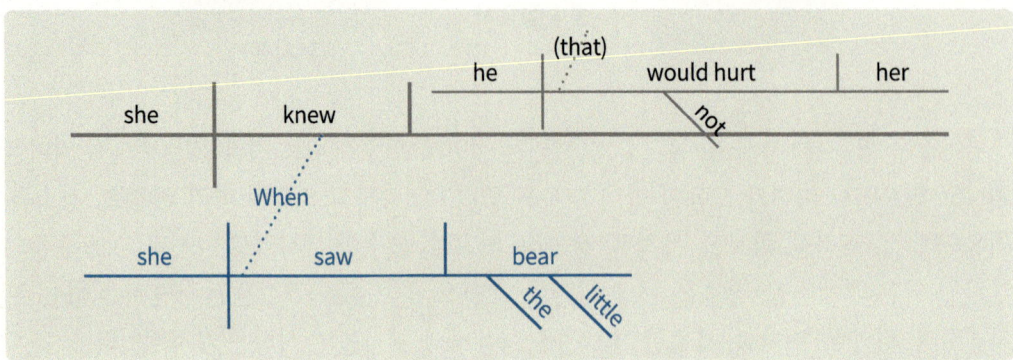

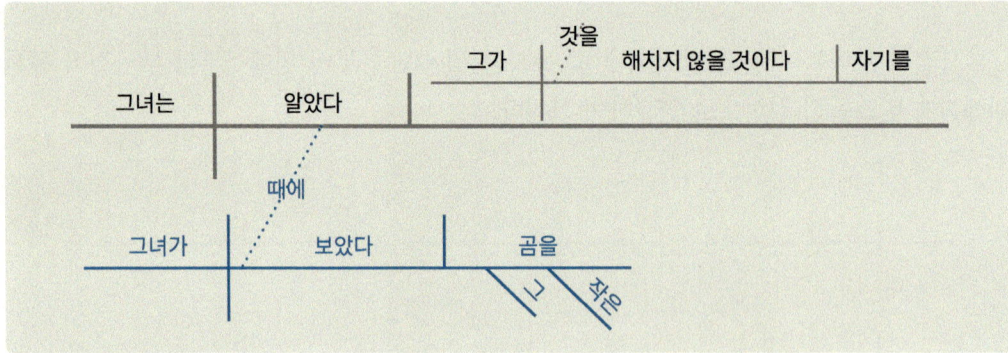

주　'그녀가 그 작은 곰을 보았을 때에'가 시간을 나타내는 모음 어미 접속사 '때에'가 있고, 주어 '그녀가'가 있으므로 부사절 시간절이다.

예문 2　When he is in his house, he usually reads the book.
그가 집에 있을 때는 그는 대개 책을 읽는다.

주　usually가 빈도부사이므로 reads앞에 왔다.

예문 3　When we have had lunch, we'll go for a walk.
우리는 점심을 먹은 후에 산책하러 갈 것이다.

주　부사절의 시간절 접속사 when은 when(때에)의 의미 이외에 while, after, as soon as, if, though/although, and 등의 의미를 나타내기도 한다. 여기에서 when은 after의 의미이다.

예문 4 When she was young, she was interested in music.
그녀는 젊은 시절에 음악에 관심이 있었다.

> 주 여기에서 when은 while의 의미이다.

예문 5 His anger melted away when he saw her face.
그가 그녀의 얼굴을 보자마자 그의 분노는 사그라져 버렸다.

> 주 여기에서 when은 as soon as의 의미이다.

예문 6 She will be delighted when she hears this.
그녀가 이것을 들으면 (그녀는) 기뻐할 것이다.

> 주 여기에서 when은 if의 의미이다. 부사절의 시간절이나 조건절에서는 현재 시제가 미래 시제를 대신한다. 따라서 when절이 미래 시제이지만 will hear로 쓰지 않고 현재 시제 hears로 쓴다.

예문 7 How can you expect your children to be truthful when you yourself tell lies?
당신은 당신 자신이 거짓말을 하면서 어떻게 당신의 자녀들이 진실해지기를 기대할 수 있습니까?

> 주 여기에서 when은 though/although의 의미이다.

예문 8 I was crossing the bridge, when I saw the sun going down.
나는 다리를 건너고 있었는데 그때 해가 지고 있는 것을 보았다.

> 주 when절이 주절 다음에 오고 콤마를 동반할 때는 앞에서부터 중문(and)처럼 번역한다. 따라서 주절을 먼저, 종절을 나중에 번역한다.

(2) whenever(~때마다)

예문 1 Whenever he went there, he visited his friend.
그가 거기에 갈 때마다 그는 자기 친구를 찾아갔다.

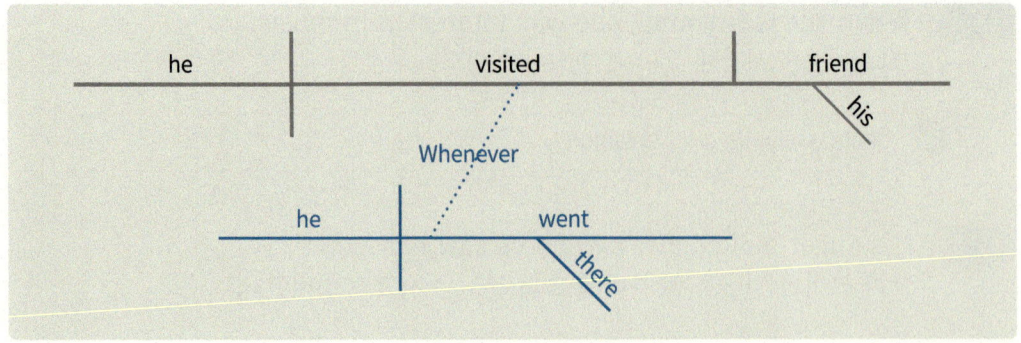

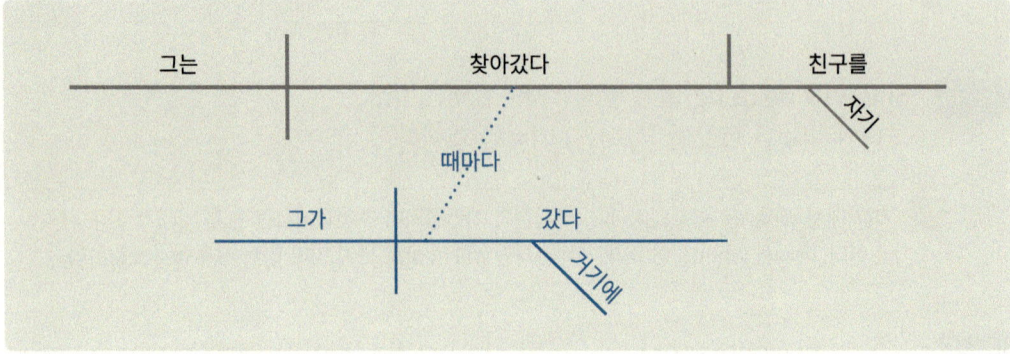

예문 2 Whenever I see this picture, I think of your father.
내가 이 사진을 볼 때마다 나는 너의 아버지가 생각난다.

(3) while(〜동안에, 〜과 동시에)

예문 1 While she was young, she was very pretty.
그녀는 젊은 시절에 매우 아름다웠다.

예문 2 While he was thinking about it, they disappeared up the road.
그가 그것에 대해 고심하고 있는 동안에 그들이 길 저쪽으로 사라졌다.

예문 3 While he is a noted physicist, he is also an outstanding mathematician.
그는 유명한 물리학자임과 동시에 또한 뛰어난 수학자이기도 하다.

예문 4 While I sympathize with your point of view, I cannot accept it.
내가 당신의 견해에 동의하지만 나는 그것을 받아들일 수 없다.

> 주 while절이 양보나 대조의 의미를 나타내기도 한다.

예문 5 Young people think of the future while old ones think of the past.
노인들은 과거에 대해 생각하는 반면에 젊은이들은 미래에 대해 생각한다.

(4) after(~후에)

예문 1 After he had done the work, he returned home.
그는 그 일을 끝낸 후에 집으로 돌아갔다.

> 주 after절은 일반적으로 완료 시제가 온다.

예문 2 We got to the hall after the concert (had) started.
음악회가 시작된 후에 우리는 연주회장에 도착했다.

(5) before(~전에)

예문 1 Before he read the book, he was somewhat foolish.
그가 그 책을 읽기 전에는 다소 어리석었다.

예문 2 We shall get to the seashore before the sun rises.
해가 솟아오르기 전에 우리는 해안에 도착하게 될 것이다.

예문 3 It will be long before she forgets the sad thing.
시간이 오래 지난 뒤에야 그녀는 그 슬픈 일을 잊을 것이다.

> 주 before절이 주절 다음에 올 때는 보통 중문번역 한다. 주절이 긍정이면 after로 번역하고, 부정이면 before로 번역한다.

예문 4 We had not run half an hour before the fog began to clear up.
우리가 반 시간도 채 달리기 전에 안개가 걷히기 시작했다.

6. 절(Clause) **227**

(6) till, until(~때까지)

예문 1 Until he arrives here, we can't make any decision.
그가 여기에 도착할 때까지 우리는 어떤 결정도 할 수 없다.

> **주** until이나 till은 같은 의미인데 until이 다소 격식적인 표현이다. 일상 회화에서는 till이 더 많이 쓰이며, 주절 앞에 올 때는 보통 until을 쓴다.

예문 2 He refused to go till he had seen all the pictures.
그는 모든 그림들을 다 볼 때까지 가기를 거부했다.

예문 3 It got darker and darker, till we could see nothing.
날이 점점 더 어두워져서 마침내 우리는 아무것도 볼 수 없었다.

> **주** till/until절이 주절 다음에 와서 콤마를 동반하여 계속적 용법을 의미할 때는 till/until을 at last(마침내, 드디어)로 번역한다.

예문 4 We do not know how blessed it is to be healthy until we lose it.
우리는 건강을 잃고 나서야 비로소 건강한 것이 얼마나 축복받은 것인지를 깨닫는다.

> **주** till/until절이 주절 다음에 올 때 주절이 부정이면 till/until을 보통 at first(그때에야 비로소)라고 번역하고, 주절의 부정어는 번역하지 않는다.

(7) since (~이래로)

예문 1 Since I came to this town, I had met many Indians.
내가 이 마을에 온 이래로 나는 많은 인디언을 만났다.

> **주** since절이 시간절로 쓰일 때는 주절의 시제는 완료 시제가 온다.

예문 2 I have never heard from him since I left Paris.
내가 파리를 떠난 이래로 나는 그에게서 소식을 듣지 못했다.

예문 3 It is three years since he left the country.
그가 고국을 떠난 지 3년이 된다.

> **주** since절이 시간절로 쓰일 때는 주절의 시제는 완료 시제라야 하는데, 어떤 특정한 사건으로부터 현재까지 경과한 시간을 말할 경우에는 주절은 it is/was…, this is/was…가 되며, 종절의 시제는 과거 시제를 쓴다.

예문 4 It was very long time since I saw you last.
내가 마지막으로 너를 본 이래로 아주 오랜 시간이 흘렀다.

예문 5 This is the greatest event since the world began.
이것은 천지개벽 이래 대사건이다.

(8) as(~때에)

예문 1 As I sat there, I thought of many things.
내가 거기에 앉아 있을 때에 나는 많은 것들을 생각했다.

> **주** 시간절 접속사 as는 첫 번 행위가 완전히 이루어지기 전에 다음 행위가 일어나는 경우, 어떤 행위나 사실이 동시에 병행되는 경우 그리고 시간의 추이를 나타내는 경우에 쓰인다.

예문 2 As the sun rose, the fog dispersed.
해가 떠오르자 안개가 걷혔다.

예문 3 As he grew older, his temper improved.
그는 나이가 더 들어감에 따라 성미가 좋아졌다.

(9) as soon as(~하자마자)

예문 1 As soon as Apollo saw Daphne, he loved her very much.
아폴로는 다프네를 보자마자 (그는) 아주 몹시 그녀를 사랑했다.

예문 2 As soon as the holidays begin, this beach will become very crowded.
휴가가 시작되자마자 이 해변은 몹시 붐비게 될 것이다.

예문 3 As soon as they came into the house, the four bears jumped on them.
그들이 집안으로 들어오자마자 네 마리의 곰들은 그들에게 뛰어들었다.

(10) hardly~when/before, no sooner~than(~하자마자)

hardly~when/before, no sooner~than은 주절 앞에만 오며 as soon as와 같은 의미이지만, as soon as와는 달리 종절의 시제가 주절의 시제보다 앞선 시제이다. 이때 hardly~when/before, no sooner~than절은 완료 시제를 쓴다. 과거의 일을 나타내는 경우에 많이 쓰이지만 현재의 일을 나타내는 경우에도 쓰인다.

hardly나 no sooner가 문 앞에 나올 때는 조동사 have(had)가 전치된다. 또 hardly ~when/before에서 hardly 대신에 scarcely가 올 수 있지만 hardly가 오는 것이 더 일반적이다.

예문 1 He had hardly arrived when he had to leave again.
=Hardly had he arrived when he had to leave again.
그는 도착하자마자 다시 떠나야만 했다.

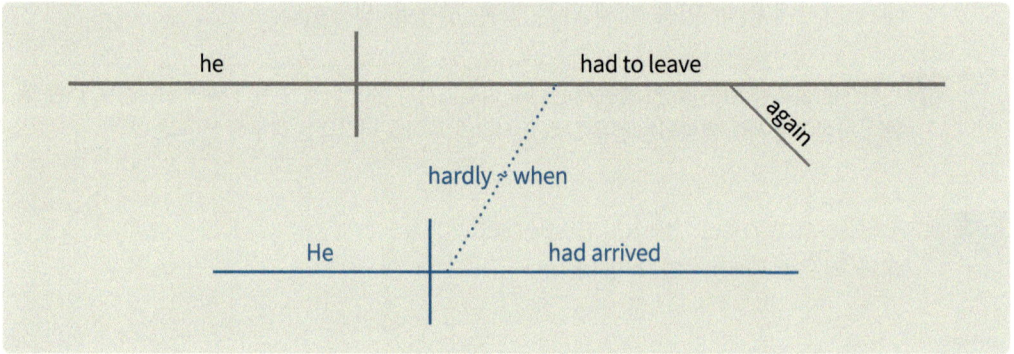

예문 2 I had hardly finished my sentence before he bursted out laughing.
=Hardly had I finished my sentence before he bursted out laughing.
내가 말을 끝마치자마자 그는 웃음을 터뜨렸다.

예문 3 She had scarcely escaped before she was caught again.
=Scarcely had she escaped before she was caught again.
그녀는 도망치자마자 다시 붙잡혔다.

예문 4 She had no sooner entered the wood than she met a wolf.
=No sooner had she entered the wood than she met a wolf.
그녀가 숲에 들어서자마자 그녀는 늑대를 만났다.

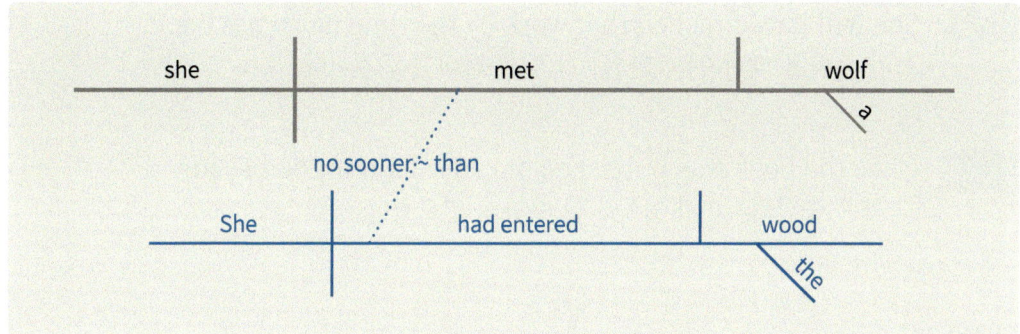

(11) 기타: the moment, the minute, the instant, immediately, directly, every time, any time, (the) next time, by the time, once, ere(=before) 등

예문 1 The moment Kate saw her sister, she burst into tears.
케이트는 자기 언니를 보자마자 울음을 터뜨렸다.

예문 2 I recognized her the instant I saw her.
나는 그녀를 보자마자 그녀를 알아보았다.

예문 3 Sam perked up the minute Mary entered the room.
메리가 방으로 들어오자마자 샘은 생기가 돌았다.

예문 4 Immediately the train stops, we'll jump out.
기차가 멈추자마자 우리는 밖으로 뛰어내릴 것이다.

예문 5 He phoned me directly he arrived in London.
그는 런던에 도착하자마자 내게 전화를 했다.

예문 6 The crocodile sheds tears every time it opens its mouth.
악어는 입을 벌릴 때마다 눈물을 흘린다.

예문 7 The whales obviously identify and remember one another the next time they meet.
고래들은 다음에 만날 때 분명히 서로를 알아보고 기억한다.

예문 8 We can leave anytime you are ready.
당신이 준비되면 언제든지 우리는 떠날 수 있다.

예문 9 She will have finished that work by the time he comes back.
그가 돌아올 때까지는 그녀는 그 일을 끝마쳤을 것이다.

예문 10 Once the book was published, it caused a remarkable stir.
그 책은 출판되자마자 놀랄만한 반향을 일으켰다.

2) 장소절

장소절은 접속사의 의미가 장소, 방향 등을 나타내는 것으로 장소절 접속사로는 where, wherever 등이 있다.

(1) where(~곳에, ~곳으로)

예문 1 We must camp where we can get water.
우리가 물을 얻을 수 있는 곳에 우리는 야영해야 한다.

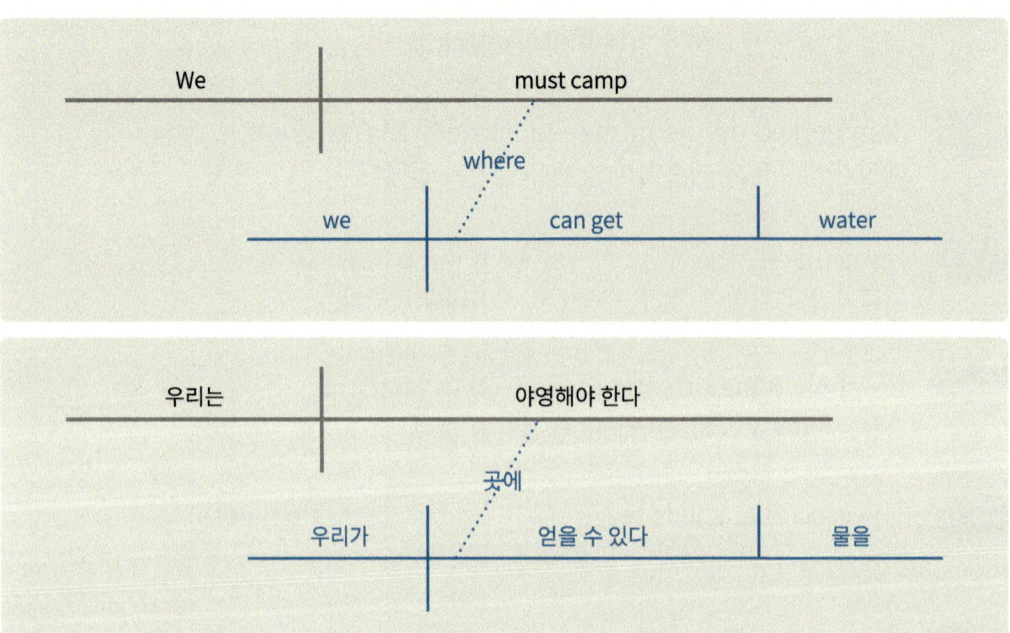

예문 2 Where the fire had been, we saw nothing but blackened ruins.
화재가 났던 곳에서 우리는 검게 그을린 폐허 이외에 아무것도 보지 못했다.

(2) wherever(~곳마다)

| 예문 1 | Put it wherever you can watch.
네가 볼 수 있는 곳마다 그것을 놓아라.

| 예문 2 | Wherever you think it is necessary, make a mark.
그것이 필요하다고 생각하는 곳마다 표시를 하시오.

3) 이유/원인절

이유나 원인절은 접속사의 의미가 이유나 원인 등을 나타내는 것으로 이유나 원인절을 유도하는 가장 일반적인 접속사로는 because, as, since이며 그 외에 seeing that, now (that), that, whereas 등이 있다.

because는 이유나 원인에 더 강조를 두며, 대부분 독자나 청자에게 알려지지 않은 새로운 정보를 소개하거나 어떠한 것을 어떻게 알았는지 말할 때 쓰인다. 그리고 이유나 원인이 그 문장의 가장 중요한 부분일 때는 대개 because절이 끝에 온다. 또한 because절은 홀로 올 수도 있다.(Why are you laughing?—Because you look so funny.)

as, since는 이유나 원인이 독자나 청자에게 이미 알려져 있을 때나 그것이 그 문장의 가장 중요한 부분이 아닐 때 쓰인다. as, since절은 대개 주절 앞에 온다. 그리고 as, since절은 홀로 올 수 없다.

'~사실에 비추어'라는 의미가 내포되어 있는 이유나 원인일 때는 as, since, seeing that을 쓴다.

(1) because(~때문에, ~이므로, ~라고 해서)

| 예문 1 | He was happy because he helped the old man.
그는 그 노인을 도와드렸기 때문에 (그는) 기뻤다.

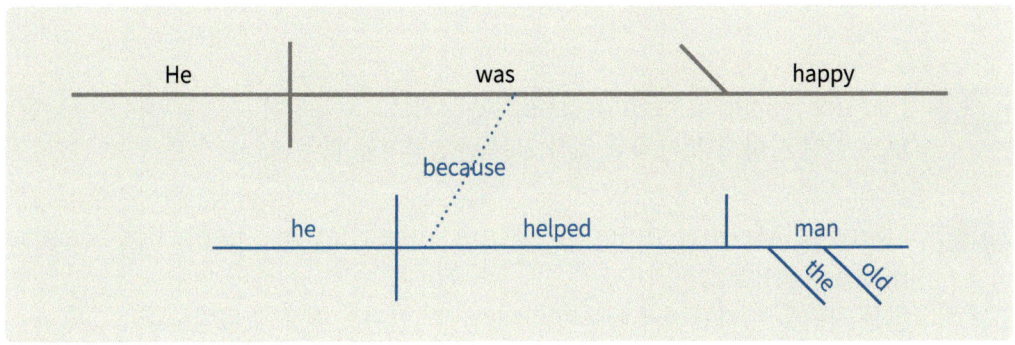

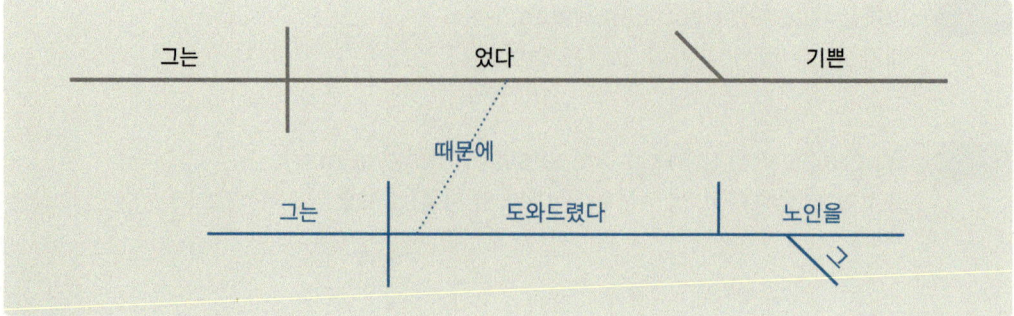

예문 2 Because he was very selfish, he did not want to share it with anybody.
그는 너무나 이기적이었기 때문에 누구와도 그것을 나누어 가지려 하지 않았다.

예문 3 Because he is faithful, he can do the work well.
그는 성실하기 때문에 그 일을 잘할 수 있다.

예문 4 I could not go to the concert, because I had to take care of the baby.
나는 음악회에 갈 수가 없었다. 아기를 돌봐야 했기 때문이다.

예문 5 You should not despise a man because he is poor.
어떤 사람이 가난하다고 해서 그를 멸시해서는 안 된다.

> **주** 주절이 **부정**일 때 because절이 주절 다음에 와서, '…라고 해서(때문에) …한 것은 아니다'라는 의미를 나타내는 경우가 있다.
>
> • I do **not** hate him because he is lazy.
>   그가 게으르기 때문에 내가 그를 싫어하는 것은 아니다.
>
> • I do **not** like him, because he is lazy.
>   그가 게으르기 때문에 나는 그를 좋아하지 않는다.
>
> 이 두 문장에서 보듯이 not…because일 때 의미가 서로 다른 것을 알 수 있다. 이러한 의미 차이를 분명히 하기 위해서 두 번째 문장의 의미일 때는 because 앞에 콤마를 찍기도 하지만, 콤마 없이 오기도 하므로 문맥을 파악하여 번역해야 된다.

예문 6 I do not respect a man because he is rich.
나는 어떤 사람이 부자라고 해서 그를 존경하지는 않는다.

예문 7 Many people are unhappy not because they are poor, but because they are selfish.
많은 사람들이 가난하기 때문이 아니라 이기적이기 때문에 불행하다.

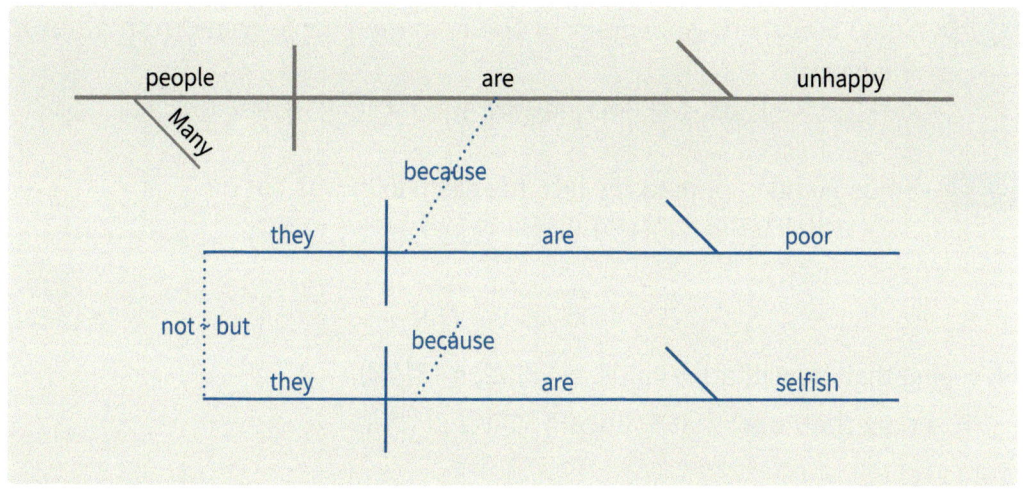

> 주 대등접속사 not~but이 because절과 because절을 연결하고 있다.

(2) as(~때문에, ~이므로, ~이니까)

예문 1 As we were tired, we sat down beside the stream.
우리는 피곤하였기 때문에 시냇가에 앉아 있었다.

예문 2 As he is a married man, he has to think of his family.
그는 결혼한 사람이기 때문에 그의 가족을 생각해야 한다.

예문 3 As it's raining again, we'll have to stay at home.
비가 다시 내리고 있기 때문에 우리는 집에 머물러 있어야만 할 것이다.

(3) since(~때문에, ~이므로, ~이니까)

예문 1 Since you insist on it, I will consider the matter.
당신이 그것을 주장하니까 나는 그 일을 고려해 보겠다.

> 주 since절이 시간절이 아니고, 이유절인 것은 주절의 시제가 완료 시제가 아니기 때문이다. 이 이유절 접속사 since는 why로 시작되는 의문문에 대한 대답에는 쓰지 않으며, because와 달리 partly, mainly, simply, only, just 등과 함께 쓸 수 없다.

예문 2 Since Singapore is a center of trade, many people come from all over the world.
싱가포르는 상업의 중심지이기 때문에 많은 사람들이 전 세계에서 온다.

예문 3 Since he had not paid his bill, his electricity was cut off.
그는 고지서 요금을 지불하지 않았기 때문에 전기가 끊겼다.

(4) seeing that, now (that)(~이니까, ~이므로, ~때문에)
　※ seeing that, now that은 since의 의미에 가깝다.

예문 1 Seeing that Tom knows French, he'd better do the talking.
탐이 프랑스어를 알고 있으니까 그가 담화를 하는 것이 좋겠다.

예문 2 He has no right to vote, seeing that he is a minor.
그는 미성년자이므로 투표권이 없다.

예문 3 Now that he has gone, she will miss him very much.
그가 이제 떠나 버렸으므로 그녀는 그를 아주 몹시 그리워할 것이다.

예문 4 Now Andrew is married, he has become much more responsible.
앤드류는 이제 결혼하였으므로 그는 더욱더 책임감 있게 되었다.

> 주 비격식적인 구문에서 that이 종종 생략되고 now만 오기도 한다.

(5) that(=because)

예문 1 They respected him the more that he was their rector.
그가 그들 교구의 목사였기 때문에 그들이 더 그를 존경하였다.

예문 2 I rejoiced that he had got better.
그가 더 나아졌기 때문에 나는 기뻤다.

예문 3 What a fool I was that I should trust such a cheat!
그러한 사기꾼을 믿다니 내가 참 바보였구나!

4) 조건절

조건절은 한 사실이 다른 사실에 의존하고 있음을 기술하는 것으로 접속사의 의미는 조건이나 경우 등을 나타낸다. 조건절을 유도하는 가장 일반적인 접속사는 if, unless이며, 그 외에 once, in case (that), suppose (that), supposing (that), providing (that), provided (that), assume (that), assuming (that), as/so long as, on (the) condition (that), but (that) 등이 있다.

(1) if(만일 ~하면, ~일 경우)

예문 1 If you walk an hour, you will get to the village.
만일 네가 한 시간만 걸어가면 너는 그 마을에 이르게 될 것이다.

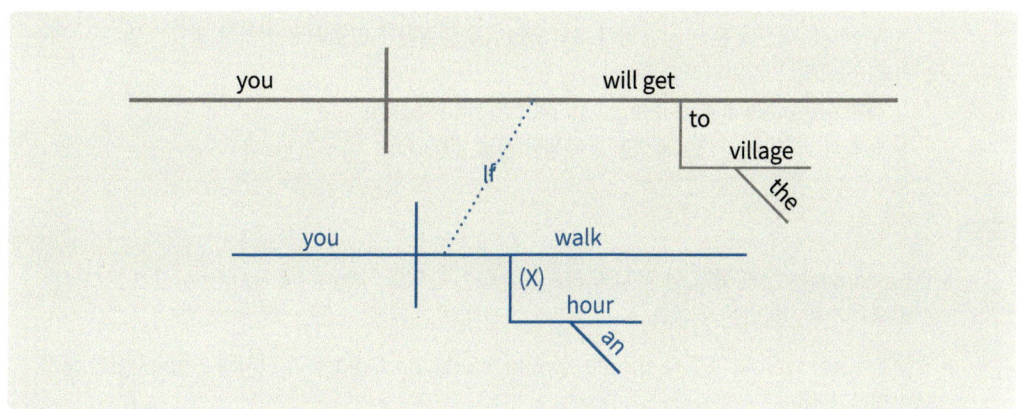

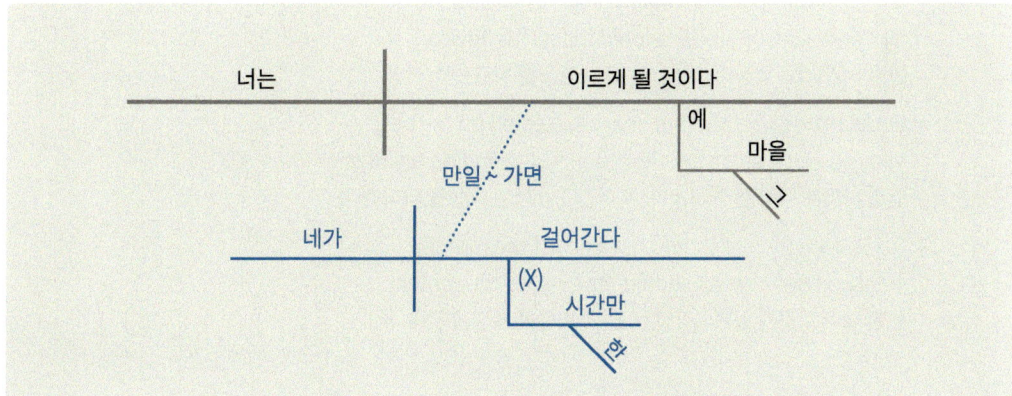

예문 2 If you treat her kindly, she'll do anything for you.
만일 네가 친절하게 그녀를 대우하면 그녀는 너를 위해 무엇이든 할 것이다.

예문 3 We cannot think, talk or move if the brain doesn't work properly.
두뇌가 제대로 작동되지 않으면 우리는 생각할 수도, 말할 수도, 움직일 수도 없다.

예문 4 If she can't come to us, then we'll have to go and see her.
만일 그녀가 우리에게 올 수 없다면 그러면 우리가 그녀를 보러 가야 할 것이다.

> **주** 한 상황이 다른 상황에 좌우되는 것을 강조하기 위해 때로는 주절 앞에 then이 오기도 한다.

예문 5 If and when I had a job, I would do it so well.
만일 내가 일자리를 갖게 될 경우에는 나는 그 일을 아주 잘 해 보겠다.

> **주** if and when은 조건절의 내용이 필연적이라고 장담할 수는 없으나 실현될 것이라는 **강한 가능성**을 전하는 정형화된 표현이다. when and if로 순서를 바꾸어서도 사용되는데 강조하기 위해 only when 대신에 흔히 사용된다. if와 when을 엄밀하게 따로따로 번역할 필요는 없고 '…하는 경우(…때에만)'로 번역하면 된다.
> • The dispute will end if and when both sides agree.
>   양측이 의견이 일치할 때에만 그 논쟁은 끝날 것이다.

▶ if he comes는 그가 올지 안 올지 우리가 모른다는 뜻이고, when he comes는 그가 오리라는 것을 우리가 확신한다는 뜻이다.

▶ if절에서 동사 were나 조동사 should, would, could, had, did 등이 전치되고 접속사 if가 생략되는 경우가 있다.
• Were I in your place, I would follow his advice.
  =If I were in your place, I would follow his advice.
  만일 내가 너의 입장이라면 나는 그의 충고를 따르겠다.

• Should I be given another chance, I would do my best.
  =If I should be given another chance, I would do my best.
  만일 나에게 다시 한 번 기회가 주어진다면 나는 최선을 다하겠다.

• Had I been there, I should have heard the rumor.
  =If I had been there, I should have heard the rumor.
  만일 내가 그곳에 있었더라면 나는 그 소문을 들었을 것이다.

(2) unless(만일 ~하지 않으면)

예문 1 Unless we solve these problems, the future of the world will be dark.
만일 우리가 이런 문제들을 해결하지 않으면 세계의 미래는 어두워질 것이다.

예문 2 Unless you are more careful, you will have an accident.
만일 네가 더욱더 조심하지 않으면 너는 재난을 당할 것이다.

(3) once(일단 ~하면)

예문 1 Once we step out of our country, we are in need of a foreign language.
일단 우리가 우리나라 밖으로 나서면 우리는 외국어를 필요로 한다.

예문 2 Once you hear the story, you will never be able to forget it.
일단 네가 그 이야기를 들으면 너는 그것을 결코 잊을 수 없을 것이다.

(4) in case (that)(만일 ~경우에, 만일 ~하면)
※ 문어체보다 구어체에서 많이 사용된다.

예문 1 In case (that) I should fail, I would try again.
내가 실패할 경우에 나는 다시 해 보겠다.

예문 2 In case there is an accident, report it to me at once.
만일 사고가 나거든 곧 나에게 알려라.

예문 3 In case you see a stranger around here, report it to the police.
만일 이 근처에서 낯선 사람을 보면 경찰에 신고하세요.

(5) suppose (that), supposing (that): if 대신에 사용되어 가정을 나타낸다.

예문 1 Suppose (that) you were in my shoes, what would you do?
만일 네가 내 처지라면 너는 어떻게 하겠느냐?

예문 2 Supposing (that) I were a bird, would you shoot me?
만일 내가 새라면 너는 나를 쏘겠느냐?

(6) provided (that), providing (that): if and only if

예문 1 You can camp here provided you leave no mess.
만일 당신들이 쓰레기 더미를 남겨 두지 않는다면 (당신들은) 여기에서 야영을 해도 좋습니다.

> 주 provided (that), providing (that)은 제한이나 제약의 강한 의미가 있을 때 if를 대신할 수 있는데 허가의 구문과 함께 사용된다.

예문 2 Provided that no objection is raised, we shall hold the meeting here.
어떤 반대도 제기하지 않는다면 여기에서 집회를 개최하겠습니다.

예문 3 Providing (that) my father gives permission, I will do it.
내 아버님께서 허락을 하시면 나는 그것을 하겠다.

(7) assume (that), assuming (that)(가령 ~이라면, ~라고 가정하고)

예문 1 Assuming (that) he's still alive, how old would he be now?
가령 그가 아직 살아 있다면 지금 몇 살이나 되었을까?

예문 2 Assuming you wanted to go to Hawaii for pleasure, would you buy this package?
여러분이 하와이에 놀러 가고 싶다면 이 패키지여행을 구매하시겠습니까?

예문 3 Assume that you were an elephant, what would you do?
가령 네가 코끼리라면 너는 어떻게 하겠느냐?

(8) as/so long as(~한, ~하면)

예문 1 Animals are happy so long as they have health and enough to eat.
동물들은 건강하고 먹을 것만 충분히 있으면 행복하다.

예문 2 As long as you keep quiet, you may stay here.
네가 조용히 하는 한 너는 여기 있어도 좋다.

(9) on (the) condition (that)(~이라는 조건으로, 만일 ~이라면)

예문 1 You can go swimming on condition that you don't go too far from the riverbank.
강둑에서 너무 멀리만 가지 않는다면 수영하러 가도 좋다.

예문 2 He made the list available on condition that neither he nor his country be identified.
자기도 자기 조국도 확인하지 않는다는 조건으로 그는 그 목록을 이용할 수 있게 했다.

(10) but (that)(~하지 않으면)

예문 1 I should have started but that the weather was so bad.
=I should have started if the weather had not been so bad.
날씨가 아주 나쁘지 않았으면 나는 출발했을 것이다.

예문 2 I wouldn't believe it but that I saw it myself.
=I wouldn't believe it if I did not see it myself.
내가 손수 그것을 보지 않는다면 나는 그것을 믿지 않을 것이다.

예문 3 It never rains but it pours. (=It never rains without pouring.)
비가 오기만 하면 억수같이 퍼붓는다.(억수같이 퍼붓지 않고는 비가 오지 않는다.)

5) 양보절

양보절은 두 사실 간의 대립 관계를 기술하는 것으로 접속사의 의미가 양보를 나타내는 것이다. 양보절을 유도하는 가장 일반적인 접속사는 though, although이며, 그 외에 as, (even) if, even though, whether, no matter wh~(wh~ever), granting (that), granted (that) 등이 있다.

though와 although는 의미 차이는 없으나 though가 훨씬 일상적인 말이며 although는 다소 문어적·격식적인 말이다.

(1) though, although(~일지라도/할지라도, ~이지만/하지만)

예문 1   Though they were tired, they sat up by the Prince's bed.
그들은 피곤하였지만 (그들은) 왕자의 침대 곁에 똑바로 앉아 있었다.

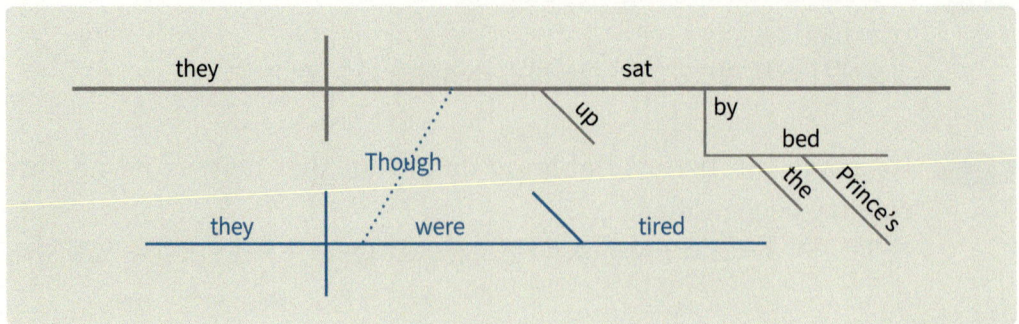

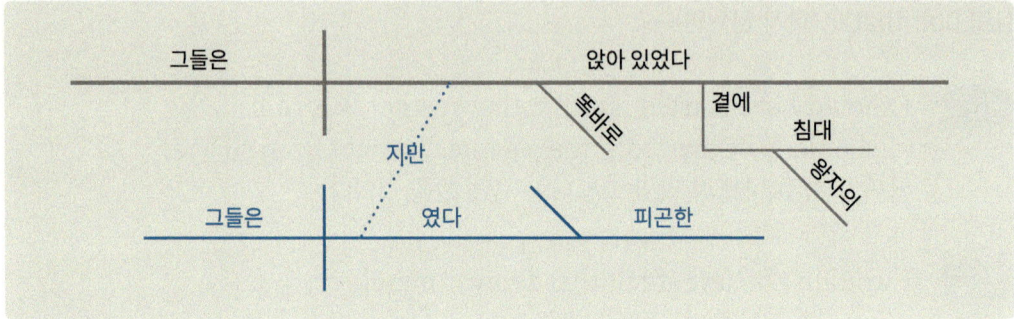

예문 2   Though I did my best, I could not solve the problem.
나는 최선을 다했지만 (나는) 그 문제를 해결할 수 없었다.

예문 3   Millionaire though he was, he never let an opportunity slip.
=Though he was a millionaire, he never let an opportunity slip.
그는 백만장자였지만 돈 버는 기회는 결코 놓치지 않았다.

> 주 강조 용법으로 though 앞에 보어・부사 등이 도치될 수 있는데, 명사가 도치될 때는 관사는 생략된다. 이와 같이 어순이 도치되는 경우에는 although는 쓰이지 않는다.

예문 4   Although you can swim very well, you must not swim in this dangerous river.
네가 수영을 아무리 잘할 수 있다 할지라도 너는 이런 위험한 강에서 수영해서는 안 된다.

예문 5   Although ants are tiny insects, they live in well-organized communities.
개미들은 작은 곤충이지만 그것들은 잘 조직화된 공동체에서 생활한다.

though/although가 문어에서 though/although…yet/but의 형태로 쓰이기도 한다.

- **Though the problem is very difficult**, yet there must be some way to solve it.
  문제가 매우 어렵지만 그래도 그것을 해결할 어떤 방법이 있음에 틀림없다.

- **Although it may sound strange**, yet it is quite true.
  이상하게 들릴지 모르지만 그래도 그것은 전적으로 사실이다.

- **Though he has denied the deed**, but no one will believe his word.
  그는 그 행위를 부인하고 있지만 아무도 그의 말을 믿지 않을 것이다.

(2) as(～일지라도/할지라도, ～이지만/하지만)

as가 양보절 접속사로 쓰일 때는 as 앞에 반드시 명사(관사 없음)나 대명사나 형용사나 부사나 동사가 와야 한다.

> 명사(관사 없음)/대명사/형용사/부사/동사 as 주어·동사

예문 1 Young girl as she is, Jane can play the piano very well.
=Though she is a young girl, Jane can play the piano very well.
비록 제인이 어린 소녀이지만 그녀는 피아노를 아주 잘 칠 수 있다.

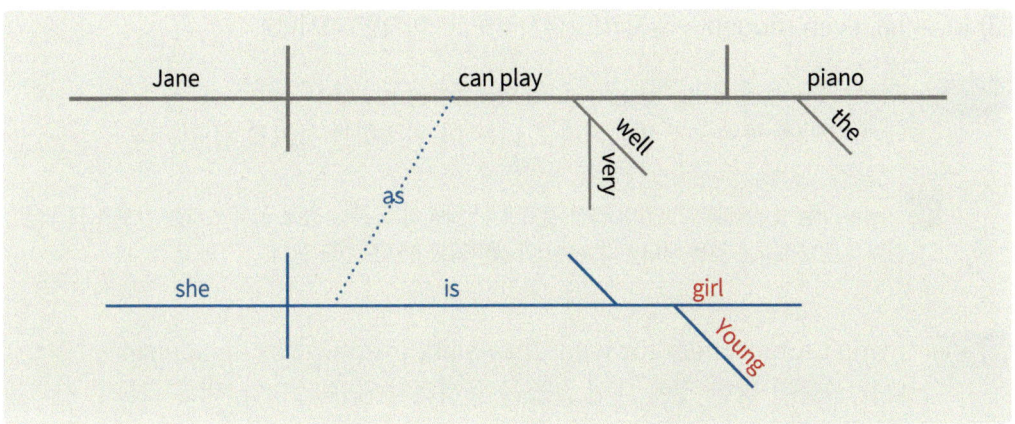

> • 양보절 접속사 as 앞에 온 Young girl이 보어인데 관사가 생략된다.
> • 종속절이 주절 앞에 와도 주절의 주어는 명사를 쓰고, 종속절의 주어는 대명사를 쓰는 것이 보통이다.

예문 2 Rich as she was, she lived very simply.
=Though she was rich, she lived very simply.
그녀는 부자였지만 아주 검소하게 살았다.

> 주 형용사 Rich가 보어인데 양보절 접속사 as 앞에 나왔다.

예문 3 Sneer unkindly as you may, John is very popular.
=Though you may sneer unkindly, John is very popular.
네가 심술궂게 비웃지만 존은 매우 인기 있다.

> 주 동사가 접속사 as 앞으로 나올 때는 동사에 딸린 것(즉 목적어, 보어, 부사, 부사구 등)을 다 동반한다. 동사가 앞으로 나올 때는 may처럼 조동사가 있을 때만 가능하다.

> "명사(관사 없음)/대명사/형용사/부사/동사 as 주어·동사" 구문에서 as가 가끔 양보절 접속사가 아니라 이유절 접속사(because)로 쓰이기도 한다.
> - Tired as she was, I decided not to disturb her.
>   그녀가 피곤하였기 때문에 나는 그녀를 방해하지 않기로 했다.
> - Hidden as it was by big trees, the tomb was difficult to find.
>   그 무덤은 큰 나무에 가려져 있어서 찾기가 어려웠다.

(3) (even) if, even though(~일지라도/할지라도, ~이지만/하지만)

예문 1 Even if you dislike music, you would enjoy this concert.
네가 음악을 좋아하지 않을지라도 너는 이 연주회를 즐기게 될 것이다.

> 주 even if는 조건절과 양보절이 겹친 것으로 한 사정이 다른 사정에 달려 있다는 사실과 그 의존 관계가 뜻밖이라는 것을 나타낸다. even이 생략되고 if만 오기도 한다.

예문 2 I won't forget them for what they said, even if they apologize.
나는 그들이 말한 것에 대해 그들을 용서하지 않을 것이다. 비록 그들이 사과한다 할지라도.

예문 3 I'll finish this job if it takes all night.
이 일이 밤새도록 시간이 걸린다 해도 나는 이 일을 끝마칠 것이다.

예문 4 Even though I didn't know anybody at the party, I had a nice time.
비록 나는 그 파티에서 아는 사람이 아무도 없었지만 즐거웠다.

> 주 even though는 even if보다 뜻이 더 강하다. even though는 있지만 even although는 없다.

예문 5 Even though I were starving, I would not ask a favor of him.
비록 내가 굶주린다 할지라도 나는 그에게 부탁을 하지 않을 것이다.

> 주 양보절에 가정법 현재 사실의 반대 가정을 나타내는 과거 복수동사(were)가 왔다. 양보절에 가정법이 들어 있는 경우이다.

(4) whether(~이든 아니든)

예문 1 Whether you like it or not, you must do it.
네가 그것을 좋아하든 않든 너는 그것을 해야 한다.

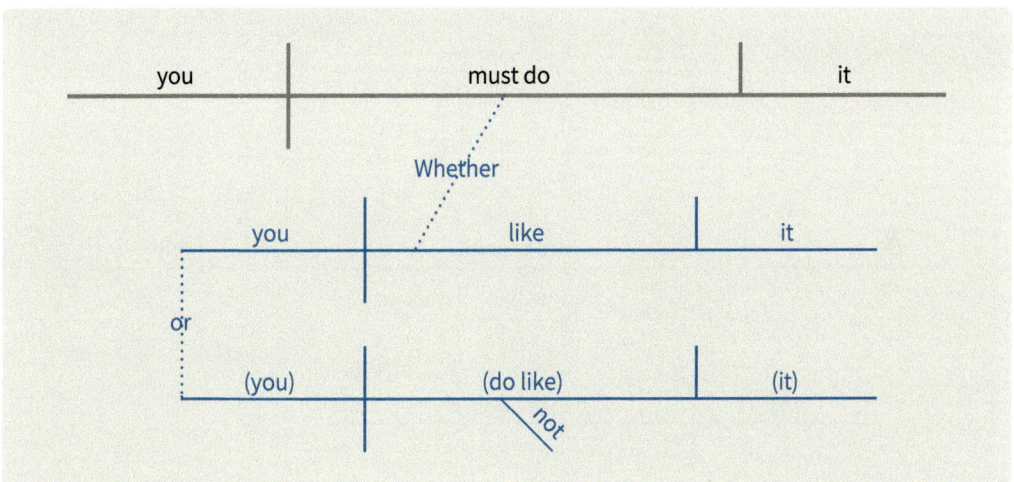

> 주 whether you like it or you do not like it에서 or 다음의 공통부분이 다 생략되고 not만 남은 것이다.

예문 2 You must go tomorrow whether you are ready or not.
네가 준비가 되든 안 되든 너는 내일 떠나야 한다.

예문 3 What this country needs is unity, whether it be political unity or social unity.
그것이 정치적 통합이든 또는 사회적 통합이든 이 나라가 필요로 하는 것은 통합이다.

> 주 양보절에 가정법 현재 사실의 강한 의혹을 나타내는 동사원형(be)이 왔다.

(5) no matter wh~(wh~ever)(~일지라도/할지라도, ~든지 간에)

예문 1 No matter what might happen, I won't change my mind.
=Whatever might happen, I won't change my mind.
무슨 일이 있을지라도 나는 내 마음을 바꾸지 않을 것이다.

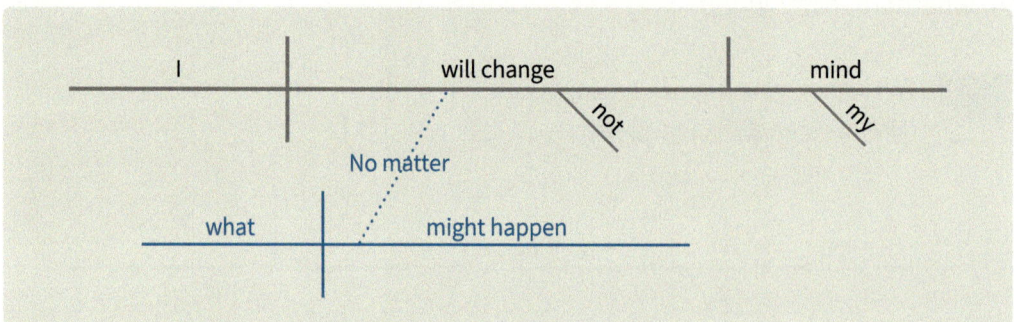

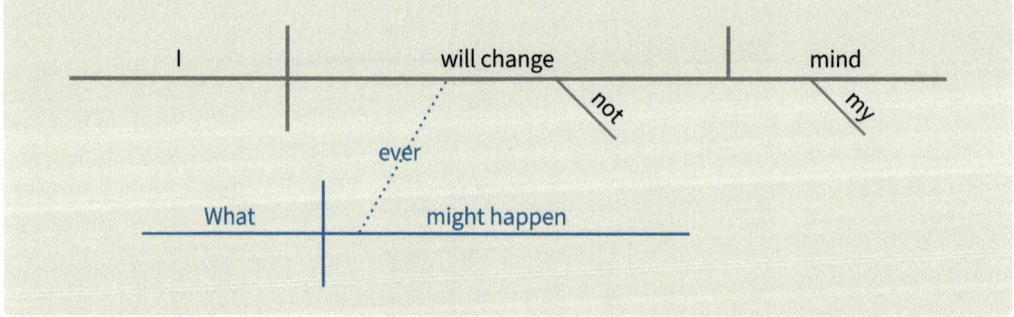

> 주
> • 의문사에 접미사 ever를 붙여 양보의 의미를 나타내는데 why는 ever를 붙여 양보를 나타내지 않는다.
> • no matter what이 사물에 쓰일 경우는 막연한 사건을 뜻하기도 하고 특성을 논하기도 한다. 사람에 쓰일 때는 직업, 신분을 뜻하는데 간혹 성격, 업적을 뜻하는 경우도 있다.
>   No matter what(=Whatever) you are, I can not obey you.
>   당신이 어떠한 사람이든 나는 당신을 따를 수 없다.

예문 2 His films are thematically consistent no matter who was the nominal director.
=His films are thematically consistent whoever was the nominal director.
누가 명목상의 감독이었든 간에 그의 영화는 주제별로 한결같다.

예문 3 No matter which it may be, I will sell it.
=Whichever it may be, I will sell it.
그것이 어느 것이든 간에 나는 그것을 팔겠다.

예문 4 No matter which picture you choose, I will give it to you.
=Whichever picture you choose, I will give it to you.
네가 어떤 그림을 고르든지 간에 나는 너에게 그것을 주겠다.

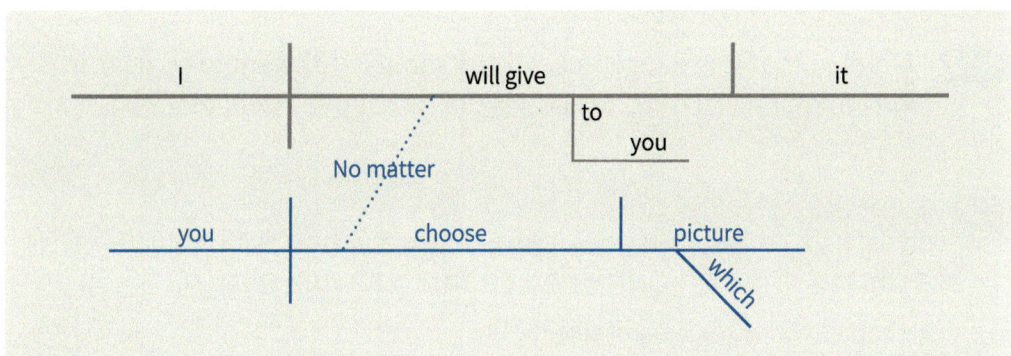

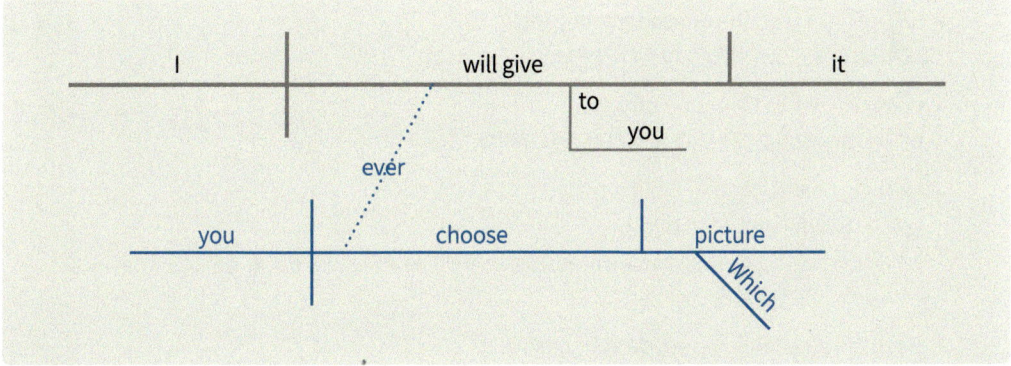

예문 5 No matter how rich a man may be, he can not be happy without love.
=However rich a man may be, he can not be happy without love.
사람이 아무리 부유하다 할지라도 사랑 없이는 행복해질 수 없다.

예문 6 No matter how great the pitfalls (are), we must do our best to succeed.
=However great the pitfalls (are), we must do our best to succeed.
어려움이 아무리 심하다 할지라도 우리는 성공하기 위해서 최선을 다해야 한다.

> **주** no matter wh~(wh~ever) 양보절이 SVC(2형식)일 때 주어가 추상명사나 추상적인 것인 경우는 be 동사를 생략할 수 있다.
> Whatever the reason, zebras' stripes make them very interesting animals.
> 이유가 어떠하든 간에 줄무늬 때문에 얼룩말은 매우 흥미로운 동물이다.

(6) granting (that), granted (that) (~일지라도/할지라도, ~이지만/하지만)

예문 1 Granting that it is true, you are still in the wrong.
비록 그것이 사실이라 할지라도 그럼에도 불구하고 네가 잘못했다.

예문 2 Granted that it is dangerous, all the same I still want to go near it.
그것이 위험하다 할지라도 그래도 나는 여전히 그것에 가까이 가고 싶다.

> 접속사의 유도를 받지 않고 동사가 앞에 와서 양보절을 이루는 경우, 동사는 가정법 현재 사실의 강한 의혹을 나타내는 동사원형을 쓴다. 그래서 명령문과 같은 외형을 갖추고 있지만 양보절이다.
>
> - Be he prince or beggar, he must obey the law.
>   왕자이건 걸인이건 간에 법은 지켜야 한다.
>
> - Say what I would, he refused to obey me.
>   내가 뭐라 해도 그는 내말을 따르지 않았다.
>
> - Come what will, I'll not be surprised.
>   어떠한 일이 닥쳐오더라도 나는 놀라지 않을 것이다.
>
> - I will go, be the weather what it may.
>   날씨가 어찌되든 간에 나는 가겠다.
>   ※ "let the weather be what it may(=no matter what the weather may be)"와 같은 것인데 be를 앞에 내세워서 양보절을 만든 것이다.
>
> - Be the matter what it may, do your best.
>   일이야 무엇이든 간에 당신의 최선을 다하시오.
>
> - Be it ever so humble, there's no place like home.
>   아무리 보잘것없어도 집 같은 곳은 없다.

6) 목적절

목적절은 접속사의 의미가 목적을 나타내는 것인데 목적절을 유도하는 접속사로는 so that, in order that, that(할 목적으로); for fear that, in case, lest(하지 않을 목적으로) 등이 있다. 위치는 대체로 주절 다음에 오나 간혹 주절 앞에 오는 경우도 있다.

so that으로 유도되는 목적절은 조동사 may/might, shall/should, will/would, can/could를 동반하는데 격식적인 구문에서는 현재 시제일 때는 may를 쓰고 과거 시제일 때는 might나 should를 쓴다.

in order that, that으로 유도되는 목적절은 조동사 may/might, shall/should를 동반한다. in order that절은 so that절보다 더 격식을 갖춘 구문이며, that절은 대단히 극적인 말이나 글, 시의 경우를 제외하고는 거의 찾아볼 수 없다.

for fear (that), in case, lest는 부정의 목적절을 유도하는 접속사들이다. for fear (that)은 조동사 should나 might, would를 동반하고, in case는 주로 영국 영어에서 쓰이며, 조동사 should를 동반하거나 현재 시제 또는 과거 시제가 온다. lest는 조동사 should를 동반하는데 격식 차린 문어체 외에서는 거의 찾아볼 수 없다.

so that	may/might, shall/should, will/would, can/could
in order that, that	may/might, shall/should
for fear (that)	should, might, would
in case	should, 현재 시제, 과거 시제
lest	should

(1) so that(~할 목적으로, ~하려고, ~하기 위해서)

예문 1 He started early so that he might catch the first train.
그는 첫 기차를 타려고 (그는) 일찍 출발했다.

> 주 과거 시제이므로 목적 표시 부사절의 조동사는 might를 쓴 것이다.

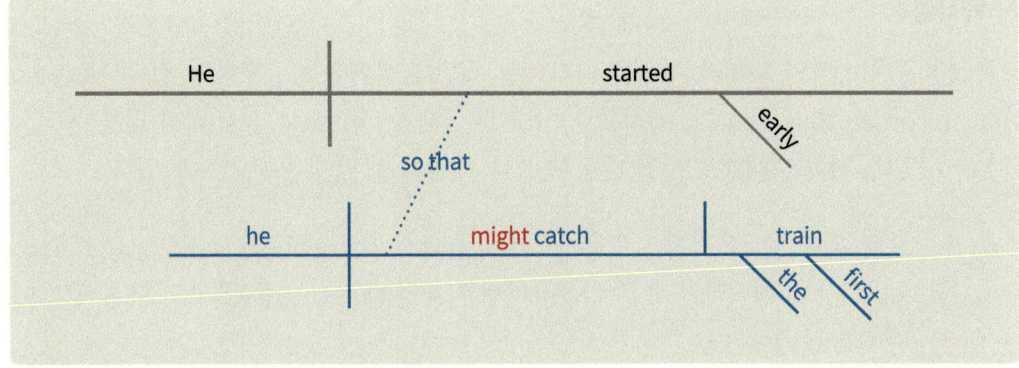

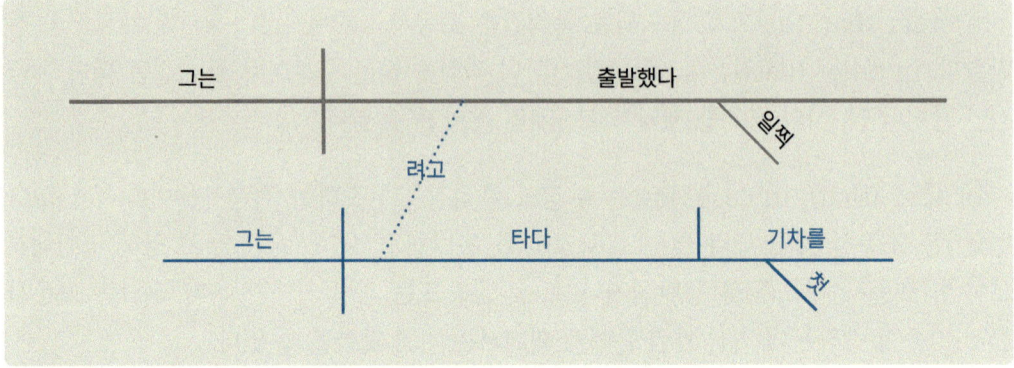

예문 2 They worked hard so that they could finish it in time.
그들은 시간 내에 그것을 끝낼 수 있도록 열심히 일했다.

예문 3 He wrote his diary in code so that his wife wouldn't be able to read it.
자기 부인이 그것을 읽을 수 없도록 그는 암호로 일기를 썼다.

예문 4 He turned his back to her so that she should not see his face.
그녀가 그의 얼굴을 보지 못하도록 그는 그녀에게 등을 돌렸다.

예문 5 Check carefully so (that) you won't miss any mistakes.
잘못을 간과하지 않도록 주의 깊게 점검하시오.

> **주** so that 목적절에서 that이 생략되고 so만 오는 경우도 있다.
> • He started early so he could get good seats.
>   그는 좋은 좌석을 차지하기 위해 일찍 나섰다.

(2) in order that(~할 목적으로, ~하려고, ~하기 위해서)

예문 1 He waited for two hours in order that he might see her.
그는 그녀를 만나려고 두 시간이나 기다렸다.

예문 2 I study American history in order that I may understand today's America more properly.
나는 더 올바르게 현재의 미국을 이해하려고 미국 역사를 공부한다.

예문 3 At this stage we have aimed for simplicity in order that the issues should be clear.
쟁점들이 명확해지도록 이 단계에서 우리는 간결함을 겨냥했다.

(3) that(~할 목적으로, ~하려고, ~하기 위해서)

예문 1 They are climbing higher that they may get a better view.
그들은 더 잘 보려고 더 높이 올라가고 있다.

예문 2 That she might learn to speak better English, her grandmother took her to London.
그녀가 더 나은 영어를 사용하는 것을 배울 수 있도록 그녀의 할머니는 그녀를 런던으로 데려갔다.

(4) for fear (that), in case, lest(~하지 않도록, ~하지 않으려고, ~할까 봐)

예문 1 She walked softly for fear that she should wake the baby.
그녀는 그 아이를 깨우지 않도록 살금살금 걸었다.

> 주 for fear that절은 시제에 상관없이 조동사 should, might, would를 쓴다.

예문 2 They left early for fear that they would met him.
그들은 그와 마주치지 않으려고 일찍 떠났다.

6. 절(Clause) **251**

예문 3 I don't let him climb trees in case he tears his trousers.
그의 바지가 찢길까 봐 나는 그를 나무에 오르지 못하게 했다.

예문 4 Rowland said the two things over and over lest he should forget.
로울랜드는 잊어버리지 않도록 되풀이하여 그 두 가지 것을 외웠다.

> **형용사나 부사를 수식하는 부사절**
>
> 결과절, 비교절 및 특수한 부사절은 형용사나 부사를 수식하는 부사절이다. 그러므로 위치는 거의 주절 다음이다.

7) 결과절

결과절은 접속사의 의미가 결과를 나타내는 것으로 중문번역 한다. 결과절에는 so…that, such…that, so that 등이 있다.

so…that절에서는 so는 부사이며 that(종속접속사) 이하가 so를 수식하는 결과절이다. 따라서 so와 that 사이에는 형용사나 부사가 온다.

such…that절에서는 such는 형용사이며 that(종속접속사) 이하가 such를 수식하는 결과절이다. 따라서 such와 that 사이에는 명사가 온다.

so that 결과절은 동사를 수식하는 부사절이다.

> 주어 동사 so·형용사/부사·that 주어 동사
> 주어 동사 such·명사·that 주어 동사

(1) so…that (~해서, ~결과)

예문 1 His professor became so impressed with Newton's work that he gave up his position to him.
그의 교수는 뉴턴의 연구에 매우 감명받았다, 그래서 그는 그에게 자기 직위를 양보했다.

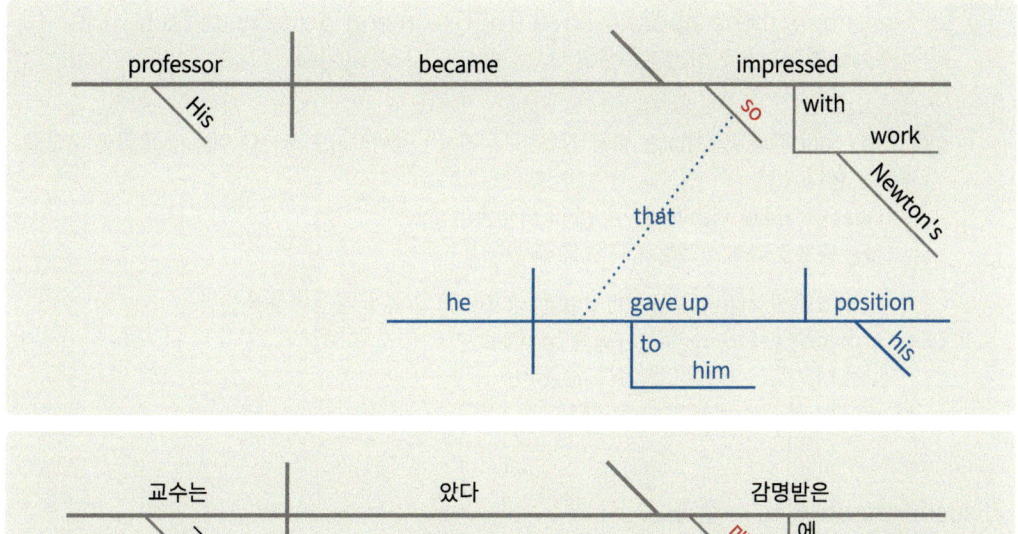

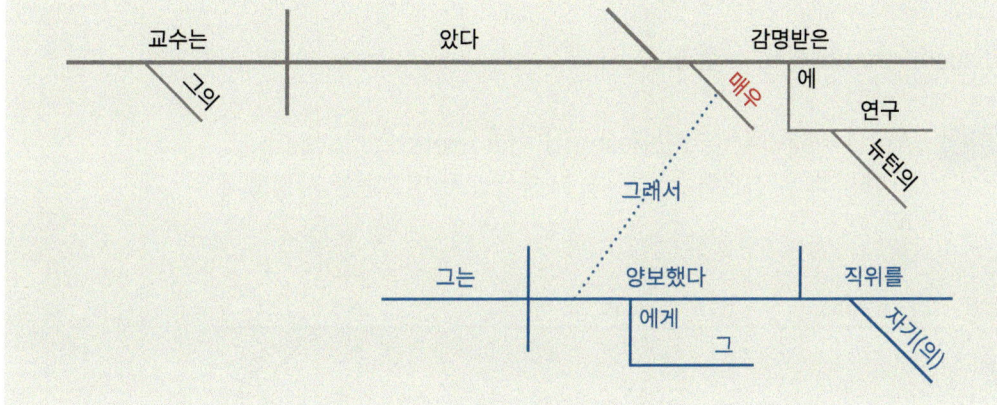

> 주 give up은 '자동사+부사'로서 타동사를 이룬다.

예문 2 He ran so fast that he could catch up with her.
그는 아주 빨리 달렸다, 그래서 그는 그녀를 따라잡을 수 있었다.

> 주 catch up with는 '자동사+부사+전치사'로서 타동사를 이룬다.

예문 3 The ice is so thick that we can walk on it.
얼음이 아주 두꺼워서 (우리는) 그 위로 걸어갈 수 있다.

예문 4 This is so difficult a book that I can not understand it.
이것은 너무 어려운 책이다, 그래서 나는 그것을 이해할 수 없다.

예문 5 She spoke so quickly that I could not understand her.
그녀는 너무 빨리 말해서 나는 그녀의 말을 이해할 수 없었다.

예문 6 He polished the floor so hard (that) you could see your face in it.
그는 아주 열심히 마루를 닦아서 그것에 얼굴이 비쳤다.

> 주
> - so…that 결과절의 that은 비격식적인 구문에서는 생략되기도 하는데 이때 주절 끝에 콤마를 찍기도 한다.
>   I was so weak with fear, I could not stand up.
>   나는 공포로 아주 쇠약해져 서 있을 수 없었다.
> - 또 that절(결과절)이 앞에 오면 that을 생략하고, 그 절 끝에 콤마를 찍는다.
>   I couldn't get to my feet, I was so tired.
>   나는 너무 피곤하여 일어설 수도 없었다.

(2) such…that (~해서, ~결과)

예문 1 Anna was such a modest girl that everyone loved her.
안나는 매우 겸손한 소녀였다, 그래서 모두가 그녀를 사랑했다.

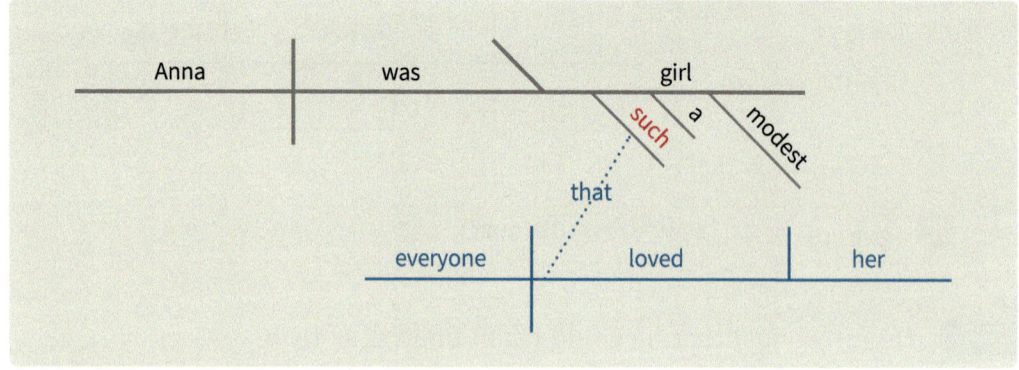

> 주
> - such…that 결과절은 구조상의 문장 전환이 없다.
> - such, all, both, double, what, many, half 등은 관사나 속격 앞에 와서 명사를 수식하는 형용사들이다. 단, many와 half는 관사나 속격 다음에 오기도 한다.(예: half an hour, a half hour)

예문 2 It is such a good book that many students read it.
그것은 아주 좋은 책이다, 그래서 많은 학생들이 그 책을 읽는다.

예문 3 They gave us such an effusive welcome (that) it was quite embarrassing.
그들은 우리에게 너무나도 과분한 환영을 해주어서, 매우 당황스러웠다.

> **주** such…that 결과절의 that도 비격식적인 구문에서는 생략되기도 한다.

예문 4 Such was his grief that everyone was afraid to speak to him.
=His grief was such that everyone was afraid to speak to him.
그는 몹시 비통해서 모두가 그에게 말을 걸기를 두려워했다.

> **주** 보어 such가 도치되어 문 앞에 오기도 한다.

- No one is so old but that he may learn.
  나이가 너무 많아서 못 배우는 법은 없다. (아무리 늦어도 배울 수 없는 것은 아니다.)
- He is not such a fool but he knows it.
  그는 그것을 모를 정도로 바보는 아니다.
  ※ 주절이 부정인 so…but (that)이나 such…but (that)에서 but (that)은 'that…not'의 의미이다.

(3) so that(~그래서, ~결과)

예문 1 We planted many shrubs so that the garden soon looked beautiful.
많은 관목들을 심어서 정원은 곧 아름답게 보였다.

예문 2 I thought about these things all night, so that I could not sleep at all.
나는 이런 것들에 대해 밤새 생각했다. 그래서 나는 전혀 잠을 잘 수가 없었다.

예문 3 I was excited, so (that) I couldn't get to sleep.
나는 흥분해서 잠들 수가 없었다.

> **주** so that 결과절에서도 that이 생략되고 so만 오기도 한다.

8) 비교절

비교절은 접속사의 의미가 방법, 정도, 비교 및 비유의 의미를 나타내는 것인데 이에는 방법절과 정도절이 있다.

방법절	as(~과 같이, ~처럼, ~대로), as if, as though(~처럼, ~과 같이)		
정도절	같은 경우	as … as so … as	(~만큼)
	다른 경우	~er … than more/less … than	(~보다 더/덜)
	기 타	the ~er … the ~er the more/less … the more/less	(~하면 할수록 더욱더/덜)

(1) 방법절

방법절은 동사를 수식하는 부사절이다. 그래서 위치는 구애받지 않는다. 방법절 접속사로는 as, as if, as though 등이 있다.

① as(~과 같이, ~처럼, ~대로)

예문 1 As you know, fresh fruit makes you healthy.
여러분도 알다시피 신선한 과일은 여러분을 건강하게 합니다.

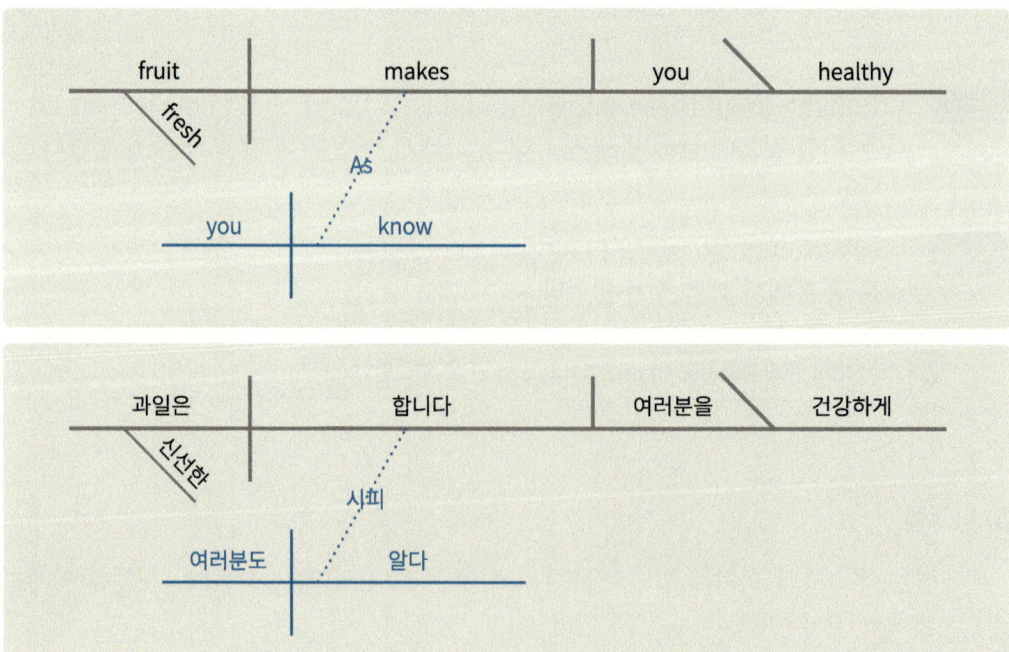

예문 2 Treat others as you like to be treated.
네가 대접받고 싶은 대로 다른 사람들을 대접해라.

예문 3 As the lion is the king of beasts, so the eagle is the king of birds.
사자가 동물의 왕인 것처럼 독수리는 조류의 왕이다.

> 주 문어체에서 상관 어구인 so가 주절 앞에 오기도 한다.

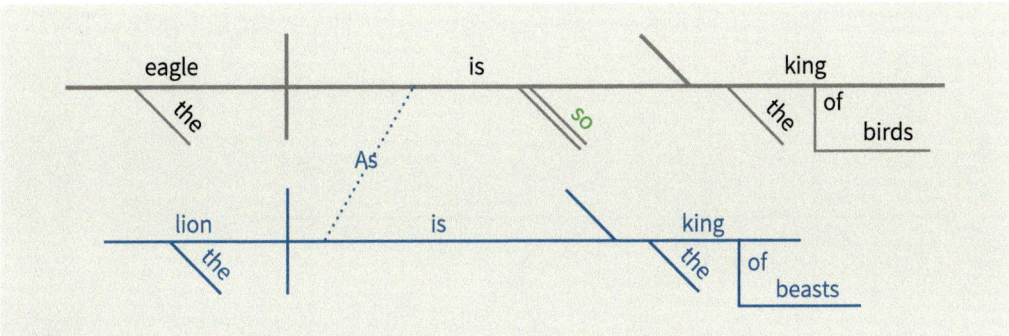

예문 4 We will pay you according as you work.
우리는 당신이 일하는 것에 따라 당신에게 임금을 지불할 것이다.

> 주 according as가 방법절 접속사이다.

예문 5 According as the demand increases, prices go up.
수요가 늘어남에 따라 가격이 올라간다.

▶ 구어체에서는 like가 방법절 접속사로 사용되기도 한다.

- I'll do like you wish.
  나는 네가 원하는 대로 하겠다
- He acted like he was afraid.
  그는 두려운 듯이 행동했다.
- I'll try to do many things like Mother did.
  어머니께서 하셨던 것처럼 저도 많은 일을 해 보겠어요.

▶ as for me = as the matter stands for me

- As for me, I like winter much better.
  나로서는 겨울을 훨씬 더 좋아한다.

② as if, as though(~처럼, ~과 같이)

as if와 as though는 차이가 없는데 as if 쪽이 더 많이 쓰인다. as if/as though절은 가정법 동사를 취하는데 가능성 있는 사실을 나타낼 때는 직설법 동사를 쓰기도 한다.

예문 1 She behaves strangely as if she were hypnotized.
그녀는 마치 최면에 걸린 것처럼 이상하게 행동한다.

> 주 본래 as she would behave strangely if she were hypnotized이었는데 as와 if 사이에 as 방법절이 생략되었다. as if/as though는 as와 if/though 사이에 as 방법절이 생략되어 합쳐진 것이다.

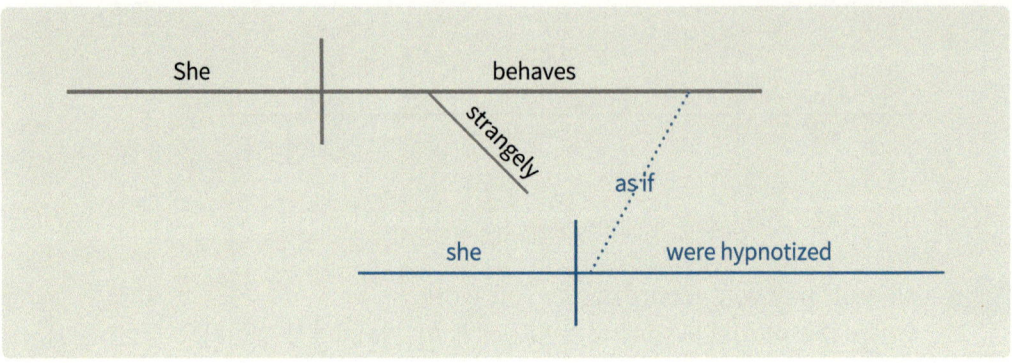

예문 2 It fitted George as if it had been made for him.
그것은 마치 조지를 위해 만들기라도 한 것처럼 그에게 꼭 맞았다.

예문 3 Rollo gave a little nod as if he would say, "It will be all right."
롤로는 마치 "잘 될 것이다."라고 말하듯이 가볍게 고개를 끄덕였다.

예문 4 She stresses the syllables as though she teaches a child.
그녀는 마치 아이를 가르치듯이 음절들에 강세를 두었다.

> 주 as though는 있지만 as although는 없다.

예문 5 "You have cut off your hair," Jim said as though he could not possibly understand.
짐은 전혀 이해할 수 없는 것처럼 "너는 너의 머리를 잘랐구나."라고 말했다.

He talks about Rome as though he had been there himself.
그는 자신이 로마에 갔던 적이 있는 것처럼 로마에 대해 이야기한다.

> His life was, as it were, a succession of failures.
> 그의 인생은 말하자면 실패의 연속이었다.
>
> ※ as it were = as if it were so

(2) 정도절

① 같은 경우: as…as, so…as(~만큼)

일반적으로 as…as는 주절이 긍정문일 때, so…as는 주절이 부정문일 때 사용하는데 앞에 있는 as나 so는 부사이고, 뒤에 있는 as는 주절의 부사 as/so를 수식하는 부사절 접속사이다. 그러므로 as/so와 as 사이에는 형용사나 부사가 온다.

비교절의 공통 구문은 생략된다.

as/so · 형용사/부사 · as

a) as…as

예문 1 She was as beautiful as Cleopatra.
그녀는 클레오파트라만큼 아름다웠다.

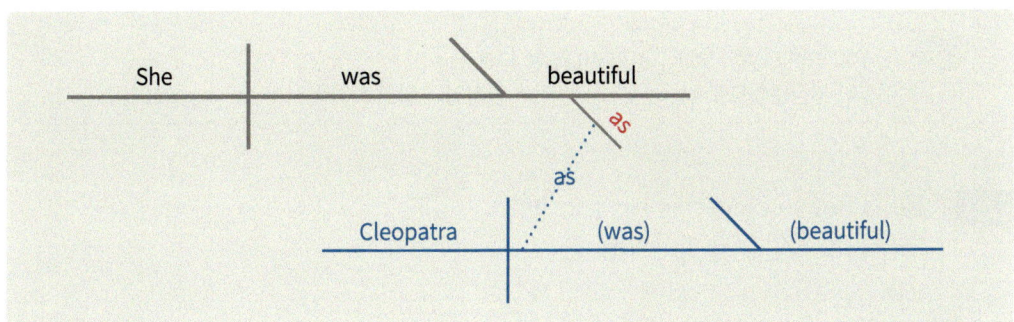

- ⓐ She was beautiful. ⓑ Cleopatra was beautiful.
- ⓐ, ⓑ 두 문장을 비교절로 결합하면 비교의 정도가 같으므로 종절 앞에 종속접속사 as를 쓰고, 주절의 형용사나 부사 앞에 부사 as를 쓰므로 beautiful 앞에 as를 써서 She was as beautiful as Cleopatra was beautiful이 된다. 비교절에서 공통 구문은 생략되므로 Cleopatra 다음의 was beautiful은 생략된다. 도해에서는 생략된 부분을 써넣고 괄호를 한다.

예문 2 I will gather as many berries as I can.
나는 딸 수 있는 만큼 많은 딸기를 딸 것이다.

- ⓐ I will gather many berries. ⓑ I can gather many berries.
- ⓐ, ⓑ 두 문장을 비교절로 결합하면 I will gather as many berries as I can gather many berries인데 공통 구문 gather many berries가 생략되었다.
- as…as 사이에 berries라는 명사가 왔지만 앞에 있는 as는 형용사 many를 수식하는 부사이다. 따라서 as…as 사이에는 형용사가 온 셈이다.

예문 3 I want to wrap up this deal as quickly as possible.
나는 가능한 한 빨리 이 거래를 마무리짓고 싶다.

- ⓐ I want to wrap up this deal quickly. ⓑ It is possible.
- ⓐ, ⓑ 두 문장을 비교절로 결합하면 I want to wrap up this deal as quickly as (it is) possible이다.
- 비교절에서 주절과 같은 공통 구문이 아닌데 주어 동사가 생략되고 형용사만 올 경우는 it is/was가 생략된 경우이다.

b) so…as

예문 1 You can't type so fast as I can.
너는 나만큼 빨리 타자를 칠 수 없다.

- ⓐ You can't type fast. ⓑ I can type fast.
- 주절이 부정문이므로 so…as를 쓰는 것이 원칙이나 일상 회화에서는 as…as를 쓰기도 한다.

예문 2 He is not so clever as his brother.
그는 자기 형만큼 총명하지 않다.

- ⓐ He is not clever. ⓑ His brother is clever.

c) as/so…as ever, as/so…as any

예문 1 He was as handsome a young man as ever walked along the streets of London.
그는 런던 거리를 걷는 어느 청년 못지않게 멋진 청년이었다.

>
> • 종속접속사 as 다음에 ever나 any가 올 때는 '더 나은', '보다 더'의 의미가 들어 있으므로 종속접속사 as를 '~못지않게'라고 번역한다.
> • 부사 as의 수식을 받기 위해서 handsome이라는 형용사가 관사 밖으로 나온 것이다.

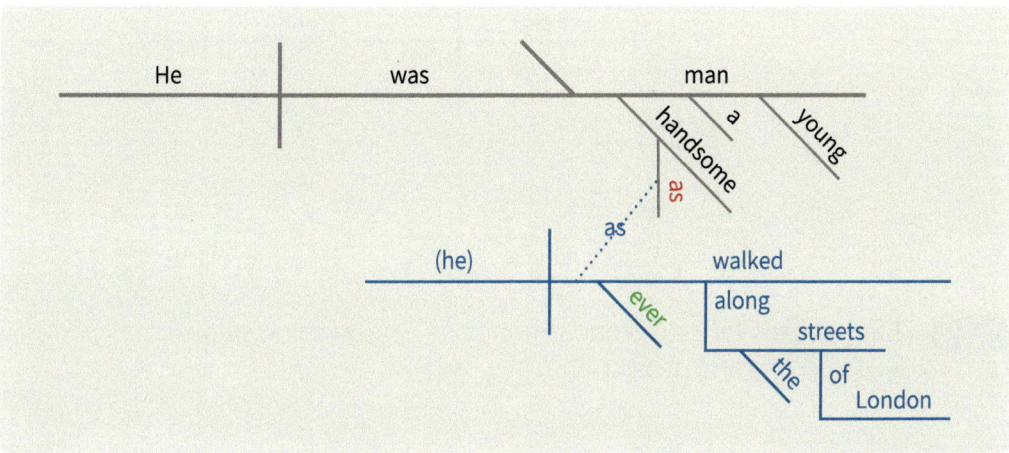

예문 2 He is as honest a man as I've ever met.
그는 내가 만난 어떤 사람 못지않게 정직한 사람이다.

예문 3 They are as strong and decent as any people that I have met.
그들은 내가 만나 본 어떤 사람들 못지않게 강건하고 품위 있다.

d) 배수부사(once, twice, three times…) as/so…as

예문 1 She works three times as hard as you.
그녀는 너보다 세 배나 열심히 일한다.

>
> • ⓐ She works three times hard. ⓑ You work hard.
> • 주절의 부사 as 앞에 배수(once, twice, three times, four times…)가 올 때는 종속접속사 as를 '~보다'라고 번역한다.
> • 배수는 once(한 배), twice(두 배)를 제외하고는 기수에 times를 붙이는데, once와 twice는 부사이고 three times, four times 등은 부사용 대격이다.

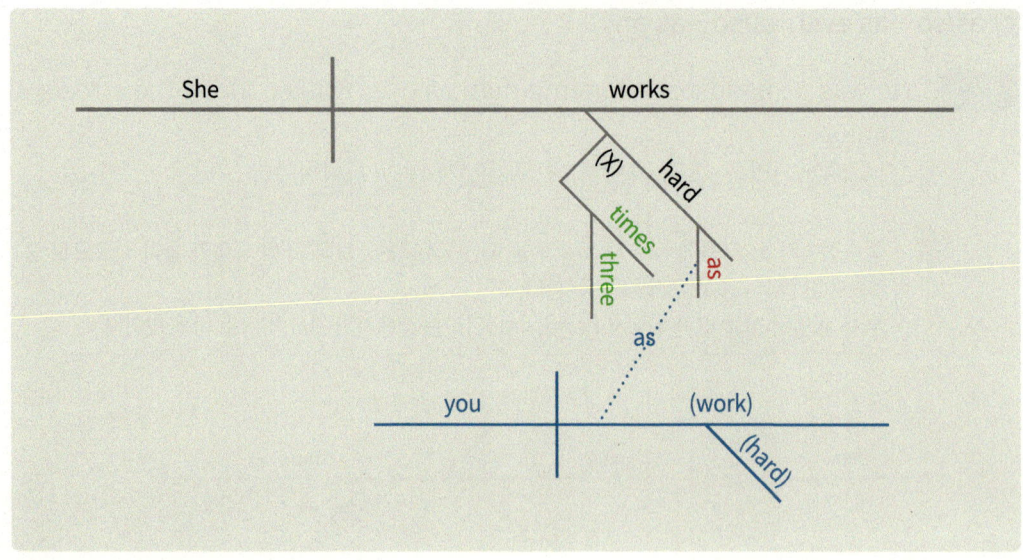

예문 2 Lucy makes twice as much money as Frank (makes/does).
루시는 프랭크보다 두 배나 많은 돈을 번다.

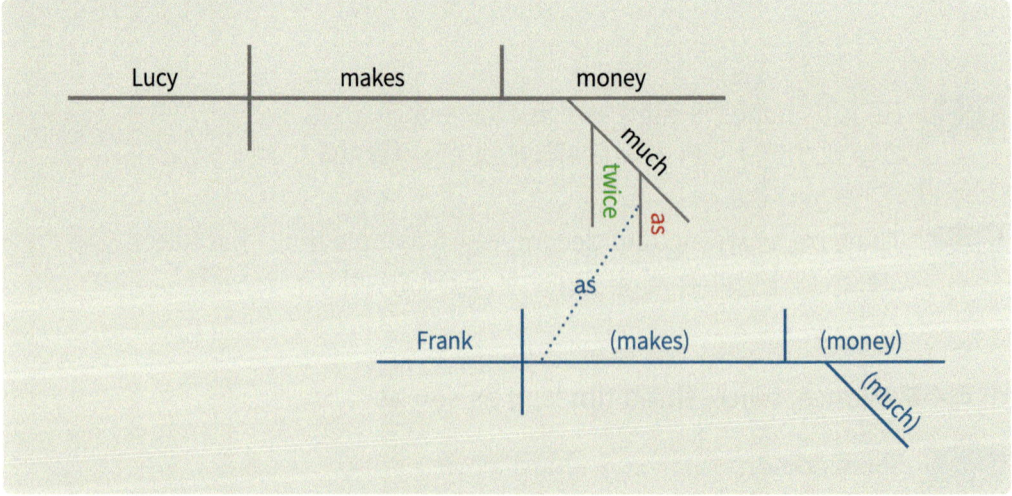

주
- ⓐ Lucy makes twice much money. ⓑ Frank makes much money.
- ⓐ, ⓑ 두 문장을 비교절로 결합하면, Lucy makes twice as much money as Frank makes much money인데, 비교절의 공통 구문은 생략되므로 makes much money를 생략한다. 그런데 비교절의 주어가 3인칭일 때는 비교절에 동사를 쓰기도 하며, 또 그 동사 대신에 대동사(do)를 쓰기도 한다. 따라서 as Frank makes 또는 as Frank does 이렇게 쓰기도 한다.

▶ such…as(~만큼)
- I have never seen such a great man as he.
나는 그이만큼 훌륭한 사람을 본 적이 없다.
※ as 다음에 목적격이 올 때는 as는 전치사다.

▶ (in) as/so far as(~한)은 접속사로 쓰이기도 한다.
- Think a question out, as far as your time and circumstances allow.
시간과 상황이 허락하는 한, 문제를 깊이 생각하시오.
- So far as I know, there is no such word in English.
내가 알고 있는 한, 영어에는 그런 단어가 없다.
- In so far as we know, no one has challenged these results.
우리가 알고 있는 한, 아무도 이러한 결과에 이의를 제기하지 않았다.

② 다른 경우: ~er…than, more/less…than(~보다 더/덜)

형용사나 부사의 비교급 다음에 오는 than 이하가 그 형용사나 부사의 비교급을 수식하는 비교절이다. 이때 than은 비교절을 이끄는 종속접속사이다.

~er…than은 형용사나 부사의 어미에 ~er을 붙여 비교급을 만들 수 있는 경우인데 than 이하가 ~er 비교급을 수식한다.

more/less…than은 원급 앞에 more/less를 써서 비교급을 만드는 경우인데 than 이하가 more/less 비교급을 수식한다.(2음절 일부와 3음절 이상의 형용사나, 2음절 이상의 부사는 more/less를 써서 비교급을 만든다.)

> 형용사/부사er … than
> more/less 형용사/부사 … than

우리가 외국어를 학습하는 것은 그 외국어를 우리의 '얼' 화하는 것이 아니고,
그 외국어를 통해서 즉 매개 삼아서 우리의 얼을 키워 가는 일이다.

a) ~er…than

 예문 1   I have not seen a greater man than he.
나는 그 사람보다 더 위대한 사람을 만나 본 적이 없었다.

> 주 • ⓐ I have not seen a greater man. ⓑ He is great.
> • ⓐ, ⓑ 두 문장을 비교절로 결합하면 I have not seen a greater man than he (is great)이다. 비교절의 공통 구문으로 생략되는 형용사나 부사는 원급이다.

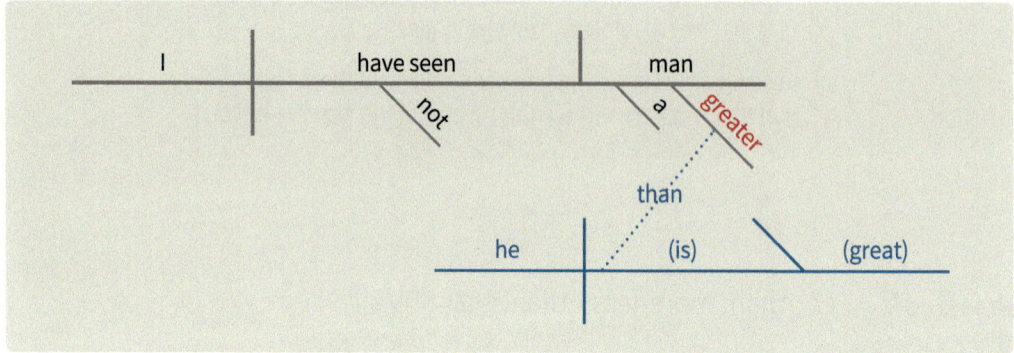

 예문 2   He swims better than she (swims/does).
그는 그녀보다 수영을 더 잘한다.

> 주 • ⓐ He swims better. ⓑ She swims well.
> • ⓐ, ⓑ 두 문장을 비교절로 결합하면, He swims better than she (swims well)이다. 비교절의 공통 구문은 생략되는데, 비교절의 주어가 3인칭일 때는 그 동사나 대동사(do)가 오기도 한다. 또 비격식적인 구어에서는 비교절의 주어로 주격 대신 목적격을 사용하기도 한다.(I, we, he, she, they 대신에 me, us, him, her, them을 사용하기도 한다.) 따라서 위 문장은 He swims better than her와 같이 사용되기도 한다.

 예문 3   In the daily lives of most men and women, fear plays a greater part than hope.
대부분의 사람들의 일상생활에서 공포는 희망보다 더 큰 역할을 한다.

> 주 • ⓐ In the daily lives of most men and women, fear plays a greater part. ⓑ Hope plays a great part.
> • 공통 구문 plays a great part가 생략되었다.

b) more/less…than

 예문 1 The present is more important than the past.
현재는 과거보다 더 중요하다.

> - ⓐ The present is more important. ⓑ The past is important.
> - 공통 구문 is important가 생략되었다.

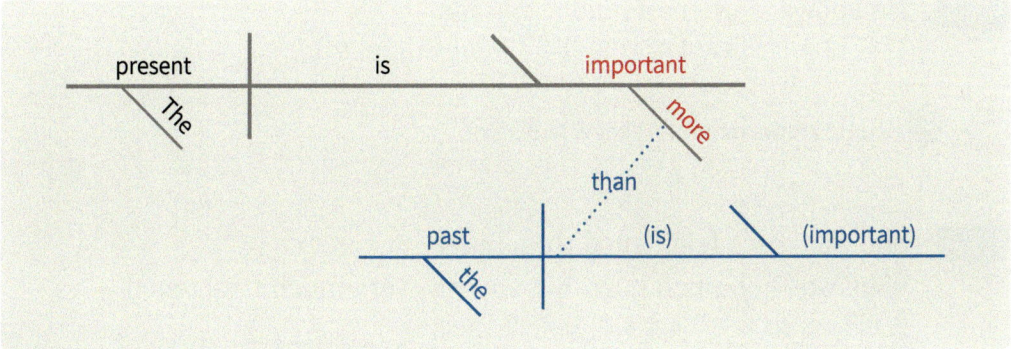

예문 2 He loves the dog more than his wife.
그는 자기 아내보다 더 개를 사랑한다.

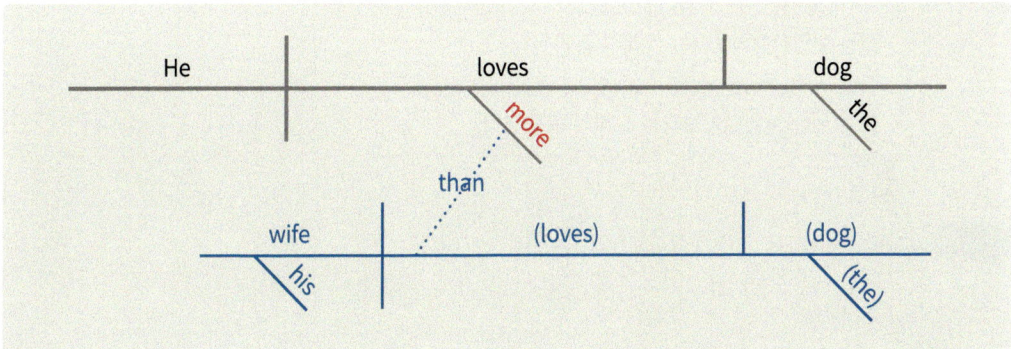

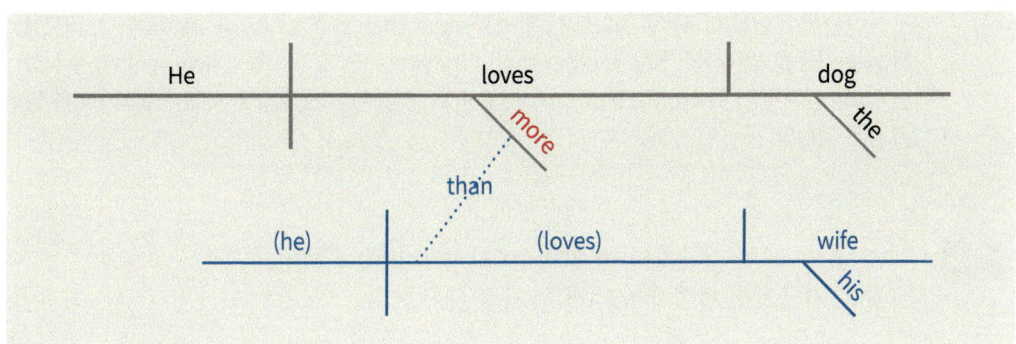

> 주 than 다음에 공통 구문이 다 생략되고 명사만 남아 있는 경우에는 그 명사가 주어인지 목적어인지 모호해질 수 있다. 이 문장에서 명사 his wife가 주어인지 목적어인지 모호하다. 따라서 이 문장은 "He loves the dog more than his wife loves the dog."일 수도 있고 "He loves the dog more than he loves his wife."일 수도 있다. 그래서 이러한 모호성을 없애기 위해 대동사(do)를 써서 "He loves the dog more than his wife does." 또는 "He loves the dog more than he does his wife."로 쓰기도 한다.

예문 3 He knows more than I did at his age.
그는 내가 그의 나이 때에 알았던 것보다 더 많이 안다.

> 주 ⓐ He knows more. ⓑ I knew at his age.

예문 4 She was more frightened than hurt.
=She was not much hurt, but she was very much frightened.
그녀는 아팠다기보다 오히려 놀랐다.

> 주
> - ⓐ She was more frightened. ⓑ She was much hurt.
> - 동일인이나 동일한 것의 속성을 비교할 때는 more 비교급만 사용하며 more가 rather의 의미이다.
>
>   He is more clever than wise.
>   그는 현명하다기보다는 오히려 총명하다.
>
>   The janitor was more annoyed than amazed.
>   그 수위는 놀랐다기보다는 오히려 짜증났다.

예문 5 She is more than fifty years old.
그녀는 쉰 살이 넘었다.

> 주
> - ⓐ She is older. ⓑ She is fifty years old.
> - ⓐ, ⓑ 두 문장을 비교절로 결합하면, She is older than she is fifty years old이다. 비교절의 공통 구문을 생략하면 "She is older than fifty years."인데, 비교절의 fifty years가 수식하는 old를 남겨 놓기 위해 older를 more old로 하고 주절의 old를 생략한 다음 종절의 old를 남겨 놓은 것이다.

예문 6 They are more than kind and treat you like a king.
그들은 지나치게 친절하여 너를 왕처럼 대우한다.

이 문장도 "They are kinder than they are kind and treat you like a king."이었는데 공통 구문을 생략하면서 앞 예문처럼 비교절의 kind를 남겨 놓기 위해 kinder를 more kind로 하고 주절의 kind를 생략한 다음 종절의 kind를 남긴 것이다.

He was more than clever. (He was more clever than he was clever.)
그는 지나치게 총명했다.

She is more than beautiful. (She is more beautiful than she is beautiful.)
그녀는 대단히 아름답다.

- She is no less beautiful than her sister.
  =She is quite as beautiful as her sister.
  그녀는 언니만큼 아름답다.

- She is not less beautiful than her sister.
  =She is at least as beautiful as her sister.
  =She is perhaps more beautiful than her sister.
  그녀는 언니 못지않게 아름답다.

- It takes no more than one hour. (※ no more than=only)
  한 시간밖에 걸리지 않는다.

- She is not more than thirty. (※ not more than=at most)
  그녀는 기껏해야 서른 살이다.

- We had to answer no less than 50 questions. (※ no less than=as much as)
  우리는 50개나 되는 많은 질문에 대답해야 했다.

- He will have to be in hospital not less than a week. (※ not less than=at least)
  그는 적어도 일주일 동안 입원해야 할 것이다.

c) 유사(의사) 비교절(rather…than, other…than)

rather/other…than에서 rather나 other는 어미만 ～er일 뿐이지 비교급이 아닌데도 than 이하 비교절의 수식을 받는다. 그래서 유사(의사) 비교절이라 한다.

 I would rather be the head man of a village than the second man in Rome.
나는 로마의 2인자가 되느니 차라리 한 마을의 우두머리가 되겠다.

- ⓐ I would rather be the head man of a village. ⓑ I am the second man in Rome.
- 유사(의사) 비교절 would rather…than은 '~라기보다 차라리'라고 번역한다.

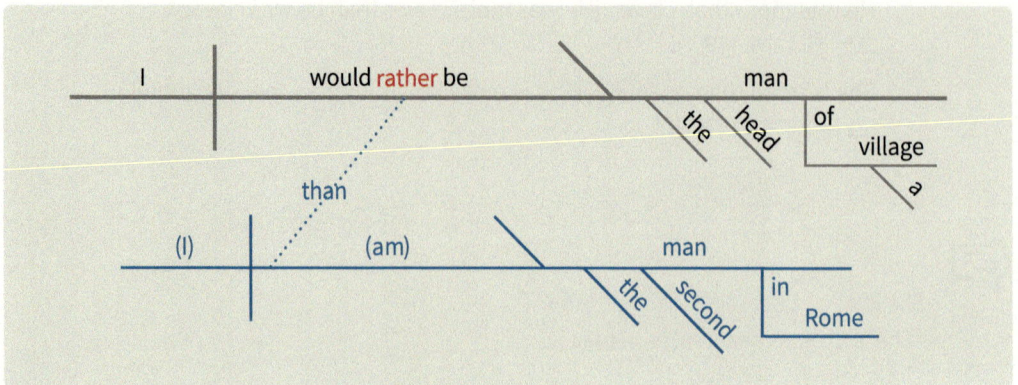

would/had rather, would sooner(차라리 ~하겠다, 하는 편이 낫다)
would/had better(~하는 편이 (더) 좋다) would/had best(~하는 편이 가장 좋다)
이들은 조동사이다. cf. prefer/preferable…than(차라리 ~하다)

예문 2 I'd rather pay his fine for him than let him go to prison.
그를 감옥에 보내기보다는 내가 그를 대신해서 그의 벌금을 지불하겠다.

 ⓐ I'd rather pay his fine for him. ⓑ I let him go to prison.

예문 3 I decided to write a cheque rather than use the last of my cash.
=Rather than use the last of my cash, I decided to write a cheque.
나는 마지막 남은 내 현금을 사용하기보다는 수표를 쓰기로 했다.

예문 4 I do not wish him other than he is.
나는 그 사람이 현재와 달라지기를 바라지 않는다.

anywhere, different(ly), other(wise)(선택·차이를 나타내는 단어)…than : ~이외의, ~과는 다른

- I have some other interesting books than this.
나는 이것 말고도 재미있는 책을 몇 권 갖고 있다.

- You won't find such freedom anywhere than in the USA.
  미국 이외에서는 어디에서도 이런 자유를 찾지 못할 것이다.
- He treated people differently than most other doctors.
  그는 대부분의 다른 의사들과 다르게 사람들을 치료하였다.
- I cannot do otherwise than obey him.
  나는 그를 따를 수밖에 다른 도리가 없다.

③ 기타: the ~er … the ~er
　　　the more/less … the more/less　(~하면 할수록 더욱더/덜)

앞에 있는 the는 비교절 접속사이고, 뒤에 있는 the는 지시 부사이다. the ~er … the more/less 또는 the more/less … the ~er로 쓰이기도 한다.

> the 형용사/부사er ┈┈ the 형용사/부사er
> the more/less 형용사/부사 ┈┈ the more/less 형용사/부사

예문 1 The more you do these things, the richer your life will be.
= Your life will be the richer the more you do these things.
네가 이러한 일들을 더 많이 하면 할수록 너의 인생은 더욱더 풍요로워질 것이다.

> 주) 종절이 주절 다음에 올 때는 주절의 비교급은 제자리로 간다.

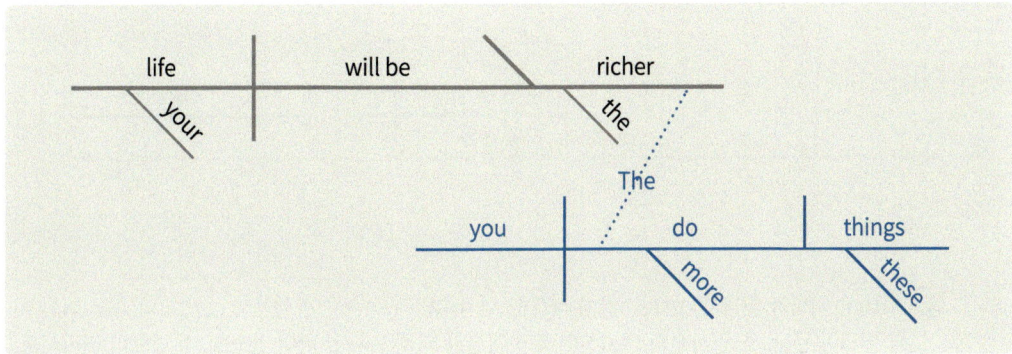

예문 2 The harder he worked, the happier he felt.
그는 더 열심히 일하면 일할수록 더 행복하게 느꼈다.

예문 3 The more he thought about it, the less he liked it.
그가 그것에 대해 더 많이 생각하면 할수록 그는 그것에 덜 호감이 갔다.

9) 특수한 부사절

특수한 부사절이라 한 것은 명명하기 어려워서인데 '주어·불완전자동사(계사)·형용사·that절(의문사절, if/whether절, lest절)'의 형식을 이루는 부사절이다.

> 주어·불완전자동사(계사)·형용사·that절(의문사절, if/whether절, lest절)

예문 1 I am certain (that) he is very honest.
나는 그가 아주 정직하다고 확신한다.

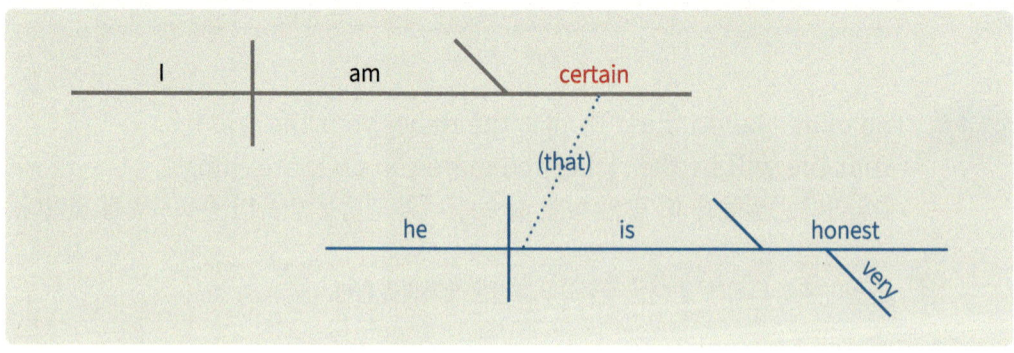

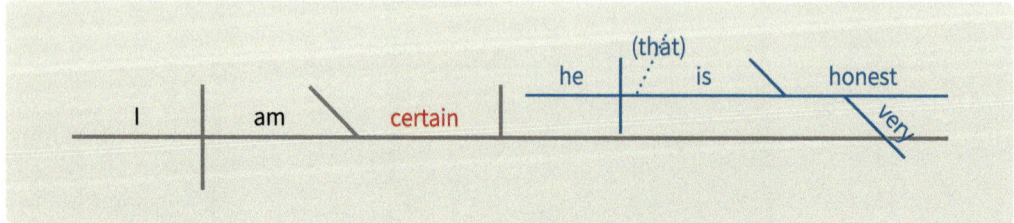

주 • that 이하가 형용사 certain을 수식하는 부사절인데 that절이 형용사 certain의 목적어절처럼 번역이 된다. 또 명사절의 that절이 목적어절일 때 접속사 that이 생략될 수 있듯이 여기서도 that이 생략될 수 있다.
• 이 특수한 부사절은 위의 도해에서처럼 certain을 수식하는 부사절의 구조로 받아들일 수도 있고, certain이라는 형용사가 that절을 목적어절로 지배하는 구조로 받아들일 수도 있다.

예문 2 She felt sure that he was the one who would end up the winner.
그녀는 그가 결국 승자가 될 사람이라는 것을 확신하였다.

예문 3 We were delighted that the target was achieved a year early.
우리는 목표를 한 해 일찍 달성해서 기뻤다.

> **주** 희, 로, 애, 락, 경악 등의 감정을 나타내는 형용사 다음에 that절이 왔을 때는 that절이 이유의 의미이다.

예문 4 Her fans are sad that she became a monk.
그녀의 팬들은 그녀가 수도승이 된 것을 슬퍼했다.(수도승이 되어서 슬펐다.)

예문 5 I was not clear why she was gesticulating at me a few moments ago.
나는 왜 그녀가 몇 분 전에 나에게 손짓을 하고 있었는지를 확실히 알지 못했다.

예문 6 The woman was not sure if the thief was a man or a woman.
그 여자는 그 도둑이 남자인지 여자인지 확신하지 못했다.

예문 7 She was not sure whether her paintings were good or not.
그녀는 자기 그림이 훌륭한지 안 한지 확신하지 못했다.

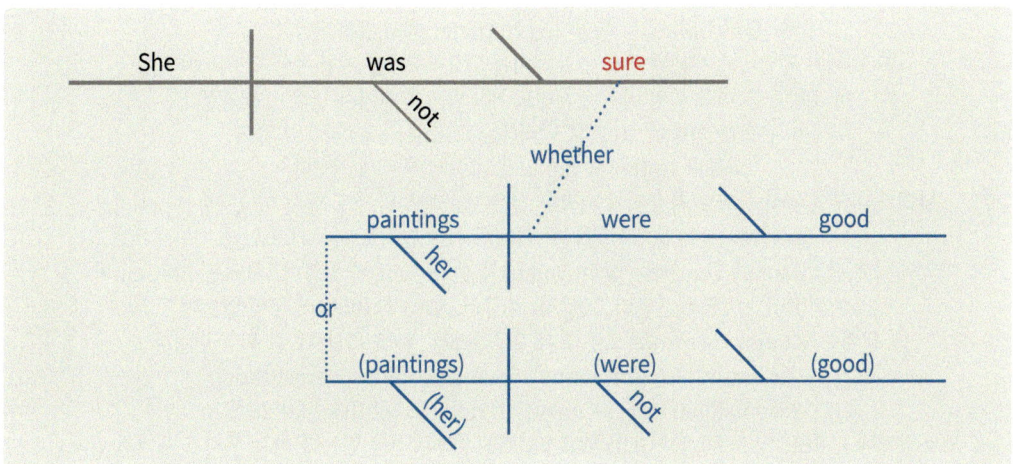

예문 8 We were afraid lest they should come here too late to save us.
우리는 그들이 여기에 너무 늦게 와서 우리를 구할 수 없지 않을까 걱정했다.

Money(돈)의 유래

약 2,000여 년 전에 로마인들은 오늘날 우리가 사용하는 것과 유사한 금속 주화를 사용하였다.
이 초기 주화들의 대부분은 여신 주노(Juno 또는 Moneta라고도 불림)의 신전에서 만들었다.
그래서 돈(Money)의 어원은 모네타(Moneta)에서 유래되었다.

Dollar(달러)의 유래

달러(Dollar)는 독일어 탈러(Thaler)에서 유래되었다.
16세기 유럽에서 사용된 은화는 보헤미아의 요아힘스탈 지방에서 주조되었다.
이 주화들은 미국 혁명 이전에 서인도 제도와의 교역에서 널리 사용되었다.
이 은화는 처음에 요아힘스탈러(Joachimsthaler)라고 불렸고,
나중에 thaler 즉 dollar로 줄여서 부르게 되었다.
달러가 미국의 공식 통화로 사용되기 시작한 것은 1785년부터이다. 현재 미국, 캐나다, 싱가포르, 말레이시아 등에서 달러가 화폐의 기본 단위로 사용되고 있다.
미국의 화폐 단위(Money Unit)에는 달러(Dollar)와 센트(Cent)가 있으며 1달러는 100Cent이다.
지폐(Bill)는 1달러, 5달러, 10달러, 20달러, 50달러, 100달러 등이 있으며
크기는 156mm×66mm로 모두 같다. 2달러짜리 지폐도 있는데 좀 귀한 편이다.
동전(Coin)에는 1cent(penny), 5cents(nickel), 10cents(dime),
25cents(quarter), 50cents(half dollar), 1dollar 등이 있다.
모두 앞면에 LIBERTY(자유), IN GOD WE TRUST(우리는 신을 믿는다)라는 문자가 새겨져 있다.
초상화가 있는 앞면을 heads라고 하며 금액이 표시되어 있는 뒷면을 tails라고 한다.
5센트짜리 동전이 10센트짜리 동전보다 크기 때문에 주의를 요한다.
자동판매기, 공중전화기, 주차기 등에서는 25센트짜리 동전이 가장 일반적으로 사용되고,
1센트짜리 동전은 사용되지 않는다.

Transformation of Sentence

07. 문장 전환

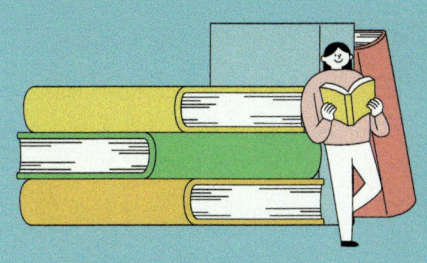

07 문장 전환(Transformation of Sentences)

　문장 전환은 크게 구조상 문장 전환과 의미상 문장 전환으로 나눌 수가 있다. 의미상 문장 전환은 특별한 법칙이 있는 것이 아니고, 자신의 언어 구사 능력에 따라 자연스럽게 같은 의미의 문장으로 만들어 쓰는 것이다. 구조상 문장 전환은 같은 의미의 문장을 다른 구조로 바꾸어 쓰는 것이다. 여기에는 일정한 법칙이 있다. 그리고 이 구조상 문장 전환을 모르면 고급 영문을 이해하지도 못하고 또 쓸 수도 없다. 여기에서는 고급 영문을 해독하고 쓸 수 있는 능력을 기를 수 있도록 구조상 문장 전환을 체계적으로 다루었다.

1. 명사절

1) that절

(1) 주어절

예문 1 그가 갑자기 나타난 것이 이상하였다.

1. It was strange that he appeared suddenly.
2. It was strange for him to appear suddenly.
3. It was strange his appearing suddenly.
4. His sudden appearance was strange.

　1번 문장 It was strange that he appeared suddenly는 한정동사 was와 appeared가 종속접속사 that으로 이어진 문이므로 복문이다. 이러한 복문은 단문으로 구조상 문장 전환이 가능하다. 복문을 단문으로 바꾼다는 것은 종절의 한정동사를 비한정동사로 바꾼다는 뜻이다. 비한정동사에는 부정사(to+동사원형)와 분사(동사원형ing)가 있는데, 문장 전환을 할 때 부정사로 먼저 바꾼 다음 분사로 바꾼다.

　2번 문장은 종절인 that절을 부정사(to+동사원형)로 바꾼 것이다. 부정사로 바꿀 때 주절은 변화가 없으므로 그대로 오고, 종절의 한정동사 appeared가 비한정동사인 부정사 to appear로 바뀐다. 이에 따라 형식상 주어 he는 의미상 주어 for him으로 바뀌어야 한다.(부정사의 의미상 주어는 목적격인데 목적격임을 알려주는 허사 for를 동반하여 'for+목적격'으로 쓴다.) 종속접속사 that은 종속절이 부정사구로 바뀌었으므로 생략된다.(종속접속사는 절 앞에는 올 수 있지만 구 앞에는 올 수 없기 때문이다.)

3번 문장은 부정사(to+동사원형)를 분사(동사원형ing)로 바꾼 것이다. 부정사 to appear가 분사 appearing으로 바뀌면 부정사의 의미상 주어 목적격 for him은 분사의 의미상 주어 속격 his로 바뀐다. 분사(동사원형ing)도 구의 일종이므로 명사구, 형용사구, 부사구로 쓰이는데 명사구로 쓰일 때를 동명사라 한다. 즉 동사원형ing가 명사의 역할을 한다는 말이다. 여기서 appearing은 주어의 역할을 하므로 명사용 분사, 즉 동명사이다.

4번 문장은 동명사 appearing을 명사 appearance로 바꾼 것이다. appearing이 동명사일 때는 동사의 기능을 지니고 있으므로 부사 suddenly의 수식을 받을 수 있었지만, 명사 appearance로 바뀌면 부사는 명사를 수식할 수 없으므로 부사 suddenly는 형용사 sudden으로 바뀌어 전위 수식해야 한다. 그래서 sudden이 appearance 앞으로 가서 his sudden appearance가 된다. his appearing suddenly가 his sudden appearance라는 명사로 바뀌면 가주어 it을 쓸 필요가 없다. 주어가 that절이나 부정사구, 분사구(동명사)일 때는 가주어 it이 필요했지만, appearance라는 명사가 주어가 되면 가주어(it)가 필요 없으므로 가주어 it 자리에 His sudden appearance를 쓴다.

> 어떤 글을 영어로 쓸 때, 절보다는 부정사구가 더 고급 문이고 부정사구보다는 분사구가 더 고급 문이다. 그보다는 명사로 쓴 글이 최고급 문이다. 명사로 전환된 문장을 번역할 때 '그의 갑작스런 나타남이'가 아니고 '그가 갑자기 나타난 것이'임을 유의해야 한다. His는 본래 의미상 주어였으므로 '그가'로 번역해야 하고, sudden은 suddenly라는 부사에서 온 형용사이므로 '갑자기(suddenly)'로 번역해야 한다.

위 1~4번 문장의 도해는 다음과 같다.

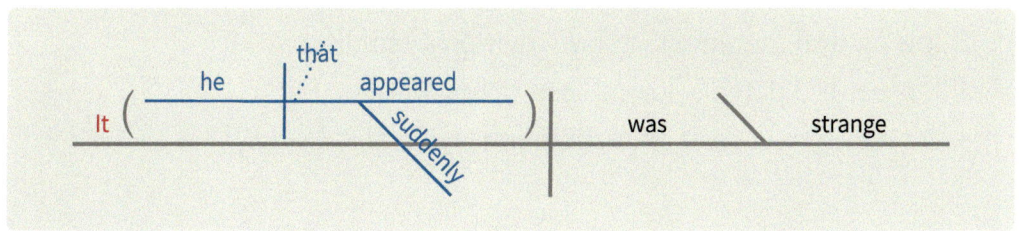

7. 문장 전환(Transformation of Sentences) **275**

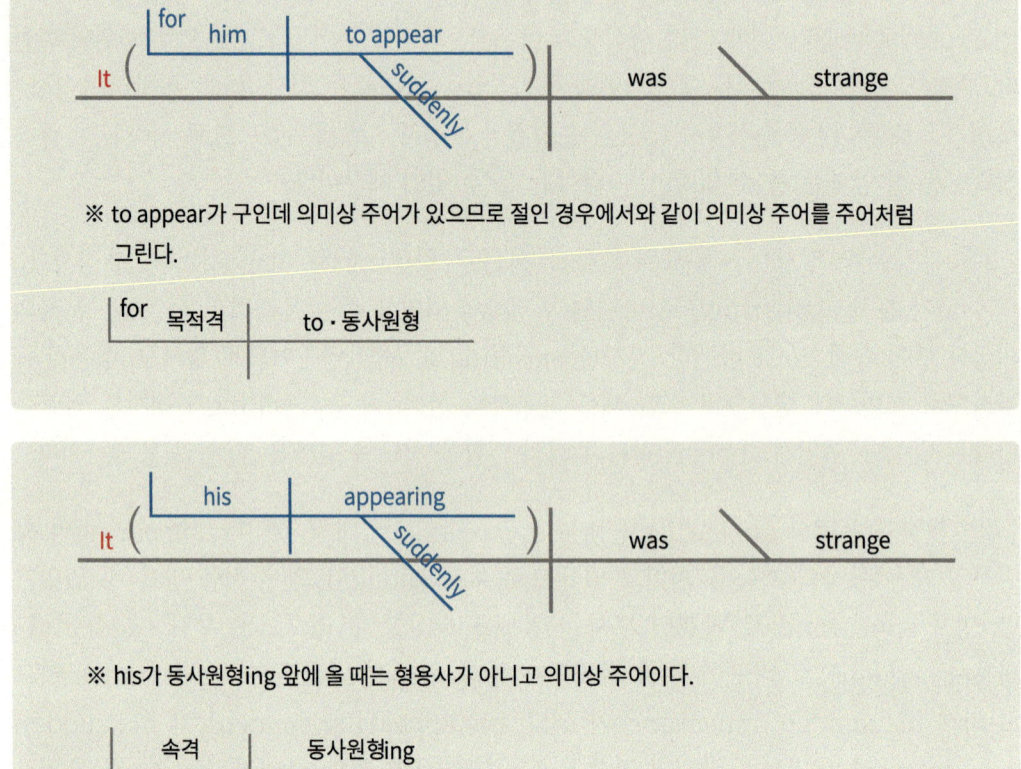

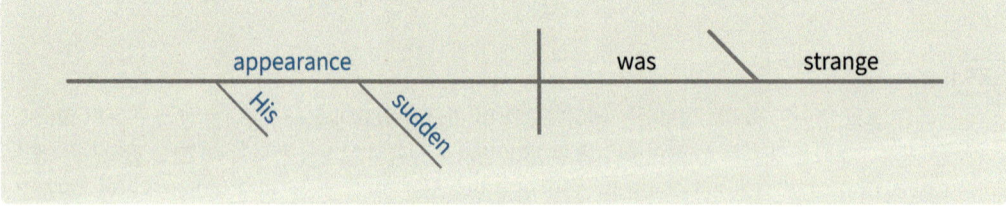

예문 2   부모가 자기 자녀를 사랑하는 것은 당연하다.

1. It is natural that parents love their own children.
2. It is natural for parents to love their own children.
3. It is natural parents' loving their own children.
4. Parents' love of their own children is natural.

2번 문장은 부정사(to+동사원형)로 바꾼 것이다. 한정동사인 love는 비한정동사인 부정사 to love로, 형식상 주어 parents는 의미상 주어 목적격 for parents로 바꾸고, 목적어 their own children은 변화 없이 그대로 온다. that은 종속접속사이므로 생략된다.

3번 문장은 분사(동사원형ing)로 바꾼 것이다. 부정사 to love를 분사 loving으로, 부정사의 의미상 주어 for parents는 분사의 의미상 주어 속격 parents'로 바꾼다.

4번 문장은 동명사 loving을 명사 love로 바꾼 것이다. loving이라는 동명사는 동사의 기능을 지니고 있으므로 their own children이라는 목적어를 지배할 수 있지만 love라는 명사는 목적어를 지배할 수 없다. 그래서 명사 love 뒤에 their own children이 love의 목적어였음을 알려주는 목적어 표시 전치사 of를 써야 한다. 이와 같이 parents' loving their own children이라는 동명사가 parents' love of their own children이라는 명사로 바뀌면 가주어(it)가 필요 없으므로 가주어(it) 자리에 Parents' love of their own children을 쓴다.

예문 3 우리가 깊이 그 문제를 검토하는 것이 필요하다.

1. It is necessary that we investigate the problem deeply.
2. It is necessary for us to investigate the problem deeply.
3. It is necessary our investigating the problem deeply.
4. Our deep investigation of the problem is necessary.

동명사 investigating이 명사 investigation으로 바뀔 때 명사는 목적어를 지배할 수 없으므로 investigation 뒤에 목적어 표시 전치사 of를 쓴다. 그리고 부사 deeply는 형용사 deep으로 바뀌어 명사 앞으로 가서 investigation을 수식한다. 그래서 our deep investigation of the problem으로 변하여 가주어(it)를 없애고 그 자리(주어 자리)로 간다.

Our deep investigation of the problem을 번역할 때 Our는 의미상 주어였으므로 '우리의'가 아니라 '우리가'로, deep은 부사 deeply에서 바뀐 것이므로 '깊은'이 아니라 '깊이'로 번역해야 하며, of the problem은 of가 목적어 표시이므로 '그 문제의'가 아니라 '그 문제를'로 번역해야 한다.

예문 4 그들이 영어를 잘 아는 것은 좋은 일이다.

1. It is good that they know English well.
2. It is good of them to know English well.
3. It is good their knowing English well.
4. Their good knowledge of English is good.

2번 문장에서 부정사의 의미상 주어는 'for+목적격'을 쓰는 것이 원칙이나, good, bad, kind, generous, nice, foolish, silly, stupid, considerate, thoughtful, thoughtless, careless, unkind, mean, cruel, clever, wise, honest, right, rude, unfair 등의 형용사 보어 뒤에서는 'of+목적격'을 쓴다.

동명사 knowing이 명사 knowledge로 바뀌면 부사 well은 형용사 good으로 바뀌어 knowledge 앞으로 간다.(부사 well은 형용사로 바뀔 때 good으로 바뀌고, 부사 very는 형용사로 바뀔 때 great로 바뀐다.) 그래서 their good knowledge of English로 변하여 가주어(it) 자리로 간다.

Their good knowledge of English를 번역할 때 Their는 의미상 주어였으므로 '그들이'로 번역해야 하며, knowledge 앞에 온 good은 부사 well이 형용사 good으로 바뀐 것이므로 '좋은'이 아니라 '잘(well)'로 번역해야 한다. 또 of English는 of가 목적어 표시이므로 '영어를'로 번역해야 한다.

well → good   very → great

예문 5 그가 매우 부지런한 것은 일상적인 일이다.

1. It is usual that he is very diligent.
2. It is usual for him to be very diligent.
3. It is usual his being very diligent.
4. His great diligence is usual.

3번 문장의 his being very diligent가 4번 문장의 his great diligence로 바뀌는 과정은 다음과 같다.

being은 동명사이지만 명사형이 없으므로 단독으로 명사로 바뀌지 못하고, being 뒤에 있는 형용사 보어와 결합하여 명사로 바뀐다. 그래서 being과 diligent가 합쳐져서 diligence로 바뀌게 된다. 부사 very는 수식받던 diligent가 명사 diligence로 바뀌었으므로 형용사 great로 바뀌어 전위 수식해야 한다. 그래서 his being very diligent가 his great diligence로 바뀐 것이다.

His great diligence를 번역할 때 His는 본래 주어 he에서 전환된 것이므로 '그가'로 번역해야 하며, great는 부사 very가 형용사로 전환된 것이므로 '매우(very)'로 번역해야 한다.

예문 6 그 책이 매우 귀중하다니 놀랍다.

1. It is amazing that the book is very valuable.
2. It is amazing for the book to be very valuable.
3. It is amazing being very valuable of the book. (×)
4. The great value of the book is amazing.

부정사에서 분사로 바뀔 때 본래는 It is amazing the book's being very valuable 이다. 그런데 의미상 주어 the book이 무생물 명사이므로 of the book의 형식을 취하여 뒤로 간다.(무생물 명사 속격은 's 대신에 of의 형태를 취하여 뒤로 가기 때문이다. 예를 들어 '책의 표지' 할 때 the book's cover 하지 않고 the cover of the book 한다.) 그러나 3번 문장은 실제로는 쓰이지 않는다.

동명사에서 명사로 바뀌는 과정은 다음과 같다. being과 valuable이 합쳐져 명사 value로 바뀌고, 부사 very는 형용사 great로 변하여 전위 수식한다. 그리고 의미상 주어가 뒤로 가고 없으므로 관사 the를 써서 the great value of the book이 된다. 이와 같이 명사로 바뀌어 가주어(it) 자리로 간다.

The great value of the book을 번역할 때 of the book이 의미상 주어였으므로 '그 책이'로 번역해야 되며, great는 '매우(very)'로 번역해야 된다.

예문 7   그가 그 사실을 알아도 소용없다.

> 1. It is no good that he knows the fact.
> 2. It is no good for him to know the fact.
> 3. It is no good his knowing the fact.
> 4. His knowledge of the fact is no good.

no good에서 good이 형용사가 아니라 명사이기에 부정사의 의미상 주어를 of him으로 쓰지 않고 for him으로 썼다.

예문 8   집에 누군가 있다는 것은 사실이다.

> 1. It is a fact that there is somebody at home.
> 2. It is a fact for there to be somebody at home.
> 3. It is a fact there being somebody at home.

that절이 유도부사 문인 경우, 부정사로 바뀔 때 유도부사 앞에 허사 for를 쓴다. 분사로 바뀔 때는 의미상 주어 속격 대신에 통격(주격과 목적격의 모양이 같은 것)을 쓴다. 그래서 통격 somebody를 쓴 것이다.

(2) 목적어절

예문 1   우리는 많은 동물들이 식물의 열매를 먹기를 좋아한다는 것을 알고 있다.

> 1. We know (that) many animals like to eat the fruits of plants.
> 2. We know for many animals to like to eat the fruits of plants. (×)
> 3. We know many animals to like to eat the fruits of plants.

목적어절을 부정사로 전환하면 2번 문장과 같이 되는데 이 문장은 쓰이지 않는다. 2번 문장에서 허사 for를 생략하면 many animals가 목적어, to like…가 목적보어가 되는 3번 문장과 같은 5형식 문장이 된다. 그래서 간편한 3번 문장이 쓰이고, 2번 문장은 목적어절이 5형식으로 바뀌는 하나의 과정일 뿐이며 쓰이지 않는다.

1, 3번 문장의 도해는 다음과 같다.

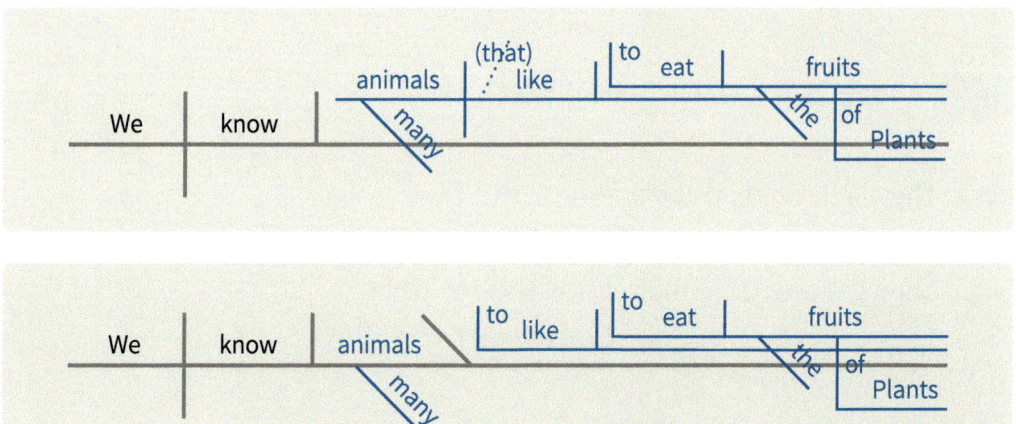

 5형식 문장은 복문이 단문으로 된 글이다. 따라서 5형식 동사의 목적보어는 부정사여야 한다.(복문이었을 때 5형식 동사의 목적어는 주어였고, 목적보어는 동사였기 때문이다.) 그런데 목적보어가 부정사 이외의 것(명사, 대명사, 형용사, 분사)일 때는 그 앞에 언제나 to be가 생략된 것이다. 목적보어로 쓰이는 to be는 생략될 수 있기 때문이다.

- 목적보어는 원칙적으로 부정사가 온다.
- 목적보어가 부정사 아닌 '명사, 대명사, 형용사, 현재분사, 과거분사'가 올 때는 언제나 그 앞에 to be가 생략된 경우이다.
- 목적보어로 쓰이는 to be는 생략될 수 있다.

예문 2 나는 그가 정직한 소년이라고 믿는다.

1. I believe (that) he is an honest boy.
2. I believe for him to be an honest boy. (×)
3. I believe him to be an honest boy.
4. I believe him an honest boy.

3번 문장은 2번 문장에서 허사 for를 생략하여 5형식 문장으로 만든 것이며, 4번 문장은 3번 문장에서 목적보어로 쓰인 to be를 생략함으로써 an honest boy라는 명사가 목적보어가 된 것이다.

예문 3 그들은 이 책의 저자가 그녀라고 믿는다.

> 1. They believe (that) the author of this book is she.
> 2. They believe for the author of this book to be her. (×)
> 3. They believe the author of this book to be her.
> 4. They believe the author of this book her.

2번 문장은 쓰이지 않는 문장이지만, 목적어절이 부정사로 바뀌는 과정을 설명하자면 다음과 같다. 목적어절 that절에서는 the author가 한정동사 is의 주어로 주격이므로 보어도 주격보어라야 한다. 그래서 보어가 주격 she이다. 2번 문장에서는 for the author가 부정사의 의미상 주어로 목적격이므로 보어 she도 목적격 her로 바꾸어야 한다.

4번 문장은 목적보어로 쓰인 to be가 생략됨으로써 her라는 대명사가 목적보어가 된 것이다.

예문 4 우리는 그가 대단히 위대하다고 생각한다.

> 1. We think (that) he is very great.
> 2. We think for him to be very great. (×)
> 3. We think him to be very great.
> 4. We think him very great.

4번 문장은 목적보어로 쓰인 to be가 생략됨으로써 very great라는 형용사가 목적보어가 된 것이다.

예문 5 그는 그녀가 행복하지 않다고 생각한다.

1. He thinks (that) she is not happy.
2. He thinks for her not to be happy. (×)
3. He thinks her not to be happy.
4. He thinks her unhappy.

부정어 부정사는 부정어(not, never)가 부정사 앞에 온다. 그러므로 to be not이 아니고 not to be이다.

목적보어 to be를 생략하면 He thinks her not happy인데 not은 동사만 수식하지 형용사나 부사를 수식하지 못한다. 따라서 not이 형용사 happy를 수식할 수 없으므로 형용사 happy에 부정접두어를 붙여 unhappy로 쓴다.

형용사나 분사가 부정어와 결합될 때는 부정접두어(un, im, in, ir, dis…)를 사용한다.

1, 3, 4번 문장의 도해는 다음과 같다.

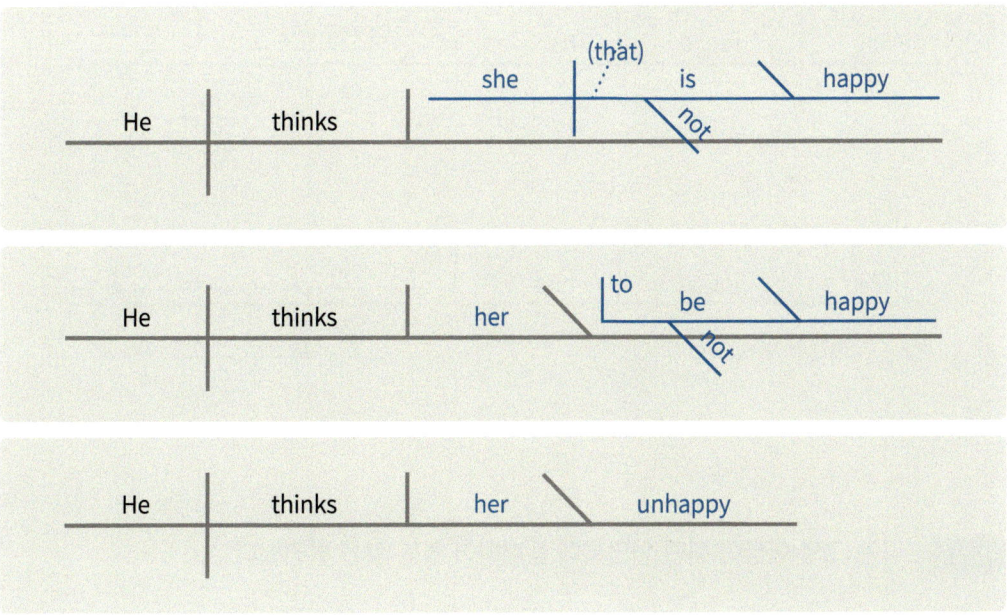

예문 6 그녀는 그가 도서관에서 열심히 책을 읽고 있는 것을 발견했다.

1. She found (that) he was reading the book hard in the library.
2. She found for him to be reading the book hard in the library. (×)
3. She found him to be reading the book hard in the library.
4. She found him reading the book hard in the library.

3번 문장은 진행부정사인 to be reading…이 목적보어가 된 경우이며, 4번 문장은 목적보어로 쓰인 to be가 생략됨으로써 reading이 현재분사로서 목적보어가 된 것이다. 현재분사가 목적보어일 때는 언제나 진행(~고 있~) 의미를 지닌다.

1, 3, 4번 문장의 도해는 다음과 같다.

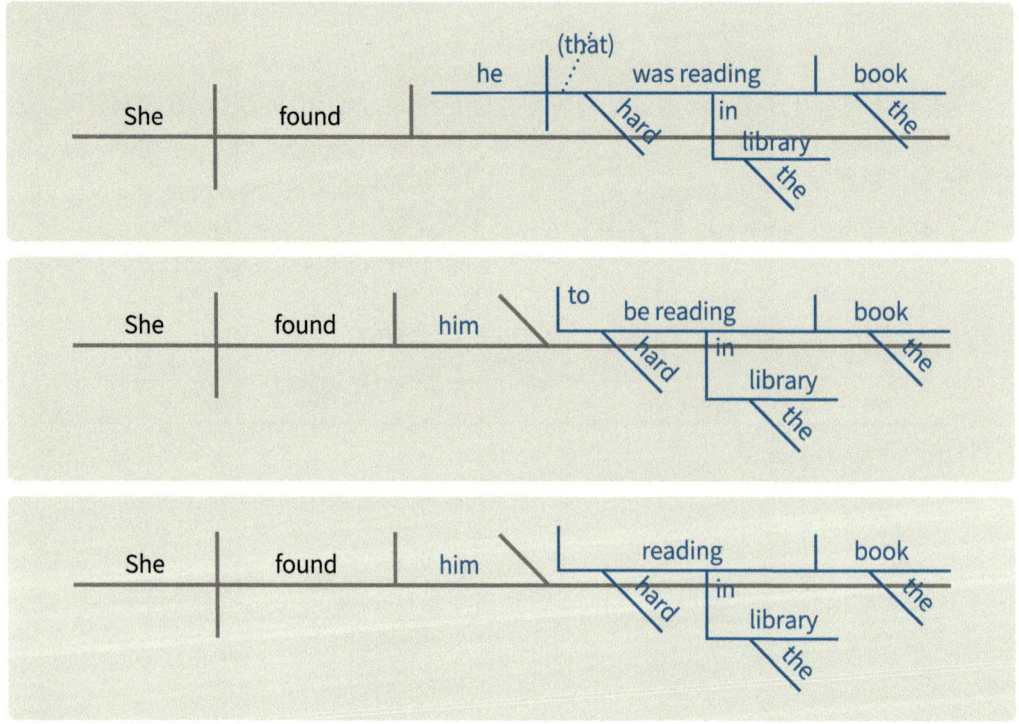

예문 7 나는 그의 이름이 어떤 인명록에 등재되어 있는 것을 발견했다.

1. I found (that) his name was listed in some directory.
2. I found for his name to be listed in some directory. (×)

3. I found his name to be listed in some directory.
4. I found his name listed in some directory.

3번 문장의 to be listed…는 피동 부정사로서 목적보어이다. 4번 문장은 목적보어로 쓰인 to be가 생략되어 과거분사 listed…가 목적보어가 된 것이다. 목적보어가 과거분사일 때는 피동 의미이다.

3, 4번 문장의 도해는 다음과 같다.

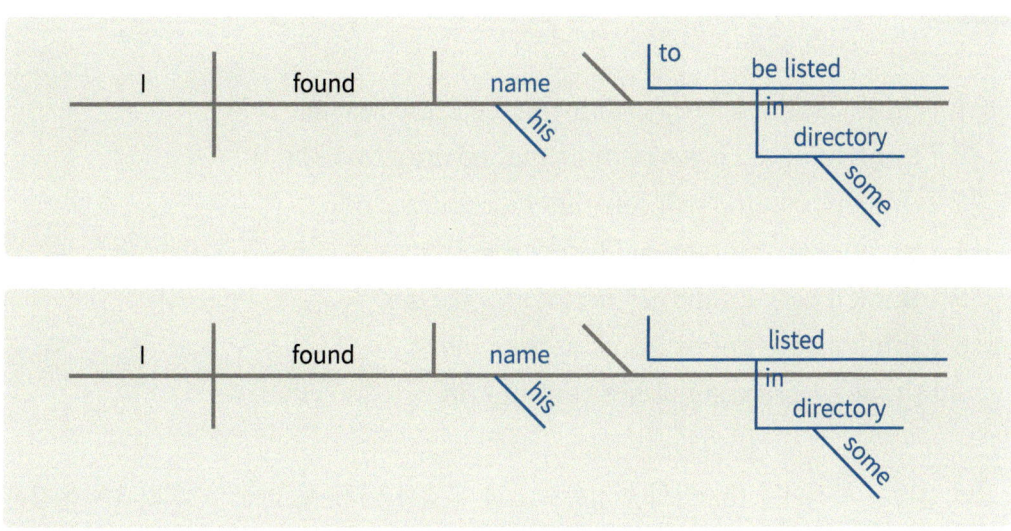

예문 8   그는 그녀가 혼자 있는 것을 발견했다.

1. He found (that) she was alone.
2. He found for her to be alone. (×)
3. He found her to be alone.
4. He found her alone.

alone이 부사인데 목적보어 to be가 생략되면서 목적보어 자리에 왔다.

예문 9   그녀는 그 책이 탁자 위에 있다고 생각한다.

1. She thinks (that) the book is on the table.
2. She thinks for the book to be on the table. (×)
3. She thinks the book to be on the table.
4. She thinks the book on the table.

on the table이 부사구인데 목적보어 to be가 생략되면서 목적보어 자리에 왔다.

예문 10 나는 그가 그녀를 비난하는 것은 매우 부당하다고 생각한다.

1. I think (that) it is very unfair that he criticizes her.
2. I think for it to be very unfair that he criticizes her. (×)
3. I think it to be very unfair that he criticizes her.
4. I think it very unfair that he criticizes her.
5. I think it very unfair of him to criticize her.
6. I think it very unfair his criticizing her.
7. I think his criticism of her very unfair.

2번 문장은 목적어절 that절의 한정동사 is를 부정사 to be로 바꾼 것이고, 3번 문장은 for를 생략하여 5형식 문장으로 만든 것이며, 4번 문장은 목적보어 to be가 생략되어 형용사 unfair가 목적보어가 된 것이다.

5번 문장은 4번 문장의 that절의 한정동사 criticizes를 부정사 to criticize로 바꾼 것인데, 형용사 unfair 다음에는 부정사의 의미상 주어를 'of+목적격'으로 쓴다.

6번 문장은 부정사 to criticize를 분사 criticizing으로 바꾼 것이다.

7번 문장은 동명사 criticizing을 명사 criticism으로 바꾼 것인데, 동명사가 명사로 바뀌었으므로 가목적어 it 자리로 his criticism of her가 갔다.

예문 11 우리는 그가 그 회합에 참석할 것을 주장했다.

1. We insisted that he attend the meeting.
2. We insisted on for him to attend the meeting. (×)
3. We insisted on his attending the meeting.
4. We insisted on his attendance at the meeting.

앞의 문장들은 목적어절 that절을 문장 전환하면 5형식으로 바뀌었다. 그러나 모든 동사가 다 5형식으로 바뀌는 것은 아니다. insist 동사는 5형식으로 쓰이지 않는다. 따라서 insist는 that절을 바꾸면 5형식으로 되지 않고 그대로 3형식 문장이 된다. 이와 같이 3형식 문장으로 될 때는 전치사를 동반하는데 insist는 전치사 on을 동반한다.

3번 문장은 부정사 to attend를 분사 attending으로 바꾼 것이다.

4번 문장은 동명사 attending을 명사 attendance로 바꾼 것이다. 명사 attendance로 바꿀 때 목적어 표시 of 대신에 at을 썼다. 목적어를 부사구처럼 번역하는 동사(attend, enter, inhabit, approach…)가 명사로 바뀔 때는 목적어 표시 of 대신에 다른 전치사를 쓴다. 즉, attendance는 at, entrance는 into, inhabitation은 in/at, approach는 to 등을 쓴다.(목적어를 부사구처럼 번역하는 3형식 동사는 61쪽 참조)

3, 4번 문장의 도해는 다음과 같다.

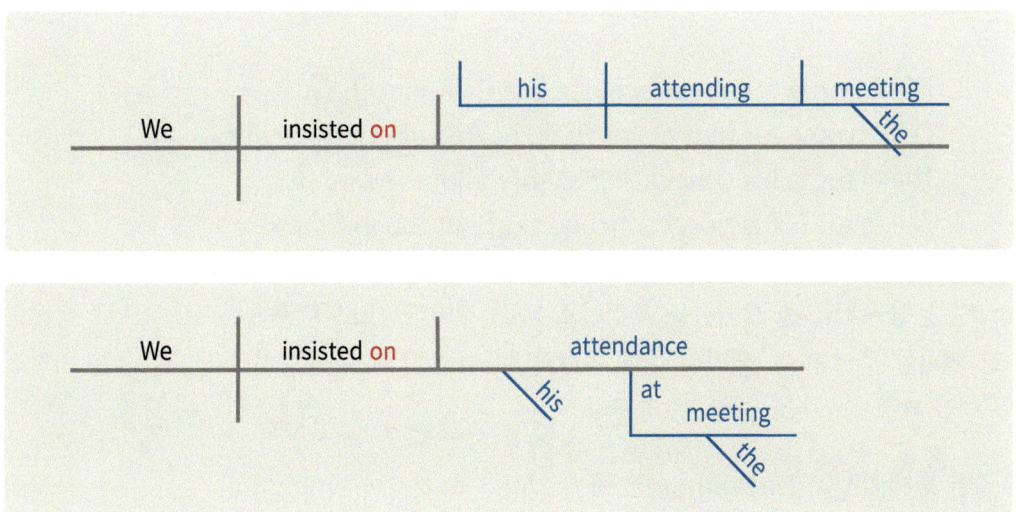

예문 12 우리는 자동차가 오기를 기다렸다.

1. We waited that the car came.
2. We waited for the car to come.
3. We waited for coming of the car.
4. We waited for the coming of the car.

insist 동사처럼 wait 동사도 5형식으로 쓰이지 않으므로 that절을 부정사로 바꿀 때 전치사를 동반하는데 wait는 for를 동반한다. 그런데 부정사의 의미상 주어 표시 허사 for와 같으므로 전치사 for를 또 쓰지 않고, 허사 for가 전치사의 기능을 겸한다. 그러므로 이때는 waited가 for the car to come을 목적어로 지배하고 있는 것이다. "She longed for him to succeed.(그녀는 그가 성공하기를 간절히 바랐다.)"도 같은 경우이다.

3번 문장은 분사로 바꾼 것인데 waited가 전치사 for를 동반하였고, car가 무생물 명사이므로 'of~' 속격의 형태를 써서 coming 뒤에 왔다.

4번 문장은 동명사 coming을 명사 coming으로 바꾼 것이다.

(3) 보어절

예문 1 실수는 그가 그 일에 대해 성급하게 결론지은 것이다.

1. The error is that he concludes hastily about the matter.
2. The error is for him to conclude hastily about the matter.
3. The error is his concluding hastily about the matter.
4. The error is his hasty conclusion about the matter.

2번 문장은 that절 보어절을 부정사로 바꾼 것이다. that은 종속접속사이므로 생략하고, 형식상 주어 he는 의미상 주어 목적격 for him으로, 한정동사 concludes는 비한정 동사인 부정사 to conclude로 바꾼다.

3번 문장은 분사(동사원형ing)로 바꾼 것이다. 부정사의 의미상 주어 for him은 분사의 의미상 주어 속격 his로, 부정사 to conclude는 분사 concluding으로 바꾼다.

4번 문장은 동명사(명사용 분사) concluding을 명사 conclusion으로 바꾼 것이다.

동명사 concluding이 명사 conclusion으로 바뀌면 부사 hastily는 형용사 hasty로 바뀌어 conclusion 앞으로 간다. 그리고 concluding을 수식하던 부사구 about the matter는 형용사구로 바뀌어 conclusion 다음에 온다. 즉 동명사(concluding)가 명사(conclusion)로 바뀌면 부사는 형용사로, 부사구는 형용사구로 바뀐다.

1~4번 문장의 도해는 다음과 같다.

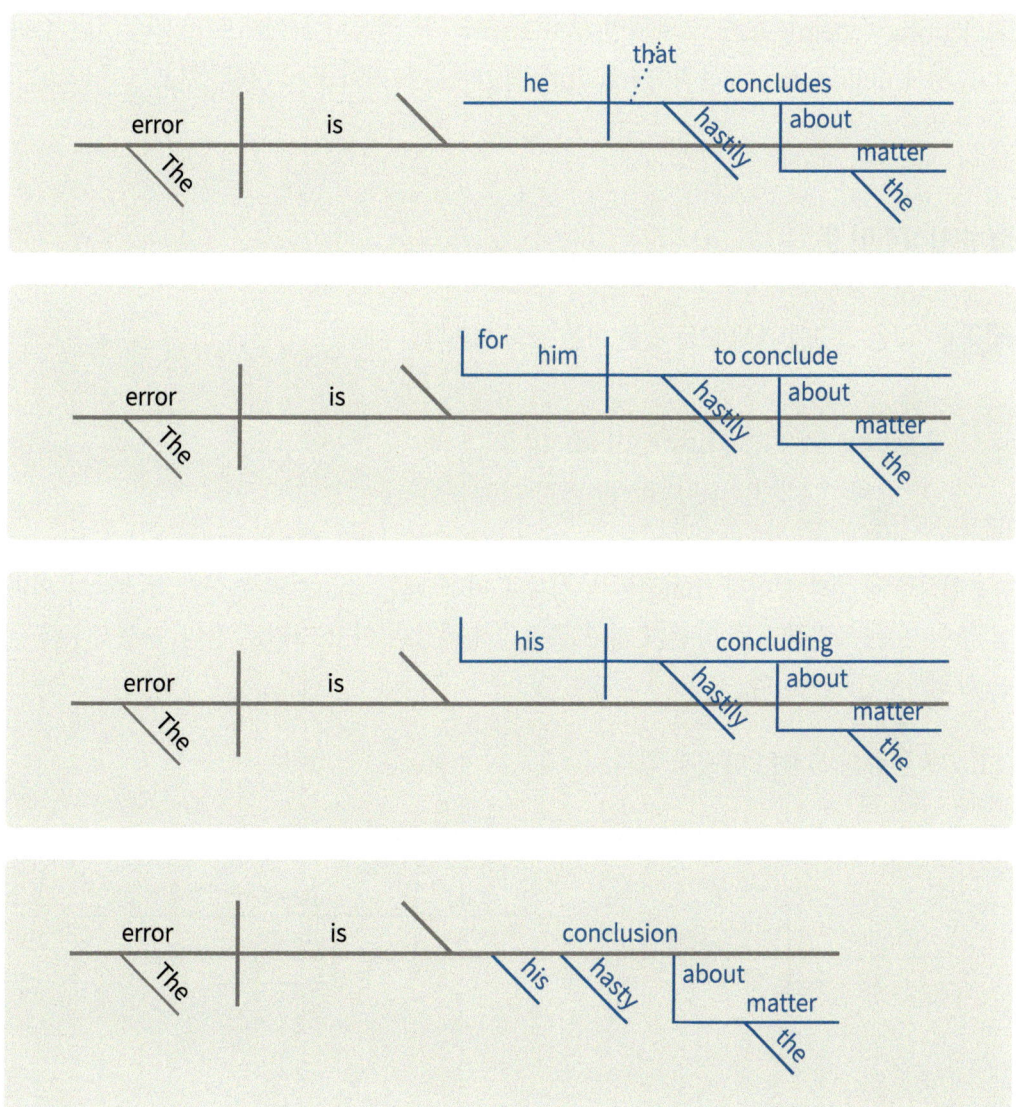

예문 2 그 이유는 그가 전적으로 자기의 의무를 게을리한 것이다.

1. The reason is that he neglects his duty entirely.
2. The reason is for him to neglect his duty entirely.
3. The reason is his neglecting his duty entirely.
4. The reason is his entire negligence of his duty.

4번 문장은 동명사(명사용 분사) neglecting이 명사 negligence로 바뀐 것이다. neglecting이 negligence로 바뀌면 부사 entirely는 형용사 entire로 바뀌어 전위 수식하고, 명사 negligence와 목적어 his duty 사이에는 목적어 표시 of를 쓴다.

❋ 순형식주어 문

예문 1 그는 그것에 관해 모든 것을 아는 듯이 보인다.

1. It seems that he knows all about it.
2. He seems to know all about it.

순형식주어 문의 보어절 that절이 부정사로 바뀔 때는 that절의 주어가 부정사의 의미상 주어 'for+목적격'으로 바뀌지 않고 주절의 형식상 주어 it 자리로 간다. 순형식주어 문은 부정사로만 전환된다.

1, 2번 문장의 도해는 다음과 같다.

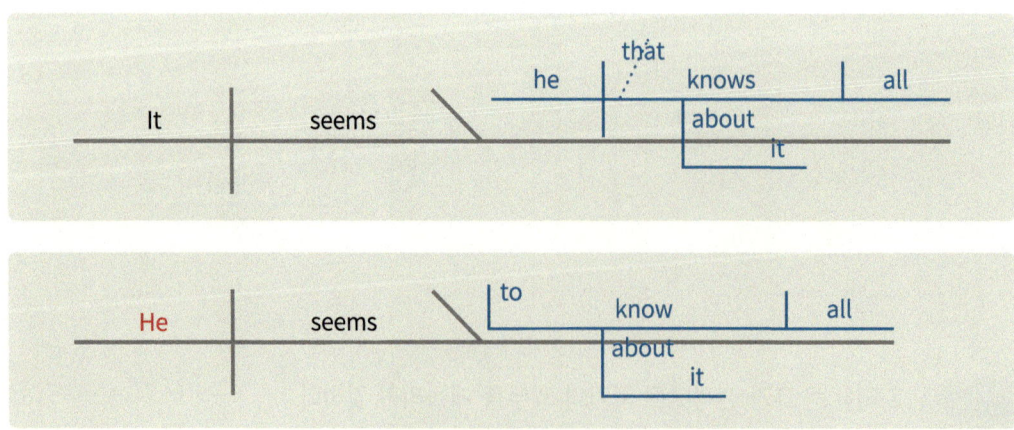

> **예문 2** 그녀는 그곳에 없었던 것 같다.

> 1. It seems that she was not there.
> 2. She seems not to have been there.

seems는 현재이고 was는 과거이다. 이와 같이 종절이 주절보다 앞선 시제일 때는 완료부정사를 쓴다.

부정어 부정사는 부정어가 허사 to 앞에 오므로 not to have been이다.

> **예문 3** 그들은 행복한 것 같다.

> 1. It appears that they are happy.
> 2. They appear to be happy.

부정사로 바뀔 때 주어가 they이므로 appears가 아니라 appear라는 것에 주의해야 한다.

> **예문 4** 나는 역에서 우연히 그녀를 만났다.

> 1. It happened that I saw her at the station.
> 2. I happened to see her at the station.

> **예문 5** 우리는 우연히 같은 열차에 탔다.

> 1. It chanced that we rode in the same train.
> 2. We chanced to ride in the same train.

2) 의문사절 목적어절

예문 1   우리는 어떻게 우리가 이러한 문제를 해결해야 할지를 알 수 없다.

1. We can't know how we shall solve this problem.
2. We can't know how to solve this problem.

의문사절을 부정사로 전환하면 의문사 부정사가 되는데 그 과정은 다음과 같다.
　how는 의문부사이므로 그대로 오고 we는 for us로 바뀌지만 주절의 주어와 같으므로 생략한다. shall은 조동사이므로 생략하고 solve는 to solve로 바뀐다.
　분사로 바꾸면 We can't know how solving this problem이 되는데 이 문장은 쓰이지 않는다. 왜냐하면 의문사 부정사(의문사·to+동사원형)는 있지만 의문사 분사(의문사·동사원형ing)는 없기 때문이다.

부정사의 의미상 주어를 생략하는 경우
• 주절의 주어와 같을 때
• 내용상 잘 알 수 있을 때
• 일반 주어(we, you, they, people, one 등)일 때

1, 2번 문장의 도해는 다음과 같다.

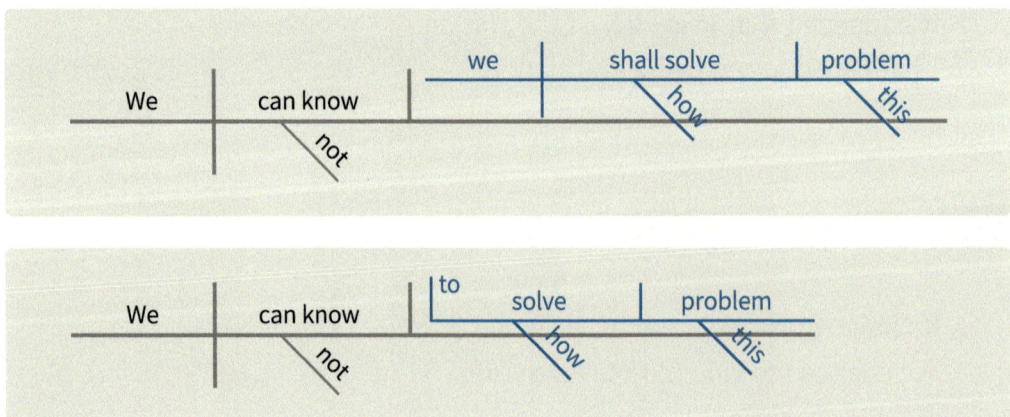

예문 2   나는 그에게 내가 훌륭한 사람이 되기 위해서 무슨 책을 읽어야 하는지를 물어보았다.

1. I asked him what books I should read to be a great man.
2. I asked him what books to read to be a great man.

의문사절을 부정사로 바꾸면 what은 의문형용사이므로 수식받는 명사 books를 동반하여 그대로 온다. I는 부정사의 의미상 주어 for me로 바뀌는데 주절의 주어와 같으므로 생략한다. should read는 'to+동사원형'이어야 하므로 조동사 should를 생략하고 to read로 바꾼다.

1, 2번 문장의 도해는 다음과 같다.

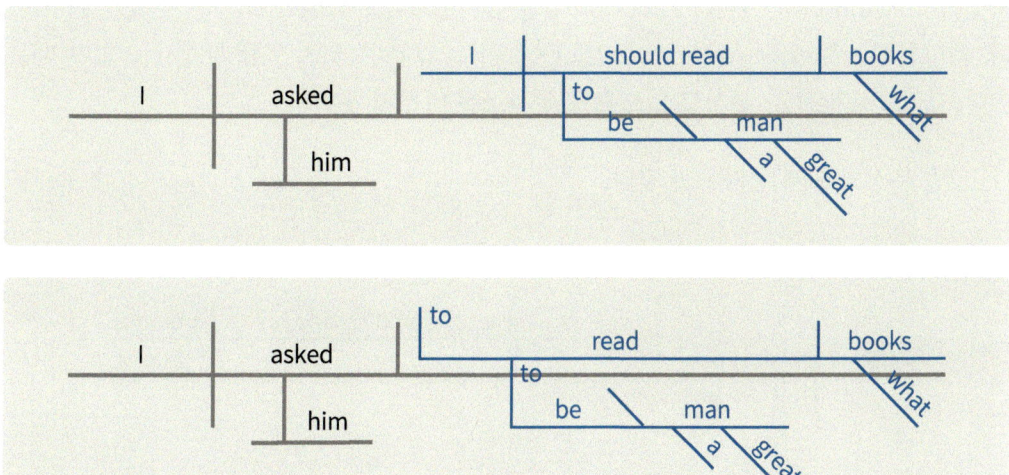

예문 3 우리는 언제 우리가 실직하거나 아플지 모른다.

1. We do not know when we might be unemployed or sick.
2. We do not know when to be unemployed or sick.

3) if/whether절 목적어절

예문 1 그는 자기가 그 위험을 모면하게 될 것인지 아닌지를 알지 못했다.

> 1. He did not know if/whether he would escape the danger.
> 2. He did not know whether to escape the danger.

if/whether절을 부정사로 바꾸면 if나 whether는 종속접속사이므로 생략하고, he는 부정사의 의미상 주어 for him으로 바뀌는데 주절의 주어와 같으므로 생략한다.(의미상 주어가 주절의 주어와 다를 경우는 생략할 수 없으므로 바꾸지 못한다.) would escape는 부정사로 바뀌어야 하므로 조동사 would는 생략하고 to escape로 바꾼다. 그런데 if/whether절을 부정사로 바꿀 때는 if/whether절에서 부정사로 전환되었음을 나타내 주는 부사 whether를 부정사 앞에 써넣어야 한다. 이때의 whether는 if/whether절의 종속접속사 whether가 아니라 부사이다. if절이라 할지라도 whether라는 부사를 써야 한다. 왜냐하면 whether 부정사(whether·to+동사원형)는 있지만 if 부정사는 없기 때문이다. 그리고 whether 분사도 없으므로 분사로는 바꾸지 못한다.

1, 2번 문장의 도해는 다음과 같다.

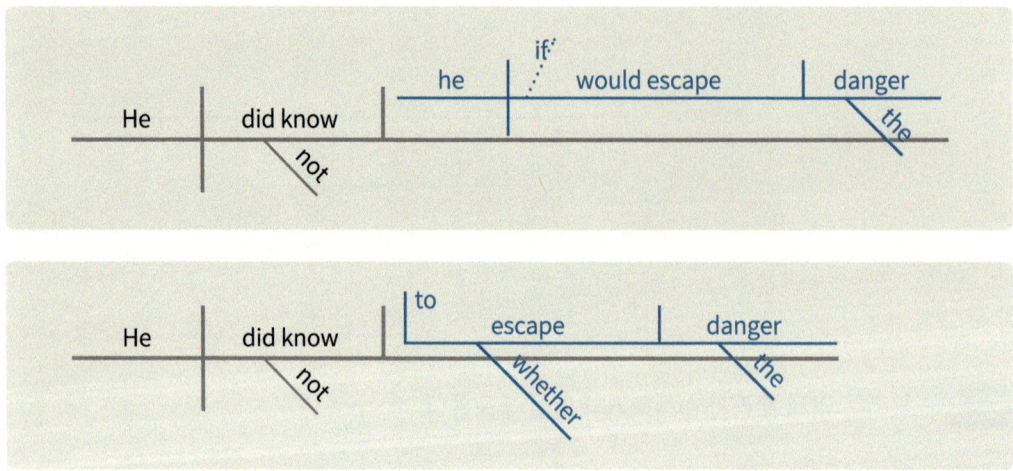

예문 2 그는 자기가 이 연구과제에 특별한 기여를 할 것인지 말 것인지를 결정해야 한다.

> 1. He has to decide if/whether he will make a unique contribution to this project.
> 2. He has to decide whether to make a unique contribution to this project.

4) what절 주어절

예문 그가 발견한 것은 자연에서 일어나는 일이다.

1. What he discovers is the thing to occur in the nature.
2. For him to discover is the thing to occur in the nature.
3. His discovering is the thing to occur in the nature.
4. His discovery is the thing to occur in the nature.
5. His discovery is the occurrence in the nature.

2번 문장은 what절 주어절을 부정사로 바꾼 것인데 what은 보어가 제시하는 의미와 같기 때문에 문장 전환할 때 생략한다. 3번 문장은 분사로 바꾼 것이고, 4번 문장은 동명사 discovering을 명사 discovery로 바꾼 것이다. 5번 문장은 주어의 의미인 what을 생략해서 discovery가 주어로 되었으므로 보어인 thing을 생략하고 형용사구 to occur를 명사 occurrence로 만들어서 보어로 쓴 것이다.

2. 형용사절

1) 관계대명사

(1) who

예문 1 그는 스페인어를 잘 아는 사람이다.

1. He is the man who knows Spanish well.
2. He is the man to know Spanish well.
3. He is the man of knowing Spanish well.
4. He is the man of the good knowledge of Spanish.

2번 문장은 형용사절을 부정사로 바꾼 것이다. 한정동사 knows가 비한정동사인 부정사 to know로 바뀌면 형용사절에서 knows의 주어 역할을 하는 who는 의미상 주어 목적격 for whom으로 바뀐다. 그런데 관계대명사 목적격은 생략할 수 있으므로 whom을 생략하면 whom이 목적격임을 암시하기 위해서 붙인 허사 for도 함께 생략된다. 그래서 to know Spanish well이 된 것이다.

3번 문장은 2번 문장의 부정사 to know Spanish well을 분사(동사원형ing)로 바꾼 것이다. 분사로 바꾸면 knowing Spanish well이 되는데 동사원형ing가 형용사용 분사(동형용사: 명사를 수식하는 동사원형ing)일 때는 진행의 의미를 지닌다. 그래서 형용사용 분사(형용사구)가 기본 시제나 완료 시제일 때는 진행 시제가 아님을 나타내기 위해서 분사 앞에 아무 의미 없는 시제 표시 전치사 of를 쓴다. 그래서 of knowing Spanish well이 된 것이다. 그런데 시제 표시 전치사 of를 분사 앞에 쓰면 of knowing…는 형용사구이지만 knowing만은 전치사 of 다음에 왔으므로 전치사 of의 목적어로서 동명사가 된다.

4번 문장은 3번 문장의 동명사 knowing을 명사 knowledge로 바꾼 것이다. 동명사 knowing이 명사 knowledge로 바뀌면 부사 well은 형용사 good으로 바뀌어 전위 수식하고, 명사 knowledge는 목적어를 지배할 수 없으므로 knowledge 뒤에 목적어 표시 전치사 of를 쓴다. 그리고 의미상 주어가 생략되고 없으므로 관사 the를 쓰면 of the good knowledge of Spanish가 된다.

2~4번 문장의 도해는 다음과 같다.

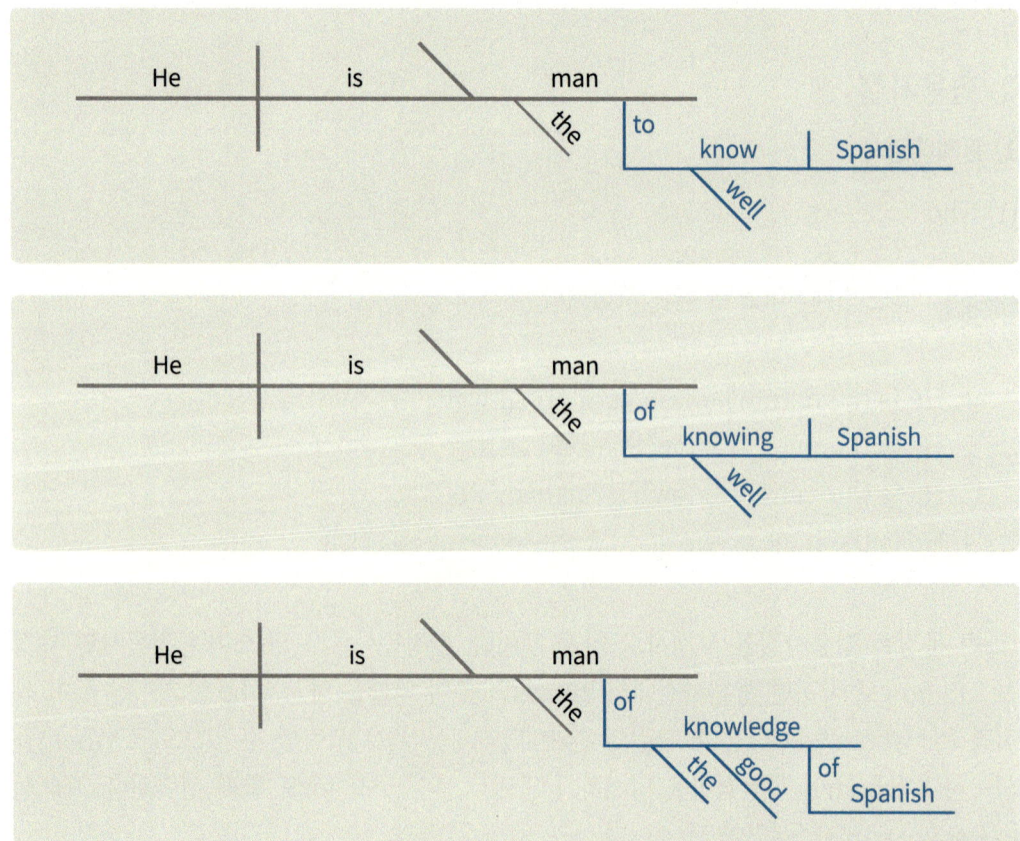

예문 2 그녀는 매우 아름다운 여인이다.

1. She is the woman who is very beautiful.
2. She is the woman to be very beautiful.
3. She is the woman of being very beautiful.
4. She is the woman of great beauty.
5. She is a very beautiful woman.

3번 문장은 2번 문장의 부정사를 분사로 바꾼 것이다. to be very beautiful을 분사로 바꾸면 being very beautiful이 되는데, 형용사구 being이 기본 시제이므로 분사 앞에 시제 표시 전치사 of를 써서 of being very beautiful이 된 것이다.

4번 문장은 동명사 being이 형용사 beautiful과 합쳐져 명사 beauty로 바뀌고, 부사 very는 형용사 great로 바뀌어 전위 수식하여 of great beauty가 된 것이다.

5번 문장은 2번 문장의 형용사구 to be very beautiful에서 to be를 분사 being으로 바꿀 때 기본 시제이므로 being 앞에 시제 표시 전치사 of를 쓰면 being은 of 전치사의 목적어로 동명사가 되어 버리므로 이때는 being을 생략할 수 없지만, of를 쓰지 않은 상태에서는 being이 형용사용 분사(동형용사)이므로 생략할 수 있다.(being은 동명사가 아닐 때는 생략할 수 있기 때문이다.) 그러면 very beautiful만 남게 되는데 형용사 very beautiful이 후위 수식할 이유가 없으므로 전위 수식하여 She is a very beautiful woman이 된다. 이때 the가 a로 바뀌는데 그 이유는 제한된 형용사구나 형용사절의 수식을 받을 때는 the를 쓰지만, 형용사구나 절이 아닌 형용사 beautiful의 수식을 받으므로 본래의 관사 a(보어로 쓰이는 명사 앞에 와서 그와 같은 류의 일종을 나타냄)를 쓴 것이다.

being은 동명사가 아닐 때는 생략할 수 있다.

'전치사+관사 없는 추상명사'가 형용사구이면 형용사처럼 번역하므로 4번 문장의 of great beauty를 very beautiful로 번역한다. of beauty를 형용사(beautiful)처럼 번역해야 되므로 형용사 great는 부사(very)처럼 번역해야 된다.

예문 3 홀에서 바이올린을 연주하고 있는 소녀는 내 누이이다.

> 1. The girl who is playing the violin in the hall is my sister.
> 2. The girl to be playing the violin in the hall is my sister.
> 3. The girl playing the violin in the hall is my sister.

2번 문장은 형용사절 who is playing the violin in the hall을 부정사로 바꾼 것으로 to be playing the violin in the hall이 진행 부정사로 형용사구이다.

3번 문장은 분사로 바꾼 것이다. to be playing the violin in the hall을 분사로 바꾸면 being playing the violin in the hall이 된다. 그런데 형용사구(being playing)가 진행 시제이므로 분사 앞에 of를 쓰지 않는다. of를 쓰지 않으면 being은 형용사용 분사(동형용사)이므로 생략할 수 있다. 그래서 playing the violin in the hall이 된 것이다. 여기서 playing이 후위 수식한 것은 목적어 the violin과 부사구 in the hall을 동반했기 때문이다.(분사가 목적어나 보어, 부사구 등을 동반하거나, 형용사가 부사구를 동반할 때는 후위 수식한다. 이러한 것을 동반하지 않을 때는 전위 수식한다.) 그리고 형용사용 분사는 언제나 진행의 의미를 지닌다. 그래서 playing을 '연주하고 있는'으로 번역하는 것이다.

2, 3번 문장의 도해는 다음과 같다.

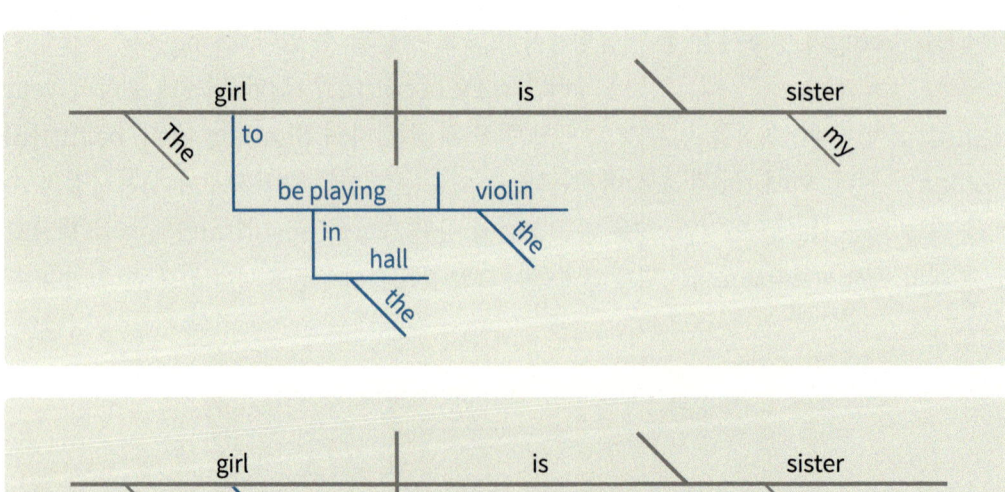

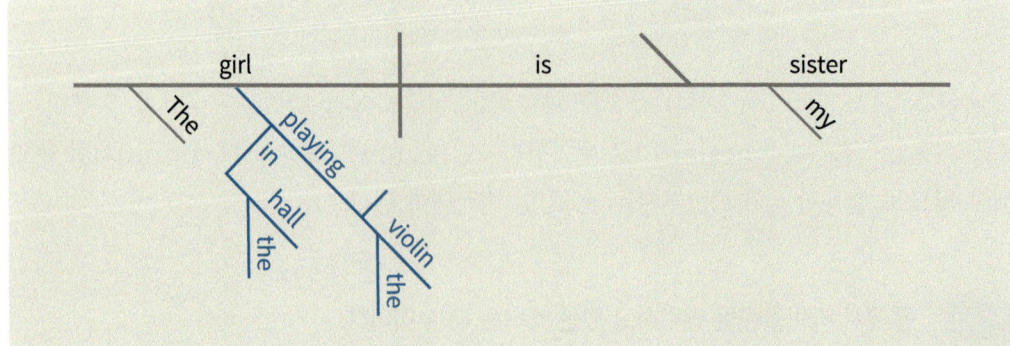

그녀는 (홀에서) 춤추는 소녀이다.

1. She is the girl who dances (in the hall).
2. She is the girl to dance (in the hall).
3. She is the girl of dancing (in the hall).

※ of dancing은 in the hall이 있으나 없으나 반드시 후위 수식하므로 girl 다음에 온다.

그녀는 춤추고 있는 소녀이다.

1. She is the girl who is dancing.
2. She is the girl to be dancing.
3. She is a dancing girl.

그녀는 홀에서 춤추고 있는 소녀이다.

1. She is the girl who is dancing in the hall.
2. She is the girl to be dancing in the hall.
3, She is the girl dancing in the hall.

※ dancing은 dancing만 있으면 전위 수식하지만 in the hall이라는 부사구를 동반했을 때는 후위 수식한다.

예문 4 내 생일에 나에게 그 책을 사 주신 분은 내 할아버지이시다.

1. The man who bought me the book on my birthday is my grandfather.
2. The man to have bought me the book on my birthday is my grandfather.
3. The man of having bought me the book on my birthday is my grandfather.

형용사절 who bought me the book on my birthday를 부정사로 바꾸면 for whom은 관계대명사 목적격이므로 생략하니 to buy me the book on my birthday가 된다. 그런데 주절은 is로 현재 시제이고 종절은 bought로 과거 시제이다. 이와 같이 종절이 주절보다 앞선 시제일 때는 완료 부정사를 쓴다. 그래서 to have bought me the book on my birthday가 된 것이다.

2번 문장의 부정사를 분사로 바꾸면 having bought me the book on my birthday가 되는데, 형용사구(having bought)가 완료 시제이므로 분사 앞에 시제 표시 전치사 of를 써서 of having bought me the book on my birthday가 된 것이다.

예문 5 그는 애너벨이라고 하는 소녀를 사랑한다.

> 1. He loves the girl who is called Annabel.
> 2. He loves the girl to be called Annabel.
> 3. He loves the girl of being called Annabel.
> 4. He loves the girl called Annabel.

2번 문장은 형용사절 who is called Annabel을 부정사로 바꾼 것으로 to be called Annabel이 피동 부정사로써 형용사구이다.

3번 문장은 분사로 바꾼 것이다. to be called Annabel을 분사로 바꾸면 being called Annabel인데, 형용사구(being called)가 기본 시제이므로 분사 앞에 시제 표시 전치사 of를 써서 of being called Annabel이 된 것이다.

to be called Annabel을 분사로 바꿀 때 분사 앞에 of를 쓰지 않은 being called Annabel인 상태에서는 being이 형용사용 분사(동형용사)이므로 생략될 수 있다. 그래서 being을 생략한 문장이 4번 문장이다. 여기서 called는 보어 Annabel을 동반했으므로 그대로 후위 수식한 것이다.

2~4번 문장의 도해는 다음과 같다.

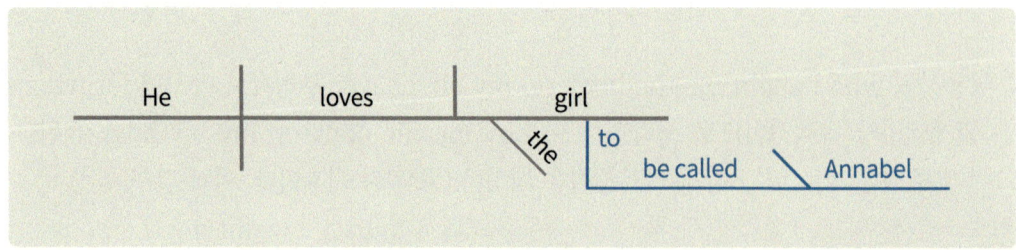

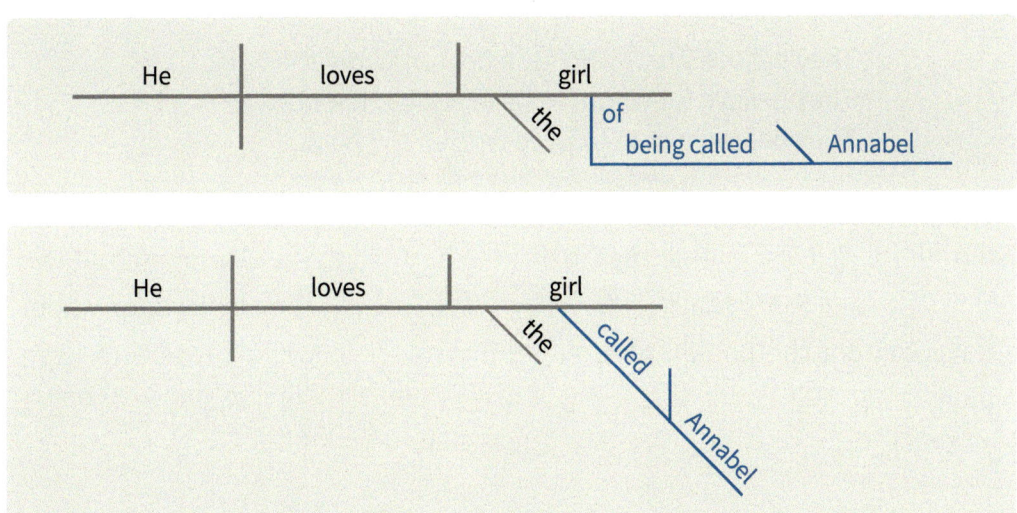

예문 6 그는 그녀가 방으로 몰래 들어가고 있는 것을 본 유일한 목격자다.

1. He is the only witness who saw her stealing into the room.
2. He is the only witness to have seen her stealing into the room.
3. He is the only witness of having seen her stealing into the room.

예문 7 이분은 사람들이 그 책을 쓴 것으로 믿는 박사이다.

1. This is the doctor who they believe wrote the book.
2. This is the doctor (whom) they believe to have written the book.
3. This is the doctor to believe to have written the book.
4. This is the doctor of believing to have written the book.
5. This is the doctor who is believed to have written the book.
6. This is the doctor to be believed to have written the book.
7. This is the doctor of being believed to have written the book.
8. This is the doctor believed to have written the book.

2번 문장은 형용사절의 목적어절(that절)을 부정사로 바꾸어 형용사절을 5형식 단문으로 만든 것이다.

> They believe (that) who(=the doctor) wrote the book.
> They believe for whom to have written the book. (×)
> They believe whom to have written the book.

who 이하의 형용사절은 본래 they believe (that) who(=the doctor) wrote the book이었다. 이 문장에서 that절 목적어절을 부정사로 바꾸면 they believe for whom to have written the book이 된다. 여기에서 wrote가 to write가 아니라 to have written으로 된 것은 종절의 시제가 주절의 시제보다 앞선 시제이기 때문에 완료 부정사를 쓴 것이다.

they believe for whom to have written the book에서 believe가 5형식 동사로 쓰이므로 for만 생략하면 they believe whom to have written the book이라는 5형식 문장이 된다. 이 5형식 문장에서 whom이 종절 문 앞으로 가서 whom 이하의 종절을 이끌고 선행사 doctor 다음에 온 문장이 2번 문장이다. 이때 whom은 관계대명사 목적격이므로 생략될 수 있다.

3번 문장은 2번 문장의 형용사절을 부정사로 바꾼 것이다. whom은 관계대명사 목적격이므로 생략하고, they believe to have written the book을 부정사로 바꾸면 for them은 일반 주어이므로 생략되어 to believe to have written the book이 된다.

4번 문장은 부정사 to believe to have written the book을 분사 believing to have written the book으로 바꾸고, 형용사구가 기본 시제이므로 시제 표시 전치사 of를 분사 앞에 쓴 것이다.

5번 문장은 2번 문장의 형용사절을 피동으로 바꾼 것이다.

> They believe whom to have written the book.
> Who is believed to have written the book.

2번 문장의 형용사절은 본래 they believe whom to have written the book이었다. 이 문장을 피동으로 바꾸면 who is believed to have written the book (by them)인데 by them은 they가 일반 주어이므로 생략된다. 이 피동 문장이 선행사 doctor 다음에 온 것이 바로 5번 문장이다.

6번 문장은 5번 문장의 형용사절을 부정사로 바꾼 것이다.

7번 문장은 6번 문장의 부정사 to be believed를 분사로 바꾸고 형용사구(being believed)가 기본 시제이므로 시제 표시 전치사 of를 분사 앞에 쓴 것이다.

8번 문장은 부정사에서 분사로 바뀔 때 시제 표시 전치사 of를 쓰지 않으면 being은 동명사가 아니라 형용사용 분사(동형용사)이므로 생략되어 believed to have written the book이 된 것이다. 이때 believed가 후위 수식한 것은 to have written the book이라는 보어구를 동반했기 때문이다.

2~8번 문장의 도해는 다음과 같다.

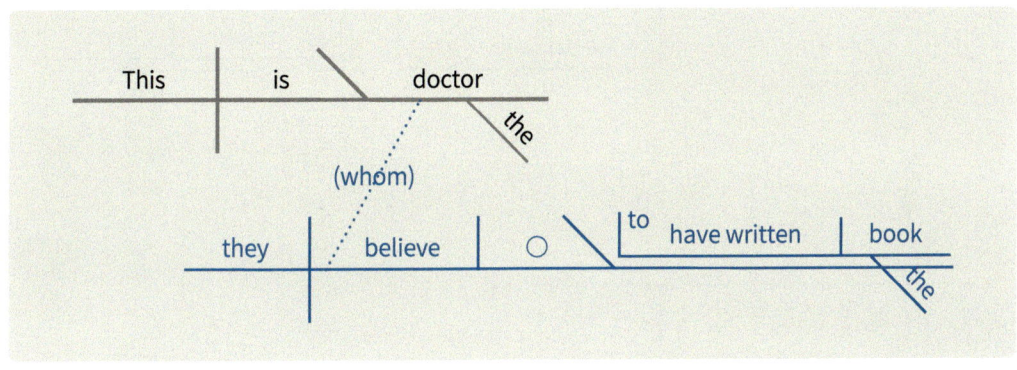

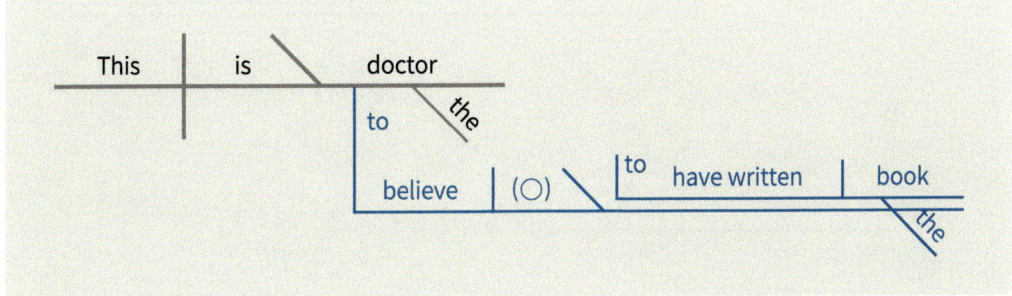

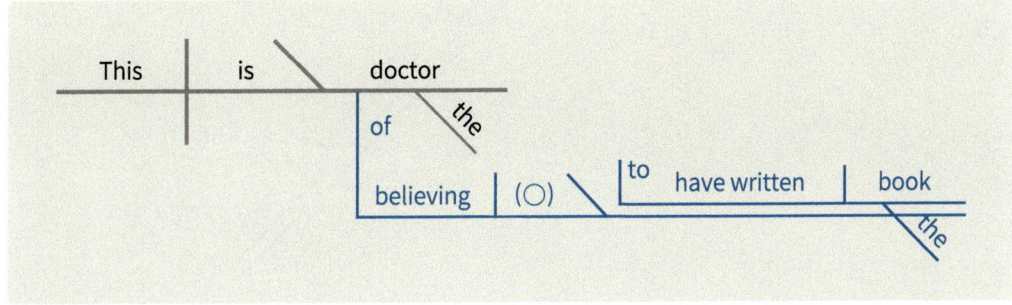

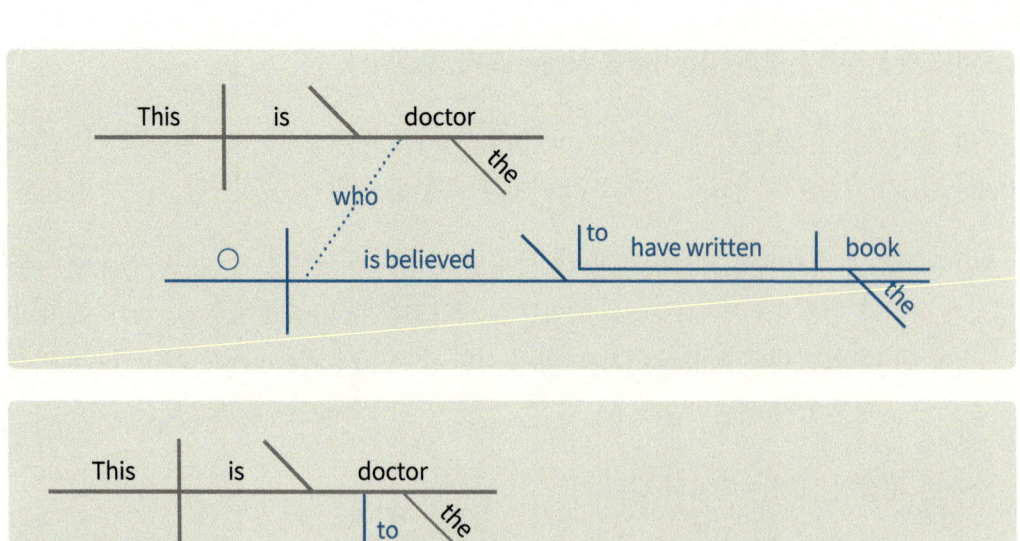
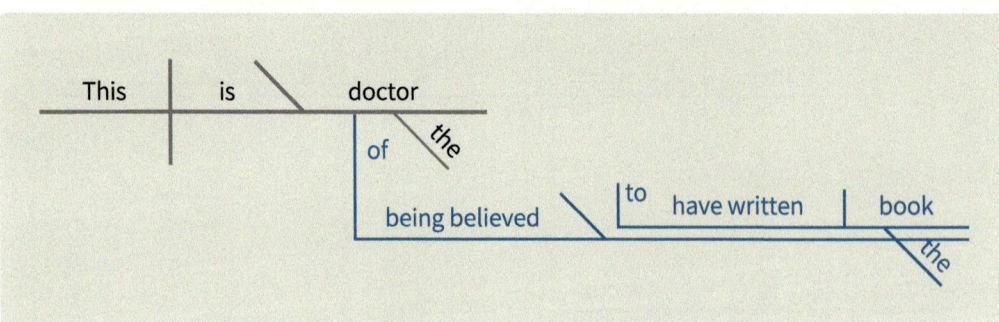
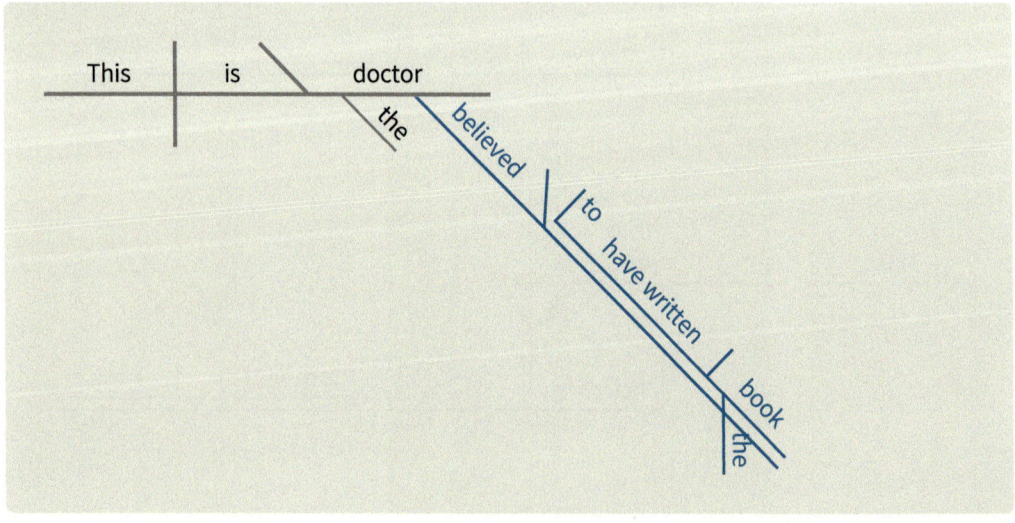

예문 8 그는 열세 살 소년이다.

1. He is the boy who is thirteen years old.
2. He is the boy to be thirteen years old.
3. He is the boy of being thirteen years old.
4. He is the boy thirteen years old.
5. He is a thirteen-year-old boy.

thirteen years가 old를 수식하는 부사용 대격이다. 형용사나 부사를 수식하는 부사용 대격은 전위 수식한다.

to be thirteen years old를 분사로 바꿀 때 분사 앞에 of를 쓰지 않은 being thirteen years old인 상태에서는 being이 형용사용 분사(동형용사)이므로 생략될 수 있다. 그래서 being을 생략한 문장이 4번 문장이다. old가 thirteen years라는 부사용 대격의 수식을 받기 때문에 boy 뒤에서 후위 수식하였다.

5번 문장은 thirteen years old를 하이픈(hyphen)으로 이어 한 단어 처리하여 boy 앞에 쓴 것이다. 이때 유의해야 할 점은 year가 단수여야 한다는 점이다. 속격과 지시형용사를 제외하고는 형용사는 반드시 단수라야 하기 때문이다.

예문 9 우리들의 여권을 가지고 있는 사람이 런던에서 길을 잃었다.

1. The man who has our passports gets lost in London.
2. The man to have our passports gets lost in London.
3. The man of having our passports gets lost in London.
4. The man with our passports gets lost in London.

4번 문장은 of having을 with로 의미상 문장 전환을 한 것이다.

(2) whom

예문 1 내가 어제 파티에서 만난 숙녀는 소설가이다.

> 1. The lady (whom) I met at the party yesterday is a novelist.
> 2. The lady for me to have met at the party yesterday is a novelist.
> 3. The lady of my having met at the party yesterday is a novelist.

2번 문장은 whom 이하의 형용사절을 부정사로 바꾼 것이다. 형용사절을 부정사로 바꾸면 whom은 관계대명사 목적격이므로 생략되고, I는 부정사의 의미상 주어 목적격 for me로, met은 주절의 동사(is)보다 앞선 과거 시제이므로 완료 부정사를 써서 to have met으로 바뀌어 for me to have met at the party yesterday가 된 것이다.

3번 문장은 부정사를 분사로 바꾼 것이다. 분사로 바꾸면 for me는 분사의 의미상 주어 속격 my로, to have met…는 having met…로 되는데 형용사구(having met)가 완료 시제이므로 분사 앞에 시제 표시 전치사 of를 써서 of my having met at the party yesterday가 된 것이다.

2, 3번 문장의 도해는 다음과 같다.

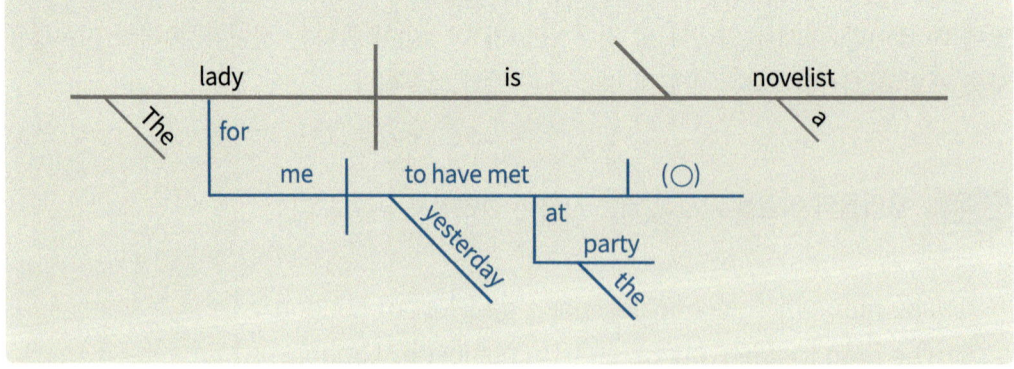

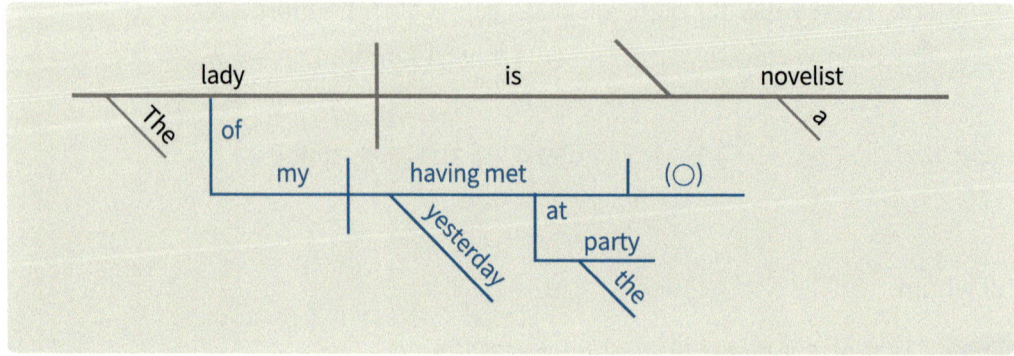

예문 2 그녀는 내가 친하게 아는 여인이다.

1. She is the woman (whom) I know intimately.
2. She is the woman for me to know intimately.
3. She is the woman of my knowing intimately.
4. She is the woman of my intimate knowledge.

2번 문장은 whom 이하의 형용사절을 부정사로 바꾼 것이고, 3번 문장은 분사로 바꾼 것이며, 4번 문장은 동명사 knowing을 명사로 바꾼 것이다. knowing이 명사 knowledge로 바뀌면서 부사 intimately는 형용사 intimate로 바뀌어 전위 수식하였다.

예문 3 그녀가 방문하고 싶어 하는 사람은 켄터키 산간 농장에서 산다.

1. The man (whom) she wants to visit lives on a Kentucky hill farm.
2. The man for her to want to visit lives on a Kentucky hill farm.
3. The man of her wanting to visit lives on a Kentucky hill farm.

2번 문장은 whom 이하의 형용사절을 부정사로 바꾼 것이고, 3번 문장은 분사로 바꾼 것이다. 분사 앞의 her는 속격이다.

예문 4 그녀는 우리가 요전 날 이야기했던 소녀이다.

1. She is the girl (whom) we talked about the other day.
2. She is the girl about whom we talked the other day.
3. She is the girl to have talked about the other day.
4. She is the girl of having talked about the other day.
5. She is the girl about whom to have talked the other day.

3번 문장은 1번 문장의 형용사절을 부정사로 바꾼 것이다. (whom) we talked about

the other day를 부정사로 바꾸면 we는 부정사의 의미상 주어 for us가 되는데 일반 주어이므로 생략하고, talked는 주절보다 앞선 시제이므로 완료 부정사를 써서 to have talked가 된 것이다.

4번 문장은 3번 문장의 부정사를 분사로 바꾸고 형용사구(having talked)가 완료 시제이므로 시제 표시 전치사 of를 분사 앞에 쓴 것이다.

5번 문장은 2번 문장의 형용사절을 부정사로 바꾼 것이다. about whom we talked the other day를 부정사로 바꾸면 관계대명사가 전치사를 동반했을 때는 목적격일지라도 생략하지 못하므로 about whom을 생략하지 않은 채 부정사로 바꾸어 about whom to have talked the other day가 된 것이다.

이 5번 문장을 분사로 바꾸면 She is the girl of about whom having talked the other day가 되는데 이런 문장은 쓰이지 않는다. 왜냐하면 의문사(또는 관계사) 부정사는 있지만 의문사(또는 관계사) 분사는 없기 때문이다.

3~5번 문장의 도해는 다음과 같다.

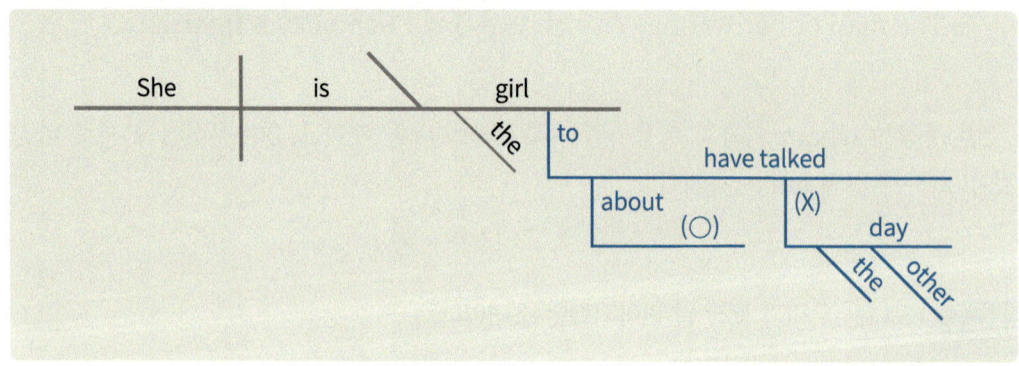

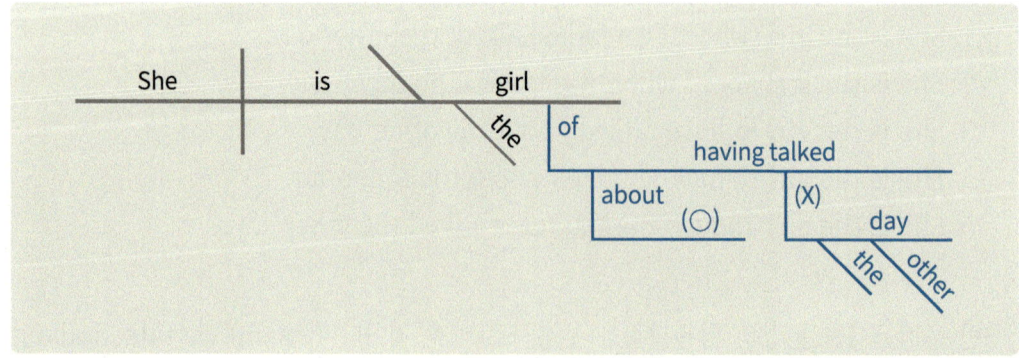

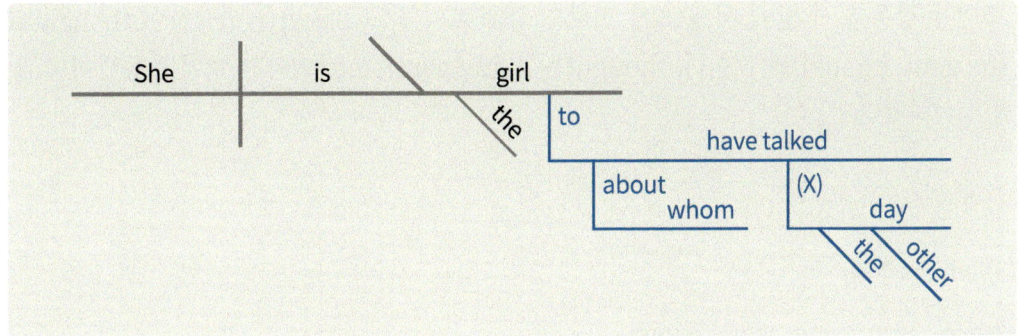

예문 5 이분은 우리가 훌륭한 신사라고 생각하는 분이다.

1. This is the man (whom) we think a fine gentleman.
2. This is the man to think a fine gentleman.
3. This is the man of thinking a fine gentleman.
4. This is the man who is thought a fine gentleman.
5. This is the man to be thought a fine gentleman.
6. This is the man of being thought a fine gentleman.
7. This is the man thought a fine gentleman.

2번 문장은 whom 이하의 형용사절을 부정사로 바꾼 것이며, 3번 문장은 분사로 바꾼 것이다. 4번 문장은 1번 문장의 whom 이하의 형용사절을 피동으로 바꾼 것이다.

> We think whom a fine gentleman.
> Who is thought a fine gentleman (by us).

whom 이하의 형용사절은 본래 we think whom a fine gentleman이었다. 이 문장을 피동으로 바꾸면 who is thought a fine gentleman (by us)이다.

5번 문장은 4번 문장의 who 이하의 형용사절을 부정사로 바꾼 것이고, 6번 문장은 5번 문장의 부정사 to be thought…를 분사 being thought…로 바꾸고 이 형용사구가 기본시제이므로 시제 표시 전치사 of를 분사 앞에 쓴 것이다.

7번 문장은 분사 앞에 시제 표시 전치사 of를 쓰지 않고 being을 생략하여 thought a fine gentleman이 된 것이다. thought는 a fine gentleman이라는 보어를 동반하여 후위 수식하였다.

(3) which(주격)

예문 1 이것은 매우 귀중한 책이다.

> 1. This is the book which is very valuable.
> 2. This is the book to be very valuable.
> 3. This is the book of being very valuable.
> 4. This is the book of great value.
> 5. This is a very valuable book.

2번 문장은 which 이하의 형용사절을 부정사로 바꾼 것이다. which is very valuable을 부정사로 바꾸면 for which to be very valuable인데 for which는 관계대명사 목적격이므로 생략되어 to be very valuable이 된 것이다.

3번 문장은 부정사 to be very valuable을 분사 being very valuable로 바꾸고 형용사구(being)가 기본 시제이므로 분사 앞에 시제 표시 전치사 of를 쓴 것이다.

4번 문장은 전치사 of의 목적어인 동명사 being을 명사로 바꾼 것이다. being과 valuable이 합쳐져 value로 되고, 부사 very는 형용사 great로 변하여 전위 수식한 것이다.

5번 문장은 부정사 to be very valuable이 분사 being very valuable로 바뀌면서 being이 생략되고 very valuable이 book 앞으로 가서 전위 수식한 것이다. valuable 뒤에 수식어(부사구)가 없기 때문에 전위 수식하였다. 그리고 제한된 형용사구나 절의 제한을 받지 않으므로 관사 the를 a로 바꾼다.

예문 2 이 책은 나에게 매우 유용한 책이다.

1. This is the book which is very useful to me.
2. This is the book to be very useful to me.
3. This is the book of being very useful to me.
4. This is the book of great use to me.
5. This is the book very useful to me.

5번 문장은 부정사 to be very useful to me가 분사 being very useful to me로 바뀌면서 being이 생략된 것이다. very useful이 book 뒤에서 후위 수식한 것은 to me라는 부사구를 동반했기 때문이다.

2~5번 문장의 도해는 다음과 같다.

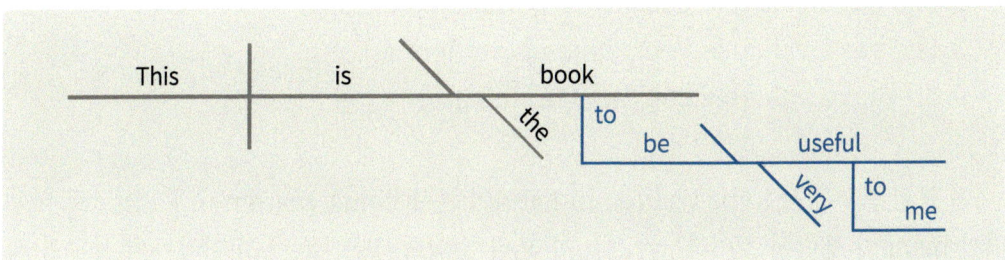

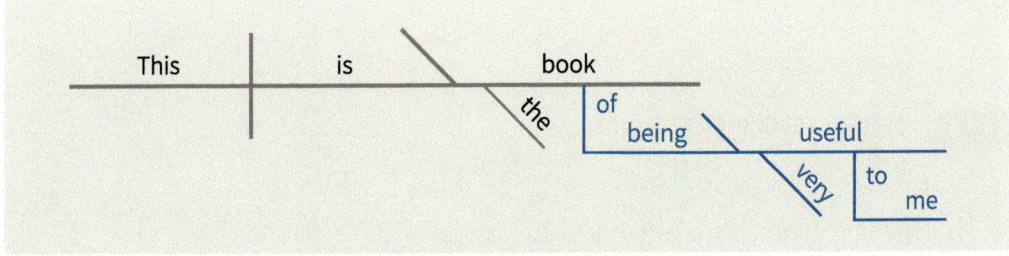

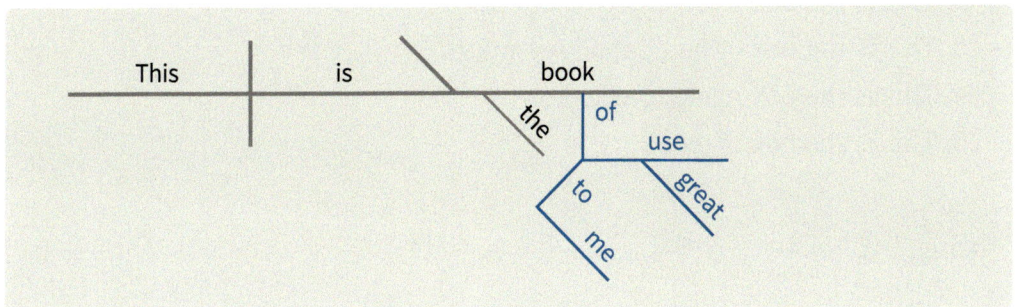

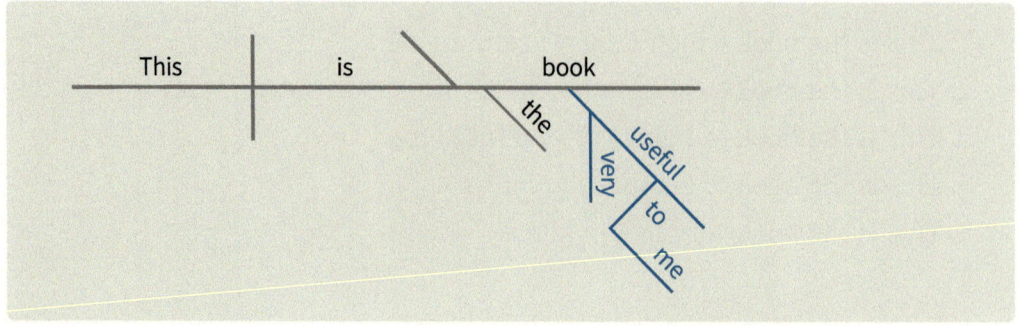

예문 3 그녀는 라틴어로 쓰인 귀중한 책 한 권을 가지고 있다.

1. She has a valuable book which is written in Latin.
2. She has a valuable book to be written in Latin.
3. She has a valuable book of being written in Latin.
4. She has a valuable book written in Latin.

4번 문장은 부정사 to be written in Latin이 분사 being written in Latin으로 바뀌면서 being이 생략된 것이다. written이 후위 수식한 것은 in Latin이라는 부사구를 동반했기 때문이다.

예문 4 이것은 나무로 만든 상자이다.

1. This is the box which is made of wood.
2. This is the box to be made of wood.
3. This is the box of being made of wood.
4. This is the box made of wood.
5. This is the box of wood.

being이 생략된 4번 문장에서 made가 후위 수식한 것은 of wood라는 부사구를 동반했기 때문이다.

종종 문맥상 made를 생략하여 5번 문장처럼 of wood를 형용사구로 쓰기도 한다.

예문 5 그녀는 물에서 헤엄치고 있는 백조에게 다가갔다.

1. She went to swans which were swimming in the water.
2. She went to swans to be swimming in the water.
3. She went to swans swimming in the water.

2번 문장은 which 이하의 형용사절을 부정사로 바꾼 것으로 to be swimming in the water가 진행 부정사로써 형용사구이다.

3번 문장은 분사로 바꾼 것이다. to be swimming in the water를 분사로 바꾸면 being swimming in the water인데 being이 형용사용 분사이므로 생략되어 swimming in the water가 된 것이다. swimming이 후위 수식한 것은 in the water라는 부사구를 동반했기 때문이다.

3번 문장의 도해는 다음과 같다.

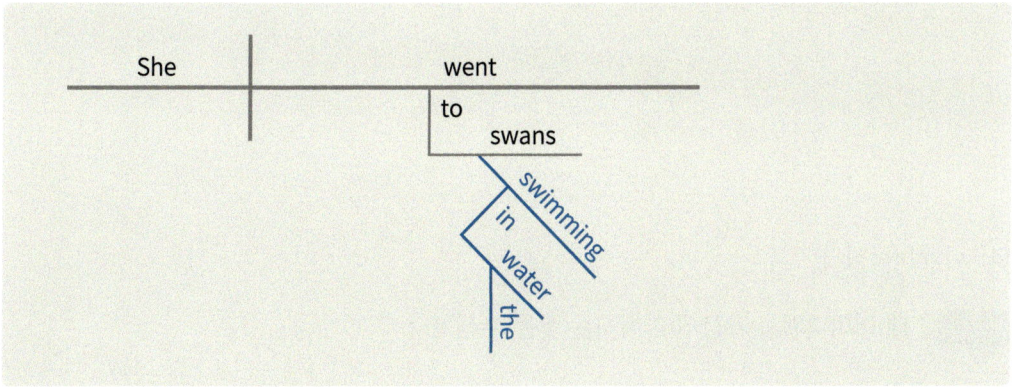

예문 6 이것은 읽을 가치가 있는 책이다.

1. This is the book which is worth reading.
2. This is the book to be worth reading.
3. This is the book of being worth reading.
4. This is the book worth reading.

like(닮은), unlike(닮지 않은), worth(가치 있는), near(가까운) 등은 목적어를 지배하는 특수한 형용사이다. reading이 worth의 목적어이다.

이 경우 like, unlike, worth, near가 전치사가 아니고 형용사인 것은 비교급과 최상급이 있기 때문이다.(nearer, nearest; more worth, most worth)

3, 4번 문장의 도해는 다음과 같다.

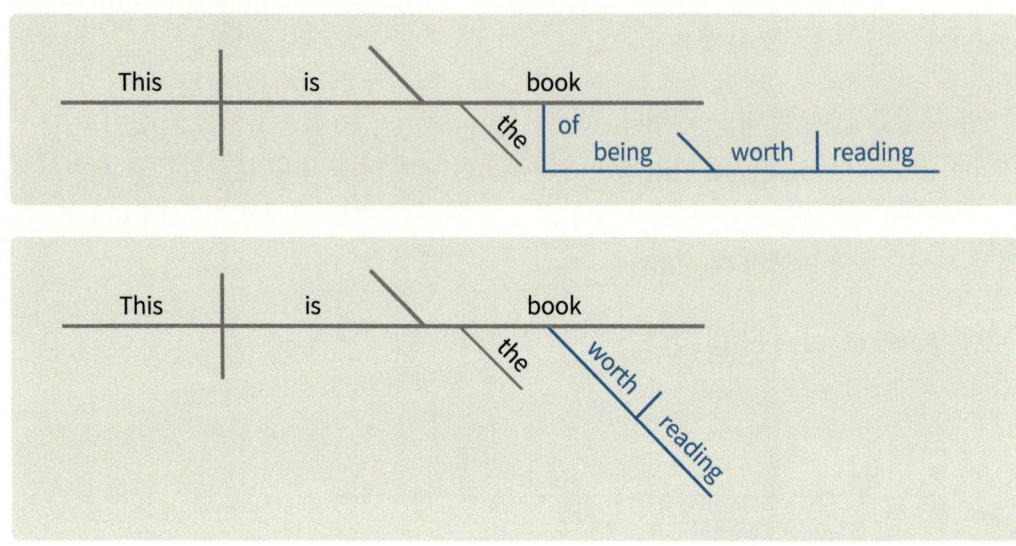

(4) which(목적격)

예문 1 내 어머니께서 가장 좋아하시는 꽃은 수선화다.

1. The flower (which) my mother likes most is narcissus.
2. The flower for my mother to like most is narcissus.
3. The flower of my mother's liking most is narcissus.

2번 문장은 which 이하의 형용사절을 부정사로 바꾼 것으로 for my mother to like most가 형용사구이다. 이와 같이 형용사구는 형용사절에서 온 것으로 형용사구의 수식을 받는 명사가 그 형용사구(부정사구)의 의미상 주어나 의미상 목적어가 된다. 여기서는 the flower가 like의 의미상 목적어이다.

3번 문장은 부정사 for my mother to like most를 분사 my mother's liking most 로 바꾸고 기본 시제이므로 시제 표시 전치사 of를 분사 앞에 쓴 것이다.

예문 2 나는 삼촌께서 사 주신 자전거를 잃어버렸다.

1. I have lost the bicycle (which) my uncle bought me.
2. I have lost the bicycle for my uncle to have bought me.
3. I have lost the bicycle of my uncle's having bought me.

for my uncle to have bought me는 주절과 종절의 시제가 다르므로 완료 부정사로 바꾼 것이다.

예문 3 이것은 라일락이라고 하는 꽃이다.

1. This is the flower (which) we call lilac.
2. This is the flower to call lilac.
3. This is the flower of calling lilac.
4. This is the flower which is called lilac.
5. This is the flower to be called lilac.
6. This is the flower of being called lilac.
7. This is the flower called lilac.

2번 문장은 which 이하의 형용사절을 부정사로 바꾼 것인데 부정사의 의미상 주어 for us가 일반 주어이므로 생략되어 to call lilac이 된 것이다.

3번 문장은 분사로 바꾸어 시제 표시 전치사 of를 쓴 것이다.

4번 문장은 which 이하의 형용사절을 피동으로 바꾼 것인데 which 이하의 형용사절 은 본래 we call which lilac이었다. 이것을 피동으로 바꾸면 which is called lilac (by us)가 된다.

5번 문장은 4번 문장의 형용사절을 부정사로 바꾼 것인데 부정사의 의미상 주어 for

which는 관계대명사 목적격이므로 생략되어 to be called lilac이 된 것이다.

6번 문장은 부정사 to be called lilac을 분사 being called lilac으로 바꾸고 기본 시제이므로 시제 표시 전치사 of를 분사 앞에 쓴 것이다.

7번 문장은 부정사에서 분사로 바꿀 때 시제 표시 전치사 of를 쓰지 않으면 being은 형용사용 분사이므로(동명사가 아니므로) 생략되어 called lilac이 된 것이다. called가 후위 수식한 것은 lilac이라는 보어를 동반했기 때문이다.

예문 4 이것은 우리가 몹시 자랑하는 보물이다.

1. This is the treasure (which) we are very proud of.
2. This is the treasure of which we are very proud.
3. This is the treasure to be very proud of.
4. This is the treasure of being very proud of.
5. This is the treasure very proud of.
6. This is a very-proud-of treasure.
7. This is the treasure of which to be very proud.

3번 문장은 1번 문장의 형용사절 (which) we are very proud of를 부정사로 바꾼 것이다. which는 관계대명사 목적격이므로 생략되고, for us는 일반 주어이므로 생략하여 to be very proud of가 된 것이다.

4번 문장은 to be very proud of를 분사 being very proud of로 바꾸고, 기본 시제이므로 시제 표시 전치사 of를 분사 앞에 쓴 것이다.

5번 문장은 분사로 바꿀 때 전치사 of를 쓰지 않으면 being이 형용사용 분사이므로 생략되어 very proud of가 된 것이다. very proud가 후위 수식한 것은 전치사 of를 동반했기 때문이다.

6번 문장은 very proud of를 하이픈(-)으로 연결하여 형용사로 한 단어 처리하여 treasure 앞으로 가져간 것이다.

7번 문장은 2번 문장의 형용사절 of which we are very proud를 부정사로 바꾼 것이다. 관계대명사가 전치사를 동반했을 때는 목적격일지라도 생략하지 못하므로 of which 를 생략하지 않은 채 부정사로 바꾸어 of which to be very proud가 된 것이다.

2) 유사 관계대명사

예문 1 교훈적인 그러한 책을 읽어라.

   1. Read such books as are instructive.
   2. Read such books as to be instructive.

 2번 문장은 유사 관계대명사 as 이하의 형용사절을 부정사로 바꾼 것이다. as are instructive를 부정사로 바꾸면 (for as) to be instructive인데 for as는 관계대명사 목적격이므로 생략하고, 선행사 앞에 such가 있으므로 부정사 앞에 허사 as를 써서 as to be instructive가 된 것이다.

> 부정사 앞에 so, such, same 등이 올 때는 부정사 앞에 허사 as를 쓴다.

예문 2 그 사실을 모르는 사람은 거의 없다.

   1. There are few but know the truth.
   2. There are few not to know the truth.

 2번 문장은 유사 관계대명사 but 이하의 형용사절을 부정사로 바꾼 것이다. but know the truth를 부정사로 바꿀 때 유사 관계대명사 but은 부정의 의미를 지니고 있으므로 부정어 부정사로 써야 한다.

3) 관계부사

(1) when

예문 그가 여기에 도착한 날은 10월말이었다.

1. The day (when) he arrived here was the last of October.
2. The day for him to arrive here was the last of October.
3. The day of his arriving here was the last of October.
4. The day of his arrival here was the last of October.

2번 문장은 관계부사 형용사절 (when) he arrived here를 부정사로 바꾼 것인데 when은 관계부사이므로 생략하고 부정사의 의미상 주어 for him은 주절의 주어와 다르므로 생략하지 않는다.

3번 문장은 분사로 바꾼 것이며, 4번 문장은 동명사 arriving을 명사 arrival로 바꾼 것이다. arriving을 arrival로 바꿀 때 here가 부사에서 형용사로 바뀌는데 전위 수식하지 않고 후위 수식한 것은 부사나 전치사에서 온 형용사는 후위 수식하기 때문이다.(후위 수식 형용사에 관한 자세한 것은 글틀영어 형태편 형용사 참조)

2~4번 문장의 도해는 다음과 같다.

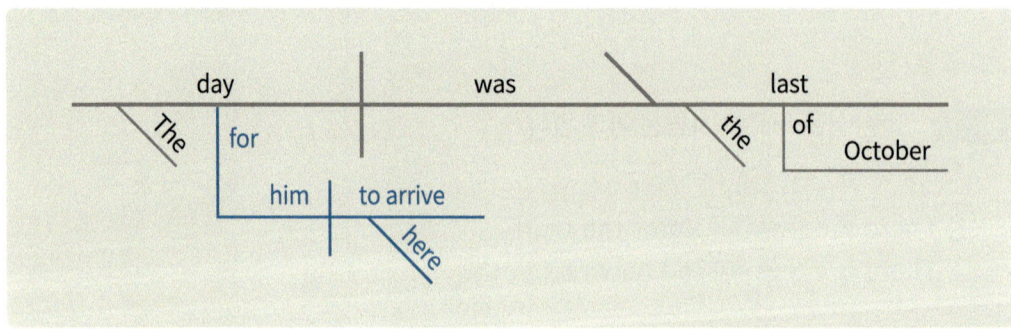

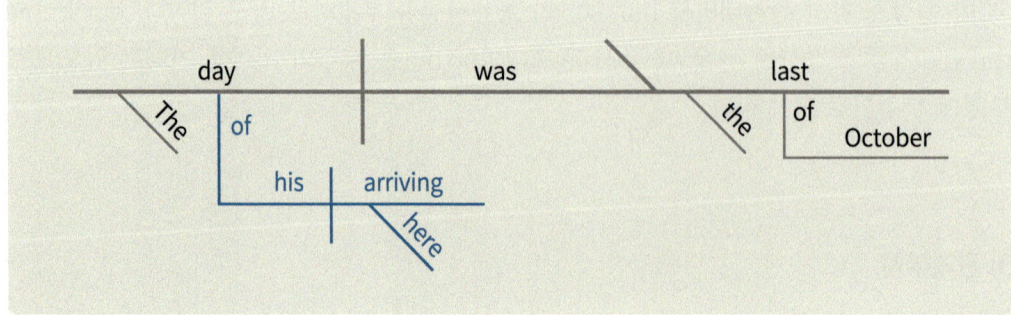

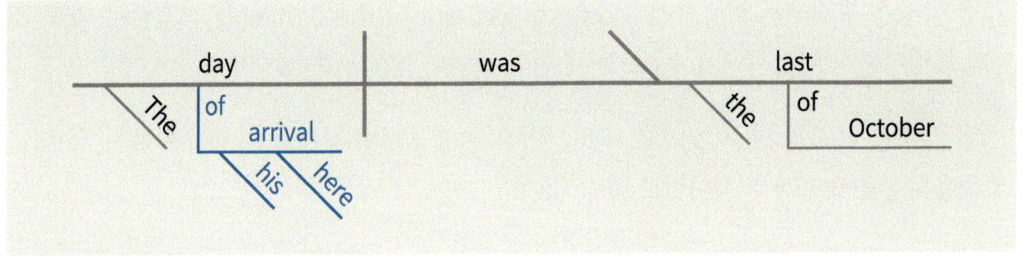

(2) why

예문 나는 그가 그러한 처신을 한 이유를 이해할 수 없다.

1. I can not understand the reason (why) he did such a behavior.
2. I can not understand the reason for him to do such a behavior.
3. I can not understand the reason for his doing such a behavior.
4. I can not understand why he did such a behavior.

2번 문장은 관계부사 형용사절 (why) he did such a behavior를 부정사로 바꾼 것이고, 3번 문장은 분사로 바꾼 것이다. 형용사구가 기본 시제나 완료 시제일 때는 분사 앞에 시제 표시 전치사 of를 쓰는데 reason, cause, ground(근거, 이유), need, reputation 등의 다음에서는 for를 쓴다. 4번 문장은 관계부사의 선행사 the reason을 생략하여 why 이하의 형용사절을 명사절 목적어절로 바꾼 것이다.

(3) how

예문 그녀는 나에게 자기가 위험에서 벗어난 방법을 말해 주었다.

1. She told me the way (how) she got out of the danger.
2. She told me the way to get out of the danger.
3. She told me the way of getting out of the danger.
4. She told me how she got out of the danger.
5. She told me how to get out of the danger.

2번 문장은 관계부사 형용사절 (how) she got out of the danger를 부정사로 바꾼 것인데 부정사의 의미상 주어 for her는 주절의 주어와 같으므로 생략한다.

3번 문장은 분사로 바꾼 것이고, 4번 문장은 관계부사의 선행사를 생략하여 how 이하의 형용사절을 명사절 목적어절로 바꾼 것이다.

5번 문장은 4번 문장의 how she got out of the danger를 부정사로 바꾼 것이다. how는 그대로 두고 의미상 주어 for her는 주절의 주어와 같으므로 생략하여 how to get out of the danger가 된 것이다.

3. 부사절

1) 시간절

(1) when

예문 1 그녀가 그 작은 곰을 보았을 때에 그녀는 그가 자기를 해치지 않을 것이라는 것을 알았다.

1. When she saw the little bear, she knew (that) he would not hurt her.
2. Seeing the little bear, she knew (that) he would not hurt her.
3. When seeing the little bear, she knew (that) he would not hurt her.
4. On seeing the little bear she knew (that) he would not hurt her.
5. On the/her sight of the little bear she knew (that) he would not hurt her.

시간절 When she saw the little bear를 부정사로 바꾸면 when은 종속접속사이므로 생략하고, 의미상 주어 for her는 주절의 주어 she와 같으므로 생략하니 To see the little bear가 된다.

To see the little bear, she knew (that) he would not hurt her. (×)

그런데 문 앞에 온 부정사가 콤마를 동반하면 조건, 양보, 중문의 의미를 지닌 부사구가 된다. 또 콤마를 생략하면 이 부정사가 의지 동사 knew를 수식하므로 목적 표시 부사구가 된다. 콤마를 찍어도 빼도 시간 표시 부사구는 되지 않는다. 따라서 부사절의 시간절은 부정사로 바꿀 수 없다.

2번 문장은 시간절을 분사로 바꾼 것인데 동사원형ing가 콤마를 동반하면 부사용 분사(부사구) 즉 분사구문이 된다. 그런데 분사구문이 문장에서 가지는 의미는 시간, 이유/원인, 조건, 양보, 중문(부대상황)의 의미이다. Seeing the little bear는 when절에서 바뀐 것이므로 시간 표시 분사구문이다.

3번 문장은 분사구문이 가지는 의미가 시간, 이유/원인, 조건, 양보, 중문 등 다섯 가지나 되므로 그 의미를 분명하게 나타내기 위해서 힌트(암시)접속사 when을 쓴 것이다. 분사구문 앞에 온 접속사는 정당한 접속사가 아니고 힌트접속사이다.(정당한 접속사는 절 앞에 온다.)

4번 문장은 힌트접속사 when을 전치사 on으로 바꾼 것이다. 힌트접속사는 전치사로 바꿀 수 있는데 when, whenever, as soon as 등은 전치사 on으로 바꿀 수 있다. 힌트접속사 when을 전치사 on으로 바꾸면 seeing the little bear는 동명사(명사용 분사)가 된다. 왜냐하면 전치사 다음에는 명사나 명사적인 것이 와야 하기 때문이다.

5번 문장은 동명사 seeing을 명사 sight로 바꾼 것이다. seeing을 sight로 바꿀 때 의미상 주어가 생략되었으므로 sight 앞에 관사 the나 생략된 의미상 주어 속격 her를 쓰고, the little bear는 seeing의 목적어였으므로 the little bear 앞에 목적어 표시 전치사 of를 쓴다. 그래서 on the/her sight of the little bear가 된 것이다.

> when, whenever, as soon as → on

2~5번 문장의 도해는 다음과 같다.

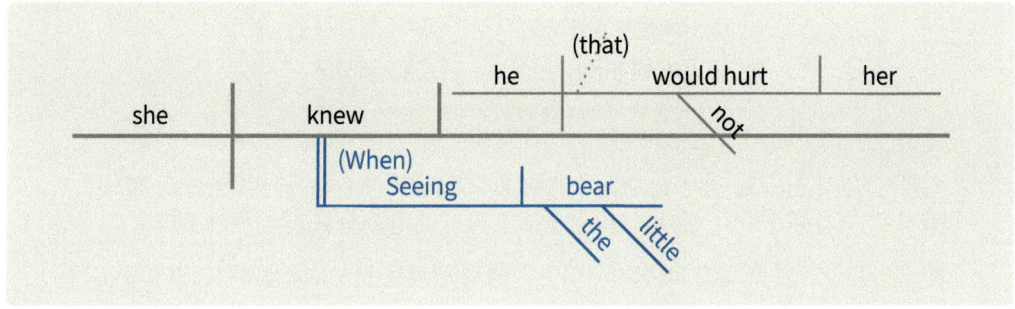

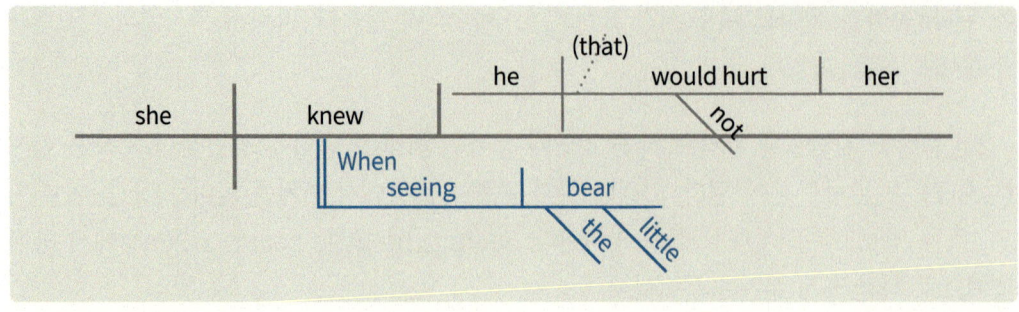

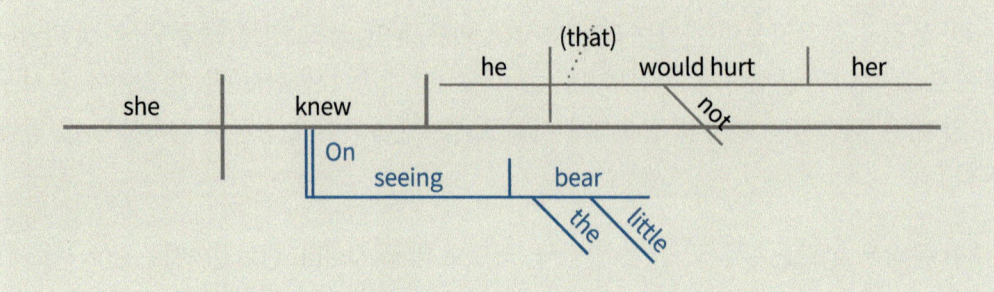

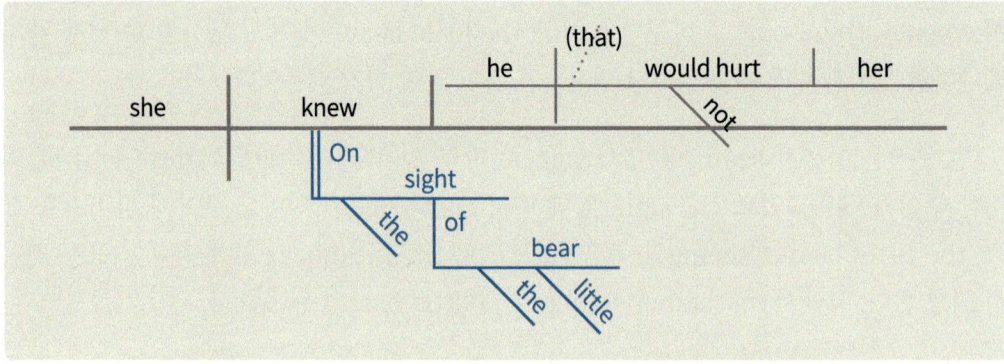

영어의 구를 이루는 요소

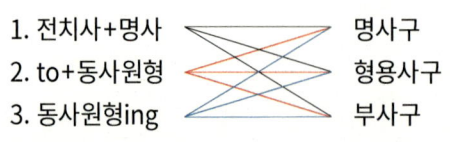

'전치사+명사'인 구도 명사구, 형용사구, 부사구가 되고, 'to+동사원형'인 구도 명사구, 형용사구, 부사구가 되며, 동사원형ing인 구도 명사구, 형용사구, 부사구가 된다.

동사원형ing가 구를 이룰 때 명사구이면 동명사(명사용 분사), 형용사구이면 (대)명사를 수식하는 분사(형용사용 분사, 즉 동형용사), 부사구이면 분사구문(부사용 분사, 즉 동부사)이라 한다.

  동명사: 명사의 위치(주어, 목적어, 보어, 전치사의 목적어)에 동사원형ing가 올 때이다. 우리말로는 '것'이나 '기'로 번역한다.

  (대)명사를 수식하는 분사(동형용사): 동사원형ing가 명사의 앞이나 뒤에 연접되어 와서 그 명사를 수식할 때이다. 우리말로는 진행(~고 있~)으로 번역한다.

  분사구문(동부사): 동사원형ing가 위치는 구애 없이 반드시 콤마를 동반하여 동사를 수식할 때이다. 이 분사구문은 시간절, 이유/원인절, 조건절, 양보절, 중문(부대상황)의 의미를 지니므로 번역할 때는 문맥을 파악하여 이러한 의미들 중의 하나로 번역한다.

예문 2 그가 집에 있을 때는 그는 대개 책을 읽는다.

1. When he is in his house, he usually reads the book.
2. In his house, he usually reads the book.
3. When in his house, he usually reads the book.
4. On being in his house he usually reads the book.

  2번 문장은 시간절 when절을 분사로 바꾼 것이다. 부사절의 시간절은 부정사로 바꿀 수 없으므로 분사로 바꾸면 when은 종속접속사이므로 생략하고, he는 주절의 주어와 같으므로 생략하니 being in his house가 된다. 여기에서 being은 콤마를 동반하여 분사구문인데 시간절에서 전환되었으므로 시간의 의미를 나타낸다. 그런데 being은 동명사가 아닐 때는 생략할 수 있으므로 being을 생략하면 in his house만으로 분사구문을 이루게 된다. 이와 같이 동사원형ing가 아닌 것이 분사구문을 이룰 때는 그 앞에 being이 생략된 것이다.

  3번 문장은 분사구문이 가지고 있는 시간, 이유, 조건, 양보, 중문의 의미 가운데 시간의 의미를 명확히 나타내기 위하여 힌트접속사 when을 쓴 것이다.

  4번 문장은 힌트접속사 when을 전치사 on으로 바꾼 것이다. when을 on으로 바꾸면 전치사 다음에는 명사(명사적인 것)가 와야지 in his house라는 부사구가 올 수 없으므로 생략되었던 being을 다시 살려서 on being in his house가 된 것이다.

  2~4번 문장의 도해는 다음과 같다.

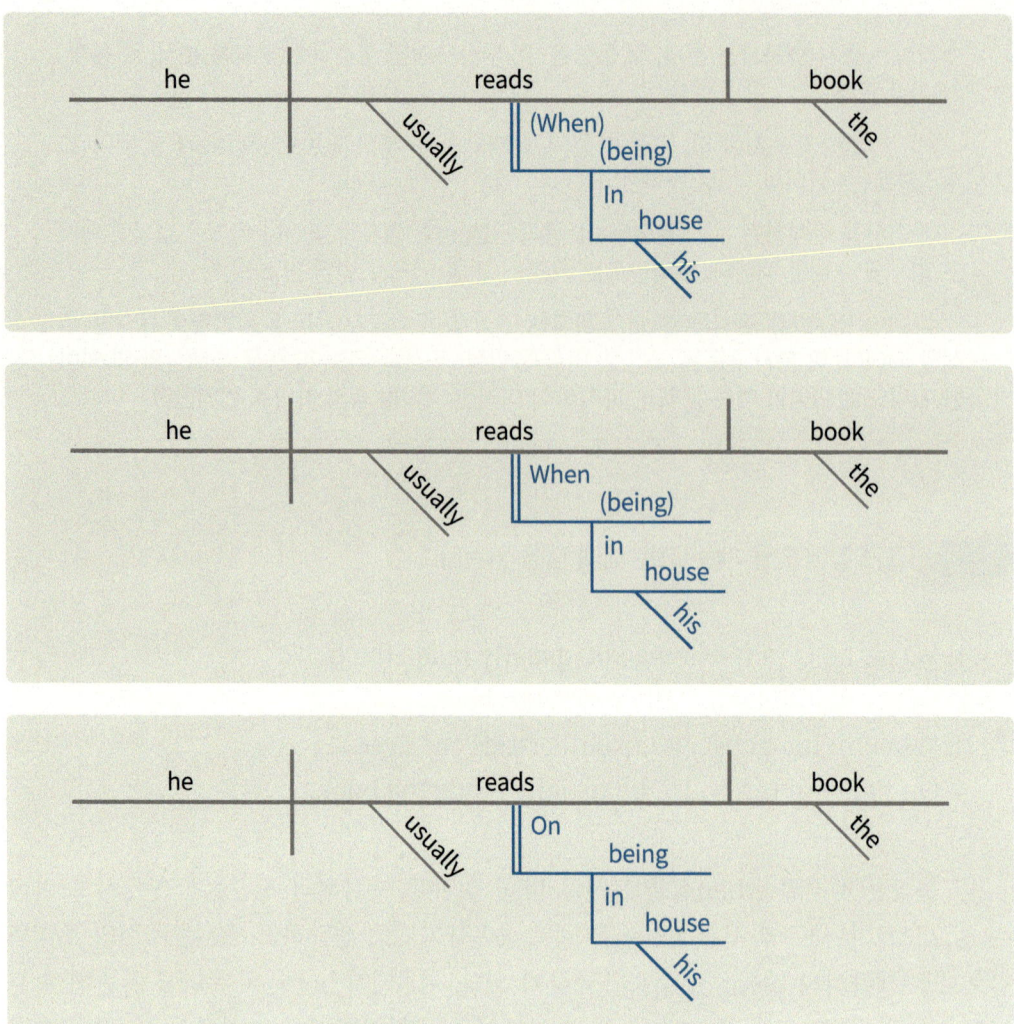

예문 3 수업이 끝났을 때에 선생님께서는 우리에게 숙제를 내주셨다.

1. When school was over, the teacher set us a homework.
2. School being over, the teacher set us a homework.
3. When school being over, the teacher set us a homework.
4. On school being over the teacher set us a homework.

2번 문장은 시간절 when절을 분사로 바꾼 것이다. when절을 분사로 바꾸면 when은 종속접속사이므로 생략하고 school은 주절의 주어와 다르므로 써 주어야 한다. 그런데

school은 무생물 명사로 속격이 없으므로 통격(주격과 목적격의 모양이 같은 것) school을 써서 School being over가 된 것이다. 분사구문의 의미상 주어는 속격이 원칙이지만 통격도 가능하다.(※ 분사의 의미상 주어에 관한 자세한 것은 글틀영어 형태편 비한정동사 분사의 의미상 주어 참조)

3번 문장은 분사구문의 의미를 명확하게 하기 위하여 힌트접속사 when을 쓴 것이며, 4번 문장은 힌트접속사 when을 전치사 on으로 바꾼 것이다.

1~4번 문장의 도해는 다음과 같다.

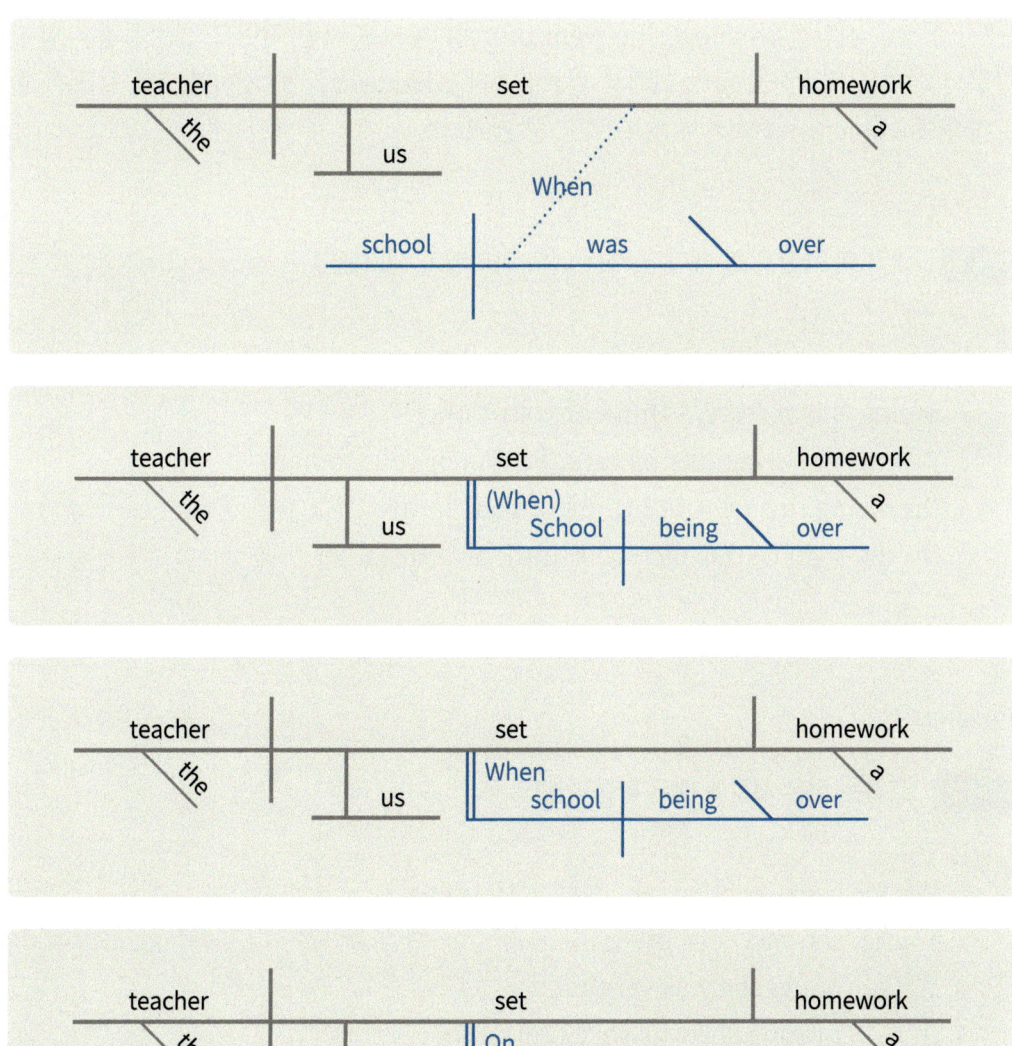

(2) whenever

예문 1 그가 그곳에 갈 때마다 그는 자기 친구를 찾아갔다.

1. Whenever he went there, he visited his friend.
2. Going there, he visited his friend.
3. Whenever going there, he visited his friend.
4. On going there he visited his friend.

2번 문장은 시간절 whenever he went there를 분사로 바꾼 것이고, 3번 문장은 분사구문의 의미를 명확하게 하기 위해서 힌트접속사 whenever를 쓴 것이며, 4번 문장은 힌트접속사 whenever를 전치사 on으로 바꾼 것이다.

예문 2 내가 이 사진을 볼 때마다 나는 너의 아버지가 생각난다.

1. Whenever I see this picture, I think of your father.
2. Seeing this picture, I think of your father.
3. Whenever seeing this picture, I think of your father.
4. On seeing this picture I think of your father.
5. On the sight of this picture I think of your father.

(3) while

예문 1 그녀는 젊은 시절에 매우 아름다웠다.

1. While she was young, she was very pretty.
2. Young, she was very pretty.
3. While young, she was very pretty.
4. In being young she was very pretty.
5. In the/her youth she was very pretty.

2번 문장은 while절을 분사로 바꾼 것이다. while절을 분사로 바꾸면 while은 종속접속사이므로 생략하고, she는 주절의 주어와 같으므로 생략하니 Being young이 된다. 여기에서 being은 콤마를 동반하여 분사구문이므로 생략하면 young만 남는다.

3번 문장은 분사구문의 의미를 명확하게 하기 위하여 힌트접속사 while을 쓴 것이다.

4번 문장은 힌트접속사 while을 전치사 in으로 바꾼 것이다.(힌트접속사 while은 전치사로 바꿀 때 in이나 during으로 바꿀 수 있다.) 그런데 전치사 다음에는 명사나 명사적인 것이 와야지, young이라는 형용사가 올 수 없으므로 생략되었던 being을 재생하여 in 다음에 써서 in being young이 된 것이다. in 다음에 온 being은 전치사의 목적어가 됨으로써 동명사로 변하게 된다.

5번 문장은 동명사 being과 형용사 young이 합쳐져서 명사 youth로 바뀐 것이다. 이때 의미상 주어가 생략되고 없으므로 youth 앞에 관사 the나 생략된 의미상 주어 속격 her를 쓴다.

while → in, during

2~5번 문장의 도해는 다음과 같다.

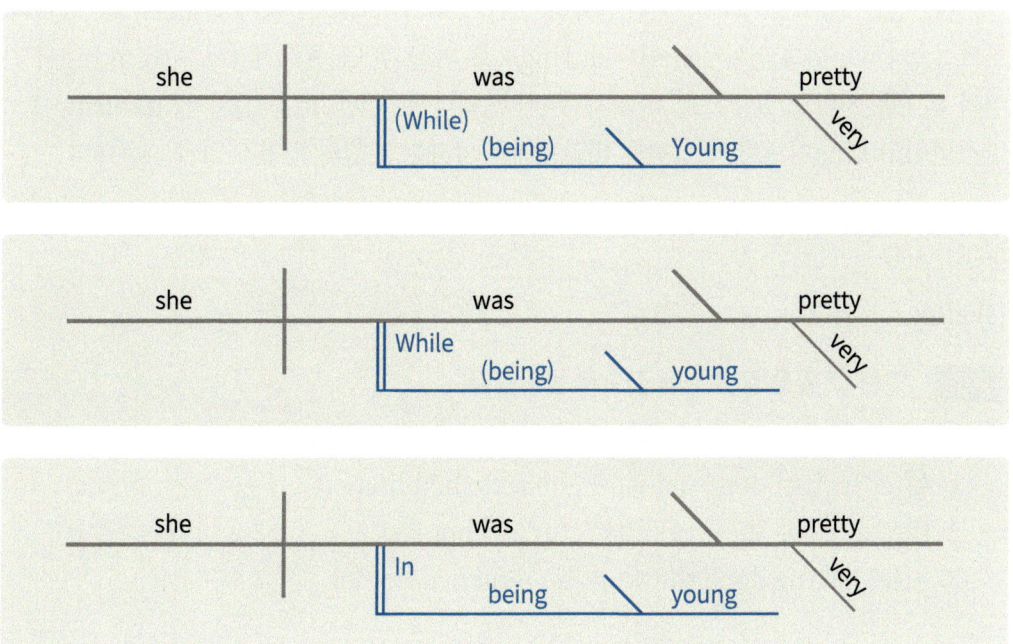

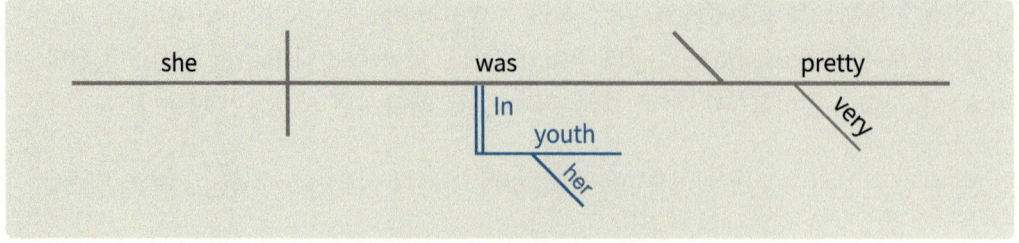

예문 2 그가 그것에 대해 고심하고 있는 동안에 그들이 길 저쪽으로 사라졌다.

1. While he was thinking about it, they disappeared up the road.
2. His thinking about it, they disappeared up the road.
3. While thinking about it, they disappeared up the road.

2번 문장은 시간절 while절을 분사로 바꾼 것이다. while절을 분사로 바꾸면 while은 종속접속사이므로 생략하고, he는 분사의 의미상 주어 속격 his로, was thinking은 being thinking으로 바뀌어 his being thinking about it이 된다. 그런데 being은 분사구문이므로 생략하여 his thinking about it이 된 것이다. 여기서 thinking은 진행의 의미를 지닌 시간 표시 분사구문이다.

3번 문장은 분사구문의 의미를 명확하게 하기 위하여 힌트접속사 while을 쓴 것이다. 힌트접속사 while은 전치사 in이나 during으로 바꿀 수 있는데 여기서는 thinking이 진행의 의미를 지니고 있으므로 바꾸지 못한다. 왜냐하면 while을 전치사 in/during으로 바꾸면 thinking이 동명사로 변해 버리는데 동명사는 진행의 의미가 없기 때문이다.

(4) after

예문 그는 그 일을 끝낸 뒤에 집으로 돌아갔다.

1. After he had done the work, he returned home.
2. Having done the work, he returned home.
3. After having done the work he returned home.

2번 문장은 시간절 after절을 분사로 바꾼 것인데 Having done the work는 콤마를 동반하여 완료 분사구문이다.

3번 문장은 분사구문의 의미를 명확하게 하기 위하여 힌트접속사 after를 쓴 것인데 after 뒤에 절이 아닌 분사구 having done the work가 왔으므로 이때 after는 전치사가 된다. 왜냐하면 after(before, till/until, since)는 접속사 외에 전치사로도 쓰이는데 뒤에 절이 올 때는 종속접속사이고 절 이외의 것이 올 때는 전치사이기 때문이다. 따라서 after 다음의 having done the work는 전치사 after의 목적어로써 완료 동명사이다.

(5) before

예문 그가 그 책을 읽기 전에는 다소 어리석었다.

1. Before he read the book, he was somewhat foolish.
2. Reading the book, he was somewhat foolish.
3. Before reading the book he was somewhat foolish.

3번 문장은 분사구문의 의미를 명확하게 하기 위하여 힌트접속사로 before를 쓴 것인데, before도 after처럼 뒤에 절이 오면 종속접속사이고 절 이외의 것이 오면 전치사이다. 따라서 before를 힌트접속사로 썼지만 before 다음에 절이 아닌 분사구 reading the book이 왔으므로 before는 전치사가 된다. 이때 reading the book은 전치사 before의 목적어로써 동명사가 되므로 book 다음에 콤마를 생략한 것이다.

(6) till/until

예문 그가 여기에 도착할 때까지 우리는 어떤 결정도 할 수 없다.

1. Until he arrives here, we can't make any decision.
2. His arriving here, we can't make any decision.
3. Until his arriving here we can't make any decision.

2번 문장은 시간절 until절을 분사로 바꾼 것이고, 3번 문장은 분사구문의 의미를 명확하게 하기 위하여 힌트접속사 until을 쓴 것인데 until 다음에 절이 아닌 분사구 his arriving here가 왔으므로 until이 after나 before처럼 전치사가 되는 것이다.

(7) since

예문 내가 이 마을에 온 이래로 나는 많은 인디언을 만났다.

1. Since I came to this town, I had met many Indians.
2. Coming to this town, I had met many Indians.
3. Since coming to this town I had met many Indians.

2번 문장은 시간절 since절을 분사로 바꾼 것이고, 3번 문장은 분사구문의 의미를 명확하게 하기 위하여 힌트접속사 since를 쓴 것인데 since 다음에 절이 아닌 분사구 coming to this town이 왔으므로 since가 after, before, till/until처럼 전치사가 되는 것이다.

(8) as soon as

예문 아폴로는 다프네를 보자마자 아주 몹시 그녀를 사랑했다.

1. As soon as Apollo saw Daphne, he loved her very much.
2. Seeing Daphne, Apollo loved her very much.
3. As soon as seeing Daphne, Apollo loved her very much.
4. On seeing Daphne Apollo loved her very much.
5. On the sight of Daphne Apollo loved her very much.

2번 문장은 as soon as절을 분사로 바꾼 것인데 as soon as는 종속접속사이므로 생략하고 Apollo는 주절의 주어와 같으므로 생략하니 Seeing Daphne가 된다. 이때 앞에 나온 종속절의 주어가 명사이고 주절의 주어가 대명사인 경우 문장 전환을 할 때는 주절의 주어 대명사를 명사로 바꾸어 써야 한다. 종속절의 주어 명사가 생략되기 때문이다.

3번 문장은 분사구문의 의미를 명확하게 하기 위하여 힌트접속사 as soon as를 쓴 것이며, 4번 문장은 힌트접속사 as soon as를 전치사 on으로 바꾼 것이다.

5번 문장은 동명사 seeing을 명사 sight로 바꾼 것이다.

2) 장소절

장소절은 부정사든 분사든 일체 문장 전환이 없다. 장소 표시 부정사나 분사구문이 없기 때문이다. 단, 특수한 경우 힌트접속사를 동반한 분사구문을 쓰는 경우가 있다.

예문 1 가능한 곳에서 접속사를 생략하시오.

1. Where it is possible, omit the conjunction.
2. Where possible, omit the conjunction.

예문 2 알려진 곳마다 그러한 사실들이 보고되었다.

1. Wherever they are known, such facts have been reported.
2. Wherever known, such facts have been reported.

3) 이유/원인절

(1) because

예문 1 그는 그 노인을 도와드렸기 때문에 기뻤다.

1. He was happy because he helped the old man.
2. He was happy to help the old man.
3. He was happy, helping the old man.
4. He was happy because helping the old man.

5. He was happy because of helping the old man.
6. He was happy because of his/the help of the old man.
7. His/The help of the old man made/left him happy.
8. He helped the old man and (he) was happy.

2번 문장은 이유절 because절을 부정사로 바꾼 것이다. 이때 주절에 '희·로·애·락·경악' 등의 감정을 나타내는 형용사가 있어야 부정사로 바꿀 수 있다. 그렇지 않으면 부정사로 바꾸지 못한다. 왜냐하면 감정 형용사 다음에 'to+동사원형'이 오면 이유 표시 부사구가 될 수 있지만 그렇지 않으면 이유 표시 부사구가 될 수 없기 때문이다.

3번 문장은 분사로 바꾼 것인데 이때 helping은 분사구문이므로 앞에 콤마를 동반한다. 4번 문장은 분사구문의 의미를 명확하게 하기 위하여 힌트접속사를 쓴 것이며, 5번 문장은 힌트접속사 because를 전치사 because of로 바꾼 것이다.(이유절 힌트접속사 because, as, since 등은 전치사 because of, on account of, owing to, due to, by, for 등으로 바꿀 수 있다.) 6번 문장은 동명사 helping을 명사 help로 바꾼 것이다.

> because, as, since → because of, on account of, owing to, due to, by, for

7번 문장은 because of his/the help of the old man에서 전치사 because of를 생략하고 his/the help of the old man이라는 무생물 명사를 동작 동사의 주어로 쓴 것이다. 무생물 주어 구문의 동작 동사는 주절의 동사에 의해 결정되는데, 주절의 동사가 1형식 동사이면 3형식 동사로 되고(go→take, come→bring), 3형식 동사이면 4형식 동사로 되며(see→show, have/derive→give, say→tell), 2형식 동사이면 5형식 동사로 된다. (be/become/get→make, enable, leave, cause, force, compel)

무생물 명사 help를 동작 동사의 주어로 하면 동작 동사는 주절의 동사가 2형식 동사 was이므로 5형식 동사 made나 left를 쓴다.(5형식 동사의 경우 make가 주로 쓰이지만 문장의 내용에 따라 다른 여러 동사를 쓴다.)

무생물 명사가 동작 동사의 주어가 되면 주어는 부사구처럼, 목적어는 주어처럼 번역하므로 주어 he는 목적어 him으로 바뀌어야 한다. 따라서 보어 happy는 목적보어로 바뀐다.

> go → take, come → bring
> see → show, have/derive → give, say → tell
> be/become/get → make, enable, leave, cause, force, compel

8번 문장은 이유절 복문을 연계접속사 중문으로 바꾼 것이다.

> 복문을 중문으로 바꿀 때 이유절은 연계접속사(and) 중문으로,
> 양보절은 반의접속사(but) 중문으로 바꿀 수 있다.

무생물 주어 구문

> 무생물 명사가 동작 동사의 주어가 될 때는 주어는 부사구처럼,
> 목적어는 주어처럼 번역한다.

무생물 명사가 주어일 때 주어를 부사구처럼 번역하는 경우는 동사가 동작 동사이면서 타동사일 때이다.

"The book is very valuable.(그 책은 매우 귀중하다.)"에서는 무생물 명사 The book이 주어이지만 is가 동작 동사가 아니고 상태 동사이므로 부사구처럼 번역하지 않고 그대로 번역한다.

"The cold wind came through the broken window.(찬바람이 깨진 창문을 통해 들어왔다.)"에서는 The cold wind가 무생물 명사로서 동작 동사 came의 주어이지만 came이 타동사가 아니라 자동사이므로 부사구처럼 번역하지 않는다.

무생물 주어 구문에서는 동사(동작 동사)가 3형식 동사이면 1형식 동사로, 4형식 동사이면 3형식 동사로, 5형식 동사이면 2형식 동사로 번역한다. 왜냐하면 무생물 명사를 동작 동사의 주어로 할 때 주절의 동사가 1형식 동사이면 3형식 동작 동사로, 3형식 동사이면 4형식 동작 동사로, 2형식 동사이면 5형식 동작 동사로 썼기 때문이다.

- Ten minutes' walk brought him to the station.
  =After ten minutes' walk he came to the station.
  그는 10분 걸어서 역에 도착했다.

- Business took him to San Francisco last year.
  =He went to San Francisco on business last year.
  그는 작년에 사업차 샌프란시스코에 갔다.

- Books give us much pleasure.
  =We derive much pleasure from books.
  우리는 책에서 많은 즐거움을 얻는다.

- A short walk gives me a good appetite.
  =I have a good appetite after a short walk.
  나는 산책을 잠깐 하고 나면 식욕이 난다.

- Their laughter made her angry.
  =Because of their laughter she got angry.
  그들이 비웃어서 그녀는 화가 났다.

- His diligence enabled him to succeed.
  =He could succeed thanks to his diligence.
  그는 부지런해서 성공할 수 있었다.

- My illness prevented me from attending the meeting.
  =Owing to my illness I could not attend the meeting.
  나는 아파서 그 회합에 참석할 수 없었다.

예문 2 그는 버스를 놓쳤기 때문에 수업에 늦었다.

1. Because he missed the bus, he was late for school.
2. Missing the bus, he was late for school.
3. Because missing the bus, he was late for school.
4. On account of missing the bus he was late for school.
5. He missed the bus and (he) was late for school.

이유절 because절을 부정사로 바꾸면 to miss the bus가 되지만 주절에 '희·로·애·락·경악' 등의 감정 형용사가 없으므로 부정사 문장 전환은 할 수 없다.

2번 문장은 분사로 바꾼 것이고, 3번 문장은 분사구문의 의미가 시간, 이유, 조건, 양보, 중문 등 다양하므로 명확하게 하기 위해서 힌트접속사 because를 쓴 것이다. 4번 문장은 힌트접속사 because를 전치사 on account of로 바꾼 것이며, 5번 문장은 이유절을 연계 접속사 중문으로 바꾼 것이다.

예문 3 그는 너무나 이기적이었기 때문에 누구와도 그것을 나누어 가지려 하지 않았다.

1. Because he was very selfish, he did not want to share it with anybody.
2. Very selfish, he did not want to share it with anybody.
3. Because very selfish, he did not want to share it with anybody.
4. Owing to being very selfish he did not want to share it with anybody.
5. Owing to his/the great selfishness he did not want to share it with anybody.
6. His/The great selfishness did not make him want to share it with anybody.
7. He was very selfish and he did not want to share it with anybody.

2번 문장은 이유절을 분사로 바꾼 것인데 being은 분사구문이므로 생략하니 Very selfish가 된 것이다.

4번 문장은 힌트접속사 because를 전치사 owing to로 바꾼 것인데 전치사 다음에는 명사나 명사적인 것이 와야 되므로 생략된 being을 다시 살려 Owing to being very selfish가 된 것이다.

5번 문장은 동명사 being과 형용사 selfish가 합쳐져 명사 selfishness로 바뀐 것이다. 이때 생략된 의미상 주어 his나 관사 the를 selfishness 앞에 쓴다. 부사 very는 형용사 great로 바뀌어 전위 수식한다.

6번 문장은 부사구 Owing to his/the great selfishness에서 전치사 owing to를 생략하고 his/the great selfishness라는 무생물 명사를 동작 동사의 주어로 쓴 것이다. 이때 주절의 동사에 상관없이 동작 동사를 5형식 동사로 쓸 수 있다. 무생물 명사의 동작 동사로 5형식 동사를 쓰면 주어는 목적어로 가고(목적어는 주어처럼 번역하므로), 동사는 부정사로 바뀌어 목적보어로 간다(5형식에서 목적어와 목적보어는 주술관계가 성립되므로). 동작 동사로 5형식 동사 make를 쓰면 make가 사역 동사이므로 목적보어는 원형 부정사가 와야 한다. 그래서 원형 부정사 want가 목적보어로 왔다.

예문 4 그는 성실하기 때문에 그 일을 잘할 수 있다.

1. Because he is faithful, he can do the work well.
2. Faithful, he can do the work well.
3. Because faithful, he can do the work well.
4. Because of being faithful he can do the work well.
5. Because of his/the faith he can do the work well.
6. His/The faith can make him do the work well.
7. His/The faith enables him to do the work well.
8. He is faithful and he can do the work well.

4번 문장은 힌트접속사 because를 전치사 because of로 바꾼 것이고, 5번 문장은 동명사 being과 형용사 faithful이 합쳐져 명사 faith로 바뀐 것이다.

6번 문장은 무생물 주어 구문으로 쓴 것이다. 부사구 Because of his/the faith에서 전치사 because of를 생략하여 his/the faith라는 무생물 명사를 동작 동사의 주어로 할 때 조동사 can은 그대로 오고, 동작 동사로 5형식 동사 make를 쓰면 주어 he는 목적어 him으로 바뀌고, 동사 do는 목적보어 to do로 바뀐다. 그런데 make가 사역 동사이므로 원형 부정사 do가 목적보어로 온 것이다.

7번 문장은 동작 동사를 can make의 뜻을 지닌 5형식 동사 enable로 쓴 것이다. enable은 사역 동사가 아니므로 부정사 to do가 목적보어로 왔다. 무생물 주어 구문으로 쓸 때 주절에 can이 있으면 동작 동사를 enable로 쓰는 것이 좋다.

예문 5 그는 게으르기 때문에 많은 책을 읽을 수 없다.

1. Because he is lazy, he can not read many books.
2. Lazy, he can not read many books.
3. Because lazy, he can not read many books.
4. Because of being lazy he can not read many books.
5. Because of his/the laziness he can not read many books.
6. His/The laziness can not make him read many books.
7. His/The laziness will/does not allow him to read many books.

8. His/The laziness keeps/prevents him from reading many books.
9. He is lazy and he can not read many books.

4번 문장은 힌트접속사 because를 전치사 because of로 바꾼 것이다.

6번 문장은 his/the laziness를 동작 동사의 주어로 쓴 것이다. 조동사 can과 부정어 not은 그대로 오고, 동작 동사로 5형식 동사 make를 쓰면, 주어 he는 목적어 him으로, 동사 read는 목적보어 to read로 바뀐다.(make가 사역 동사이므로 원형 부정사 read가 왔다.)

7번 문장은 can not make 대신에 5형식 동사 will/do not allow를 쓴 것이며, 8번 문장은 3형식 동사인 'keep/prevent…from 동사원형ing'로 쓴 것이다.

> 무생물 주어 구문으로 쓸 때, 주절에 can이 있으면 동작 동사를 5형식 동사인 enable을 쓰고, can not이 있으면 동작 동사를 5형식 동사인 will/do not allow나 3형식 동사인 keep/prevent/prohibit/hinder…from 동사원형ing를 쓴다.

(2) as

 우리는 피곤하였기 때문에 시냇가에 앉아 있었다.

1. As we were tired, we sat down beside the stream.
2. Tired, we sat down beside the stream.
3. As tired, we sat down beside the stream.
4. Due to being tired we sat down beside the stream.
5. Due to our/the tiredness we sat down beside the stream.

2번 문장은 이유절 as절을 분사로 바꾼 것이고, 3번 문장은 힌트접속사 as를 쓴 것이며, 4번 문장은 힌트접속사 as를 전치사 due to로 바꾼 것이다. 5번 문장은 동명사 being과 형용사 tired가 합쳐져 명사 tiredness로 바뀐 것이다.

(3) since

예문 그가 매우 진실하기 때문에 나는 그를 아주 몹시 좋아한다.

> 1. I like him very much since he is very sincere.
> 2. I like him very much, his being very sincere.
> 3. I like him very much since his being very sincere.
> 4. I like him very much by his being very sincere.
> 5. I like him very much by his great sincerity.

　2번 문장은 이유절 since절을 분사로 바꾼 것이다. his being very sincere가 콤마를 동반하여 분사구문인데 being을 생략하지 않은 것은 의미상 주어(his)가 있기 때문이다.

　3번 문장은 힌트접속사 since를 쓴 것이며, 4번 문장은 힌트접속사 since를 전치사 by로 바꾼 것이고, 5번 문장은 동명사 being과 형용사 sincere가 합쳐져 명사 sincerity로 바뀐 것이다.

4) 조건절

(1) if

예문 1 만일 네가 한 시간만 걸어가면 너는 그 마을에 이르게 될 것이다.

> 1. If you walk an hour, you will get to the village.
> 2. To walk an hour, you will get to the village.
> 3. Walking an hour, you will get to the village.
> 4. If walking an hour, you will get to the village.
> 5. With walking an hour you will get to the village.
> 6. With an hour's walk you will get to the village.
> 7. An hour's walk will take you to the village.
> 8. Walk an hour, and you will get to the village.

2번 문장은 조건절 if절을 부정사로 바꾼 것인데 조건 표시 부사구임을 나타내기 위해서 to walk an hour 다음에 콤마를 동반했다.

3번 문장은 분사로 바꾼 것이며, 4번 문장은 조건 표시 분사구문임을 나타내기 위해 힌트접속사 if를 쓴 것이고, 5번 문장은 힌트접속사 if를 전치사 with로 바꾼 것이다.

> if → with   unless → without

6번 문장은 동명사 walking을 명사 walk로 바꾼 것이다. walking이 명사 walk로 바뀌면 an hour는 walk를 수식하는 형용사로 변해야 한다. 그래서 an hour가 무생물 명사이지만 시간 명사이므로 생물 명사처럼 's를 붙여 속격형용사 an hour's로 만들어 전위 수식한 것이다.

> 무생물 명사라도 시간, 거리, 가격, 무게 등의 명사는 생물 명사처럼 속격을 만든다.

7번 문장은 With an hour's walk에서 전치사 with를 생략하고 an hour's walk라는 무생물 명사를 동작 동사의 주어로 쓴 것이다. an hour's walk를 주어로 하면 동작 동사는 주절의 동사 get(=go)이 1형식 동사이므로 3형식 동사 take를 쓴다.(미래 시제이므로 will take를 쓴 것이다.) 주어 you는 목적어 you로 가고(목적어는 주어처럼 번역하므로), to the village는 그대로 부사구로 온다.

8번 문장은 조건절을 '명령문⋯, and⋯' 중문으로 바꾼 것이다.

> 명령문 다음에 , and로 이어지는 중문이면 이때 and의 의미는 if(그러면)와 같고,
> 명령문 다음에 , or로 이어지는 중문이면 이때 or의 의미는 if⋯not(그렇지 않으면)과 같다.
>
> - Do your best, and you will succeed.
>   =If you do your best, you will succeed.
>   최선을 다하여라. 그러면 너는 성공할 것이다.
>
> - Keep your promise, or you will lose your life.
>   =If you do not keep your promise, you will lose your life.
>   너의 약속을 지켜라. 그렇지 않으면 너는 목숨을 잃을 것이다.

예문 2 만일 네가 친절하게 그녀를 대우하면 그녀는 너를 위해 무엇이든 할 것이다.

1. If you treat her kindly, she'll do anything for you.
2. For you to treat her kindly, she'll do anything for you.
3. Your treating her kindly, she'll do anything for you.
4. If your treating her kindly, she'll do anything for you.
5. With your treating her kindly she'll do anything for you.
6. With your kind treatment of her she'll do anything for you.
7. Your kind treatment of her will make her do anything for you.
8. Treat her kindly, and she'll do anything for you.

7번 문장은 With your kind treatment of her에서 전치사 with를 생략하고 your kind treatment of her라는 무생물 명사를 동작 동사의 주어로 쓴 것이다. 이때 동작 동사를 주절의 동사에 상관없이 5형식 동사 make를 쓰면 주어 she는 목적어 her로, 동사 do는 목적보어 to do로 변하는데 make가 사역 동사이므로 원형 부정사 do가 온 것이다.

예문 3 만일 네가 즉시 출발하지 않으면 너는 늦을 것이다.

1. If you do not start at once, you will be late.
2. Not to start at once, you will be late.
3. Not starting at once, you will be late.
4. If not starting at once, you will be late.
5. With not starting at once you will be late.
6. Start at once, or you will be late.

2번 문장은 조건절 if절을 부정사로 바꾼 것인데 if는 종속접속사이므로 생략하고, you는 부정사의 의미상 주어 for you로 바뀌는데 주절의 주어와 같으므로 생략하며, do는 조동사이므로 생략하니 Not to start at once가 된 것이다.

3번 문장은 분사로 바꾼 것이다. 부정어 부정사는 언제나 성립하지만 부정어 분사는 not/never being과 not/never having 이외에는 드물므로 유의해야 한다. not starting 은 쓰인다.

4번 문장은 힌트접속사 if를 쓴 것이며, 5번 문장은 힌트접속사 if를 전치사 with로 바꾼 것이다. 6번 문장은 조건절을 '명령문…, or…' 중문으로 바꾼 것이다.

예문 4 만일 좀 더 면밀히 그것들을 조사하면 그 비밀이 드러날 것이다.

1. If you investigate them more closely, it will reveal the secret.
   =It will reveal the secret that you investigate them more closely.
2. To investigate them more closely, it will reveal the secret.
3. Investigating them more closely, it will reveal the secret.
4. If investigating them more closely, it will reveal the secret.
5. With investigating them more closely it will reveal the secret.
6. With a closer investigation of them it will reveal the secret.
7. A closer investigation of them will reveal the secret.

부사절의 조건절(if절)이 주절의 주어의 의미를 대신하는 경우가 있다.

1번 문장에서 조건절 if절이 주절의 주어 it의 의미를 대신하고 있다.

6번 문장은 동명사 investigating을 명사로 바꾼 것인데 investigating을 명사 investigation으로 바꾸면 부사 more closely는 형용사 closer로 바꾼다.(close는 1음절이므로 비교급을 만들 때 more를 쓰지 않고 어미에 -er을 붙여 비교급을 만든다.) 그리고 investigation이 목적어를 지배할 수 없으므로 them 앞에 목적어 표시 전치사 of를 쓴다.

7번 문장은 With a closer investigation of them에서 전치사 with를 생략하고 a closer investigation of them을 it 대신에 주어 자리에 쓴 것이다. 왜냐하면 무생물 명사가 동작 동사의 주어가 될 때는 주어를 부사구처럼 번역하는데 조건절에서 전환된 부사구 With a closer investigation of them이 주절의 주어의 의미를 대신하고 있기 때문이다.

예문 5 의사가 주의 깊게 그 환자를 치료하지 않았다면 그는 아주 빨리 회복되지 않았을 것이다.

1. If the doctor had not treated the patient carefully, he would not have recovered very speedily.

    =The doctor treated the patient carefully, and he recovered very speedily.(중문)

2. For the doctor not to treat the patient carefully, he would not have recovered very speedily.

3. The doctor's not treating the patient carefully, he would not have recovered very speedily.

4. If the doctor's not treating the patient carefully, he would not have recovered very speedily.

5. Unless the doctor's treating the patient carefully, he would not have recovered very speedily.

6. With the doctor's not treating the patient carefully he would not have recovered very speedily.

7. Without the doctor's treating the patient carefully he would not have recovered very speedily.

8. Without the doctor's careful treatment of the patient he would not have recovered very speedily.

9. The doctor's careful treatment of the patient brought about his very speedy recovery.

10. The doctor's careful treatment of the patient gave him a very speedy recovery.

1번 문장은 가정법 과거 사실의 반대 가정이다. 그러므로 중문과 같은 의미이다. 3번 문장은 분사로 바꾼 것인데 분사의 의미상 주어는 속격이 원칙이지만 의미상 주어가 명사일 때는 통격이 오기도 한다. 그래서 The doctor not treating…도 가능하다.

5번 문장은 if…not의 의미인 unless를 힌트접속사로 쓴 것이고, 6번 문장은 힌트접속사 if를 전치사 with로 바꾼 것이며, 7번 문장은 힌트접속사 unless를 전치사 without으로 바꾼 것이다.

8번 문장은 7번 문장의 treating을 명사 treatment로 바꾼 것이다.(6번 문장의 not treating은 명사로 바꾸지 못한다. 바꾸면 the doctor's no careful treatment of the patient가 되는데 no는 속격과 겹쳐 쓰지 못하기 때문에 쓸 수 없다.)

9번 문장은 Without the doctor's careful treatment of the patient에서 without 을 생략하고 the doctor's careful treatment of the patient를 동작 동사의 주어로 쓴 것인데, without이 생략되면서 if절의 not이 빠져 버렸으므로 주절도 중문처럼 not이 빠진 동작 동사를 써야 한다. 동작 동사는 recovered가 1형식이므로 3형식 동작 동사 brought about을 쓰고 형식상 주어 he가 의미상 주어 his로 바뀌면 한정동사 recovered는 비한정동사 recovering으로 된다. 그런데 recovering이 동명사이므로 명사 recovery로 바꾼 것이다.

10번 문장은 he recovered very speedily가 he had a very speedy recovery이므로 he had a very speedy recovery에서 전환하면 had가 3형식이므로 4형식 동작 동사 gave를 쓰고 he를 간접목적어 him으로 바꾸고 a very speedy recovery는 그대로 직접목적어로 온다.

(2) unless

예문 1 만일 우리가 이런 문제를 해결하지 않으면 세계의 미래는 어두워질 것이다.

1. Unless we solve these problems, the future of the world will be dark.
2. Not to solve these problems, the future of the world will be dark.
3. Not solving these problems, the future of the world will be dark.
4. Unless solving these problems, the future of the world will be dark.
5. Without solving these problems the future of the world will be dark.
6. Without the solution of these problems the future of the world will be dark.

2번 문장은 조건절 Unless we solve these problems를 부정사로 바꾼 것이다. 부정사로 바꾸면 unless는 종속접속사이므로 생략하는데 unless 속에는 접속사 if의 의미와 부정어 not의 의미가 같이 들어 있으므로 부정사로 바꿀 때 not을 써서 부정어 부정사로 써야 한다. 그리고 부정사의 의미상 주어 for us는 일반 주어이므로 생략하니 Not to solve these problems가 된다.

7. 문장 전환(Transformation of Sentences) **343**

3번 문장은 분사로 바꾼 것인데 부정어 분사는 not/never being과 not/never having 이외에는 드물다.(not solving은 쓰인다.) 따라서 영어에 그러한 부정어 분사가 있으면 쓸 수 있지만 없으면 쓸 수 없으므로 4번처럼 힌트접속사 unless를 써서 Unless solving these problems로 쓰는 것이 안전하다.

5번 문장은 힌트접속사 unless를 전치사 without으로 바꾼 것이고, 6번 문장은 동명사 solving을 명사 solution으로 바꾼 것인데, Without the solution of these problems를 With no solution of these problems로 써도 된다.

예문 2 만일 네가 더욱더 조심하지 않으면 너는 재난을 당할 것이다.

1. Unless you are more careful, you will have an accident.
2. Not to be more careful, you will have an accident.
3. Not being more careful, you will have an accident.
4. Unless being more careful, you will have an accident.
5. Without being more careful you will have an accident.

4번 문장은 힌트접속사 unless를 쓴 것인데 unless 속에는 부정 의미가 들어 있으므로 not이 빠졌다. 5번 문장은 힌트접속사 unless를 전치사 without으로 바꾼 것이다.

5) 양보절

(1) though

예문 1 그들은 피곤하였지만 왕자의 침대 곁에 똑바로 앉아 있었다.

1. Though they were tired, they sat up by the Prince's bed.
2. To be tired, they sat up by the Prince's bed.
3. Tired, they sat up by the Prince's bed.
4. Though tired, they sat up by the Prince's bed.
5. In spite of being tired they sat up by the Prince's bed.

6. In spite of their/the tiredness they sat up by the Prince's bed.
7. They were tired, but they sat up by the Prince's bed.
8. They were tired only to sit up by the Prince's bed.

2번 문장은 양보절 though절을 부정사로 바꾼 것이고, 3번 문장은 분사 being tired에서 being이 생략되어 tired가 분사구문을 이룬 것이다. 4번 문장은 양보 표시 분사구문임을 나타내기 위해 힌트접속사 though를 쓴 것이다. 5번 문장은 힌트접속사 though를 전치사 in spite of로 바꾼 것이다.(힌트접속사 though, although는 전치사 in spite of, despite, for all, with all, notwithstanding 등으로 바꿀 수 있다.)

> though, although → in spite of, despite, for all, with all, notwithstanding

6번 문장은 동명사 being과 형용사 tired가 합쳐져 명사 tiredness가 된 것이다. 7번 문장은 양보절을 반의접속사(but) 중문으로 바꾼 것이다.

8번 문장은 반의접속사 중문의 뒷절을 부정사로 바꾼 것이다. 반의접속사 중문은 뒷절만 부정사로 바꿀 수 있는데 이때 반의접속사 but의 의미를 나타내는 부사 only를 부정사 앞에 첨가한다.

예문 2 나는 최선을 다했지만 그 문제를 해결할 수 없었다.

1. Though I did my best, I could not solve the problem.
2. To do my best, I could not solve the problem.
3. Doing my best, I could not solve the problem.
4. Though doing my best, I could not solve the problem.
5. Despite doing my best I could not solve the problem.
6. I did my best, but I could not solve the problem.
7. I did my best only to be unable to solve the problem.

5번 문장은 힌트접속사 though를 전치사 despite로 바꾼 것이고, 6번 문장은 양보절을 반의접속사(but) 중문으로 바꾼 것이다. 7번 문장은 반의접속사 중문의 뒷절을 부정사로 바꾼 것이다. 부정사로 바꿀 때 could를 to can으로 할 수 없으므로 can과 같은 be able to로 대체하여 쓰는데 not이 있으므로 be unable to로 쓴 것이다.

> **예문 3** 아무리 부유하다 할지라도 만족할 수 없다.

> 1. Though he is rich, he can not be satisfied.
> 2. To be rich, he can not be satisfied.
> 3. Rich, he can not be satisfied.
> 4. Though rich, he can not be satisfied.
> 5. With all being rich he can not be satisfied.
> 6. With all the riches/wealth he can not be satisfied.
> 7. The riches/wealth can not satisfy him. (×)
> 8. No amount of riches/wealth can satisfy him.
> 9. He is rich, but he can not be satisfied.

5번 문장은 힌트접속사 though를 전치사 with all로 바꾼 것인데 이때 with all 다음에 생략되었던 being을 다시 쓴다. 6번 문장은 동명사 being과 형용사 rich가 합쳐져 명사 riches/wealth가 된 것이다. 7번 문장은 With all the riches/wealth에서 전치사 with all을 생략하고 the riches/wealth라는 무생물 명사를 동작 동사의 주어로 쓴 것인데, 이렇게 쓰면 부의 양의 부정이 아니라 만족에 대한 부정이 되므로 이렇게 쓰지 않고 부의 양의 부정을 나타내는 no amount of riches/wealth로 해서 8번 문장처럼 쓴다. 9번 문장은 양보절을 반의접속사(but) 중문으로 바꾼 것이다.

(2) although

> **예문 1** 네가 수영을 아무리 잘할 수 있다 할지라도 너는 이런 위험한 강에서 수영해서는 안 된다.

> 1. Although you can swim very well, you must not swim in this dangerous river.

2. To be able to swim very well, you must not swim in this dangerous river.
3. Able to swim very well, you must not swim in this dangerous river.
4. Although able to swim very well, you must not swim in this dangerous river.
5. Despite being able to swim very well you must not swim in this dangerous river.
6. Despite the ability to swim very well you must not swim in this dangerous river.
7. You can swim very well, but you must not swim in this dangerous river.

2번 문장은 양보절 although절을 부정사로 바꾼 것인데 can을 be able to로 대체해서 쓴 것이고, 3번 문장은 분사로 바꾼 being able to swim very well에서 being이 분사구문이므로(동명사가 아니므로) 생략된 것이다.

4번 문장은 힌트접속사 although를 쓴 것이고, 5번 문장은 힌트접속사 although를 전치사 despite로 바꾼 것인데 이때 생략되었던 being을 다시 써야 한다(전치사의 목적어는 명사나 명사적인 것이어야 하므로).

6번 문장은 동명사 being과 형용사 able이 합쳐져 명사 ability가 된 것이다. 7번 문장은 양보절을 반의접속사 중문으로 바꾼 것이다.

예문 2 개미들은 작은 곤충이지만 그것들은 잘 조직화된 공동체에서 생활한다.

1. Although ants are tiny insects, they live in well-organized communities.
2. To be tiny insects, ants live in well-organized communities.
3. Tiny insects, ants live in well-organized communities.
4. Although tiny insects, ants live in well-organized communities.
5. In spite of tiny insects ants live in well-organized communities.
6. Ants are tiny insects, but they live in well-organized communities.

> 7. Ants are tiny insects only to live in well-organized communities.

  종속절의 주어가 명사이고 주절의 주어가 대명사인 경우에는 문장 전환을 할 때 주절의 주어 대명사를 명사로 바꾸어 쓴다.(종속절의 주어가 생략되기 때문이다.) 그래서 주절의 대명사 they를 ants로 바꾸어 쓴 것이다.

6) 목적절

(1) so that

예문 1 그는 첫 차를 타려고 일찍 출발했다.

> 1. He started early so that he might catch the first train.
> 2. He started early so as to catch the first train.
> 3. He started early for the purpose of catching the first train.

  2번 문장은 목적절 so that절을 부정사로 바꾼 것인데 종속접속사 so that은 that만 생략되고 so는 그대로 남는다. he는 주절의 주어와 같으므로 생략하고, might는 조동사이므로 생략하니 to catch가 되는데, 부정사 앞에 so가 있으므로 허사 as를 써서 so as to catch the first train이 된 것이다.(부정사 앞에 so, such, same 등이 올 때는 부정사 앞에 허사 as를 쓴다.)

  부사절 목적절은 목적 표시 분사구문이 없으므로 분사구문으로는 바꿀 수 없다. 단, 목적 의미를 지닌 전치사 for the purpose of, for the sake of, with a view to, with a view of, to 등을 동반한 동명사로는 바꿀 수 있다. 3번 문장은 목적 표시 전치사 for the purpose of를 동반한 동명사로 바꾼 것이다.

예문 2 그들은 시간 내에 그것을 끝낼 수 있도록 열심히 일했다.

> 1. They worked hard so that they could finish it in time.

2. They worked hard so as to finish it in time.
3. They worked hard for the sake of finishing it in time.

2번 문장은 목적절 so that절을 부정사로 바꾼 것이며, 3번 문장은 목적 표시 전치사 for the sake of를 동반한 동명사로 바꾼 것이다.

예문 3 그녀는 수업에 늦지 않으려고 일찍 일어났다.

1. She got up early so that she might not be late for school.
2. She got up early so as not to be late for school.
3. She got up early with a view of not being late for school.

2, 3번 문장의 도해는 다음과 같다.

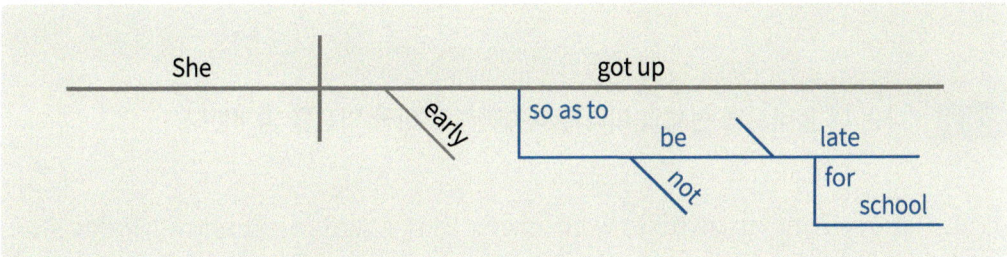

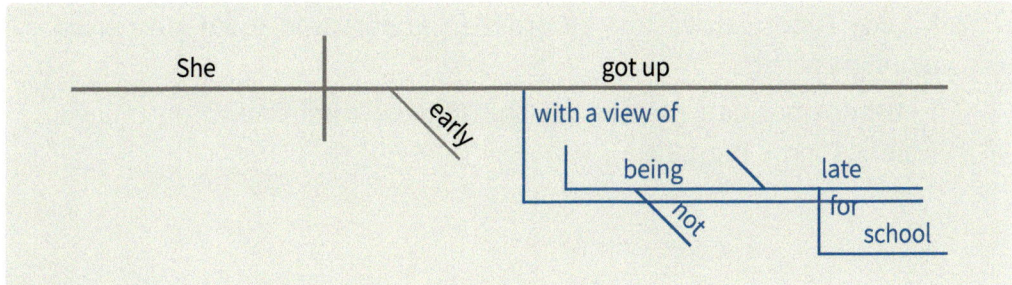

(2) in order that

예문 1 그는 그녀를 만나려고 두 시간이나 기다렸다.

1. He waited for two hours in order that he might see her.
2. He waited for two hours in order to see her.
3. He waited for two hours for the purpose of seeing her.

   2번 문장은 목적절 in order that절을 부정사로 바꾼 것인데 종속접속사 in order that은 that만 생략되고 in order는 그대로 남는다. 그래서 in order to see her가 된 것이다. 3번 문장은 목적 표시 전치사 for the purpose of를 동반한 동명사로 바꾼 것이다.

   2번 문장의 도해는 다음과 같다.

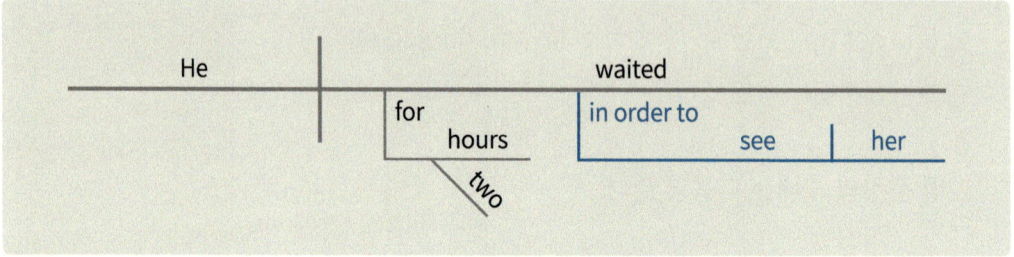

예문 2 나는 더 올바르게 현재의 미국을 이해하려고 미국 역사를 공부한다.

1. I study American history in order that I may understand today's America more properly.
2. I study American history in order to understand today's America more properly.
3. I study American history for the sake of understanding today's America more properly.

(3) for fear that

예문 그는 시험에 실패하지 않으려고 열심히 공부한다.

1. He studies hard for fear that he should fail in the examination.

2. He studies hard not to fail in the examination.
3. He studies hard with a view of not failing in the examination.
4. He studies hard with a view of no failure in the examination.

2번 문장은 부정의 목적절 for fear that절을 부정사로 바꾼 것인데 접속사 for fear that 속에는 부정의 의미가 들어 있으므로 부정사로 바꿀 때 부정어 부정사로 쓴다.

3번 문장은 목적 표시 전치사 with a view of를 동반한 동명사로 바꾼 것이고, 4번 문장은 동명사 not failing을 명사 no failure로 바꾼 것이다.

7) 결과절

so…that 결과절만 부정사 문장 전환이 있고, such…that 결과절이나 so that 결과절은 문장 전환이 없다.

예문 1 그의 교수는 뉴턴의 연구에 매우 감명받았다, 그래서 그는 그에게 자기 직위를 양보했다.

1. His professor became so impressed with Newton's work that he gave up his position to him.
2. His professor became so impressed with Newton's work as to give up his position to him.
3. His professor became very impressed with Newton's work and he gave up his position to him.
4. Because his professor became very impressed with Newton's work, he gave up his position to him.

2번 문장은 결과절 that절을 부정사로 바꾼 것이다. 부정사로 바꾸면 that은 종속접속사이므로 생략하고 he는 의미상 주어 for him으로 바뀌는데, 주절의 주어와 같으므로 생략하니 to give up his position to him이 된다. 그런데 앞에 so가 있으므로 허사 as를 써서 as to give up his position to him이 된 것이다.

결과절은 중문 번역하므로 연계접속사(and) 중문으로 쓸 수 있다. 그래서 3번 문장은 연계접속사(and) 중문으로 바꾼 것이다. 결과절일 때는 '매우'라는 부사를 so를 쓰고(절의 수식을 받을 수 있는 부사는 so뿐이기 때문이다.), 중문일 때는 '매우'라는 부사를 very를 쓴다.

4번 문장은 연계접속사(and) 중문을 이유절로 바꾼 것이다.

2번 문장의 도해는 다음과 같다.

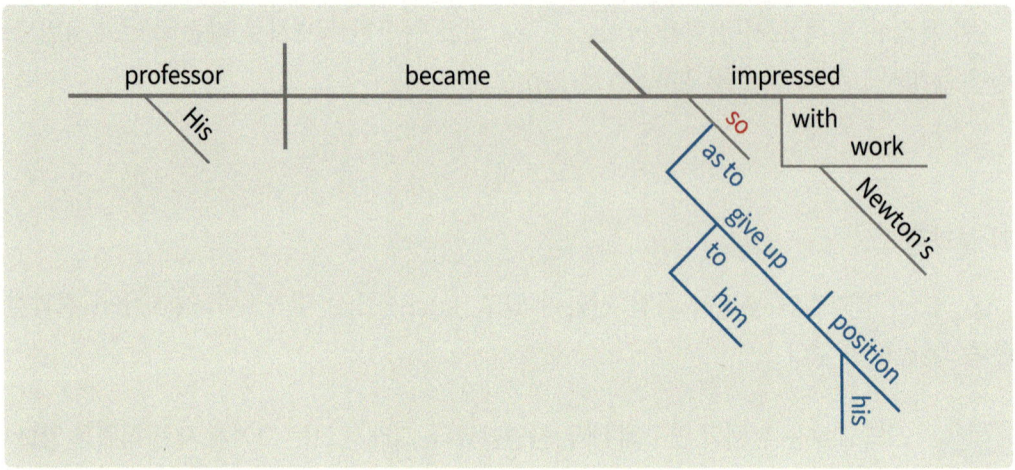

'매우, 아주, 너무, 대단히' 등의 뜻을 가진 부사는 very, so, enough, too가 있다. 그러나 각기 쓰임새가 다르다.
- very : 일반적인 경우
- so : as나 that과 관련이 있을 때
- enough : 가능의 의미를 포함하고 있을 때   ※ 후위 수식하는 부사
- too : 불가능의 의미를 포함하고 있을 때

 그녀는 아주 정직하다, 그래서 그녀는 거짓말을 하지 않는다.

1. She is so honest that she does not tell a lie.
2. She is so honest as not to tell a lie.
3. She is very honest and she does not tell a lie.
4. Because she is very honest, she does not tell a lie.

예문 3 그는 아주 빨리 달렸다, 그래서 그는 그녀를 따라잡을 수 있었다.

1. He ran so fast that he could catch up with her.
2. He ran fast enough to catch up with her.
3. He ran very fast and he could catch up with her.
4. Because he ran very fast, he could catch up with her.

2번 문장은 결과절을 부정사로 바꾼 것인데, 결과절에 can/could가 있을 때는 주절의 부사 so를 can/could의 의미가 들어 있는 부사 enough로 바꾸어 부정사로 전환한다. 이때 부사 enough는 후위 수식하므로 fast 다음에 온다.

2번 문장의 도해는 다음과 같다.

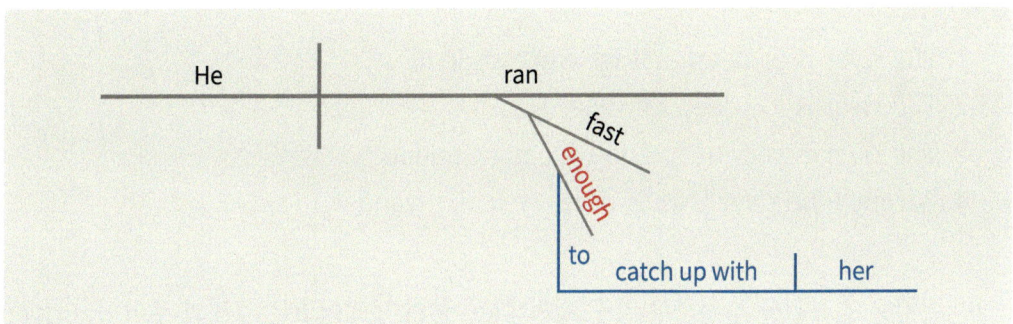

예문 4 얼음이 아주 두꺼워서 우리는 그 위로 걸어갈 수 있다.

1. The ice is so thick that we can walk on it.
2. The ice is thick enough to walk on.
3. The ice is very thick and we can walk on it.
4. Because the ice is very thick, we can walk on it.

2번 문장은 결과절을 부정사로 바꾼 것이다. 부정사로 바꾸면 결과절에 can이 있으므로 부사 so를 can의 의미가 들어 있는 부사 enough로 바꾸고, we는 부정사의 의미상 주어 for us로 바꾸는데 일반 주어이므로 생략한다. 그리고 전치사 on의 목적어 it은 주절의 주어 ice와 같으므로 부정사 구문에서는 생략한다.

예문 5 샐리는 아주 바쁘다, 그래서 그녀는 너를 만나볼 수 없다.

1. Sally is so busy that she can not see you.
2. Sally is too busy to see you.
3. Sally is very busy and she can not see you.
4. Because Sally is very busy, she can not see you.

2번 문장은 결과절을 부정사로 바꾼 것인데 결과절에 can/could not이 있을 때는 부사 so를 can/could not의 의미가 들어 있는 부사 too로 바꾸어 부정사로 전환한다.

예문 6 그 강은 너무 깊어서 걸어서 건널 수 없다.

1. The river is so deep that we can't wade it.
2. The river is too deep to wade.
3. The river is very deep and we can't wade it.
4. Because the river is very deep, we can't wade it.

2번 문장은 결과절을 부정사로 바꾼 것인데 wade의 목적어 it은 주절의 주어 the river와 같으므로 부정사 구문에서는 생략한다. 그 이유는 부정사가 형태상으로는 능동이지만 의미상으로는 피동이기 때문이다. 즉 to wade는 to be waded의 의미이다.

예문 7 이것은 너무 어려운 책이다, 그래서 나는 그것을 이해할 수 없다.

1. This is so difficult a book that I can not understand it.
2. This is too difficult a book for me to understand.
3. This is a very difficult book and I can not understand it.
4. Because this is a very difficult book, I can not understand it.

부사 so나 too는 관사와 명사 사이에 올 수 없으므로 so나 too가 관사 밖으로 나오면서 수식받는 형용사 difficult를 달고 나와 so/too difficult a book으로 쓴 것이다.

2번 문장은 결과절을 부정사로 바꾼 것인데 결과절에 can not이 있으므로 so를 too로 바꾸고, I는 부정사의 의미상 주어 for me로 바꾼다. understand의 목적어 it은 주절의 book과 같으므로 부정사 구문에서는 생략한다.

3번 문장은 결과절을 중문으로 바꾼 것이다. 이때 so 대신에 very를 쓰는데 부사 very는 관사와 명사 사이에 올 수 있으므로 a very difficult book으로 쓴 것이다.

2번 문장의 도해는 다음과 같다.

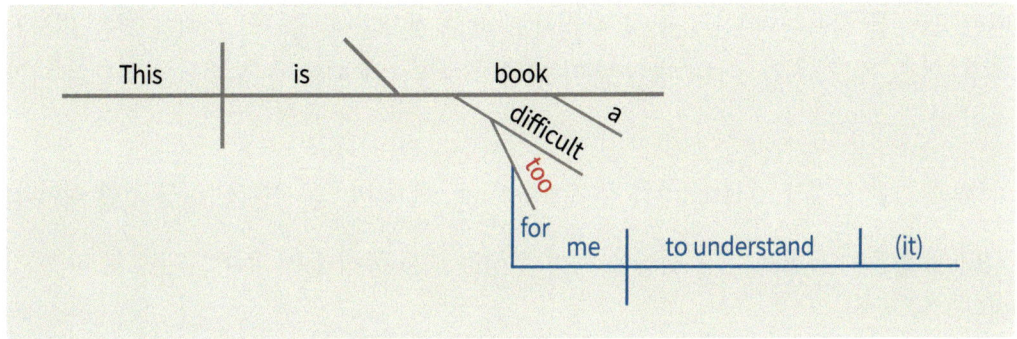

예문 8 그녀는 너무 빨리 말해서 나는 그녀의 말을 이해할 수 없었다.

1. She spoke so quickly that I could not understand her.
2. She spoke too quickly for me to understand.
3. She spoke very quickly and I could not understand her.
4. Because she spoke very quickly, I could not understand her.

예문 9 그는 어리석어서 그러한 녀석을 믿는다.

1. He is so foolish that he trusts such a fellow.
2. He is so foolish as to trust such a fellow.
3. He foolishly trusts such a fellow.

4. He has the foolishness/folly to trust such a fellow.
5. He has the foolishness/folly of trusting such a fellow.
6. He is very foolish and he trusts such a fellow.
7. Because he is very foolish, he trusts such a fellow.
8. His great foolishness/folly makes him trust such a fellow.

3번 문장은 앞절을 foolishly로 의미상 문장 전환을 한 것이다.

4번 문장은 foolishly를 have 동사를 사용하여 명사화하고(형용사나 부사를 명사화할 때는 have를 사용한다.), trusts를 부정사로 바꾼 것이다. 부정사의 수식을 받는 명사가 목적, 의도, 시도, 시간, 이유, 방법 등이 아닌 추상명사일 때는 중문 번역을 하므로 이와 같이 바꿀 수 있다.

5번 문장은 부정사 to trust…를 분사 trusting…으로 바꾸고 전치사 of를 가한 것이다.

8번 문장은 이유절을 문장 전환을 하여 무생물 명사 동작 동사 주어 구문으로 바꾼 것이다.

❖ 대등절 연계접속사 중문

예문 1 나는 아침에 출발해서 저녁에 그곳에 도착했다.

1. I started in the morning and arrived there in the evening.
2. To start in the morning, I arrived there in the evening.
3. Starting in the morning, I arrived there in the evening.
4. I arrived there in the evening by starting in the morning.
5. I started in the morning, to arrive there in the evening.
6. I started in the morning, arriving there in the evening.

연계접속사 중문(and)의 경우는 앞·뒷절 모두 부정사 및 분사 환문이 가능하다.

2번 문장은 앞절을 부정사로 바꾼 것이다. 부정사가 콤마를 동반할 때는 '조건, 양보, 중문'을 뜻하는데 중문 부정사이다.

3번 문장은 앞절을 분사로 바꾼 것인데 중문 분사구문이다.

4번 문장은 분사구문 앞에 and의 의미를 지닌 전치사 by를 가해 동명사로 만들어서 문 뒤로 옮긴 것이다.

5번 문장은 뒷절을 부정사로 바꾼 것이고, 6번 문장은 뒷절을 분사로 바꾼 것이다.

예문 2 그는 자기를 찾아온 사람을 만나고 도서관에 갔다.

1. He saw the man to visit him and went to the library.
2. To see the man to visit him, he went to the library.
3. Seeing the man to visit him, he went to the library.
4. He went to the library by seeing the man to visit him.
5. He went to the library by the sight of the man to visit him.
6. He saw the man to visit him, to go to the library.
7. He saw the man to visit him, going to the library.
8. After he saw the man to visit him, he went to the library.
9. After seeing the man to visit him he went to the library.
10. After the sight of the man to visit him he went to the library.

5번 문장은 동명사 seeing을 명사 sight로 바꾼 것이다.

8번 문장은 의미상 문장 전환을 한 것이다.

9번 문장은 After절을 분사로 바꿔 힌트접속사를 쓴 것인데 after는 뒤에 절 이외의 것이 오면 전치사가 되므로 seeing이 동명사가 되었다.

❖ She bought a book and gave to him.
　=She bought him a book.
　그녀는 책을 사서 그에게 주었다.
　※ 중문인데 수여의 의미가 있어서 4형식 동사(수여동사)로 바꾼 것이다.

8) 비교절 방법절 as if절, as though절

예문 1 그녀는 마치 최면에 걸린 것처럼 이상하게 행동한다.

> 1. She behaves strangely as if she were hypnotized.
> 2. She behaves strangely as if to be hypnotized.
> 3. She behaves strangely as if being hypnotized.

2번 문장은 힌트접속사 as if를 동반한 부정사로 바꾼 것이고, 3번 문장은 힌트접속사 as if를 동반한 분사로 바꾼 것이다.

as if, as though절은 힌트접속사 as if, as though를 동반한 부정사 및 분사 전환만 가능하다.

2, 3번 문장의 도해는 다음과 같다.

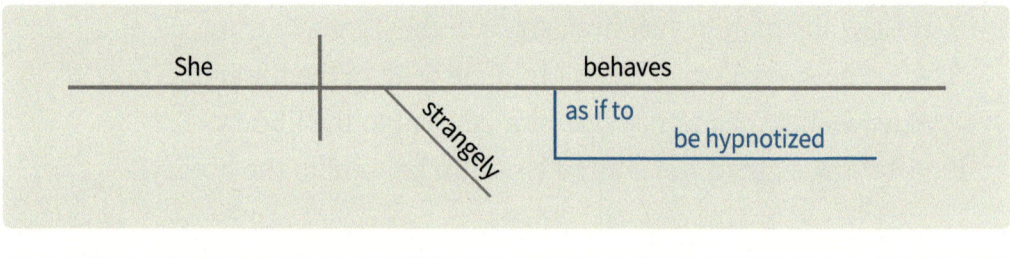

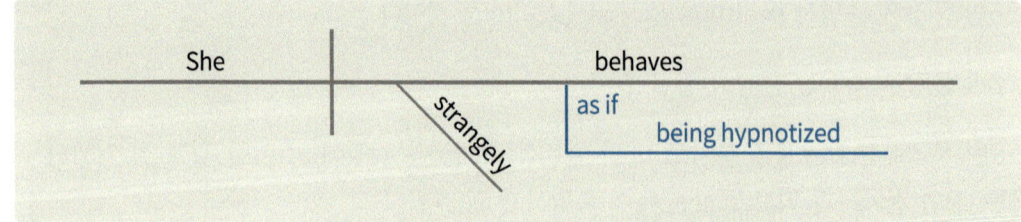

예문 2 그것은 마치 조지를 위해 만들기라도 한 것처럼 그에게 꼭 맞았다.

> 1. It fitted George as if it had been made for him.
> 2. It fitted George as if to be made for him.
> 3. It fitted George as if being made for him.

예문 3 그녀는 마치 아이를 가르치듯이 음절들에 강세를 두었다.

1. She stresses the syllables as though she teaches a child.
2. She stresses the syllables as though to teach a child.
3. She stresses the syllables as though teaching a child.

예문 4 그는 자신이 로마에 갔던 적이 있는 것처럼 로마에 대해 이야기한다.

1. He talks about Rome as though he had been there himself.
2. He talks about Rome as though to have been there himself.
3. He talks about Rome as though having been there himself.

9) 특수한 부사절

예문 1 나는 그가 아주 정직하다고 확신한다.

1. I am certain (that) he is very honest.
2. I am certain for him to be very honest.
3. I am certain of his being very honest.
4. I am certain of his great honesty.

2번 문장은 특수한 부사절을 부정사로 바꾼 것이고, 3번 문장은 분사로 바꾼 것이다. 특수한 부사절은 분사로 바꿀 때 분사 앞에 전치사 of를 쓴다.

4번 문장은 동명사 being이 형용사 honest와 합쳐져 명사 honesty로 바뀐 것이다.

2~4번 문장의 도해는 다음과 같다.

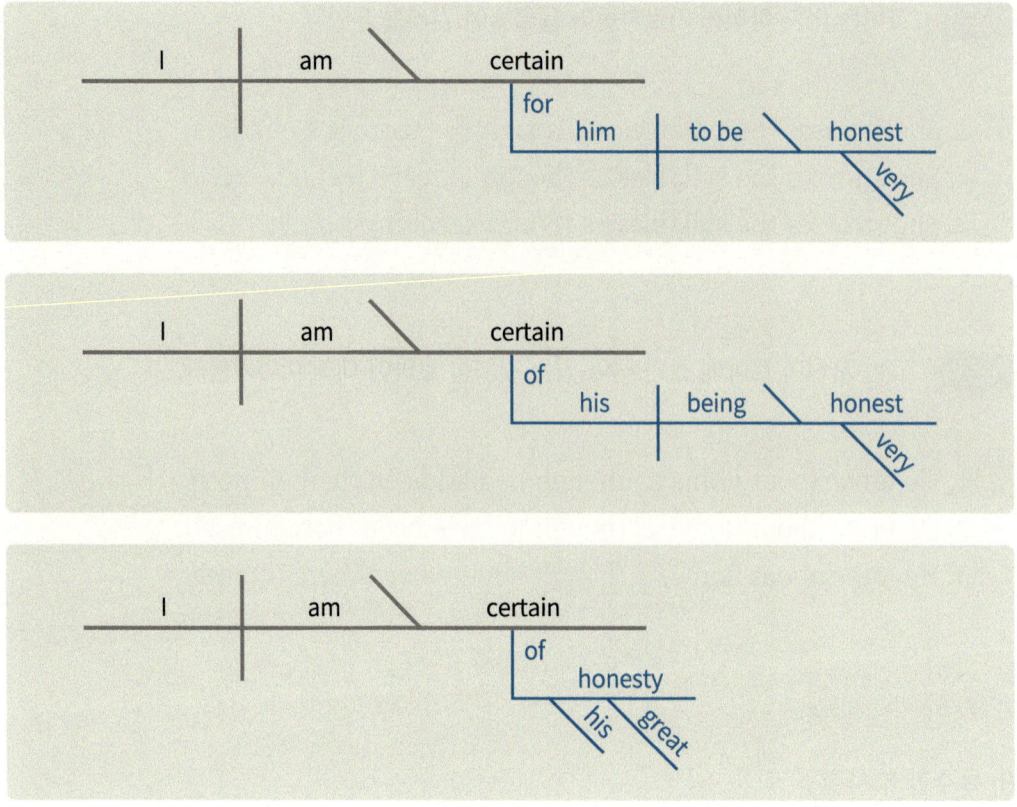

예문 2 그녀는 자기가 부자인 것을 자랑으로 여긴다.

1. She is proud (that) she is rich.
2. She is proud to be rich.
3. She is proud of being rich.
4. She is proud of her riches.

예문 3 나는 그가 이것 때문에 나를 책망할까 걱정이다.

1. I am afraid (that) he will blame me for this.
2. I am afraid for him to blame me for this.
3. I am afraid of his blaming me for this.
4. I am afraid of his blame of me for this.

4번 문장의 도해는 다음과 같다.

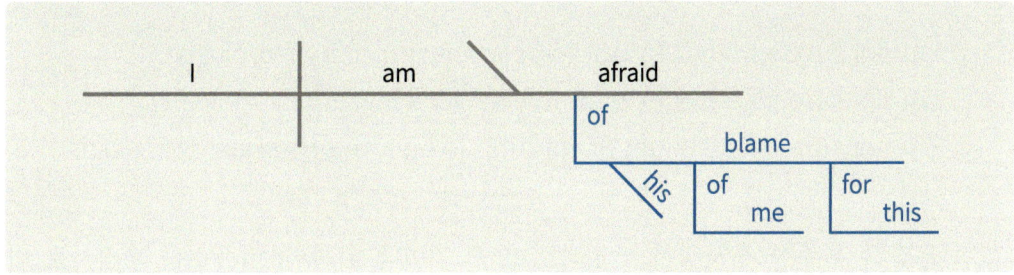

예문 4 아랍인들이 자기 말을 사랑한다는 것을 예증하는 많은 이야기가 있다.

1. There are many stories illustrative (that) the Arab loves his horse.
2. There are many stories illustrative for the Arab to love his horse.
3. There are many stories illustrative of the Arab's loving his horse.
4. There are many stories illustrative of the Arab's love for his horse.
5. There are many stories illustrative of the love of the Arab for his horse.

4번 문장은 동명사 loving이 명사 love로 바뀌면서 his horse 앞에 목적어 표시 for를 썼다. love는 목적어가 사람일 때는 of를 그 이외의 것일 때는 for를 쓴다.

5번 문장은 속격 the Arab's를 of the Arab 형태의 속격으로 쓴 것이다.

예문 5 나도 내가 그를 어떻게 생각하는지 정확하게 알지 못한다.

1. I'm not rightly sure what I think of him.
2. I'm not rightly sure what to think of him.

2번 문장은 특수한 부사절을 부정사로 바꾼 것이다. what to think of him을 분사로 바꾸면 of what thinking of him이 되는데 의문사 부정사는 있지만 의문사 분사는 없으므로 이와 같이 바꿀 수 없다.

예문 6 나도 내가 수의사나 동물학자가 되고 싶은지 않은지 잘 모르겠다.

1. I'm not sure whether I want to be a veterinarian or zoologist.
2. I'm not sure whether to want to be a veterinarian or zoologist.
3. I'm not sure of the doubt of wanting to be a veterinarian or zoologist.

2번 문장은 특수한 부사절을 부정사로 바꾼 것이다. if/whether절은 부정사로 바뀔 때 부정사 앞에 부사 whether를 써 준다. whether to want…를 분사로 바꾸면 of whether wanting…인데 whether 부정사는 있지만 wether 분사는 없기 때문에 이와 같이 바꿀 수 없다.

3번 문장은 the doubt를 써서 의미상 문장 전환을 한 것이다.

영어의 역사

서기 43년부터 5세기까지 영국을 정복하고 있던 로마군이 침략자들을 방어하기 위해 본국으로 돌아가자 이 틈을 타서 앵글족, 색슨족, 주트족들이 현재의 네덜란드와 덴마크 지역으로부터 영국을 침공했다. 앵글족은 새 정착지를 자신들의 땅이라는 의미의 England(Engla+land)로 불렀다. 앵글족(Angles)에서 유래된 English는 앵글족의 말이란 뜻이다. 이들의 언어가 오늘날의 영어의 큰 뿌리가 되었다. 원래의 원주민은 켈트족이었으나 이들은 새로운 침입자들에게 정복되었다. 영어는 고대 영어(서기 450~1100년)와 중세 영어(1100~1500)를 거쳐 커다란 변화를 겪으면서 근대 영어(1500년 이후)로 발전되었다. 영국 도서(島嶼)에서만 사용되던 영어가 대영제국의 세력이 전 세계로 뻗어 나가고 20세기에 들어와서 미국이 세계의 지도적 지위를 차지하면서 현재 세계 인구의 3분의 1이 영어의 영향력 하에 놓여 있으며, 영어가 실질적인 세계어로 되고 있다.

Tense

08. 시제

08 시제 (Tense)

어떤 글월(문장)이든 시제가 없는 것은 없다. 시제란 동사의 시간 형태를 의미하는 것으로 동사의 어형 변화를 통해 시간 관계를 나타내는 것인데 크게 현재, 과거, 미래로 나뉜다. 그러나 시제가 실제 생활의 시간과 반드시 일치하는 것은 아니다.

> 현재: 인간이 관계하고 있는 일만큼만의 시간
> 과거: 지나간 일을 소개하는 시간
> 미래: 닥쳐올 일을 기술하는 시간

1. 시제의 기본 구조

영어에는 현재, 과거, 미래의 3시제에 각각 다음과 같은 4가지 기본 구조가 있다. wash 동사를 예로 시제의 기본 구조를 보자.

기본 시제 (◉)	wash	씻다
진행 시제 (MWW)	be washing	씻고 있다
완료 시제 (←)	have washed	씻었다
완료 진행 시제 (←MW)	have been washing	씻고 있었다

여기에서 사용된 기호는 전기를 예로 들면 ◉는 변압기에 충전되어 있는 꼴로 기본 시제를 나타내고, MWW는 전선을 타고 전구까지 오는 과정으로 진행 시제를 나타내고, ←는 불이 켜진 꼴, 즉 완성된 꼴로 완료 시제를 나타내고 ←MW는 진행에서 완료된 것까지를 한꺼번에 말하는 꼴로 완료 진행 시제를 나타낸다.

진행형	be 동사원형ing	고 있다
완료형	have 과거분사(pp.)	었/았다
완료 진행형	have been 동사원형ing	고 있었다

완료 진행 시제는 '완료 시제+진행 시제'이므로 완료 시제로 시작해서 진행 시제로 끝난다. 따라서 have로 시작해서 끝에 동사원형ing가 오는데 그 사이에 완료 어미 과거분사(pp.)와 진행 시작 be를 합쳐 been을 써서 have been 동사원형ing가 된다.

2. 시제의 분류

He play soccer with his friends.

위 문장은 시제가 들어가 있지 않기 때문에 틀린 문장이다. 이 문장에 시제를 넣으면 다음과 같이 12시제를 넣을 수 있다.

1) 현재: ~다 (현재 기본 시제: ~ㄴ다, ~ㅂ니다)

⊙	기본시제	He plays soccer with his friends. 그는 친구들과 함께 축구를 한다.
⋙	진행시제	He is playing soccer with his friends. 그는 친구들과 함께 축구를 하고 있다.
←	완료시제	He has played soccer with his friends. 그는 친구들과 함께 축구를 하였다.
←⋙	완료 진행 시제	He has been playing soccer with his friends. 그는 친구들과 함께 축구를 하고 있었다.

부여된 우유적 속성(偶有的屬性)을 살리자.

2) 과거: ~었/았다, ~었/았습니다

⊙	기 본 시 제	He played soccer with his friends. 그는 친구들과 함께 축구를 하였다.
⋙	진 행 시 제	He was playing soccer with his friends. 그는 친구들과 함께 축구를 하고 있었다.
←	완 료 시 제	He had played soccer with his friends. 그는 친구들과 함께 축구를 하였었다.
←⋙	완료 진행 시제	He had been playing soccer with his friends. 그는 친구들과 함께 축구를 하고 있었었다.

3) 미래: 의지 미래: ~겠다, ~겠습니다
단순 미래: ~ㄹ 것이다, ~ㄹ 것입니다

⊙	기 본 시 제	He will play soccer with his friends. 그는 친구들과 함께 축구를 할 것이다.
⋙	진 행 시 제	He will be playing soccer with his friends. 그는 친구들과 함께 축구를 하고 있을 것이다.
←	완 료 시 제	He will have played soccer with his friends. 그는 친구들과 함께 축구를 하였을 것이다.
←⋙	완료 진행 시제	He will have been playing soccer with his friends. 그는 친구들과 함께 축구를 하고 있었을 것이다.

이상과 같이 영어는 12시제이다. 하지만 우리말은 현재 완료 시제와 과거 기본 시제가 같고, 현재 완료 진행 시제와 과거 진행 시제가 같기 때문에 10시제이다.

3. 시제의 일치

시제의 일치란 한 문장 안에 두 개 이상의 한정동사가 있을 때 내용에 맞게 시제를 맞추는 것을 말한다. 중문의 경우는 내용에 따르면 되지만 복문의 경우는 다음과 같이 주절의 시제에 따라 종절의 시제가 제한을 받는다.

1) 주절의 시제가 현재나 미래이면 종절의 시제는 12시제 어느 것이나 가능하다.

He	knows has known will know	(that) she plays jazz in the school concert. (that) she is playing jazz in the school concert. (that) she has played jazz in the school concert. (that) she has been playing jazz in the school concert. (that) she played jazz in the school concert. (that) she was playing jazz in the school concert. (that) she had played jazz in the school concert. (that) she had been playing jazz in the school concert. (that) she will play jazz in the school concert. (that) she will be playing jazz in the school concert. (that) she will have played jazz in the school concert. (that) she will have been playing jazz in the school concert.

2) 주절의 시제가 과거이면 종절의 시제는 과거나 과거 완료이어야 한다.

He	knew	(that) she played jazz in the school concert. (that) she was playing jazz in the school concert. (that) she had played jazz in the school concert. (that) she had been playing jazz in the school concert. (that) she would play jazz in the school concert. (that) she would be playing jazz in the school concert. (that) she would have played jazz in the school concert. (that) she would have been playing jazz in the school concert.

형식이 내용을 좇아 내용에 일치하는 것이 아니라 내용이 형식을 좇아 형식에 일치한다.

3) 주절의 시제가 과거 완료이면 종절의 시제도 과거 완료이어야 한다.

| He | had known | (that) she had played jazz in the school concert.
(that) she had been playing jazz in the school concert.
(that) she would have played jazz in the school concert.
(that) she would have been playing jazz in the school concert. |

4) 시제의 제한을 받지 않는 경우

불변의 진리, 역사적 사실, 규칙적인 습관, 가정법, 발생한 순서대로 말하는 경우 등은 시제의 규칙에 제한을 받지 않는다.

예문 1 We knew that the moon is much smaller than the sun.
우리는 달이 태양보다 훨씬 더 작다는 것을 알았다.

예문 2 He always said that health is better than wealth.
그는 건강이 부보다 더 낫다고 항상 말했다.

예문 3 Did you know that the Second World War broke out in 1939?
2차 세계 대전이 1939년에 일어난 것을 알고 있었느냐?

예문 4 He knew that she gets up early every day.
그는 그녀가 매일 일찍 일어난다는 것을 알았다.

예문 5 She suggested that the meeting be postponed.
그녀는 그 회합을 연기할 것을 제의했다.

예문 6 She said that if she were a bird, she could fly to him.
그녀는 자기가 새라면 그에게 날아갈 수 있을 텐데라고 말했다.

※ 시제에 관한 더 자세한 것은 글틀영어 형태편 '동사의 시제' 참조

Narration

09. 화법

09 화법 (Narration)

화법이란 다른 사람의 말을 전하는 방법인데 이에는 직접 화법과 간접 화법이 있다.

1. 직접 화법
다른 사람이 말한 것을 따옴표를 사용해서 그대로 전달하는 방법이다. 이때 주절(전달문)과 인용절(피전달문) 사이에 반드시 콤마를 찍는다.

> **예문** She said, "I am writing an essay about the Romantic novel."
> 그녀는 "나는 낭만주의 소설에 대한 평론을 쓰고 있다."고 말했다.

2. 간접 화법
다른 사람이 말한 내용을 전달하는 사람의 입장에서 그 내용만을 전달하는 방법이다. 즉, 인용절 명사절을 다른 쉬운 명사절로 바꾸어서 전달하는 방법이다.

> **예문** She said (that) she was writing an essay about the Romantic novel.
> 그녀는 자기는 낭만주의 소설에 대한 평론을 쓰고 있다고 말했다.

3. 화법의 전환 (직접 화법 → 간접 화법)
직접 화법을 간접 화법으로 바꿀 때 인용절(피전달문)의 인칭은 1인칭일 때는 말하는 사람(주절의 주어)과 일치시켜서 바꾸고, 2인칭일 때는 말을 듣는 사람과 일치시켜서 바꾸고, 3인칭은 변화 없이 그대로 쓴다.
  인용절의 시제는 주절(전달문)의 시제가 현재일 때는 변화 없이 그대로 오고, 주절(전달문)이 과거일 때는 인용절의 시제가 현재이면 과거로 바꾸고, 과거이면 과거 완료로 바꾼다.
  동사, 지시대명사 및 지시형용사, 시간·장소부사 등은 전달하는 사람의 입장에 맞추어 바꾼다. 일반적으로 다음과 같이 바꾼다.

지시대명사 지시형용사	this these	→ →	that those
시간부사	now ago today tonight tomorrow yesterday last night	→ → → → → → →	then before that day that night the next day, the following day the previous day, the day before the previous night, the night before
장소부사	here	→	there
동사	come bring	→ →	go take

1) 직접 화법(인용절)이 평서문인 경우

인용절을 명사절 that절로 바꾼다. 이때의 that은 목적어절 접속사이므로 생략할 수도 있다.

예문 1 He said, "I have discovered the truth."
He said (that) he had discovered the truth.
그는 자기가 진리를 발견했다고 말했다.

예문 2 He said to me, "I saw her here yesterday."
He told me (that) he had seen her there the previous day.
그는 자기가 전날 거기에서 그녀를 보았다고 말했다.

> 주 me가 생물 대명사이므로 to를 생략하여 주요소인 간접목적어로 승격시키고, said를 4형식 동사 told로 바꾼다.

예문 3 "You mustn't tell anyone what I've just told you," she said to me.
She told me that I mustn't tell anyone what she had just told me.
그녀는 자기가 내게 방금 말한 것을 누구에게도 말해서는 안 된다고 말했다.

> 주 조동사 must는 시제 변화 없이 must를 그대로 쓰기도 하고, 과거 시제를 나타낼 때는 had to로 바꾸어 쓰기도 한다.

예문 4 "It isn't so foggy today as it was yesterday," I remarked.
I remarked that it wasn't so foggy that day as it had been the day before.
나는 그날 그 전날만큼 안개가 끼지 않았다는 것을 깨달았다.

예문 5 He said, "Columbus discovered America in 1492."
He said that Columbus discovered America in 1492.
그는 콜럼버스가 1492년에 아메리카를 발견했다고 말했다.

> 주 │ 인용절의 내용이 역사적 사실이므로 discovered를 had discovered로 바꾸지 않고 그대로 쓴다.

예문 6 "I'll come with you as soon as I am ready," she replied.
She said that she'd come with me as soon as she was ready.
그녀는 자기가 채비를 갖추는 대로 곧 나와 함께 오겠다고 말했다.

> 주 │ 주절의 주어가 말할 때에 있던 장소나 시간이 같을 때는 동사나 시간·장소부사에 변화가 없다. 그래서 come이 go로 바뀌지 않고 그대로 왔다.

2) 직접 화법(인용절)이 의문사가 있는 의문문인 경우

인용절을 의문사절로 바꾼다. 의문사절은 간접 의문문이므로 주절의 의미는 '의문의 뜻'이거나 '모르는 뜻'이어야 한다.

예문 1 She said, "What do you want to talk about?"
She asked what I wanted to talk about.
그녀는 내가 무엇에 관해 말하고 싶은지 물었다.

> 주 │ 의문사절은 간접 의문문이므로 주절의 의미가 '의문의 뜻'이거나 '모르는 뜻'이어야 한다. 그래서 모르는 의미를 나타내는 동사 asked를 쓴 것이다.

예문 2 "Whose car did you borrow last night?" I said to him.
I asked him whose car he had borrowed the previous night.
나는 그에게 그가 전날 밤 누구의 차를 빌렸는지를 물었다.

예문 3 He said to her, "Where did you buy this book?"
He asked her where she had bought that book.
그는 그녀에게 그녀가 어디에서 그 책을 샀는지를 물었다.

3) 직접 화법(인용절)이 의문사가 없는 의문문인 경우

인용절을 명사절 if/whether절로 바꾼다. 이 if/whether절도 간접 의문문이므로 주절의 의미는 '의문의 뜻'이거나 '모르는 뜻'이어야 한다.

예문 1 He said to me, "Do you know her name?"
He asked me if/whether I knew her name (or not).
그는 나에게 내가 그녀의 이름을 알고 있는지 물었다.

예문 2 "Did they understand what you said to them?" he said.
He inquired whether they had understood what I had said to them.
그는 그들이 내가 그들에게 말한 것을 이해했는지를 물었다.

예문 3 "Are you leaving today or tomorrow morning?" said his secretary.
His secretary asked if he was leaving that day or the following morning.
그의 비서는 그가 그날이나 다음날 아침에 떠날 것인지 물었다.

4) 직접 화법(인용절)이 명령문인 경우

명령문 동사 앞에 허사 to를 써서 부정사(to+동사원형)로 바꾸어서 목적보어로 만든다. 이때 주절의 동사는 명령문의 내용에 따라 유동적으로 변한다. 일반적인 명령문일 경우는 tell을, 강한 명령문일 경우는 order, command를, 충고일 경우는 advise를, 부탁일 경우는 ask, beg, request 등을 쓴다. 간접 명령문일 경우는 that절로 만든다.

예문 1 He said to me, "Don't forget that knowledge is power."
He told me not/never to forget that knowledge is power.
그는 나에게 아는 것이 힘이라는 것을 잊지 말라고 말했다.

> **주** 5형식 동사가 ask(청하다), teach(가르치다), tell(말하다) 등일 경우는 목적어 토씨로 '에게'가 온다.

예문 2 "Make good use of your time," he said to us.
He advised us to make good use of our time.
그는 우리들에게 시간을 잘 활용하라고 충고했다.

예문 3 She said to me, "Let's meet again tomorrow."
She suggested to me that we (should) meet again the next day.
그녀는 나에게 다음날 다시 만나자고 제의했다.

5) 직접 화법(인용절)이 감탄문·기원문인 경우

감탄문 자체가 의문사절과 어순이 같으므로 느낌표만 빼 버리고 의문사절처럼 쓰거나 평서문처럼 that절로 바꾸어 쓸 수도 있다.

예문 1 She said, "How happy I am!"
She said how happy she was.
She said/shouted that she was very happy.
그녀는 자기는 참으로 행복하구나라고 말했다./소리쳤다.

예문 2 She said, "What a brave boy he is!"
She said what a brave boy he was.
She exclaimed (that) he was a very brave boy.
그녀는 그는 참으로 용감한 소년이구나라고 말했다./외쳤다.

예문 3 Jim said, "Alas! How foolish I have been!"
Jim confessed with regret how foolish he had been.
짐은 자기가 얼마나 어리석었는가를 후회하며 고백하였다.

> **주** Hurrah → joyfully, with joy, delightedly, with delight; Bravo → with applause; Alas → with a sigh, with regret 등으로 바꾸고, 동사는 문맥에 따라 shout, exclaim, cry, confess 등을 쓴다.

예문 4 She said, "May God pardon this sinner!"
She prayed that God might pardon that sinner.
그녀는 신께서 그 죄인을 용서해 주시기를 기도했다.

※ 화법에 관한 더 자세한 것은 글틀영어 형태편 화법 참조

Voice

10. 태

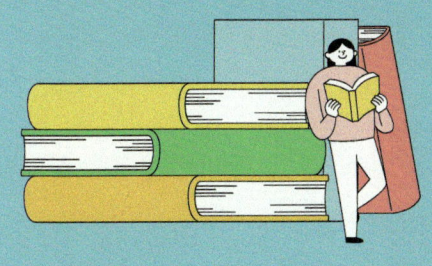

10 태(Voice)

동사의 동작에 대한 주어의 지배 관계를 보여 주는 동사의 양태를 말한다. 이에는 능동태와 피동태가 있다.

1. 능동태(Active Voice)

주어가 동작을 지배하는 양태를 말한다.   예) 읽다

2. 피동태(Passive Voice)

주어가 동작의 지배를 받는 양태를 말한다.   예) 읽히다

우리말에는 수동이라는 것이 없고 피동이 있을 뿐이다. 영어에는 이 피동 문장이 많이 있지만 우리말에는 많지 않으므로 없을 때는 능동으로 번역한다. 피동태는 동사가 'be+pp.(과거분사)'의 형태를 이루고 있다.

3. 태의 전환

능동태에서 피동태로 바뀔 수 있는 동사는 타동사(3형식, 4형식, 5형식)이다. 자동사는 목적어가 없기 때문에 피동으로 바뀌지 않는다.

능동태를 피동태로 바꾸는 방법

1. 목적어를 주어로 하고
2. 동사는 be+과거분사(pp.)로 하고
3. 주어는 'by+목적격'으로 해서 부사구로 만든다. 일반 주어일 때는 생략한다.

시제의 기본 구조(기본 시제, 진행 시제, 완료 시제, 완료 진행 시제)를 work 동사를 예로 피동으로 바꾸어 보면 다음과 같다.

시제＼태	능 동	피 동
기 본 시 제	work	be worked
진 행 시 제	be working	(be being worked)
완 료 시 제	have worked	have been worked
완 료 진행 시제	have been working	(have been being worked)

※ 피동 진행의 경우는 be에 시제가 있게 되면 쓴다.
　피동 완료 진행 양식은 위에서와 같으나 그런 글이 없다.

1) 능동 12시제의 피동 변화

> He check her plane ticket. 　　　　능동 부정형
> Her plane ticket be checked by him. 　피동 부정형

현재	⦿	He checks her plane ticket. Her plane ticket is checked by him.	능동 피동
	∿	He is checking her plane ticket. Her plane ticket is being checked by him.	능동 피동
	←	He has checked her plane ticket. Her plane ticket has been checked by him.	능동 피동
	←∿	He has been checking her plane ticket. Her plane ticket has been being checked by him. (×)	능동 피동
과거	⦿	He checked her plane ticket. Her plane ticket was checked by him.	능동 피동
	∿	He was checking her plane ticket. Her plane ticket was being checked by him.	능동 피동
	←	He had checked her plane ticket. Her plane ticket had been checked by him.	능동 피동
	←∿	He had been checking her plane ticket. Her plane ticket had been being checked by him. (×)	능동 피동

미래	⊙	He will check her plane ticket. Her plane ticket will be checked by him.	능동 피동
	∿∿	He will be checking her plane ticket. Her plane ticket will be being checked by him. (×)	능동 피동
	←	He will have checked her plane ticket. Her plane ticket will have been checked by him.	능동 피동
	←∿	He will have been checking her plane ticket. Her plane ticket will have been being checked by him. (×)	능동 피동

> 주) 능동 동사의 시제는 12시제이지만 피동 동사의 시제는 8시제이다. am, are, is, was, were 처럼 시제가 들어 있는 be 동사 뒤에 being이 올 때는 쓰이지만, 시제가 들어 있지 않은 be, been, being 다음에 being이 올 때는 쓰이지 않는다. 그래서 피동 완료 진행과 피동 미래 진행이 없다.

2) 능동 3형식→피동 1형식

목적어가 피동의 주어로 가서 목적어가 없어지므로 1형식이 된다.

예문 1 She didn't introduce me to her mother.
I wasn't introduced to her mother by her.
그녀는 자기 어머니에게 나를 소개시키지 않았다.

예문 2 She looked up to him.   그녀는 그를 존경했다.
He was looked up to by her.

> 주) look up to가 '자동사+부사+전치사'로 완전타동사이다.

예문 3 They say that he is a great musician.
It is said that he is a great musician.
He is said to be a great musician.
그는 위대한 음악가라고들 한다.

> 주) 두 번째 문장은 목적어절 that절이 주어가 되어 가주어 it을 쓴 것이고, 세 번째 문장은 두 번째 문장의 that절 진주어절이 부정사로 바뀔 때 that절의 주어가 의미상 주어로 바뀌지 않고 순형식 주어 문처럼 가주어 it 자리로 간 것이다.

예문 4   We must take good care of our health.
Our health must be taken good care of.
Good care must be taken of our health.
건강에 매우 유의해야 한다.

> 주
> - 능동의 주어가 'by 목적격'의 형태로 부사구로 될 때 일반 주어이면 'by 목적격'을 생략한다.
> - take good care of가 '타동사+명사+전치사'로 완전타동사이다. 그런데 이런 경우는 목적어 our health를 주어로 하는 피동 문장과 good care처럼 명사에 good, no, much, little, every 등의 수식어가 있을 때 good care를 목적어 취급하여 good care를 주어로 하는 피동 문장 두 가지가 있다.

3) 능동 4형식→피동 1·3형식

4형식 문장에서 직접목적어가 주어가 될 때는 피동 1형식, 간접목적어가 주어가 될 때는 피동 3형식이 된다.

예문 1   The sun gives us warmth and light.
We are given warmth and light by the sun.
Warmth and light are given (to) us by the sun.
태양은 우리에게 따뜻함과 빛을 준다.

> 주
> - 목적어는 주어로 나갈 수 있는데 나가지 않고 그 자리에 그대로 남아 있는 목적어를 보류 목적어(retained object)라 한다. 첫 번째 피동 문장에서는 warmth and light가 보류 목적어이고, 두 번째 피동 문장에서는 us가 보류 목적어이다. 보류 목적어가 간접목적어일 때는 보류 목적어 앞에 to, for 등의 전치사를 써도 된다.
> - give, teach, tell, show, lend, offer, leave, send, promise, hand, pay 등은 직접목적어나 간접목적어가 다 피동태의 주어가 될 수 있는 두 가지 피동이 가능한 동사들이다.

예문 2   He wrote her a long letter.
A long letter was written (to) her by him.
그는 그녀에게 긴 편지를 써 보냈다.

> 주   write, sell, bring, read, do, sing, pass, throw, mean, buy 등은 직접목적어만이 피동태의 주어가 될 수 있다.

예문 3 This computer has saved us a lot of work.
We have been saved a lot of work by this computer.
이 컴퓨터는 우리의 많은 일을 덜어 주었다.

> 주) envy, save, spare, call, kiss, refuse 등은 간접목적어만이 피동태의 주어가 될 수 있다.

4) 능동 5형식 → 피동 2형식

예문 1 People have called Einstein the father of the atomic age.
Einstein has been called the father of the atomic age.
사람들은 아인슈타인을 원자 시대의 아버지라고 불러 왔다.

예문 2 We guessed the anonymous giver him.
The anonymous giver was guessed he (by us).
우리는 그 익명의 기부자가 그 사람이라고 추측했다.

> 주) giver가 목적격에서 주격으로 변했으므로 목적격 보어인 him도 주격 보어 he로 변해야 된다.

예문 3 He expected me to do the work well.
I was expected by him to do the work well.
그는 내가 그 일을 잘할 것으로 기대했다.

> 주) "I was expected to do the work well by him."이라고 써도 된다. 그러나 목적보어가 부정사나 분사일 때는 목적보어 앞에 by him을 쓰는 것이 더 바람직하다.

예문 4 I saw them swim in the river.
They were seen by me to swim in the river.
나는 그들이 강에서 수영하는 것을 보았다.

> 주) 5형식 동사 가운데 지각 동사나 사역 동사는 목적보어가 원형 부정사(to없는 부정사)이다. 그런데 피동이 되면 2형식이 되므로 to swim처럼 to 부정사를 써야 한다.

예문 5 She saw a lot of beautiful fairies dancing in a great hall.
A lot of beautiful fairies were seen by her dancing in a great hall.
그녀는 많은 아름다운 요정들이 커다란 홀에서 춤추고 있는 것을 보았다.

※ 태에 관한 더 자세한 것은 글틀영어 형태편 '동사의 태' 참조

Subjunctive Mood

11. 가정법

11 가정법 (Subjunctive Mood)

실제로 일어난 일이나 존재하는 일을 기술하는 것이 아니라, 조건, 가정, 가설, 가능성, 소원, 추측, 양보, 목적, 제의, 동의, 요구, 주장 등 마음의 세계에 떠오르는 일을 기술하는 동사의 법이다.

가정법에는 다음과 같이 5종류의 가정법 동사의 형태가 있다. 즉 현재, 과거, 미래에 각각 반대 가정이 있고, 현재와 미래에만 강한 의혹이 있어서 가정법 동사의 형태는 5종류이다.

<가정법 동사>

현재 사실의 강한 의혹	동사원형
현재 사실의 반대 가정	과거 복수동사
과거 사실의 반대 가정	과거완료
미래 사실의 반대 가정	were to
미래 사실의 강한 의혹	should

가정법은 가정절(조건절)의 동사도 중요하지만 그것에 따른 귀결절(주절)의 상응 조동사도 중요하다. 가정절(조건절)에서 가정법 동사를 썼다 하더라도 귀결절(주절)에서 서로 응해주는 조동사가 없으면 가정법이 되지 않는다.

그 상응 조동사는 가정의 내용이 가능하면 will, shall, can, may를 쓰고, 불가능하면 would, should, could, might를 쓴다. 예를 들어 "해가 서쪽에서 뜬다면 그가 돈을 벌 것이다."에서 귀결절(주절)의 상응 조동사는 불가능의 조동사만 써야 한다. 만일 가능의 조동사를 쓰면 "해가 서쪽에서 뜬다."는 것이 가능하게 되기 때문이다. 또 "그녀가 나를 사랑한다면 나는 그녀와 결혼하겠다."에서는 귀결절(주절)의 상응 조동사를 가능과 불가능 둘 다 쓸 수 있다. 그녀가 나를 사랑할 수도 있고 사랑하지 않을 수도 있기 때문이다. 이와 같이 내용에 따라 '가능과 불가능'의 경우가 있고 전혀 '불가능'의 경우가 있다.

현재 사실의 강한 의혹과 미래 사실의 강한 의혹은 가능과 불가능의 경우가 있고, 현재 사실의 반대, 과거 사실의 반대, 미래 사실의 반대는 불가능의 경우만 있다. 이것을 도표화하면 다음과 같다.

번역	가정절(조건절)		귀결절(주절)	
현재	강한 의혹: 동사원형		가 능: will, shall, can, may 불가능: would, should, could, might	상응조동사
	반대 가정: 과거 복수동사			
과거 기본	반대 가정: 과거 완료		불가능: would, should, could, might	
미래	반대 가정: were to			
	강한 의혹: should		가 능: will, shall, can, may 불가능: would, should, could, might	

※ 과거 복수동사는 어느 동사나 다 있지만 외형상 나타나는 것은 be(were) 동사뿐이다.

위 표에서 왼쪽에 현재, 과거 기본, 미래로 구분하였는데 현재라 한 것은 동사원형이든 과거 복수동사이든 현재 시제로 번역하고, 과거 기본이라 한 것은 과거 완료일지라도 과거 기본 시제로 번역하고, 미래라고 한 것은 should든 were to든 will이나 shall처럼 미래 시제로 번역한다는 것을 나타낸 것이다. 따라서 가정법은 서실법과는 전혀 다르다.

현재 사실의 강한 의혹, 미래 사실의 강한 의혹은 가정절의 내용이 가능한 경우를 나타내는 상응 조동사(will, shall, can, may)와 불가능한 경우를 나타내는 상응 조동사(would, should, could, might)가 올 수 있으므로 귀결절의 상응 조동사를 가능과 불가능 둘 다 쓴 것이다.

그러나 현재 사실의 반대 가정, 과거 사실의 반대 가정, 미래 사실의 반대 가정은 불가능한 경우를 나타내는 상응 조동사(would, should, could, might)만 올 수 있으므로 귀결절의 상응 조동사를 불가능만 쓴 것이다. 상응 조동사가 없으면 가정법 동사가 되지 않고 서실법 시제의 동사가 된다.

1. 현재 사실에 대한 강한 의혹을 나타내는 가정법: **동사원형**

가정절(조건절)	귀결절(주절)	
주어 동사원형…	주어	will/shall/can/may would/should/could/might 동사원형…

인칭이나 수에 관계없이 동사의 원형인데 현재의 불확실한 일에 대한 가정이므로 현재 시제로 번역한다. 현재 사실의 강한 의혹은 가정의 내용이 가능하다고 생각되면 귀결절에 가능을 나타내는 상응 조동사 will, shall, can, may를 쓰고, 가정의 내용이 불가능하다고 생각되면 불가능을 나타내는 상응 조동사 would, should, could, might를 쓴다.

예문 1 If your story be true, she will/would be very happy.
만일 네 이야기가 사실이라면 그녀는 매우 행복할 것이다.

> 주
> - be 동사의 경우는 동사의 원형과 현재형이 구별되지만 그 이외의 동사는 3인칭 단수 이외에는 구별이 안 되므로 주의를 요한다.
> - 가정절(조건절)의 내용이 가능하다고 생각되면 귀결절(주절)의 상응 조동사는 will을 쓰고, 불가능하다고 생각되면 would를 쓴다.
> - 현대 영어에서는 현재 사실의 강한 의혹을 나타내는 경우 조건절(if절)에 동사원형 대신에 서실법 현재 시제(If your story is true)를 많이 쓰고 있다.

예문 2 If she love/loves me, I will/would propose to her.
만일 그녀가 나를 사랑한다면 나는 그녀에게 청혼할 것이다.

예문 3 If they see it, they will think that I have stolen it.
만일 그들이 그것을 본다면 그들은 내가 그것을 훔쳤다고 생각할 것이다.

예문 4 If it rain/rains tomorrow, the match would have to be canceled.
만일 내일 비가 온다면 그 시합은 취소되어야만 할 것이다.

예문 5 You may be deceived if you trust too much, but you will live in torment if you do not trust enough.
지나치게 믿으면 기만당할 수 있지만, 충분히 믿지 않으면 고뇌 속에서 살게 될 것이다.

2. 현재 사실에 대한 반대 가정을 나타내는 가정법: 과거 복수동사

가정절(조건절)	귀결절(주절)
주어 과거 복수동사…	주어 would/should/could/might 동사원형…

과거 복수동사이지만 현재에 대한 가정이므로 현재 시제로 번역한다. be 동사는 과거 복수동사가 were로 과거 단수동사 was와 구별이 되지만 be 이외의 동사는 과거 동사가 단수·복수 구별 없이 쓰인다. 현재 사실의 반대 가정은 귀결절에 언제나 불가능을 나타내는 상응 조동사 would, should, could, might를 쓴다.

예문 1   If I knew her phone number, I could call her.
만일 내가 그녀의 전화번호를 안다면 나는 그녀에게 전화를 할 수 있을 텐데.

> 주   knew가 똑같은 모양으로 과거 복수동사로도, 과거 단수동사로도 쓰인다. 그래서 가정법 동사에서 과거가 온 것은 전부 과거 복수동사로 간주한다.

예문 2   If you went by train, you would get there earlier.
만일 기차로 간다면 너는 더 일찍 그곳에 도착할 것이다.

예문 3   If you listened to me, you wouldn't make mistakes.
만일 네가 내 말에 귀를 기울인다면 너는 실수하지 않을 것이다.

> 주   listen to가 '자동사+전치사'로 타동사를 이룬다.

예문 4   If he were here with me, I should be happy.
만일 그가 나와 함께 여기 있다면 나는 행복할 텐데.

3. 과거 사실에 대한 반대 가정을 나타내는 가정법: 과거 완료

가정절(조건절)	귀결절(주절)
주어 과거 완료…	주어 would/should/could/might have+pp.…

11. 가정법(Subjunctive Mood)

과거 완료이지만 과거 사실에 대한 가정이므로 과거 기본 시제로 번역한다. 과거 사실의 반대 가정도 귀결절에 불가능을 나타내는 상응 조동사만을 쓴다.

예문 1 If you had come a little earlier, you could have meet him.
만일 네가 조금 더 일찍 왔더라면 그를 만날 수 있었을 텐데.

> 주
> • 서실법 시제라면 had come을 '왔다'가 아니라 '왔었다'로 번역해야 한다.
> • 과거 사실의 반대 가정은 언제나 불가능을 나타내는 상응 조동사 would, should, could, might를 쓰고 상응 조동사 다음에는 완료 시제가 온다.

예문 2 If she had been more careful, she would not have had the accident.
그녀가 좀 더 주의 깊었더라면 그녀는 그 사고를 당하지 않았을 텐데.

예문 3 It would have been better if the weather had been nicer.
날씨가 좋았더라면 더 좋았을 텐데.

예문 4 If I hadn't been wearing a raincoat, I would have got wet.
만일 내가 비옷을 입고 있지 않았더라면 나는 젖었을 것이다.

4. 미래 사실에 대한 반대 가정을 나타내는 가정법: were to

가정절(조건절)	귀결절(주절)
주어 were to…	주어 would/should/could/might 동사원형…

· 인칭이나 수에 관계없이 were to인데 미래 사실에 대한 반대 가정이므로 미래 조동사 shall이나 will의 의미로 번역한다. 미래 사실의 반대 가정은 미래에 실현성이 없다고 생각하는 가정이므로 귀결절의 상응 조동사는 불가능을 나타내는 상응 조동사를 쓴다.

예문 1 If you were to be young again, what kind of job would you choose?
만일 당신이 다시 젊어진다면 어떤 직업을 선택하시겠습니까?

예문 2 If the sun were to rise in the west, he would love her.
만일 해가 서쪽에서 뜬다면 그가 그녀를 사랑할 것이다.

예문 3 If you were to examine it under a microscope, you would find many small animals and small green plants.
만일 여러분이 현미경으로 그것을 검사한다면 여러분은 많은 작은 동물들과 작은 녹색 식물들을 발견할 것이다.

예문 4 If you were to choose between Harvard and Stanford, which would you choose?
만일 네가 하버드와 스탠퍼드 중에 선택해야 한다면 너는 어느 쪽을 선택할 거냐?

> 주 이 were to 가정법 구문은 be, belong, contain, know처럼 지속적인 상황을 언급하는 동사와 함께 사용되지 않는다. If I were to know her name… (×)

5. 미래 사실에 대한 강한 의혹을 나타내는 가정법: should

가정절(조건절)	귀결절(주절)		
주어 should…	주어	will/shall/can/may would/should/could/might	동사원형…

should는 미래의 불확실한 일에 대한 가정이므로 미래 조동사 shall이나 will의 의미로 번역한다. 귀결절(주절)의 상응 조동사는 가정의 내용이 가능하다고 생각되면 가능을 나타내는 상응 조동사를 쓰고, 불가능하다고 생각되면 불가능을 나타내는 상응 조동사를 쓴다.

예문 1 If he should be given another chance, he will/would do his best.
만일 그에게 또 한 번 기회가 주어진다면 그는 최선을 다할 것이다.

예문 2 What shall/should I do if I should fail again?
만일 내가 다시 실패한다면 나는 어떻게 해야 할까?

예문 3 If I should be King, you should be Queen.
만일 내가 장차 왕이 된다면 당신은 왕비가 될 것이다.

예문 4 If he should be late, we'll have to start without him.
만일 그가 늦는다면 우리는 그 없이 떠나야 할 것이다.

6. 혼합 가정

과거 사실에 대한 반대 가정의 결과가 지금까지 영향을 미치는 경우

가정절(조건절)	귀결절(주절)
주어 과거 완료…	주어 would/should/could/might 동사원형…

예문 1 If he had stopped at his door, he would still be alive.
만일 그가 그의 현관에서 멈춰 섰더라면 그는 여전히 살아 있을 텐데.

예문 2 If I hadn't gone to the party last night, I wouldn't be tired now.
어젯밤 파티에 가지 않았더라면 나는 지금 피곤하지 않을 텐데.

예문 3 If he had caught the train, he would be here by now.
만일 그가 그 열차를 탔더라면 그는 지금쯤 이곳에 와 있을 텐데.

예문 4 If I had not told you, you would not know.
내가 너에게 말하지 않았다면 너는 몰랐을 텐데.

※ 가정법에 대한 더 자세한 것은 글틀영어 형태편 '동사의 법' 참조

Apposition

12. 동격 구문

12 동격 구문 (Apposition)

1. 동격어

　명사 다음에 와서 그 명사와 동격을 이루어 알기 쉽게 보충 설명을 덧붙이는 것을 동격어라고 한다. 형용사처럼 번역한다.

예문 1 She told Jason that she was the goddess Juno.
그녀는 제이슨에게 자신은 여신 주노라고 말했다.

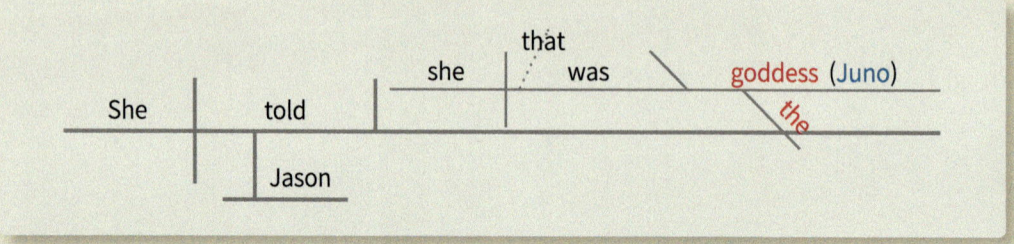

주 • Juno는 the goddess를 보충 설명해 주고 있으며 goddess와 격(case)이 같다.
　　• 동격어 도해는 그 단어 옆에 괄호를 하여 도해한다.

예문 2 Galileo, the famous scientist, said that all things fall at the same speed.
유명한 과학자인 갈릴레오는 모든 물체는 같은 속도로 떨어진다고 말했다.

예문 3 The hope of Korea lies in you young men.
한국의 희망은 여러분 젊은이들에게 달려 있다.

예문 4 I saw John your friend here last night.
나는 어젯밤에 여기에서 네 친구 존을 보았다.

2. 동격어구

추상명사 다음에 주로 부정사(to+동사원형)가 와서 동격을 이루는데 동명사(동사원형ing)가 와서 동격을 이루는 경우도 있다. 형용사구처럼 번역한다.

예문 1 Your plan for me to go doesn't please me.
내가 가야만 된다는 너의 계획은 마음에 들지 않는다.

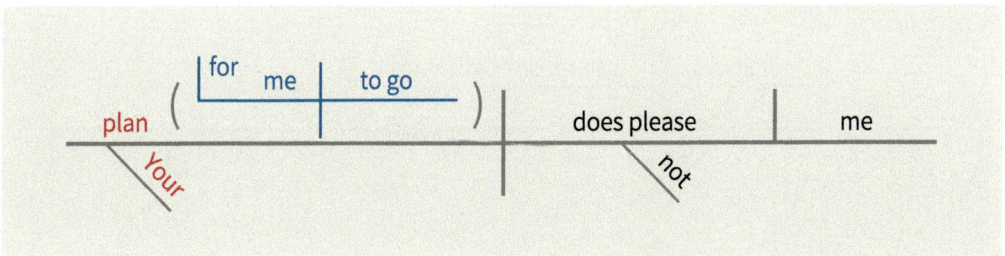

> for me to go가 부정사구로서 추상명사 plan 다음에 와서 그 동격어구가 되어 plan의 내용을 부연하고 있다.

예문 2 So the temptation to eat the fruit stayed in her mind.
그래서 그 과일을 먹어 보고 싶은 유혹이 그녀 마음속에 계속 남아 있었다.

예문 3 The question whether to confess or not troubled her.
고백해야 하는지 말아야 하는지의 문제로 그녀는 괴로워했다.

예문 4 His hobby, collecting stamps, absorbed him.
우표 수집인 그의 취미에 그는 몰두해 있다.

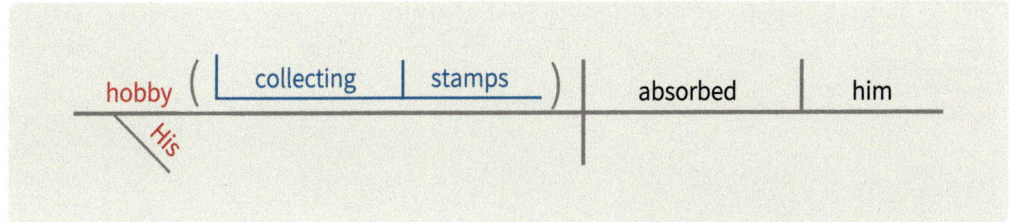

> collecting stamps가 분사구(동사원형ing)로서 추상명사 hobby 다음에 와서 그 동격어구가 되어 hobby의 내용을 부연하고 있다.

3. 동격어절

추상명사 다음에 주로 that절이 와서 동격을 이루는데 의문사절, whether절, lest절이 와서 동격을 이루기도 한다. 형용사절처럼 번역한다.

예문 1 There is no proof that migrating animals can sense such things.
이동하는 동물들이 그러한 것들을 감지할 수 있다는 증거는 없다.

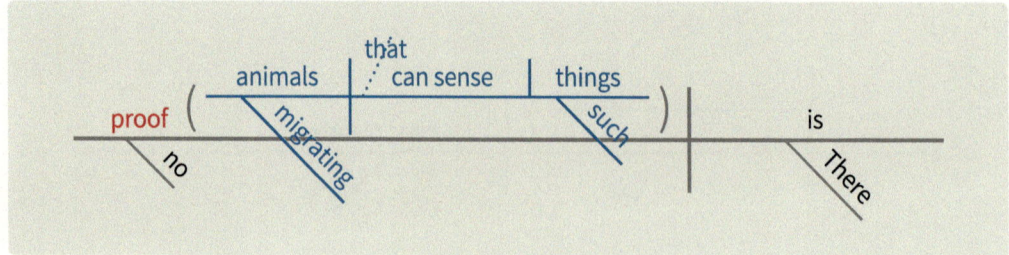

> 주 that migrating animals can sense such things가 명사절로 추상명사 proof 다음에 와서 그 동격어절이 되어 proof의 내용을 부연하고 있다.

예문 2 We ought to discuss carefully the vital question whether we can do it or not.
우리는 우리가 그것을 할 수 있느냐 없느냐 하는 중요한 문제를 신중하게 논의하여야 한다.

예문 3 Next comes the question what you wanted it for.
당신이 무엇 때문에 그것을 원했느냐 하는 질문이 다음에 나오게 된다.

예문 4 I was in great fear lest he should find me.
나는 그가 나를 발견하지 않을까 몹시 두려웠다.

Emphasis and Ellipsis

13. 강조법과 생략법

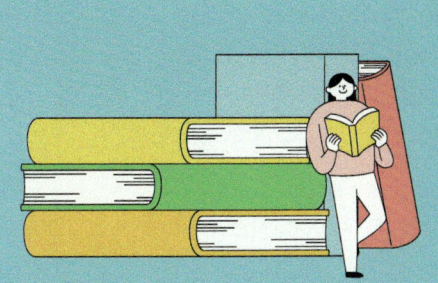

13 강조법과 생략법(Emphasis and Ellipsis)

1. 강조법(Emphasis)

1) it be~that 강조

강조하고 싶은 것을 '~' 자리에 넣으면 된다. 단, 동사만은 '~' 자리에 넣어 강조할 수 없다. 강조된 것을 마지막에 번역한다.

예문 1 It was the vividness of the dream that was so extraordinary.
=The vividness of the dream was so extraordinary.
정말로 범상치 않은 것은 그 꿈의 생생함이었다.

> 주 it be~that 강조 구문에서는 it be~that을 빼도 문이 성립되지만, it be~that 강조 구문이 아닌 경우는 it be~that을 빼면 문이 성립되지 않는다.

예문 2 It was Galileo that(=who) taught mathematics and astronomy at the university of Pisa.
=Galileo taught mathematics and astronomy at the university of Pisa.
피사 대학에서 수학과 천문학을 가르친 사람이 바로 갈릴레오였다.

> 주 that 대신에 who/whom이나 which 등으로도 쓰인다. Galileo가 사람이고 주격이므로 that 대신에 who가 쓰이기도 한다.

예문 3 It is at this point that we find the greatest difference between Leibniz and the philosophers who have used this distinction after him.
=We find the greatest difference at this point between Leibniz and the philosophers who have used this distinction after him.
우리가 라이프니츠와 그의 뒤를 이어서 이러한 특성을 이용해 온 철인들 사이에서 뚜렷한 차이점을 발견하는 것은 바로 이점에서다.

> 주 구(phrase)를 강조할 때는 at this point처럼 구(phrase) 전체를 강조한다.

예문 4 It was on this very spot that/where I first met my wife.
내가 처음으로 아내를 만난 곳이 바로 이 장소이다.

> 주 강조된 부사구가 장소, 시간, 이유, 방법 등이면 that 대신에 where, when, why, how 등이 쓰이기도 한다.

예문 5 It was not until he confessed it to me that I knew the truth.
=I did not know the truth until he confessed it to me.
=Not until he confessed it to me did I know the truth.
내가 그 사실을 안 것은 그가 나에게 그것을 고백하고 나서였다.

예문 6 It was only after I had conversed with him a good while that I remembered his name.
내가 그의 이름을 생각해 낸 것은 그와 한참 이야기한 후에서야였다.

✽ 특수한 강조

- It is a wise man that knows his own child.
  =A wise man knows his own child.
  아무리 현명한 사람이라도 자기 친자식은 잘못 보기 마련이다.
- It is an ill wind that blows nobody good.
  =An ill wind blows nobody good.
  아무리 나쁜 바람이 불어도 누군가에게는 이익이 된다.

It is I (who) have lead you hither. (당신을 여기로 안내한 사람은 나다.)
What is it (that) makes him so excited? (그를 그렇게 흥분시킨 것이 무엇인가?)
※ it be~that 강조 구문에서 that이나 who가 생략되는 경우가 간혹 있다.

2) 도치 강조

(1) 전치 강조

주어보다 먼저 번역한다. 이에는 주어·동사 전치, 목적어 전치, 보어 전치, 부사나 부사구 전치가 있다. 도해에서는 두 줄로 나타낸다.

① 주어·동사 전치(일반적으로 유도부사 사용)

예문 1 There is no radical difference in this respect between mythical and religious thought.
이 점에서는 신화적 사고와 종교적 사고 사이에 근본적인 차이가 없다.

예문 2 If people drove more carefully, there wouldn't be so many accidents.
사람들이 좀 더 주의 깊게 운전한다면, 그렇게 많은 사고가 일어나지 않을 것이다.

예문 3 There must have been somebody at home.
집에 누군가가 있음에 틀림없다.

예문 4 There used to be a movie theater on Main Street, but it closed a few years ago.
중심가에 극장이 있었으나 몇 년 전에 폐업하였다.

예문 5 There is sure to be a flight to Miami this evening.
오늘 저녁 마이애미로 가는 항공편이 틀림없이 있을 것이다.

② 목적어 전치

예문 1 Not a single book did she read that month.
단 한 권의 책도 그녀는 그달에 읽지 못했다.

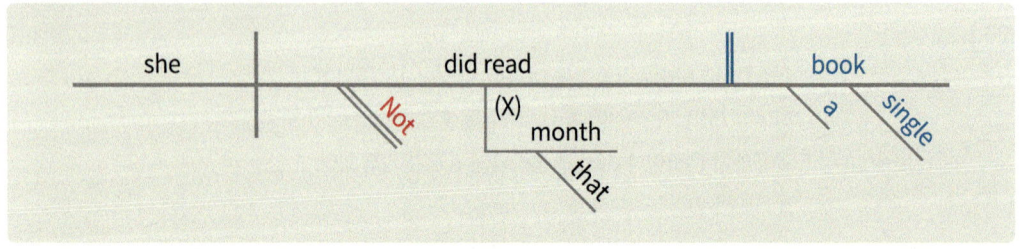

> 주 목적어가 부정어와 함께 도치되면 '목적어·조동사·주어·본동사'의 어순으로 온다.

예문 2 No answer have I received so far.
어떤 회답도 나는 지금까지 받지 못했다.

예문 3   Really good cocktail they made at that hotel.
정말로 좋은 칵테일을 저 호텔에서 만들었다.

예문 4   The majority of our products we import directly from South America.
제품 대부분을 우리는 남미에서 직접 수입한다.

예문 5   Whose woods these are I think I know.
이것이 누구의 숲인지 나는 알 듯하다.

예문 6   How pretty she is, he will not fully understand.
그녀가 얼마나 아름다운지를 그는 전혀 이해하지 못한다.

예문 7   Whether they were those of a devil or of a man I could not tell.
그것들이 악마의 것인지 아니면 사람의 것인지를 나는 분간할 수가 없었다.

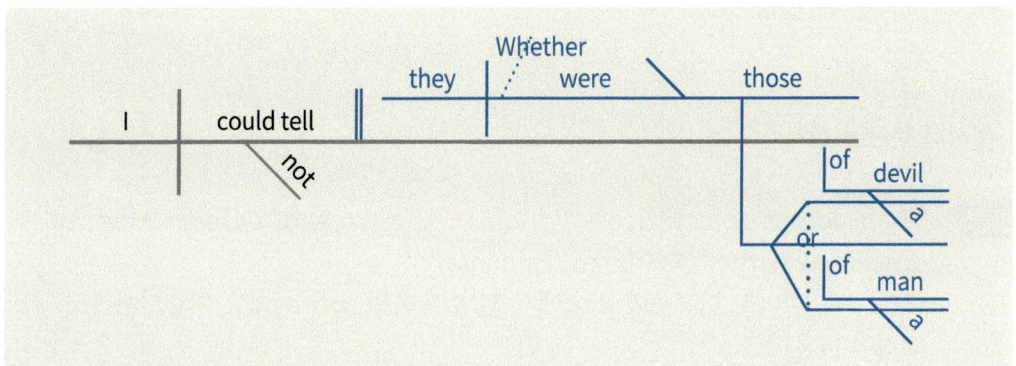

③ 보어 전치

예문 1   So kind was this girl to me that she taught me their language.
이 소녀는 내게 아주 친절하여서 나에게 그들의 언어를 가르쳐 주었다.

예문 2   Equally inexplicable was his behaviour towards his son.
자기 아들에 대한 그의 태도는 마찬가지로 불가사의하였다.

예문 3   Happy are those who know the pleasure of reading.
독서의 즐거움을 아는 사람은 행복하다.

예문 4 Great is the power of a man who has nothing to lose.
아무것도 잃을 것이 없는 사람의 힘은 대단하다.

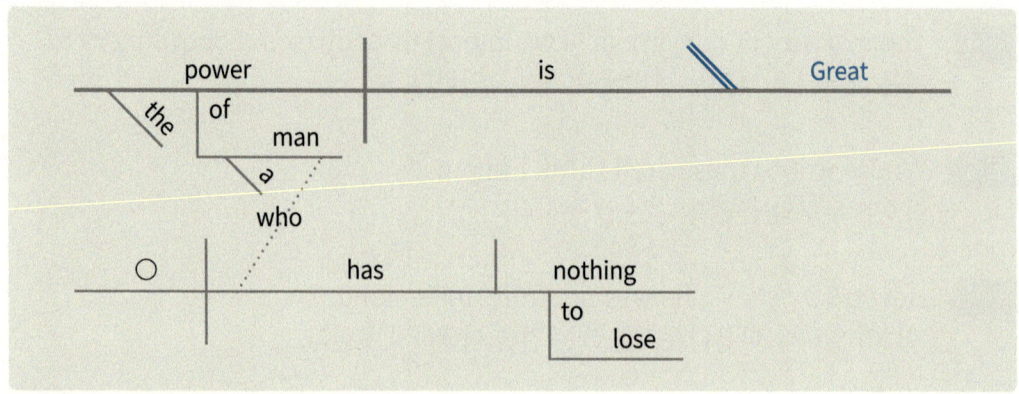

예문 5 Joe his name is.
그의 이름은 '조'이다.

④ 부사나 부사구 전치

예문 1 Then comes that process which in the work of Gilbert Murray is described as the "Olympian conquest."
그다음에, 길버트 머레이의 저술에서 "올림피아의 정복"이라고 기술되어 있는 그 과정이 나온다.

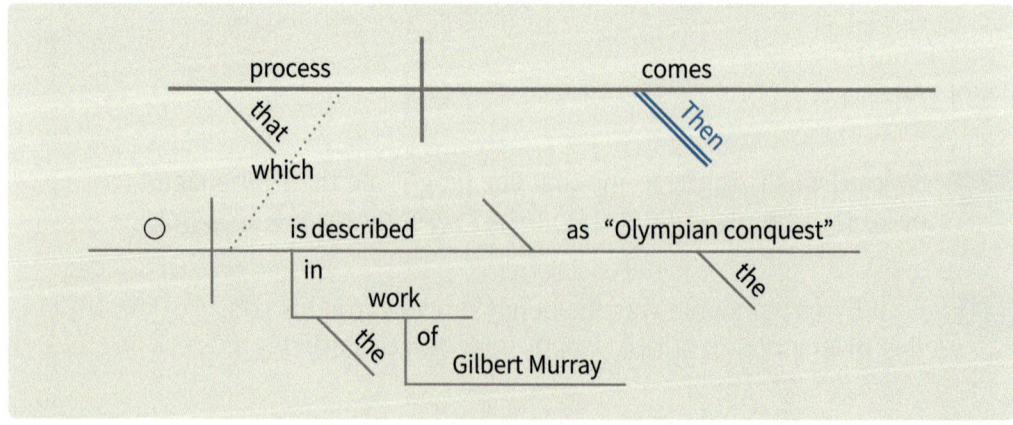

예문 2 Next he talked on the eating of fruit and vegetables.
다음에 그는 과일과 야채를 먹는 것에 대하여 이야기하였다.

예문 3 No longer were the shores densely wooded.
더 이상 해변은 숲이 빽빽하게 우거져 있지 않았다.

예문 4 Little did he think that it would be a lifelong parting.
그것이 생이별이 될 줄을 그는 꿈에도 생각지 못했다.

예문 5 For a time he only stood speechless at the sight.
얼마 동안 그는 그 광경을 보고 말없이 서 있을 뿐이었다.

예문 6 In a democratic country the power of the press is very great.
민주주의 국가에서는 언론의 힘이 아주 굉장하다.

예문 7 In this progress of religious thought we become cognizant of the awakening of a new strength and a new activity of the human mind.
종교 사상의 이러한 진보에서 우리는 하나의 새로운 힘과 인간 정신의 새로운 활동이 깨어나고 있는 것을 인지하게 된다.

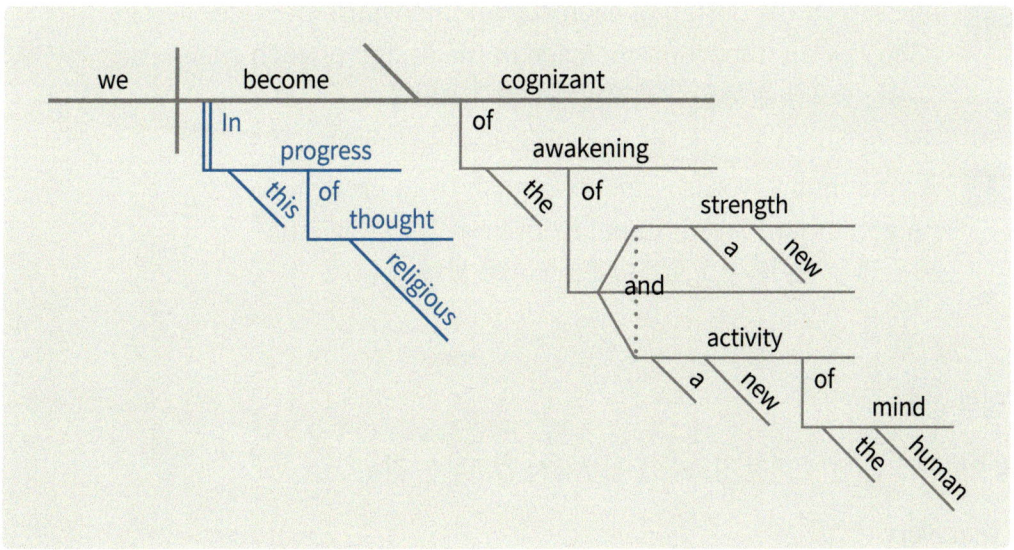

Of those expected only a few turned up, and the meeting was anything but a success.(오리라고 기대되던 사람들 가운데 단지 몇몇만이 나와서 그 회합은 전혀 성공적인 것이 못되었다.) Only a few of those expected turned up…에서 형용사구 of those expected가 전치 강조되었다. 드물지만 이처럼 형용사구가 전치 강조되는 경우도 있다.

(2) 후치 강조

주어 다음에 번역한다. 무엇이든지 강조하고 싶은 것을 문장 끝에 놓는다. 노래 가사나 영시 같은 데서 흔히 볼 수 있다.

예문 1 Then he went to the forest again and began to cut down all the best trees in the forest.
그러고 나서 그는 다시 숲으로 가서 숲속의 가장 좋은 나무를 모두 베어 넘기기 시작했다.

예문 2 She thought about that very carefully.
그녀는 매우 신중하게 그것에 대해 생각하였다.

예문 3 She described in her book some important differences.
=She described some important differences in her book.
그녀는 몇 가지 중요한 차이점을 그녀의 책에 기술하였다.

예문 4 She saw in the design of each rug an important message.
=She saw an important message in the design of each rug.
그녀는 중요한 전갈을 각 깔개의 무늬에서 보았다.

예문 5 A great many words came to English from French.
=A great many words came from French to English.
매우 많은 단어들이 프랑스어에서 영어로 왔다.

3) 첨부 강조

강조하고 싶은 말에 어떤 강조어를 첨부해서 강조하는 경우

(1) that, very

예문 1 You must not enter that one room.
당신은 그 한 방만은 들어가면 안 된다.

예문 2 He bought a book and that book is very hard.
그가 책을 한 권 샀는데, 그 책은 대단히 어렵다.

예문 3   I have done that much.
나는 그렇게 많이 했다.

예문 4   I can not walk that far.
나는 그렇게 멀리 걸을 수 없다.

예문 5   Vienna is the very city I have long wanted to visit.
비엔나는 내가 오랫동안 방문하고 싶었던 바로 그 도시이다.

예문 6   At the very top he found her at rest.
바로 그 꼭대기에서 그는 그녀가 쉬고 있는 것을 발견했다.

(2) do

동사만 강조하는데 우리말로는 must나 only 정도의 의미로 번역한다.

예문 1   I do wish to make a good appearance.
나는 정말 잘 보이고 싶다.

예문 2   He did manage to arrive on time.
그는 가까스로 제시간에 도착하였다.

예문 3   They did see land the next day.
그들은 그 다음날 육지를 정말로 보았다.

(3) only, even, all, just

명사나 대명사를 강조할 때는 형용사로, 동사나 형용사나 부사를 강조할 때는 부사로 취급하고, 전치사나 접속사를 강조할 때는 한꺼번에 전치사나 접속사로 취급한다.

예문 1   Only I still remained behind a rock.
단지 나만 바위 뒤에 여전히 머물러 있었다.

예문 2   After the earthquake only a few houses were still standing.
지진 후에 오직 몇 집만이 아직 남아 있었다.

예문 3 I only did it because I was made to do it.
나는 내가 그것을 하도록 되어 있었기 때문에 그것을 했을 뿐이다.

예문 4 They had only three meals of thin gruel a day.
그들은 하루에 단지 세 끼의 묽은 죽만을 먹었다.

예문 5 It is true that you can't judge a person only by appearances.
단지 외모로만은 사람을 판단할 수 없는 것이 사실이다.

예문 6 A man may be a genius, but he is able to create a specific object or idea only because he is the product of his heritage.
과연 인간이 천재일지 모른다. 그러나 오로지 인간은 유산의 산물이기 때문에 어떤 특정한 물건이나 사상을 창조해 낼 수 있는 것이다.

예문 7 I didn't know that even you would do that.
너조차 그럴 줄은 몰랐다.

예문 8 Even in bed his uneasiness about his riches kept him awake.
심지어 잠자리에 들어서도 자신의 재산에 대한 불안으로 그는 잠을 이루지 못했다.

예문 9 I can't even remember her name.
나는 그녀의 이름을 기억조차 할 수 없다.

예문 10 It was very hot yesterday, but today it's even hotter.
어제는 매우 더웠다. 그러나 오늘은 훨씬 더 덥다.

예문 11 Even though I was very tired, I couldn't sleep.
나는 매우 피곤하였지만 잠을 잘 수 없었다.

예문 12 By 1856 Florence Nightingale was famous all over the world.
1856년에 이르러 플로렌스 나이팅게일은 온 세상에 유명해졌다.

예문 13 These are all little things, however.
하지만 이런 일들은 사소한 일일 뿐이다.

예문 14 Just as I took the photograph, somebody walked in front of the camera.
내가 사진을 찍을 바로 그때 누군가가 카메라 앞으로 걸어갔다.

예문 15 There is a banana-plant just over there.
바로 저 너머에 바나나 농장이 있다.

예문 16 We happened to find her just sixteen years ago.
우리는 꼭 16년 전에 우연히 그녀를 발견했다.

예문 17 You are just the man I want to see.
당신은 내가 만나고 싶은 바로 그 사람이오.

예문 18 Oh, just hear what I have to say!
아니, 내가 말하는 것을 좀 들어보시오!

예문 19 Just then an old man came up to them.
바로 그때 한 노인이 그들에게 다가왔다.

4) 되풀이 강조

되풀이 강조에는 자체 되풀이와 재귀 되풀이 강조가 있다.

(1) 자체 되풀이 강조

같은 단어가 두 번 이상 겹치되 반드시 콤마나 and를 동반한다.

예문 1 Long, long ago there lived a rich but foolish man.
옛날 옛적에 부자지만 어리석은 사람이 살았다.

예문 2 It grew darker and darker.
날은 점점 더 어두워져 갔다.

예문 3 I walked on and on and on.
나는 계속해서 걸었다.

예문 4 I will go, go to my home.
가겠노라, 가겠노라 내 고향으로.

예문 5 On the road I came across the girl and the girl is very pretty.
길에서 우연히 그 소녀를 만났는데 그 소녀는 매우 아름다웠다.

(2) 재귀 되풀이 강조

재귀대명사를 사용한다.

예문 1 I myself will find the way.
=I will find the way myself.
내가 손수 길을 찾겠다.

예문 2 Did you yourself paint the portrait?
=Did you paint the portrait yourself?
당신이 손수 그 초상화를 그렸습니까?

예문 3 He himself climbed a big tree standing just in front of a huge rock.
그 자신은 커다란 바위 바로 앞에 서 있는 큰 나무에 기어 올라갔다.

예문 4 The matter itself is very clear.
사건 자체가 아주 분명하다.

2. 생략법(Ellipsis)

문장의 전후로 보아 또는 상황에 따라 생략해도 이해될 수 있을 때는 생략한다.

1) 주어의 생략

(1) 명령문에서 주어 you를 생략

예문 1 (You) Try to understand this saying.
이 말을 이해하려고 애써 보아라.

예문 2 (You) Look at this picture of Richard.
리처드의 이 사진을 보아라.

(2) 일기문에서 주어 I를 생략

예문 1 (I) Got up at 6:00, half an hour earlier than usual.
평상시보다 30분 일찍 6시에 일어났다.

예문 2 (I) Will simply write about what I think, feel, see, say and do.
(내가) 생각하고 느끼고 보고 말하고 행동하는 것에 관해서만 쓸 것이다.

(3) 상대에게만 말하는 글에서는 I, you, he/she/it, they를 생략

예문 1 (I) Thank you very much for the present you sent me.
보내 주신 선물에 대해 대단히 감사드립니다.

예문 2 (I) Beg your pardon?
한 번 더 말씀해 주시겠습니까?

예문 3 (I) Don't know what to say.
무슨 말을 해야 할지 모르겠다.

예문 4 (You) Had a good time?
즐거웠지요?

예문 5 (He/She) Doesn't look too well.
별로 건강해 보이지 않는다.

예문 6 (It) Doesn't matter.
문제가 되지 않는다.

예문 7 (It) Looks like snow.
눈이 올 것 같다.

2) 동사의 생략

예문 1 The climate of the island is mild and its scenery (is) beautiful.
그 섬의 기후는 온화하며 풍경도 아름답다.

예문 2 As (was) the boy, so (is) the man.
아이 때 그렇더니 커서도 그래.

예문 3 Man doth what he can (do), but God doth what he will (do).
인간은 할 수 있는 일을 하지만, 신은 하고 싶은 일을 한다.

3) 주어·술어의 생략

예문 1 What a beautiful gift (it is)!
참으로 아름다운 선물이구나!

예문 2 How strange (it is)!
참으로 이상하군!

예문 3 How imprudent (he is)!
참으로 경솔하군!

예문 4 (It is) Well done!
잘 되었다!

예문 5 (I wish you a) Happy New Year! (I wish) The same to you!
새해 복 많이 받으십시오! 당신도요!

예문 6 I don't expect to be late, but if (it is) so, I'll let you know.
늦을 것 같지는 않지만 만약 그렇게 되면 연락드리겠습니다.

예문 7 Inflation may be rising. If (this be) so, prices will go up.
인플레이션이 오를지도 모른다. 만일 그렇게 되면 가격이 오를 것이다.

예문 8 If (it is) necessary, I will give you my watch.
필요하다면 너에게 내 시계를 주겠다.

예문 9 Come back as soon as (it is) possible.
가능한 한 빨리 돌아오너라.

예문 10 (What is) Well begun is half done.
잘 시작된 것은 반은 된 것이다.

4) 공통 구문 생략

예문 1 I didn't spend so/as much money as you (spent much money).
나는 너만큼 많은 돈을 쓰지 않았다.

예문 2 They haven't lived here so/as long as we have (lived here long).
그들은 우리들만큼 오래 이곳에 살지 않았다.

예문 3 He bought the book more precious than you (bought the precious book).
그는 너보다 더 귀중한 책을 샀다.

예문 4 She is more beautiful than I have expected (that she is beautiful).
그녀는 (내가) 생각했던 것보다 더 아름다웠다.

예문 5 The station was nearer than I thought (it was near).
역은 (내가) 생각했던 것보다 더 가까이 있었다.

예문 6 The trip takes longer by train than (it takes/does long) by car.
그 여행은 자동차보다 기차로 더 오래 걸린다.

예문 7 What matters is not how long we live, but how (we live).
중요한 것은 우리가 얼마나 오래 사느냐가 아니라 어떻게 사느냐이다.

예문 8 Many Welsh people speak Welsh — some (speak it) as their first Language.
많은 웨일스 사람들은 웨일스어를 사용하는데 일부는 그들의 제1 언어로 사용한다.

예문 9 To some life is pleasure: to others (life is) suffering.
어떤 이에게는 인생이 즐거움이고 어떤 이에게는 고통이다.

예문 10 There are few trees, if (there are) any (trees).
나무가 설사 있다 하더라도 몇 그루 되지 않는다.

예문 11 Happiness has little, if (it has) any (to do with rank or power), to do with rank or power.
행복이란 직위나 권력과 설사 관계가 있다고 하더라도 거의 관계가 없다.

예문 12 She seldom, if (she) ever (goes to church), goes to church.
그녀는 교회에 간다 하더라도 거의 가지 않는다.

예문 13 It is very difficult, if (it is) not impossible, to master a foreign language in a year or so.
1년 정도에 외국어를 숙달한다는 것은 불가능하지는 않겠지만 매우 어렵다.

5) 기타의 경우

예문 1 Please, give me this book.
=If you please, give me this book.
부디 나에게 이 책을 주시오.

예문 2 I could have done so.
=I could have done so if I had wanted to do.
나는 그렇게 할 수 있었다.

예문 3 If he stroke her?
=What would be the result if he stroke her?
그가 그녀를 때리면 어찌될 것인가?

예문 4 If I could see my fatherland again!
=How glad I should be if I could see my fatherland again!
만일 내가 내 조국을 다시 볼 수 있다면!

예문 5 Light or dark?
=Which will you have, light or dark?
보통 맥주로 할까요? 그렇잖으면 흑맥주로 할까요?

예문 6 No Parking 주차 금지
=No Parking is allowed here.

예문 7 One Way 일방통행
=Drive one way.

예문 8 Off Limits 출입 금지
=This area is off limits.

예문 9 Danger! 위험
=Beware of danger!

예문 10 Engaged 예약 중, 사용 중
=This is engaged.

예문 11 Help wanted 구인
=Help is wanted.

예문 12 Out Of Order 고장
=This is out of order.

예문 13 Not For Sale 비매품
=This is not for sale.

예문 14 Closed Today 금일 휴업
=This shop is closed today.

Agreement

14. 일치법

14 일치법 (Agreement)

1. 주어 동사의 일치법

주어와 동사는 그 인칭(person)과 수(number)에 있어서 일치해야 한다. 주어가 단수이면 단수동사를, 복수이면 복수동사를 써야 하고, 또 인칭에 맞게 동사를 써야 한다. 오늘날의 영어에서는 형태상으로 뚜렷하게 인칭·수에 따라 동사에 차이가 나타나는 것은 be 동사의 현재형과 과거형, have 동사의 현재형, 일반 동사의 3인칭 단수 현재형일 경우이다. 여기에서는 주의해야 할 경우를 다룬다.

1) 두 개 이상의 주어가 'and, both~and, at once~and'로 이어질 때는 복수동사를 쓴다.

예문 1 Body and soul are indivisible relation.
육체와 영혼은 불가분의 관계이다.

예문 2 Both you and I are not wrong.
너도 나도 틀리지 않았다.

예문 3 Asia and Africa are the two biggest continents.
아시아와 아프리카는 가장 큰 두 대륙이다.

예문 4 Both men and women are least concerned with their thighs.
남녀 모두 그들의 허벅지에는 관심이 없다.

2) 주어가 'each/either/neither of 복수명사'일 때는 단수동사를 쓴다.

예문 1　Each of us has probably wanted to live another life, even if only for a brief time.
아마도 우리는 저마다 비록 짧은 시간 동안이라도 다른 삶을 살아 보고 싶었던 적이 있었을 것이다.

예문 2　Either of the two boys is to come here tomorrow.
두 소년 중 한 소년이 내일 이곳에 오기로 되어 있다.

예문 3　Neither of the restaurants we went to was/were expensive.
우리가 갔던 레스토랑 어느 곳도 비싸지 않았다.

> 주　'neither of 복수명사'일 때는 복수동사가 오기도 한다.

3) 주어가 'the number of 복수명사'일 때는 단수동사를 쓰고, 'a number of 복수명사'일 때는 복수동사를 쓴다.

예문 1　A large number of wild ducks pass the winter at/on this lake.
많은 들오리가 이 호수에서 겨울을 난다.

예문 2　There were a small number of people present at the meeting.
회의에 참석한 사람들은 소수였다.

예문 3　The number of applicants has decreased sharply.
지원자 수가 현격히 줄었다.

예문 4　The number of emigrants is increasing.
이주민의 수가 증가하고 있다.

4) 주어가 'many 복수명사'일 때는 복수동사를 쓰고, 'many a 단수명사'일 때는 단수동사를 쓴다.

예문 1　Many a poem creates a mood like music.
많은 시는 음악과 같은 분위기를 자아낸다.

예문 2 Many a woman is liable to be vain.
많은 여인이 허영에 들뜨기 쉽다.

예문 3 Many bodily changes occur during adolescence.
많은 육체적인 변화가 사춘기에 일어난다.

예문 4 There are many stars in the sky.
하늘에 별들이 많다.

5) 주어가 'each/every 명사 (and each/every 명사), everyone, everybody, everything'일 때는 단수동사를 쓴다.

예문 1 Each individual has a completely unique set of genetic information.
각 개인은 아주 독특한 유전자 정보 세트를 가지고 있다.

예문 2 Every country has its own customs.
모든 나라는 각기 고유의 관습을 가지고 있다.

예문 3 Every tree and every bush is in bud.
모든 나무와 관목이 싹트고 있다.

예문 4 Everybody was delighted at the news.
모두 그 소식을 듣고 기뻐하였다.

예문 5 Everyone considers her a sophisticated woman.
모두가 그녀를 세련된 여성으로 생각한다.

예문 6 Everything seems to be harmony with one another.
만물이 서로 조화를 이룬 듯하다.

6) 주어에 'of/with+명사' 등의 형용사구가 있어도 주어의 수에는 상관없다.

예문 1 The widow with her daughters was very happy.
딸들이 있는 그 과부는 매우 행복하였다.

예문 2 Although the average ability of boys and girls seems to be equal, girls exceed boys on the language parts.
비록 남학생들과 여학생들의 평균적 능력이 같아 보이지만 여학생들은 언어 분야에서 남학생들을 능가한다.

7) 주어가 'a lot of/lots of/plenty of/some of/most of/the bulk of/part of/the rest of/half of/the majority of/the portion of/분수 of 명사'일 때는 뒤에 오는 명사의 수에 따라 단수동사나 복수동사를 쓴다.

예문 1 There are a lot of birds in the tree.
그 나무에는 새들이 많이 있다.

예문 2 There is a lot of food on the table.
식탁 위에 음식이 많이 있다.

예문 3 Lots of sugar was consumed.
설탕이 많이 소비되었다.

예문 4 Lots of seats are reserved.
충분한 좌석이 예약되어 있다.

예문 5 Plenty of food was provided.
음식이 푸짐하게 공급되었다.

예문 6 There are plenty of eggs in the kitchen.
부엌에 달걀이 넉넉히 있다.

예문 7 Some of Beethoven's early works are an echo of Mozart.
베토벤의 초기 작품의 어떤 것은 모차르트의 모방이다.

예문 8 Some of the milk was spilled.
우유가 조금 엎질러졌다.

예문 9 Most of their journey was by sea.
그들 여행의 대부분은 배로 하였다.

예문 10 Most of us are efficient and hard-working, and are relaxed with each other.
우리 대부분은 능력 있고 근면하며 서로 편한 사이이다.

예문 11 Although he had several assistants, the bulk of the research was done by Edison himself.
에디슨은 조수가 몇 명 있었지만 연구의 대부분을 자신이 직접 했다.

예문 12 The bulk of these vessels are now more than 30 years old.
이 선박들의 대부분은 이제 30년 이상이나 오래되었다.

예문 13 Part of the floor was covered with a rough mat.
마루의 일부에 거친 돗자리가 깔려 있었다.

예문 14 The eastern part of Asia is sometimes referred to as the Orient.
아시아의 동부는 때때로 동양이라고 일컬어진다.

예문 15 Most/The greater part of the inhabitants are occupied with agriculture.
주민의 다수는 농업에 종사하고 있다.

예문 16 Half of the apples are rotten.
그 사과들 가운데 절반은 썩었다.

예문 17 Half of the apple is rotten.
그 사과의 반은 썩었다.

예문 18 The rest of the papers are on the table.
종이의 나머지는 테이블 위에 있다.

예문 19 The majority of his novels were set in New York City.
그의 소설 대다수가 뉴욕시를 배경으로 했다.

예문 20 More than two-thirds of the questionnaires were returned by the female respondents.
설문지의 2/3 이상이 여성 응답자에게서 회수되었다.

예문 21 Three-fourths of the earth's surface is water.
지구 표면의 4분의 3은 물이다.

8) 주어가 no one일 때는 단수동사를 쓴다.

예문 1 However, no one knows exactly who invented them.
하지만 누가 그것들을 만들어 냈는지는 아무도 정확히 알지 못한다.

예문 2 No one is really sure when she started to write poetry.
아무도 그녀가 언제 시를 쓰기 시작했는지 정말 모른다.

9) 주어 none이 수를 나타내면 복수동사를 쓰고, 양을 나타내면 단수동사를 쓴다.

예문 1 None of the information is useful to me.
그 정보는 하나도 내게 쓸모가 없다.

예문 2 None of the books are interesting.
어느 책도 재미없다.

10) 주어가 'A or B, either A or B, neither A nor B'일 때는 동사는 가까운 주어에 일치한다.

예문 1 A song or poem expressing sorrow or lamentation is called an elegy.
슬픔이나 애도를 표현하는 노래 또는 시를 비가라고 한다.

예문 2 Either you or he is wrong.
너 아니면 그가 잘못이다.

예문 3 Neither he nor I am responsible for the accident.
그도 나도 그 사고에 책임이 없다.

11) 주어가 'A as well as/no less than B'일 때는 동사는 A에 일치한다.

예문 1 John as well as his parents is going to Europe.
그의 부모뿐만 아니라 존도 유럽에 가기로 되어 있다.

예문 2 In the beginning of telephone conversations, voice as well as verbal clues plays important roles in identifying callers.
전화 통화를 시작할 때 말로 주어지는 단서뿐만 아니라 목소리도 전화를 건 사람을 식별하는 데 중요한 역할을 한다.

12) 주어가 'not only A but also B'일 때는 동사는 B에 일치한다.

예문 1 Not only she but also you are responsible for it.
그녀뿐만 아니라 너도 그것에 책임이 있다.

예문 2 Not only he but (also) I have to do this.
그뿐만 아니라 나도 이것을 해야 한다.

13) 주어가 'not A but B'일 때는 동사는 B에 일치한다.

예문 1 Not you but she is to answer.
네가 아니라 그녀가 대답해야 한다.

예문 2 Not I but you have to do the work.
내가 아니라 네가 그 일을 해야 한다.

14) 주어가 'all 복수명사'일 때는 동사는 복수동사를 쓰고, 'all 단수명사'일 때는 단수동사를 쓴다.

예문 1 All young men have to do military service.
모든 젊은이는 군 복무를 해야 한다.

예문 2 All ages have had a means of sharing information.
모든 시대에는 정보를 공유하는 수단이 존재해 왔다.

예문 3 All knowledge rests on experience.
모든 지식은 경험에 의존한다.

예문 4 All the water in the dish has evaporated.
접시의 모든 물이 증발했다.

15) 주어가 'the 형용사형 국가명'으로 국민을 나타낼 때는 복수동사를 쓴다.

예문 1 The Germans are a very industrious people.
독일 국민은 매우 부지런한 국민이다.

예문 2 The English drink beer in pubs.
영국 사람들은 선술집에서 맥주를 마신다.

16) 주어가 'more than 명사'일 때는 동사는 명사에 일치한다.

예문 1 More than one person is going to lose his job.
많은 사람이 일자리를 잃을 것이다.

예문 2 There are more than 300 different kinds of hummingbirds.
서로 다른 300종류 이상의 벌새가 있다.

예문 3 More than 150 guests were on hand.
150명 이상의 하객이 참석하였다.

17) 주어가 집합명사일 때 그 집합체를 한 단위로 볼 때는 단수동사를 쓰고, 그 집합체의 구성원을 개별적으로 볼 때는 복수동사를 쓴다.

예문 1 The committee was mostly made up of women.
그 위원회는 주로 여자들로 이루어져 있었다.

예문 2 The committee have rejected the proposal.
위원들은 그 제의를 거절하였다.

18) 복수형인 명사가 주어일 때 단수동사를 취하는 경우

(1) 복수형인 단일 국가명일 때

> **예문 1** The United States is in a serious recession today.
> 미국은 현재 심각한 불경기에 빠져 있다.

> **예문 2** The Netherlands becomes the only country in the world to allow the mercy killing of patients, though there are some strict conditions.
> 몇 가지 엄격한 제약이 있기는 하지만 네덜란드는 환자의 안락사를 허용하는 세계의 유일한 국가가 되었다.

(2) 서적, 신문, 잡지명일 때

> **예문 1** Johnson's Lives of the Poets is a work of great interest.
> 존슨의 '시인전'은 매우 재미있는 작품이다.

> **예문 2** The Times is published daily.
> '더 타임스'지는 일간이다.

(3) 학과명일 때

> **예문 1** Physics interests him so much.
> 물리학에 그는 매우 관심이 많다.

> **예문 2** Metaphysics is his favorite subject.
> 형이상학은 그가 좋아하는 과목이다.

(4) 병명일 때

> **예문** German measles prevails throughout the district.
> 풍진이 그 지역 일대에 만연되어 있다.

(5) 시간, 거리, 가격, 무게 등을 나타내는 명사일 때

예문 1 A hundred years is called a century.
100년을 1세기라고 부른다.

예문 2 Eighty miles is a good distance.
80마일은 상당히 먼 거리이다.

예문 3 A thousand dollars is a small sum for a rich man.
1,000달러는 부자에게는 적은 액수이다.

예문 4 Five tons is the loading capacity of this car.
5톤이 이 차의 적재량이다.

19) 주격 관계대명사를 받는 동사는 선행사에 일치한다.

예문 1 Everyone who was concerned in the affair regrets it very much.
사건 당사자들은 모두가 그것을 매우 후회하고 있다.

예문 2 Some boys who were playing near heard her.
근처에서 놀고 있던 몇몇 소년들이 그녀의 말을 들었다.

20) It be~that 강조 구문에서는 강조어에 일치한다.

예문 1 It is you that are responsible for that.
그것에 책임이 있는 것은 바로 너다.

예문 2 It is lightning that causes thunder.
천둥을 일으키는 것은 바로 번개입니다.

21) 두 개 이상의 구나 절이 주어일 때는 and로 이어져도 단수동사를 쓴다.

예문 1 Early to bed and early to rise makes a man healthy, wealthy, and wise.
일찍 자고 일찍 일어나면 사람이 건강해지고 부유해지고 현명해진다.

예문 2 To love you and to be loved by you is my greatest happiness.
당신을 사랑하고 당신에게 사랑받는 것이 나의 가장 큰 행복이다.

22) 두 개의 주어가 한가지 것을 의미하거나 두 개 이상의 것이 밀접한 관계를 지녀 하나로 취급되는 것에는 단수동사를 쓴다.(slow and steady, trial and error, all work and no play, curry and rice, ham and egg, bread and butter, a year and a half…)

예문 1 Slow and steady wins the race.
더디더라도 착실히 하는 편이 경쟁에서 결국 이긴다.(느릿느릿 걸어도 황소걸음.)

예문 2 Trial and error is the source of our knowledge.
시행착오는 우리들 지식의 원천이다.

예문 3 All works and no play makes Jack a dull boy.
공부만 시키고 놀리지 않으면 아이는 바보가 된다.

예문 4 Curry and rice is her favorite food.
카레라이스는 그녀가 좋아하는 음식이다.

예문 5 A needle and thread was left on the table.
실을 꿴 바늘이 탁자 위에 놓여 있었다.

예문 6 Plain living and high thinking is a great ideal.
소박하게 생활하고 고상하게 생각하는 것은 하나의 위대한 이상이다.

23) 주어가 '명사, 동격어'일 때는 동사는 명사에 일치한다.

예문 1 You Jack have to go there with her.
잭 네가 그녀와 함께 그곳에 가야 한다.

예문 2 The word 'I' is one of the shortest words.
'I'라는 단어는 가장 짧은 단어 중의 하나이다.

24) 주어가 복수명사일 때 복수명사가 실물을 의미하지 않고 한 물건의 이름이나 단어 자체를 의미할 때는 단수동사를 쓴다.

예문 1 Customs is the place where people arriving from a foreign country have to declare goods that they bring with them.
세관은 외국에서 온 사람들이 그들이 가지고 온 물건들을 신고해야 하는 곳이다.

예문 2 "We" is a pronoun.
"We"는 대명사다.

2. 앞에 나온 (대)명사와 그 (대)명사를 받는 대명사의 일치법

대명사는 그 앞에 온 (대)명사와 인칭, 수, 성에 있어서 일치해야 한다. 그러나 격은 일치하지 않아도 된다.

예문 1 He was later to regret his decision.
그는 나중에 그의 결정을 후회하게 되어 있다.

예문 2 The guests will be drunk before they leave.
손님들은 떠나기 전에 술에 취할 것이다.

예문 3 Seeing the large crowd, Henry stopped his car.
많은 군중들을 보고서 헨리는 차를 멈췄다.

예문 4 Tom and I will do our best.
탐과 나는 최선을 다할 것이다.

> **주** 두 개 이상의 (대)명사를 받는 대명사는 1인칭이 있을 때는 1인칭(we, our, us)으로 받고, 2, 3인칭이 있을 때는 2인칭(you, your, you)으로 받고, 3인칭만이 있을 때는 3인칭(they, their, them)으로 받는다.

예문 5 The man invited you and John because he liked you.
그 남자는 너와 존을 좋아하기 때문에 너희들을 초대하였다.

예문 6 Bill and Jack have finished their work.
빌과 잭은 그들의 일을 끝마쳤다.

3. 주어와 보어, 목적어와 목적보어의 일치

주어와 보어, 목적어와 목적보어는 수와 격이 일치해야 한다. 주어가 단수이면 보어도 단수이어야 하고, 주어가 복수이면 보어도 복수이어야 한다. 또한 목적어가 단수이면 목적보어도 단수이어야 하고, 목적어가 복수이면 목적보어도 복수이어야 한다. 그리고 보어가 (대)명사일 때는 주격이 와야 하고, 목적보어가 (대)명사일 때는 목적격이 와야 한다.

예문 1 John became a businessman.
존은 사업가가 되었다.

예문 2 The panda is a shy creature.
판다는 겁이 많은 동물이다.

예문 3 Dogs are very clever animals.
개는 매우 영리한 동물이다.

예문 4 Mary considered James a genius.
메리는 제임스를 천재라고 생각하였다.

예문 5 She thought the invader him.
그녀는 그 침입자를 그 남자라고 생각했다.

예문 6 She thinks them cowards.
그녀는 그들을 겁쟁이라고 생각한다.

4. 시제의 일치법

※ 시제 참조

Punctuation

15. 구두점

15 구두점 (Punctuation)

일상 언어생활에서 말로 대화를 나눌 때에는 잠시 멈추기도 하고, 억양과 강세를 통해 감정이나 의미 전달을 확실하고 쉽게 할 수 있다. 그러나 글로 쓸 때에는 낱말들과 함께 여러 가지 부호들을 사용하여 감정이나 의미를 전달한다. 이 부호들을 구두점이라 하는데 구두점은 문장의 뜻을 분명하게 하고, 읽기 쉽게 하므로 구문상 중요한 의의를 지닌다. 구두점을 잘못 사용하면 문장의 의미가 전혀 달라지는 경우가 많으므로 제대로 잘 사용해야 한다.

구두점에는 period/full stop (.), question mark (?), exclamation mark (!), comma (,), semicolon (;), colon (:), parentheses ( ), dash (—), hyphen (-), quotation marks (" "), apostrophe ('), dot (.), ellipsis mark (…), slash (/) 등이 있다.

comma, semicolon, colon, period/full stop 등은 모두 분리를 의미하는데 그 분리의 정도는 comma, semicolon, colon 순으로 강해지며 period/full stop은 제일 강한 종지부가 된다.

1. period/full stop (.)

period/full stop(온점)은 평서문이나 명령문의 끝에 붙어 문장이 끝났음을 나타낸다.

예문 1 The leaves begin to grow on the trees in April.
나뭇잎은 4월에 나무에서 자라기 시작한다.

예문 2 Wait here for a moment.   잠시 동안 여기서 기다려라.

2. question mark (?)

question mark(물음표)는 의문문이나 의문문의 형식을 갖추지 않은 문장 끝에 붙여 의문의 뜻을 나타낸다.

예문 1 How old do you think William is?
윌리엄이 몇 살이라고 생각하느냐?

예문 2 In what direction is the United States from Korea?
미국은 한국에서 어떤 방향에 있느냐?

예문 3 Do you own anything that is valuable?
귀중한 것을 가지고 계십니까?

예문 4 I can go to the dance, too?   저도 무도회에 갈 수 있나요?

3. exclamation mark (!)

exclamation mark(느낌표)는 감탄사나 감탄문 끝에 붙인다. 또 감탄문의 형식은 아니지만 강한 감정이 담긴 문장 끝에도 붙이며, 감정이 들어 있는 짤막한 명령문 끝에 붙여 그 명령을 강조하기도 한다.

예문 1 Hurrah! Hurrah! We have reached the Golden Gate at last.
우와! 우와! 우리는 마침내 골든 게이트에 도착했다.

예문 2 What a peaceful Paradise this was!
이곳은 얼마나 평화로운 낙원이었던가!

예문 3 Why, this is just like a little home!   아니, 이것은 꼭 작은 집 같다!

예문 4 That's just what I was thinking!   그것이 바로 내가 생각하고 있었던 것이다!

예문 5 Don't take it so hard!   그것을 그렇게 어렵게 생각하지 마라!

예문 6 Listen carefully!   주의 깊게 들어라!

4. comma (,)

1) 세 개 이상의 단어, 구, 절을 동등한 자리에 연결할 때 쓰인다.
(간혹 두 개를 연결할 때에도 쓰이는 경우가 있다.)

예문 1 The cowboy was tall, dark and handsome.
그 카우보이는 키가 크고 거무스름하고 잘생겼다.

예문 2 Europe, Africa, Asia, and Australia are in the Eastern Hemisphere.
유럽, 아프리카, 아시아 그리고 오스트레일리아는 동반구에 있다.

예문 3 I spent yesterday playing cricket, listening to jazz records, and talking about the meaning of life.
나는 어제 크리켓을 하고 재즈 레코드를 듣고 인생의 의미에 대해 이야기하면서 보냈다.

예문 4 I don't know who he was, why he came here, and when he went away.
나는 그가 누구였는지, 왜 그가 여기에 왔는지 그리고 언제 그가 떠나갔는지 모른다.

예문 5 Salmon are born in small, freshwater streams.
연어는 작은 민물 개울에서 태어난다.

2) and, nor, but, or, for 등으로 연결되는 대등절이 길 때는 대개 comma로 분리시킨다.
(아주 짧을 때는 comma를 찍지 않는다.)

예문 1 "Good morning," said the boy, for he was always friendly toward others.
"안녕하세요."하고 소년은 인사했다. 왜냐하면 그는 언제나 다른 사람들에게 상냥했기 때문이다.

예문 2 Jane decided to try the home-made steak pie, and Andrew ordered Dover sole with boiled potatoes.
제인은 집에서 만든 스테이크 파이를 먹어 보기로 마음먹었다. 그런데 앤드루는 삶은 감자와 함께 도버산 서대기를 주문했다.

※ Jane had pie and Andrew had fish. 제인은 파이를 먹었고 앤드루는 생선을 먹었다.

예문 3 She had very little to live on, but she would never have dreamed of taking what was not hers.
그녀는 먹고 살 것이 거의 없었다. 그러나 그녀는 자기 것이 아닌 것을 가져가는 것을 결코 꿈도 꾸어 보지 않았다.

※ She was poor but she was honest. 그녀는 가난하나 정직하였다.

3) 비한정절은 comma로 분리시킨다.

예문 1 Mrs Grange, who was talking on the phone, gave Parker a big smile.
그레인지 부인은 전화를 하고 있었는데, 파커에게 함박 미소를 지었다.

예문 2 Even in Norway, which is partly in the Arctic, the ocean doesn't freeze.
노르웨이에서조차도, 부분적으로 북극에 위치해 있지만, 바다는 얼지 않는다.

예문 3 At last he came to a wide marsh, where the wild ducks lived.
드디어 그는 어떤 넓은 늪에 이르렀는데, 그곳에는 들오리가 살고 있었다.

4) 직접 화법에서 전달문과 피전달문 사이에 comma를 쓴다.

예문 1 He said, "There's no way we can help her."
그는 "우리가 그녀를 도울 수 있는 방법이 없다."고 말했다.

예문 2 "I don't like this one bit," said Julia.
"나는 이것을 조금도 좋아하지 않는다."고 줄리아는 말했다.

5) 공통 관계에 있는 어구는 comma로 분리시킨다.

예문 We have a liking, and perhaps more than a liking, for the place where we were born and where our lives are passed.
우리는 우리가 태어나서 우리의 일생을 보내는 곳을 좋아한다. 아마도 좋아하는 것 이상이다.

6) 단어나 표현이 비정상적인 어순 배열일 때 양쪽에 comma를 쓴다.

예문 1 My father, however, did not agree.
하지만 제 아버지께서는 동의하지 않으셨다.

예문 2 Jane had, surprisingly, paid for everything.
놀랍게도 제인이 모든 것의 대금을 치렀다.

예문 3 We were, believe it or not, in love with each other.
그것을 믿든 말든 우리는 서로 사랑에 빠졌다.

7) 독립 요소는 comma로 분리시킨다.

예문 1 Oh, that's right. I did forget.   아, 맞아요. 깜빡했어요.

예문 2 Come this way, everyone.   이쪽으로 오세요, 여러분.

예문 3 Hey, Susie, could you come here for a second and help me?
이봐, 수지야, 잠깐 이리 와서 나 좀 도와줄 수 있니?

8) 동격어는 대개 comma로 분리시킨다.

예문 1 Charles Dickens, the famous English novelist, wrote a great many books.
유명한 영국의 소설가인 찰스 디킨스는 대단히 많은 책을 썼다.

예문 2 Orpheus was the son of Calliope, the goddess of poetry.
오르페우스는 시의 여신 칼리오페의 아들이었다.

9) 문 앞에 온 부정사가 조건, 양보, 중문을 의미할 때는 comma를 동반한다.

예문 1 To tell the truth, I love her very much.
사실을 말하면 나는 그녀를 아주 몹시 사랑한다.

예문 2 Not to be very rich, he is very happy.
별로 부유하지 않지만 그는 매우 행복하다.

예문 3 To make things worse, it rained all night and they were wet and frightened.
설상가상으로 비가 밤새도록 내렸고 그들은 젖었으며 겁이 났다.

10) 분사구문은 comma를 동반한다.

예문 1 Growing up, Bach learned a great deal about organ building.
자라면서 바흐는 오르간 제작에 대해 많은 것을 습득했다

예문 2 Africa is a very large continent of over fifty countries, including Egypt, Ethiopia, Nigeria, and the Republic of South Africa.
아프리카는 이집트, 에티오피아, 나이지리아, 남아프리카 공화국 등을 포함해서 50여 개 국이 넘는 매우 커다란 대륙이다.

예문 3 Charmed by her beautiful voice, he went in.
그녀의 아름다운 목소리에 매혹되어 그는 안으로 들어갔다.

11) 동사를 수식하는 부사절이 주절 앞에 올 때는 부사절 끝에 comma를 동반한다.

예문 1 When bears are sleeping, they don't need much energy and don't have to worry about finding food.
곰이 잠을 자고 있을 때는 많은 에너지가 필요 없고 먹을 것을 찾는 것에 대해서도 걱정할 필요가 없다.

예문 2 If you are ever in London, come and see me.
언젠가 런던에 오시면 저를 보러 오시오.

12) 문장의 한 부분을 생략할 때는 comma를 쓴다.

예문 1 To err is human; to forgive, divine.
실수하는 것은 사람에게 흔히 있는 일이고, 용서하는 것은 하늘이 내리는 일이다.

예문 2 The Korean language is one of the oldest languages in the world, as old as Korea history.
한국어는 이 세상에서 가장 오래된 언어들 중의 하나이며, 한국 역사만큼 오래되었다.

예문 3 They live in rain forests, mostly in India and Eastern Asia.
그들은 열대 우림에서 사는데 대개 인도와 동부 아시아에서 산다.

13) 일반적인 수(천이나 백만 등)를 나타낼 때 세 자리마다 comma를 찍어 그룹으로 나눈다.

예 6,241   5,431,697   73,864,259,712

14) 독자의 이해를 돕기 위해서 comma를 사용하는 경우가 있다.

예문 1 Because of the cold, the air is very dry.
추위 때문에 공기가 매우 건조하다.

예문 2 After all, we are friends.   어쨌든 우리는 친구다.

예문 3 Whatever is, is right.   존재하는 것은 무엇이나 옳다.

15) 큰 지역 안에 있는 작은 지역을 구분하기 위해서 comma를 사용한다.

예문 1 I am originally from Hola, Tana River County, Kenya.
나는 원래 케냐의 타나강 주 홀라 출신이다.

예문 2 Chicago, Illinois is the third largest city in the United States of America.
일리노이 주 시카고는 미국에서 세 번째로 큰 도시이다.

※ 우리는 "서울특별시 양천구 목동"처럼 큰 지역명이 먼저 나오고 그다음에 작은 지역명이 나오는데, 영어에서는 특정한 장소나 지역이 먼저 나온 후 그것을 포함하는 더 큰 구역이 다음에 나온다. 예를 들어 어떤 도시를 지칭할 때 도시 이름이 먼저 나온 후에 주(州)가 등장하며 마지막으로 나라 이름이 나온다.

5. semicolon (;)

semicolon은 period/full stop을 써서 다른 문장으로 하기에는 너무도 앞의 문장과 밀접한 관련이 있어서 아주 떼어 버릴 수는 없고, comma를 쓰기에는 의미가 상당히 차이가 있는 경우에 쓴다. semicolon은 period/full stop이나 comma만큼 흔하지 않다.

1) 각 절이 등위접속사 없이 연결될 때 쓰인다.(이 경우의 semicolon은 and, but, or, nor, for 등의 어느 한 가지를 의미한다.)

예문 1 Some people work best in the mornings; others do better in the evenings.
어떤 사람들은 아침에 가장 잘 일하고, 어떤 사람들은 저녁에 더 잘 일한다.

예문 2 Theories about light have always abounded; they go back to the ancient Greeks.
빛에 관한 이론들은 언제나 널려 있었다. 그것들은 고대 그리스까지 거슬러 올라간다.

예문 3 It is a fine idea; let us hope that it is going to work.
그것은 좋은 생각이다. 그러니 그것이 잘되어 가기를 바라자.

예문 4 It is of no use to us; we cannot eat it.
그것은 우리에게는 아무 쓸모가 없다. 그것은 먹을 수가 없기 때문이다.

2) 절이 대등접속사로 연결되더라도 앞뒤 절 안에 comma나 다른 절 등이 있으면, 좀 더 크게 분리하기 위해서 대등접속사 앞에 semicolon을 쓴다.

예문 1 After this, the poor fisherman's life was even more unhappy than before; for his wife would not allow him to share her palace, but made him live in the stable.
이후로 이 가엾은 어부의 삶은 이전보다 훨씬 더 불행해졌다. 왜냐하면 그의 아내가 그를 궁전에서 함께 살도록 허락하지 않고, 마구간에서 살게 했기 때문이다.

예문 2 He asked her what she had come there for; and on being told her errand, he led her to his uncle.
그는 그녀에게 무슨 일로 여기에 왔느냐고 물었다. 그리고 용건을 듣자 그녀를 삼촌에게 안내하였다.

예문 3 He did not know what kind of birds they were; he did not know where they were flying; but he knew that he loved them.
그는 그 새들이 어떤 종류의 새인지 몰랐으며, 그 새들이 어디로 날아가고 있는지도 몰랐다. 그러나 그는 자기가 그 새들을 좋아한다는 것을 알았다.

3) 계속되는 항목들을 분리하기 위해 사용될 수 있는데 특히 문법적으로 복잡할 때 사용된다.

예문 You may use the sports facilities on condition that your subscription is paid regularly; that you arrange for all necessary cleaning to be carried out; that you undertake to make good any damage; …
만일 예약금을 정기적으로 지불하고, 모든 필요한 청소를 할 수 있도록 정돈하고, 어떤 손상도 보상할 것을 약속한다면 이 스포츠 시설을 이용해도 좋다.

6. colon (:)

colon은 분리의 정도가 semicolon보다는 크고 period/full stop보다는 작은 것이다. 그러나 semicolon이나 colon이 comma와 period/full stop의 중간에 위치해 있으므로 구별 없이 쓰이는 경우도 많은데 다음과 같은 경우에 colon을 쓴다.

1) 앞 말에 대한 자세한 설명을 하는 경우에 쓰인다.

예문 1 We decided not to go on holiday: we had too little money.
우리는 휴가를 가지 않기로 결정했다. 우리는 돈이 거의 없었다.

예문 2 Study to acquire a habit of thinking: no study is more important.
생각하는 습관을 들이도록 연구하라. 어떤 연구도 이것보다 더 중요하지 않다.

2) 앞 말에 대한 내용을 일일이 구체적으로 예시하는 경우에 쓰인다.

예문 1 In Singapore, four languages are used as official languages: English, Chinese, Malay, and Tamil.
싱가포르에서는 4개 어가 공식어로 사용되는데, 영어, 중국어, 말레이어, 타밀어이다.

예문 2 We need three kinds of support: economic, moral and political.
우리는 3종류의 지지가 필요하다. 경제상의 지지, 도덕적인 지지 그리고 정치적인 지지.

예문 3 Europe has three main types of climates: Mediterranean, marine west coast, and cool summer continental.
유럽은 세 가지 주된 유형의 기후를 가지고 있는데, 지중해성, 서안해양성 그리고 시원한 여름 대륙성 기후가 그것이다.

예문 4 The main points are as follows: (1)…, (2)…, (3)….
주된 요점은 다음과 같다: (1)…, (2)…, (3)….

3) 표제나 제목에서 주제를 자세히 나누어 소개할 때 쓰인다.

예문 1 punctuation: colon   구두점: 콜론

예문 2 Fred's favorite movie was The Lord of the Rings: The Fellowship of the Ring, though Stacy preferred its sequel, The Lord of the Rings: The Two Towers.
프레드가 제일 좋아하는 영화는 '반지의 제왕: 반지 원정대'이었지만, 스테이시는 그 영화의 속편인 '반지의 제왕: 두 개의 탑'을 더 좋아했다.

4) 긴 말을 인용할 때 쓰인다.

예문 1 Not turning to her, he said to his son: "I want to talk with this girl before the ceremony begins. This is a very grave talk."
그는 그녀 쪽으로는 돌아다보지도 않고 아들에게 말했다: "식이 시작되기 전에 이 아가씨와 이야기하고 싶다. 이것은 매우 중대한 이야기란다."

예문 2 Introducing his report for the year, the Chairman said: 'A number of factors have contributed to the firm's very gratifying results. First of all, …'
그해의 보고를 시작하면서 의장은 말했다: '많은 요인들이 회사의 매우 만족할 만한 결과에 기여했습니다. 무엇보다 먼저, …'

5) 미국 영어에서는 사업상의 편지에서 서두의 인사말 뒤에 대개 colon을 쓴다.(영국 영어에서는 이런 경우 comma를 쓰거나 구두점을 쓰지 않는다.)

예문 Dear Mr. Callan:
I am writing to…

7. parentheses/round brackets ( )

우리말에서는 괄호를 앞 단어나 문장에 붙여 쓰지만 영어에서는 괄호 앞뒤에서 반드시 띄어 써야 한다. 문장 끝에 괄호가 올 때는 마침표는 반드시 닫는 괄호 다음에 있어야 한다. 여는 괄호 앞에 놓지 않는다.

1) 필자의 생각이나 의견을 나타낼 때 쓰인다.

예문 1 The cookie (which was still warm) was delicious.
(여전히 따뜻한) 그 과자는 맛있었다.

예문 2 Most grammarians believe that parentheses and commas are always interchangeable (I disagree).
대다수의 문법학자들은 괄호와 쉼표를 언제나 바꾸어 쓸 수 있다고 생각한다(필자는 동의하지 않는다).

2) 정의나 추가적인 내용을 구체화하거나 부연 설명할 때 쓰인다.

예문 1 More than 1,000 years ago, the Hun (the word means a nomad people) settled in the land.
천여 년 전에 훈족(이 단어는 유목민을 뜻한다)이 그 땅에 정착했다.

예문 2 The celebration of Light Fireworks festival (from July 23-30) brings ten thousands of people to downtown Vancouver.
빛 불꽃 축제의 행사(7월 23-30)로 수만 명의 사람들이 밴쿠버 시내로 온다.

예문 3 Steve Case (AOL's former CEO) resigned from the Time-Warner board of directors in 2005.
스티브 케이스(AOL의 전 최고 경영자)는 2005년에 타임 워너 이사진에서 사임했다.

예문 4 In the Santadino War (the war started in late 60's) Sonny set foot in the world of Mafia.
산타디노 싸움(1960년대 말에 시작된 싸움)에서 소니는 마피아의 세계에 발을 들여놓았다.

3) 생략해도 되는 어구를 나타낼 때 쓰인다.

예문 1 The usage of parentheses (round brackets).
괄호(둥근 괄호)의 용법.

예문 2 She is smarter than you (are).
그녀는 너보다 더 똑똑하다.

4) 명사의 단수형과 더불어 복수형을 간단하게 나타낼 때 쓰인다.

예 the claim(s),   the flower(s)

5) 남녀를 모두 포함하는 말에서 특히 문법적인 성을 가지고 있는 말에서 쓰인다.

예문 1 Each of us has his(her) opinion.
우리들은 각기 자기 의견을 가지고 있다.

예문 2 When a child is hit, (s)he is angry and resentful.
아이가 맞으면 그(녀)는 화가 나고 분개한다.

6) 중간 끊김을 통해 다른 상황이나 느낌을 나타낼 때 쓰인다.

예문 1 Furthermore (coughing), I must firmly state that….
게다가(헛기침하면서), 나는 …를 확실하게 진술해야 했다.

예문 2 He said (seeing a bus rushing to us), "Watch out for the bus!" (WHAM!).
그는(버스가 우리에게 돌진하고 있는 것을 보고서) "버스 조심해!"라고 말했다.(쾅!)

1. 각괄호(square brackets [ ])는 편집자가 인용문을 보충, 수정했을 때 사용한다.
- "This instrument [the radiometer] has been used successfully aboard satellites as well as aircraft."
"이 기구[복사계]는 비행기뿐만 아니라 인공위성에 탑재되어 성공적으로 사용되어 왔다."
- "[The blast] was absolutely devastating!" said Susan Smith, a local bystander at the scene of the incident.
"[그 폭발은] 굉장히 파괴적이었어요!"라고 사건 현장을 목격한 현지 목격자인 수잔 스미스는 말했다.
※ 원래 인용하려 했던 문장은 "It was absolutely devastating!"인데 편집자가 It을 The blast로 수정한 것을 각괄호로 나타낸 것이다.

2. 중괄호(braces/curly brackets { })는 수학에서 사용되는 숫자의 집합을 표시하기 위해서, 그리고 드물지만 동일한 유형의 독립적인 선택 사항들을 나타내는 데 사용된다.
- The set of numbers in this problem is: {1, 2, 5, 10, 20}
이 문제에 사용된 숫자의 집합은 {1, 2, 5, 10, 20}이다.
- Select your animal {goat, sheep, cow, horse} and follow me.
염소, 양, 암소, 말 중에서 당신의 동물을 골라서 나를 따라오시오.

8. dash (—)

dash는 비격식적인 글에서 특히 흔한데 colon이나 semicolon 또는 괄호와 같은 방식으로 사용된다.

1) 앞말 또는 그와 같은 의미를 되풀이해서 강조하거나 설명을 더하는 경우에 쓰인다.

예문 1 We had a great time in Greece — the kids really loved it.
우리는 그리스에서 매우 즐거운 시간을 보냈다. — 아이들이 정말로 그것을 좋아했다.

예문 2 There are three things I can never remember — names, faces, and I've forgotten the other.
내가 결코 기억할 수 없는 것이 3가지가 있다. — 이름, 얼굴 그리고 다른 하나는 잊어버렸다.

예문 3 My mother — who rarely gets angry — really lost her temper.
내 어머니는 — 좀처럼 화를 안 내셨는데 — 정말로 노여움을 상실하셨다.

예문 4 But here is one condition — you must guess my name before the end of the month.
하지만 한 가지 조건이 있다. — 이 달 말까지 내 이름을 알아맞히어야 한다.

2) 앞 말을 전부 종합해서 다시 말할 때 쓰인다.

예문 Health, friends, position, — all are gone.
건강도, 친구도, 지위도 — 모두 사라져 버렸다.

3) 나중에 생각난 것 또는 예기치 않았던 것이나 놀라운 것을 소개할 때 쓰인다.

예문 1 We'll be arriving on Monday morning — at least, I think so.
우리는 월요일 아침에 도착할 것이다. — 적어도 나는 그렇게 생각한다.

예문 2 And then we met Bob — with Lisa, believe it or not!
그리고 그때 우리는 밥을 만났다. — 리자와 함께. 그것을 믿든 믿지 않든!

9. hyphen (-)

1) 복합어의 요소 사이를 이을 때 쓰인다.

예 bottle-opener(병마개 따개), waiting-room(대기실), a five-year-old child(다섯 살 난 아이), a go-as-you-please race(규칙이 없는 자유 경주), a six-foot wall(6피트 벽), full-grown(다 자란), forget-me-not(물망초), self-created(자기 창조의), up-to-date(최신의), make-up(화장), house-hunt(집을 찾다)

※ 복합어는 복수 형태가 아니라는 점에 주의해야 한다.
복합어에서는 nightclub(나이트클럽)이나 upperclassman(상급생)처럼 한 낱말이 되는 경향의 것도 있고, 또 반대로 rock'n roll(로큰롤)이나 two thirds처럼 분리되는 경향이 있는 것도 있다.

2) 숫자(21-99)와 분수를 나타낼 때 쓰인다.

예 twenty-one(21), thirty-nine(39), two-thirds(3분의 2), one-fifth(5분의 1)

3) 음절이나 철자를 분할할 때 쓰인다.

(1) 같은 철자로 뜻이 다른 단어를 구별할 때

예
re-count(다시 세다)　　　　　cf. recount(이야기하다, 열거하다)
re-creation(개조, 재창조, 재현)　cf. recreation(레크리에이션, 오락)
re-cover(다시 덮다)　　　　　cf. recover(회복하다)

(2) 같은 글자가 계속되는 단어의 철자나 발음을 명확히 할 때

예
re-enter [rìːéntər](다시 들어가다)　　will-less(의지가 없는)
co-operate(협력하다)　　　　　　　counter-revolution(반동 혁명)

(3) 단어의 철자를 가리킬 때

예문 His name is spelled E-l-i-o-t.　그의 이름의 철자는 E-l-i-o-t다.

(4) 말더듬을 나타낼 때

예문 I'm n-n-not scared.　나는 겁이 아-아-안 난다.

4) 줄이 바뀔 때 줄의 끝에서 끊어지는 단어를 다음 줄에 이을 때 쓰인다. 이 경우 음절이 끊기는 자리에서 끊고 하이픈은 줄 끝에 붙인다. 단음절은 나누어서는 안 된다.

예문 1 ··· The men nodded and climbed the steps to the field on the other side.

예문 2 ··· The sound deafened me.

10. quotation marks

quotation marks(따옴표)는 '···', "···"를 써서 나타낸다. 영국 영어에서는 inverted commas라고 한다.

1) 직접 화법에서 어떤 말을 그대로 인용할 때 쓰인다.

예문 1 "Gold is not everything," answered Midas.
"황금이 가장 소중한 것은 아닙니다."하고 미다스는 대답했다.

예문 2 "You are indeed a wise man," said the judge, "and I think you are an honest one."
"당신은 참으로 현명한 사람이오. 그리고 나는 당신이 정직한 사람이라고 생각하오."하고 재판관이 말했다.

예문 3 "His last words," said Albert, "were 'Close that bloody window'."
앨버트는 "그의 마지막 말은 '그 피로 더럽혀진 창문을 닫아라.'였다."고 말했다.

> 주 인용절 안에 작은따옴표를 써서 또 인용절이 왔다.

2) 단어를 표제어로 쓰거나 특별한 방식이나 의미로 사용할 때 쓰인다.

예문 1 People disagree about how to use the word 'disinterested'.
사람들은 '무관심한'이라는 단어를 사용하는 방식에 대해 의견이 다르다.

예문 2 "Crossing over" is a marketing term and is always a movement toward the mainstream.
"Crossing over"는 마케팅 용어로 항상 주류를 향해 움직이는 것이다.

예문 3 His next book was 'Heart of Darkness'.
그의 다음 책은 '검은 마음'이었다.

예문 4 A textbook can be a 'wall' between the teacher and the class.
교과서는 교사와 학생들 사이의 장벽일 수 있다.

11. apostrophe (')

1) 문자의 축약형에서 apostrophe는 문자를 대신한다.

예
can't(=cannot)　　　I'd(=I would/had)　　　it's(=it is/has)
who's(=who is/has)　there's(=there is)　　　I'm(=I am)
I'll(=I will)　　　　o'clock(=of the clock)　'88(=1988년)

2) 명사의 속격 -s 앞이나 뒤에 쓰인다.

예
the girl's grandmother (그 소녀의 할머니)
Charles's wife (찰스의 아내)
Newton's Law of Gravity (뉴턴의 중력 법칙)
my parents' farm (내 부모님의 농장)

3) 문자, 숫자, 약자의 복수형과 같은 특별한 복수형에 쓰인다.

예문 1 She uses too many and's and but's in her speaking.
그녀는 말할 때에 and와 but을 너무 많이 사용한다.

예문 2 I got two D's in the English and mathematics examinations.
나는 영어와 수학 시험에서 D 두 개를 받았다.

예문 3 In the 1980's wolves started to come back to Montana.
1980년대에 늑대들은 몬태나로 돌아오기 시작했다.
※ 1980s를 더 흔히 쓴다.

예문 4　I know three MP's personally.
　　　　　나는 개인적으로 하원 의원 세 사람을 알고 있다.
　　　　　※ MPs를 더 흔히 쓴다.

12. dot (.)

온점과 모양이 같다. 낱말 철자의 일부를 생략할 때에 그 사실을 나타내기 위해서 생략된 낱말의 끝에 붙인다.

예　Mr.(=Mister)　　a.m.(=ante meridiem)　　Mt.(=Mount)
　　　Dr.(=Doctor)　　Sat.(=Saturday)　　　　Jan.(=January)

13. ellipsis mark (⋯)

무슨 말을 하다가 중단할 때에 쓰이는 부호이다.

예문 1　I don't insist on it, but⋯
　　　　　나는 그것을 고집하지 않지만……

예문 2　"Well⋯" said Alice, "I don't think⋯"
　　　　　"글세…… 나는 생각이 안 나……"라고 앨리스가 말했다.

예문 3　"My comrades," he began, "my friends, I⋯"
　　　　　"내 동료들, 내 친구들, 나는……"라고 그는 시작했다.

14. slash (/)

1) 선택지를 나타낼 때 or 대신에 쓰인다.

예문 1　It's not a binary yes/no situation.
　　　　　그것은 2개의 예나 아니오 상황이 아니다.

예문 2　The User ID and/or Server was changed.
　　　　　사용자 ID 및 서버 또는 사용자 ID나 서버가 변경되었습니다.

2) he/she나 s/he처럼 성구별이 없는 대명사를 나타낼 때 쓰인다.

예문 1 Everyone has his/her own dream.
누구나 자신만의 꿈을 갖고 있다.

예문 2 Each student may begin when he/she is ready.
학생들은 각자 준비되는 대로 시작해도 좋다.

3) 분수, 나눗셈을 나타낼 때 쓰인다.

1/3,　　3/5,　　23/42

예문 1 In the case of 1/3, 1 is the numerator and 3 is the denominator.
1/3의 경우 1은 분자이고 3은 분모이다.

예문 2 23÷43 can also be written as 23/43.
23÷43은 23/43으로도 쓸 수 있다.

4) 날짜를 분할하여 쓸 때 '일/월/년', '월/일/년' 또는 '년/월/일' 등 나라마다 다른 형태로 쓰는데, 미국은 '월/일/년'으로 쓴다. 각 나라마다 날짜 표현 방식이 다르므로 국제표준화기구는 '년-월-일'로 할 것을 표방하고 있다

예 2021년 10월 9일→10/9/2021(미국) (국제표준화기구: 2021-10-9)

5) 노래 가사나 시에서 줄 바뀜을 표시할 때 쓰인다. 시나 노래 가사를 글에서 인용하는 경우 줄 바뀜을 전부 다 표기하는 것이 번거로울 때 사선을 사용하면 아주 편리하다. 사선을 이렇게 사용할 경우에는 사선 앞뒤로 빈칸을 넣어 주어야 한다.

예문 Row, row, row your boat / Gently down the stream; / Merrily, merrily, merrily, merrily, / Life is but a dream!
배를 저어라, 저어라, 저어라 / 개울을 따라서 서서히 / 즐겁게, 즐겁게, 즐겁게, 즐겁게 / 삶은 꿈일 뿐이라네!
(※ Row, row, row your boat라는 동요의 가사 중에서)

16. 영문 도해(분석) 및 독해

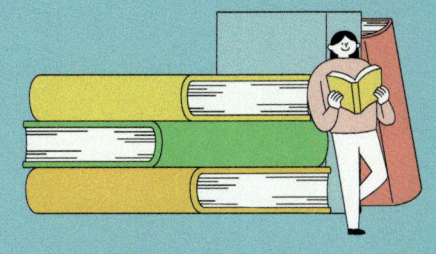

16 영문 도해(분석) 및 독해

1. 도해된(분석된) 문장을 번역하는 방법

앞에서 보아 온 바와 같이 모든 문장(글월)은 짧거나 길거나 또는 쉽거나 어렵거나 간에 요소는 4요소뿐이다. 그러므로 문장(글월)이 길거나 어려운 것은 단어 수의 증가이지 요소의 증가는 아니다. 따라서 어떤 영어 문장이든 우리말로 옮길 때는 그 요소의 순서대로만 번역해 나가면 된다.

번역 순서

1. 주부를 먼저, 술부를 나중에 번역한다.

2. 종요소를 먼저, 주요소를 나중에 번역한다.

   따라서 주부의 종요소, 주부의 주요소, 술부의 종요소, 술부의 주요소 순으로 번역한다.
   종요소에서는 복잡한 것을 먼저, 간단한 것을 나중에 번역한다. 즉, '형용사·형용사구·형용사절'이 겹쳐 나올 때는 '형용사절·형용사구·형용사' 순으로 번역하고, '부사·부사구'가 겹쳐 나올 때는 '부사구·부사' 순으로 번역한다.

3. 동사를 수식하는 부사절은 제일 먼저 번역한다.

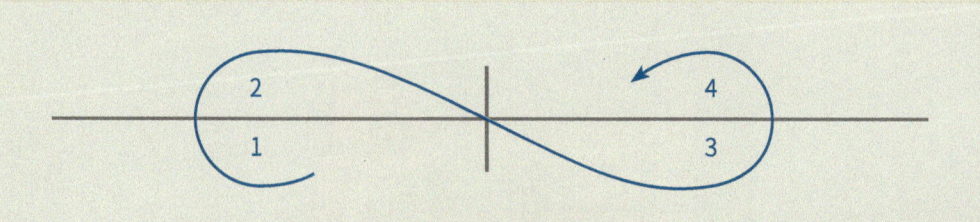

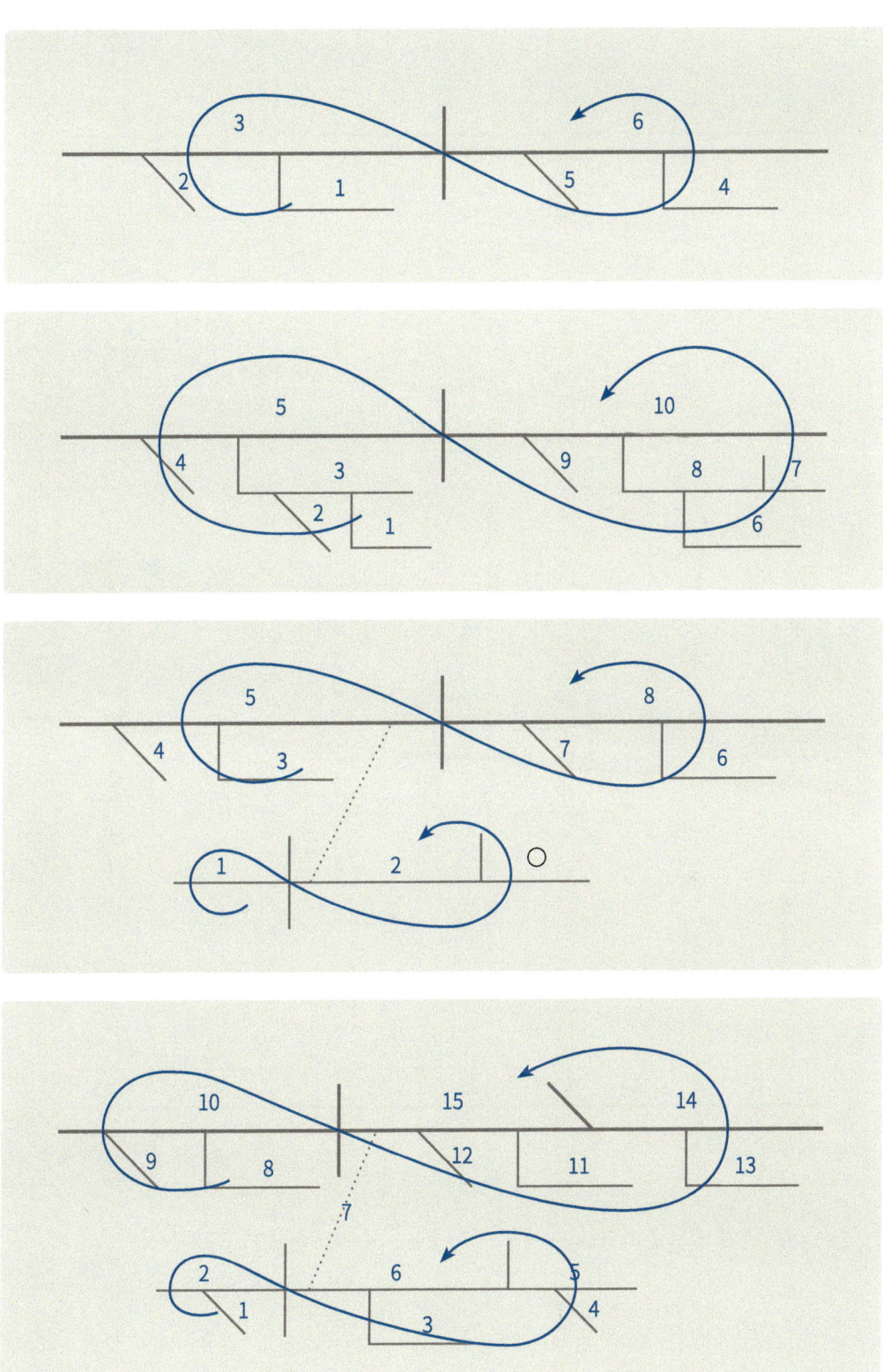

16. 영문 도해(분석) 및 독해

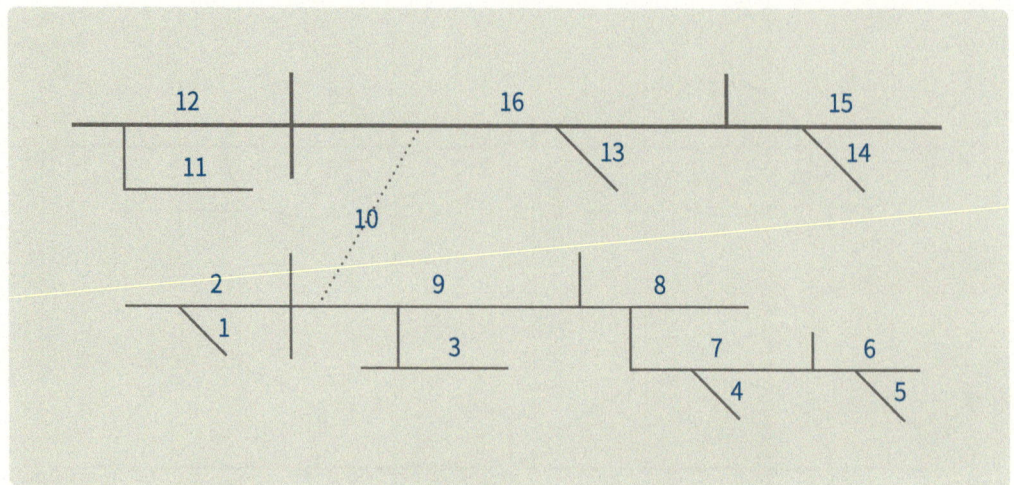
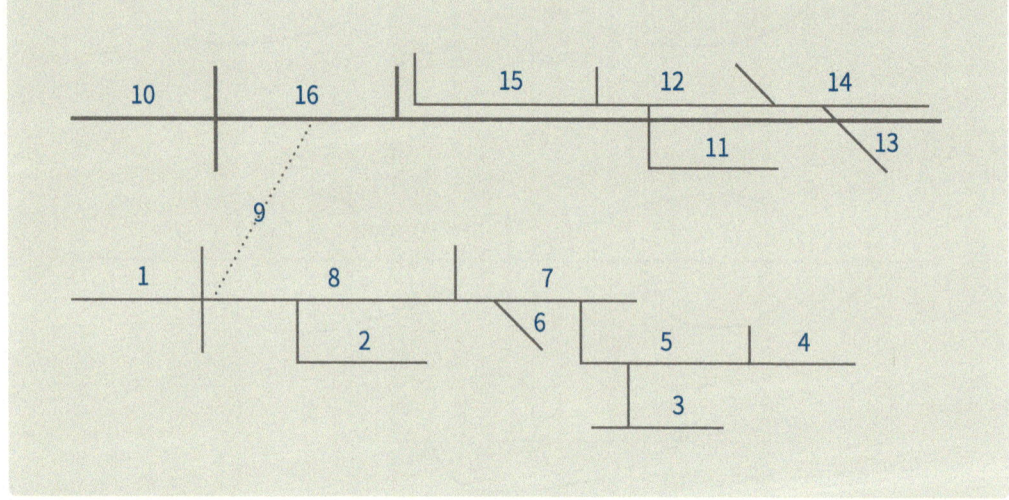
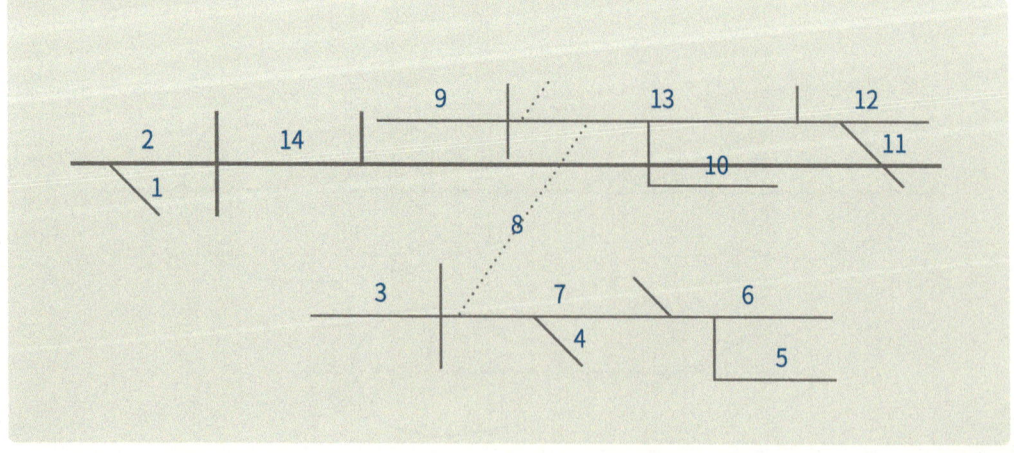

2. 영어 문장의 형식 판별과 번역

1) 1형식 판별법과 번역법

1형식 판별법

'주어·동사' 다음에 오는 첫째 번 단어가 명사도 형용사도 아닐 때 1형식 문장이다.

1형식 번역법

- 1형식 문장은 주어는 주격토씨 '이·은·는·가'를 붙여 번역하고, 동사는 어미에 '다·냐·지·요·라' 등을 붙여 번역한다.
- 형용사·형용사구·형용사절은 자음 어미로 번역하고, 부사·부사구·부사절은 모음 어미로 번역한다.

예문 1 The Prince danced gaily with the fairies.
그 왕자는 요정들과 함께 즐겁게 춤췄다.

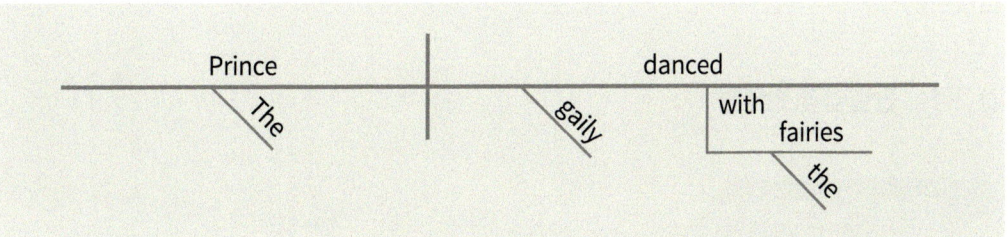

 • 영어 문장은 하나로 쭉 이어진 것이 아니라 대나무처럼 마디가 있다. 문장의 마디는 전치사, 접속사, 콤마 앞에서, 그리고 동사 앞뒤에서 끊긴다.
• 위의 문장은 danced라는 동사로 막혀 The prince가 마디, danced가 동사로서 마디, with라는 전치사로 막혀 gaily가 마디, with the fairies가 온점으로 문장이 끝났으므로 '전치사+명사'로 마디 이렇게 4마디로 이루어져 있다.
• '주어·동사' 다음에 온 첫째 번 단어가 명사도 형용사도 아닌 부사 gaily가 왔으므로 1형식 문장이다.
• 번역 순서는 주부의 종요소 The를 첫 번째로, 그다음 주부의 주요소 prince를 두 번째로, 술부의 종요소에서는 부사구 with the fairies를 세 번째로, 부사 gaily를 네 번째로, 그리고 술부의 주요소인 동사 danced를 마지막으로 번역한다.

> 문장의 마디 = 전치사, 접속사, 콤마의 앞; 동사의 앞뒤

예문 2 An old man was walking along a country road in the dark night.
한 노인이 어두운 밤에 시골길을 따라 걷고 있었다.

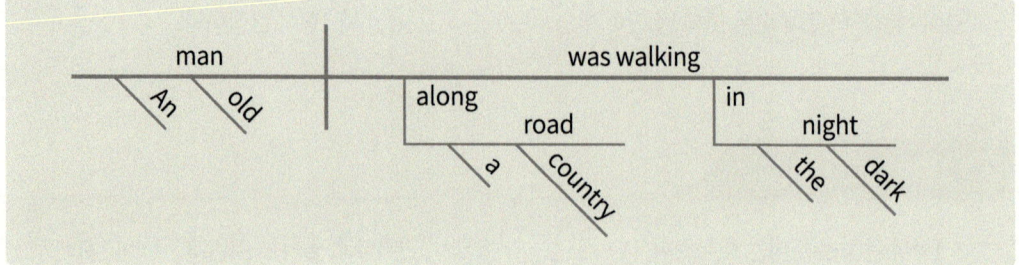

> **주**
> - An old man이 동사 was walking으로 막혀 마디, was walking이 동사로 마디, along a country road가 전치사 in으로 막혀 마디, in the dark night가 온점으로 문장이 끝났으므로 마디, 이렇게 네 마디로 이루어져 있는 문장이다.
> - '주어·동사' 다음에 명사도 형용사도 아닌 부사구 along a country road가 왔으므로 1형식 문장이다.
> - 부사구가 겹쳐 나올 때는 어느 것을 먼저 번역하든 우리말에서는 별 상관이 없다. 문맥이 좀 더 매끄러운 순서대로 상황에 맞게 하면 된다.

2) 2형식 판별법과 번역법

2형식 판별법

- 보어가 형용사일 때
  '주어·동사' 다음에 형용사가 올 때는 2형식 문장이다.
- 보어가 명사일 때
  '주어·동사' 다음에 명사가 오되 주어와 격이나 의미가 같을 때는 2형식 문장이다.

2형식 번역법

2형식 문장은 주어, 보어, 동사 순으로 번역하고, 2형식 동사는 보어에 '이다·되다'를 붙여 번역한다.

예문 1 Ella became very busy from morning until night.
엘라는 아침부터 밤까지 몹시 바빠졌다.

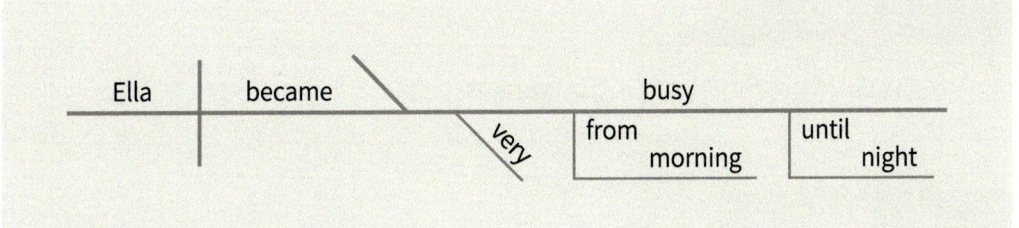

> • Ella가 동사 became으로 막혀 마디, became이 동사로 마디, very busy가 전치사 from으로 막혀 마디, from morning이 전치사 until로 막혀 마디, until night가 온점으로 문장이 끝났으므로 마디, 이렇게 다섯 마디로 이루어진 문장이다.
> • '주어·동사' 다음에 형용사 busy가 왔으므로 2형식 문장이다.(형식을 판별할 때는 마디에 온 단어를 가지고 한다. very busy가 한 마디인데 마디를 이루고 있는 단어 busy를 가지고 형식을 판별한다.)
> • 시작(출발)과 끝(도착)을 나타내는 부사구가 겹쳐 나올 때는 시작을 나타내는 부사구를 먼저, 끝을 나타내는 부사구를 나중에 번역한다.

예문 2 Halloween is a favorite holiday for children in Canada and the United States.
핼러윈은 캐나다와 미국에서 아이들에게 인기 있는 축제일이다.

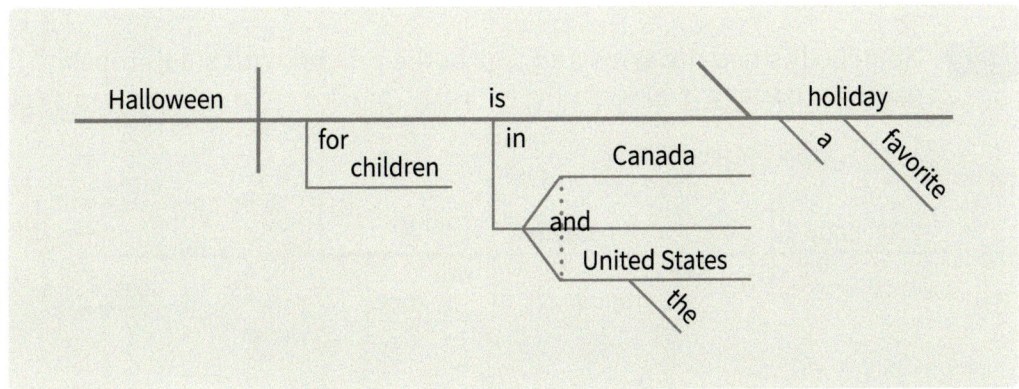

> '주어·동사' 다음에 온 명사 holiday가 주어 Halloween과 격이나 의미가 같으므로 2형식 문장이다.(전치사 for로 막혀 a favorite holiday가 한 마디인데 마디를 이루고 있는 단어 holiday를 가지고 형식을 판별한다.)

3) 3형식 판별법과 번역법

3형식 판별법

'주어·동사' 다음에 명사(대명사)가 오되 주어와 격이나 의미가 다를 때는 3형식 문장이다.

3형식 번역법

3형식 문장은 주어, 목적어, 동사 순으로 번역하고, 목적어는 목적격토씨 '을·를'을 붙여 번역한다.

예문 1 You can dance the limbo with dancers in Trinidad.
여러분은 트리니다드섬에서 무용수들과 함께 림보춤을 출 수 있다.

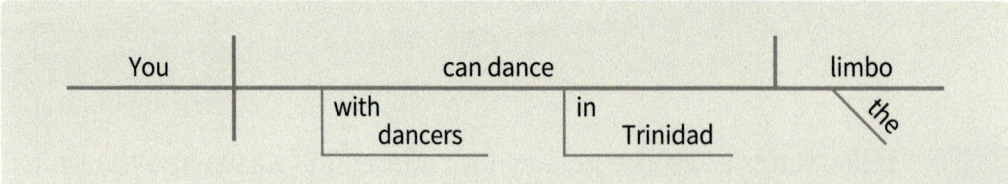

주) '주어·동사' 다음에 온 명사 limbo가 주어 You와 격이나 의미가 다르므로 3형식 문장이다.

예문 2 Somebody's tied my arms and legs to the ground with small ropes.
누군가가 작은 끈으로 땅에다 내 팔과 다리를 묶었다.

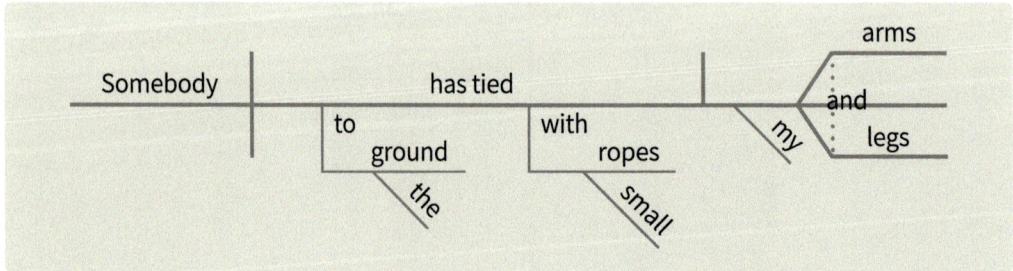

주) • '주어·동사' 다음에 온 명사 arms와 legs가 주어 Somebody와 격이나 의미가 다르므로 3형식 문장이다.
 • my arms and legs는 대등접속사 and가 arms와 legs를 연결하여 목적어가 둘이다. my는 arms와 legs를 수식하는 공통 형용사이다.

4) 4형식 판별법과 번역법

> **4형식 판별법**
>
> '주어·동사' 다음에 '명사(대명사)·명사(대명사)'가 겹쳐 나오되, 첫째 번 명사가 생물 (대)명사이며 둘째 번 명사와 격이나 의미가 다를 때는 4형식 문장이다.

> **4형식 번역법**
>
> 4형식 문장은 주어, 간접목적어, 직접목적어, 동사 순으로 번역한다. 간접목적어는 간접목적어 토씨 '에게'를 붙여 번역하며, 동사는 '수여의 의미'를 넣어 번역한다.

예문 1 He taught me all about Life and Death.
그는 삶과 죽음에 대해 나에게 모든 것을 가르쳐 주었다.

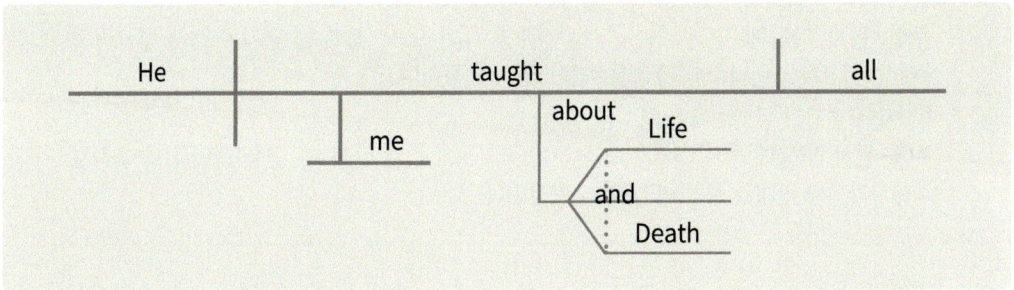

> 주 '주어·동사' 다음에 대명사 me와 대명사 all이 왔는데, me가 생물 대명사이고 all과 격이나 의미가 다르므로 4형식 문장이다.

예문 2 They brought the Maoris many useful things.
그들은 마오리족에게 많은 유용한 것들을 가져다주었다.

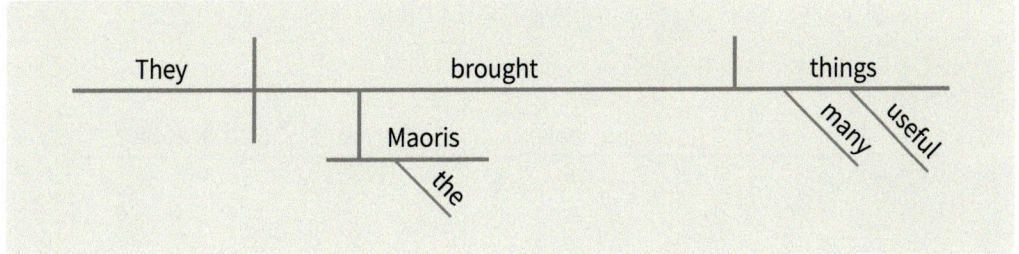

> 주
> • '주어 • 동사' 다음에 명사 Maoris와 명사 things가 왔는데, Maoris가 생물 명사이고 things와 격이나 의미가 다르므로 4형식 문장이다.
> • They가 마디, brought가 마디, the Maoris가 마디, many useful things가 마디이다. Maoris 다음에 '전치사 • 접속사 • 콤마 • 동사' 등이 아닌 형용사 many가 왔지만 many 앞에서 마디가 끊겼다. 왜냐하면 형용사는 수식하는 명사 앞에 오므로 Maoris라는 명사 다음에 온 형용사는 Maoris와는 관련이 없기 때문이다.

5) 5형식 판별법과 번역법

5형식 판별법

1. 형용사가 목적보어인 때
   '주어 • 동사' 다음에 '명사(대명사)와 형용사'가 차례로 올 때는 5형식 문장이다.
2. 명사가 목적보어인 때
   • '주어 • 동사' 다음에 '명사(대명사) • 명사(대명사)'가 오되, 첫째 번 명사가 무생물 명사일 때는 5형식 문장이다.
   • '주어 • 동사' 다음에 '명사(대명사) • 명사(대명사)'가 오되, 첫째 번 명사가 생물 명사라도 둘째 번 명사와 격이나 의미가 같을 때는 5형식 문장이다.
3. 부정사나 분사가 목적보어인 때
   '주어 • 동사' 다음에 명사(대명사)와 부정사나 분사가 겹쳐 나올 때, 명사(대명사)와 부정사나 분사가 주술관계가 성립되면 5형식 문장이다.

5형식 번역법

5형식 문장은 주어, 목적어, 목적보어, 동사 순으로 번역한다. 목적어는 '을 • 를'이나 '이 • 은 • 는 • 가'를 붙여 번역하고, 목적보어는 '으로 • 라고 • 것을 • 하게 • 도록'을 붙여 번역한다.

예문 1 A curly tail would make you more beautiful.
꼬불꼬불한 꼬리가 너를 더 아름답게 할 것이다.

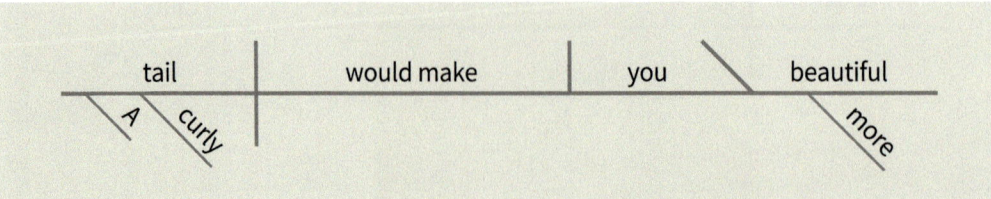

'주어·동사' 다음에 대명사 you가 오고 형용사 beautiful이 왔으므로 5형식 문장이다.

예문 2 They called the Colossus of Rhodes one of the Seven Wonders of the World.
사람들은 로도스섬의 콜로서스를 세계 7대 불가사의 중의 하나라고 불렀다.

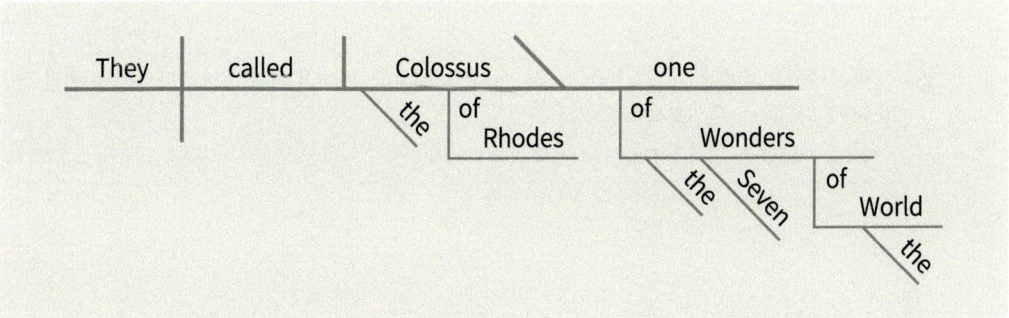

 '주어·동사' 다음에 명사 Colossus와 대명사 one이 왔는데, 첫째 번 명사 Colossus가 무생물 명사이므로 5형식 문장이다.

예문 3 Jane's parents encouraged her to study hard at school.
제인의 부모님께서는 그녀가 학교에서 열심히 공부하도록 격려하셨다.

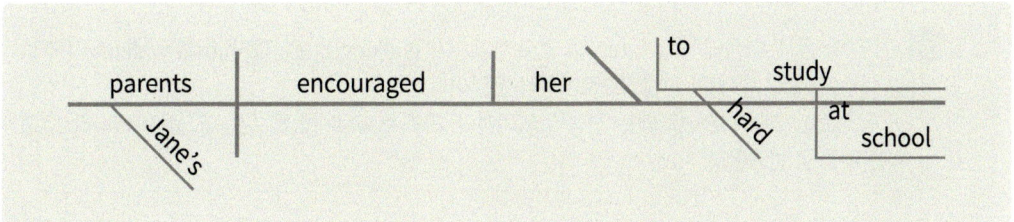

- '주어·동사' 다음에 대명사 her가 오고 부정사 to study가 왔는데, her와 to study가 주술관계(주어·술어 관계)가 성립되므로 5형식 문장이다.
- 목적어와 목적보어는 주술관계가 성립되므로 목적어에 주격토씨 '이, 은, 는, 가'를 붙여 번역한다.
- 주어가 존칭을 나타낼 때는 '이, 은, 는, 가' 대신에 '께서(는)'을 붙인다.

16. 영문 도해(분석) 및 독해 **453**

예문 4 The people in the village thought him a very queer old man.
그 마을 사람들은 그를 대단히 이상한 노인이라고 생각했다.

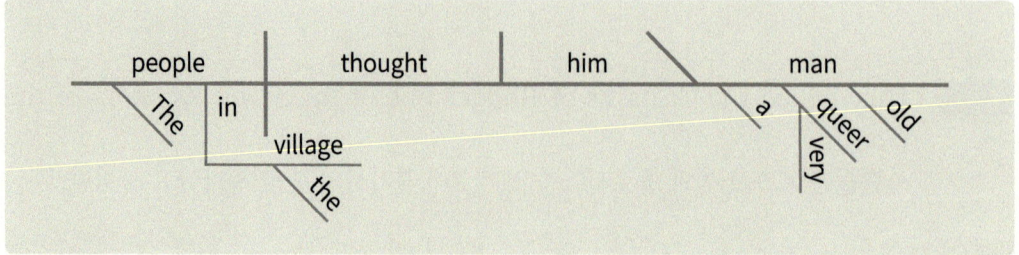

> 주
> - '주어·동사' 다음에 대명사 him과 명사 man이 왔는데, him이 생물 대명사이지만 man과 격이나 의미가 같으므로 5형식 문장이다.
> - in he village는 명사 people 다음에 와서 people을 수식하는 형용사구이다.

예문 5 I saw him walking along the street with his girlfriend.
나는 그가 그의 연인과 함께 길을 따라 걷고 있는 것을 보았다.

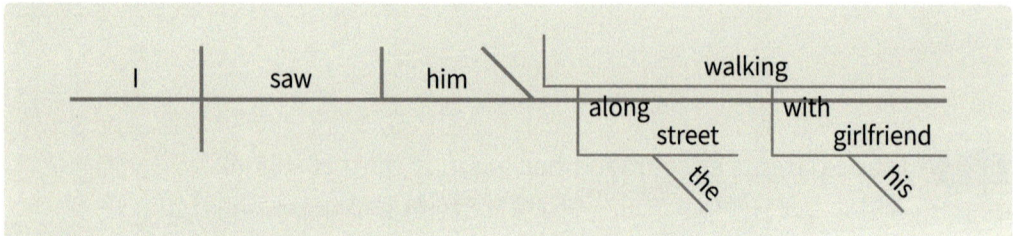

> 주
> - '주어·동사' 다음에 대명사 him이 오고 현재분사 walking이 왔는데, him과 walking이 주술관계(주어·술어 관계)가 성립되므로 5형식 문장이다.
> - 목적보어가 현재분사일 때는 진행의 의미이다. 그래서 walking을 '걷는 것을'이 아니라 '걷고 있는 것을'로 번역한다.

역사는 윤리의 목표 즉 '최다·최대 행복' 보다는 오류의 편에 서는 경향이 있다.
그러므로 그대가 위대해지고 싶다면 적절한 시기에 훌륭한 실수를 저질러라.

3. 영문분석(도해)

1. For the last fifteen years the horse that drew Peter's milk wagon was a large white horse named Joseph. Because Joseph had drawn Peter's milk wagon for so long a time, he knew the street very well.

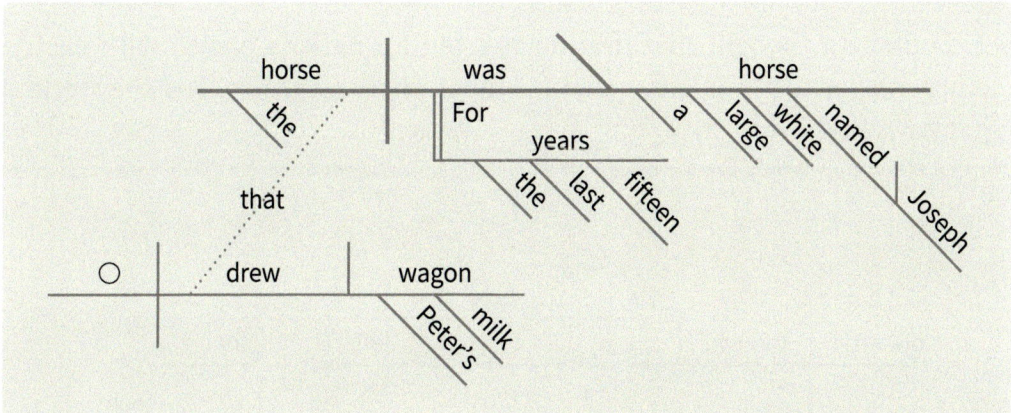

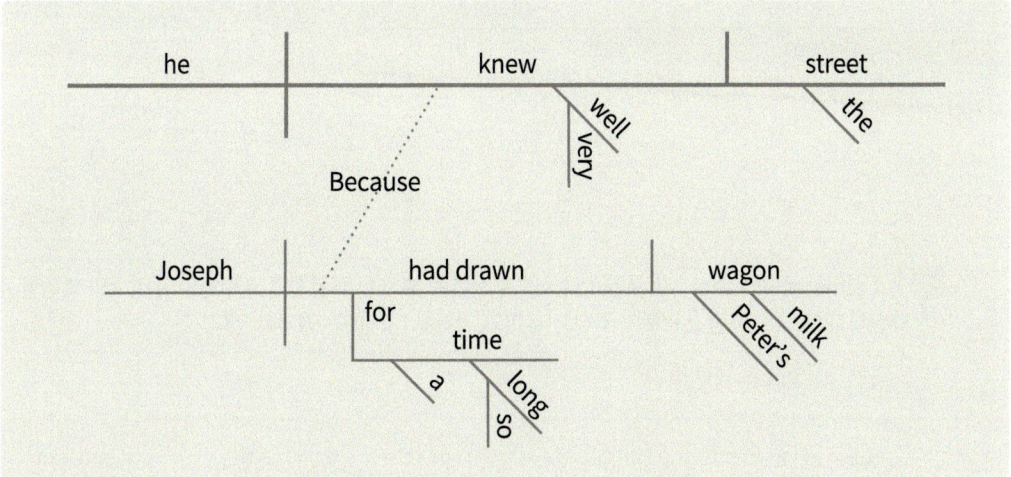

> 주
> - For the last fifteen years가 전치 강조된 부사구이다. 전치 강조된 부사구는 주어보다 먼저 번역하며, 두 줄로 도해한다.
>   …a large white horse which was named Joseph.
>   …a large white horse to be named Joseph.
>   …a large white horse (being) named Joseph.
> - for so long a time에서 so long이 관사 a 앞에 온 것은 so가 very와는 달리 관사와 명사 사이에 올 수 없기 때문에 관사 밖으로 나오면서 수식받는 형용사 long이 딸려 나온 것이다.

> **번역 |** 지난 15년 동안 피터의 우유 마차를 끈 말은 조지프라고 하는 큰 흰 말이었다. 조지프는 아주 오랫동안 피터의 우유 마차를 끌었기 때문에 그는 아주 잘 그 거리를 알았다.

2. Coubertin thought that if athletes from all nations played with each other in sports, it would be good for them, their countries, and the world in many ways.

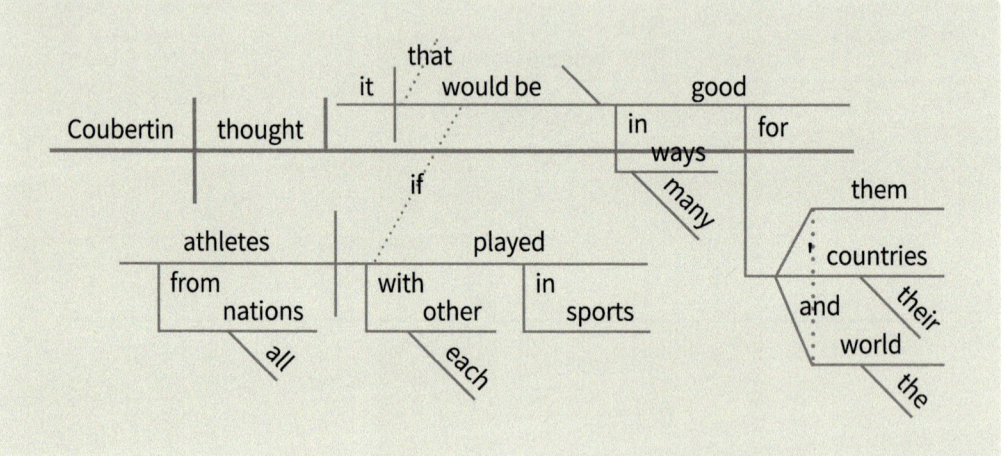

> 주 | if athletes…in sports가 would be를 수식하는 부사절 조건절인데 주절의 주어 it의 의미를 대신하고 있다. 이처럼 조건절이 주절의 주어의 의미를 대신하는 경우가 있다.

> **번역 |** 쿠베르탱은 모든 나라의 운동선수들이 스포츠로 서로 겨룬다면 그것은 여러 면에서 그들과 그들의 나라와 세계를 위해서도 좋을 것이라고 생각했다.

3. Margaret, who had now grown into a beautiful woman, stopped working, wiped her hands on her apron, and fetched some bread and tea.

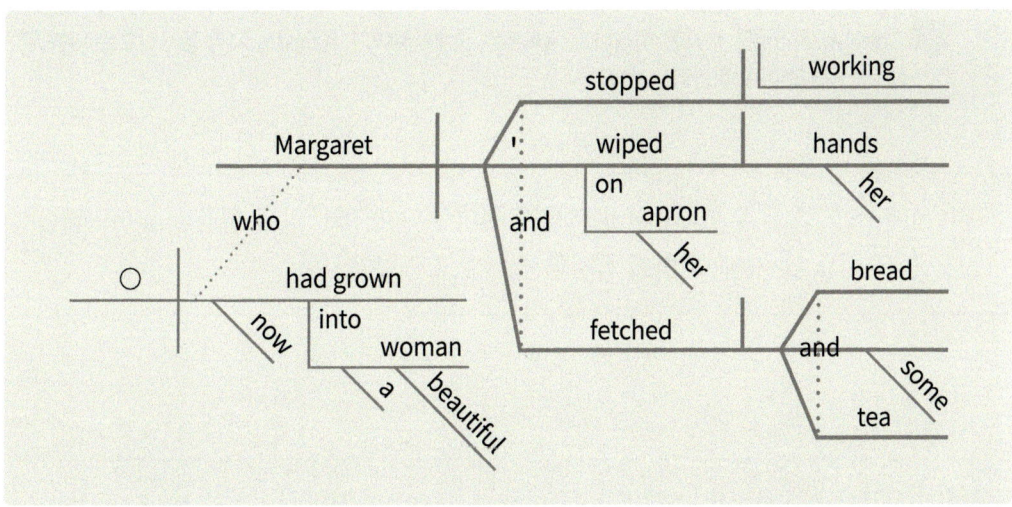

> **주** who had now grown into a beautiful woman에서 into는 결과를 나타내는 전치사다.
> stop, enjoy, finish, mind, avoid, postpone, practice, escape, give up, deny 등은 동명사를 목적어로 취한다.(부정사는 목적어로 취하지 않는다.)

번역 | 이제 성장하여 아름다운 여인이 된 마거릿은 일하던 것을 멈추고 그녀의 앞치마에 손을 닦고서 약간의 빵과 차를 가져왔다.

4. The Jones family were just finishing breakfast one morning when they heard the mailman drop some mail into their mailbox.

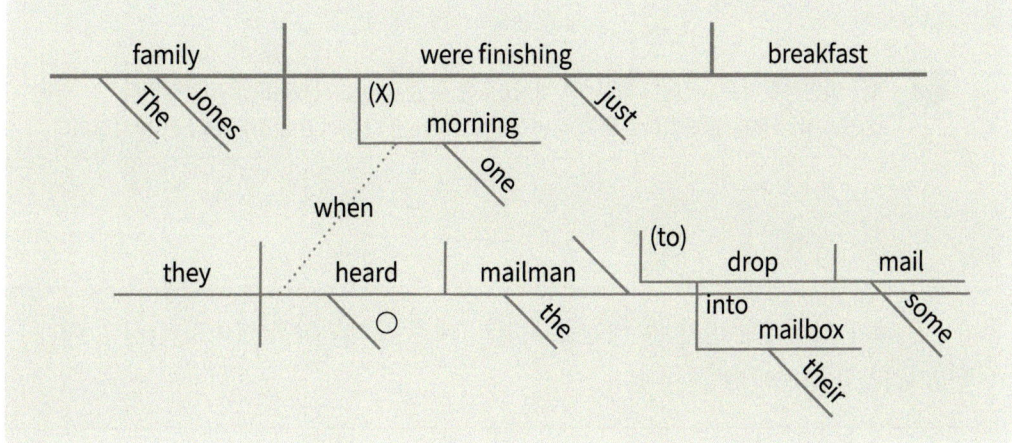

> **주** one morning은 부사용 대격이고, when은 관계부사이다. heard는 지각 동사이므로 원형 부정사를 목적보어로 취한다.

> **번역 |** 존스 가족은 우편배달부가 그들의 우편함 속에 약간의 우편물을 떨어뜨리는 것을 들은 어느 날 아침 막 아침 식사를 끝마치고 있었다.

5. It has been such a long time since I have written to you that perhaps you have been afraid that I am dead.

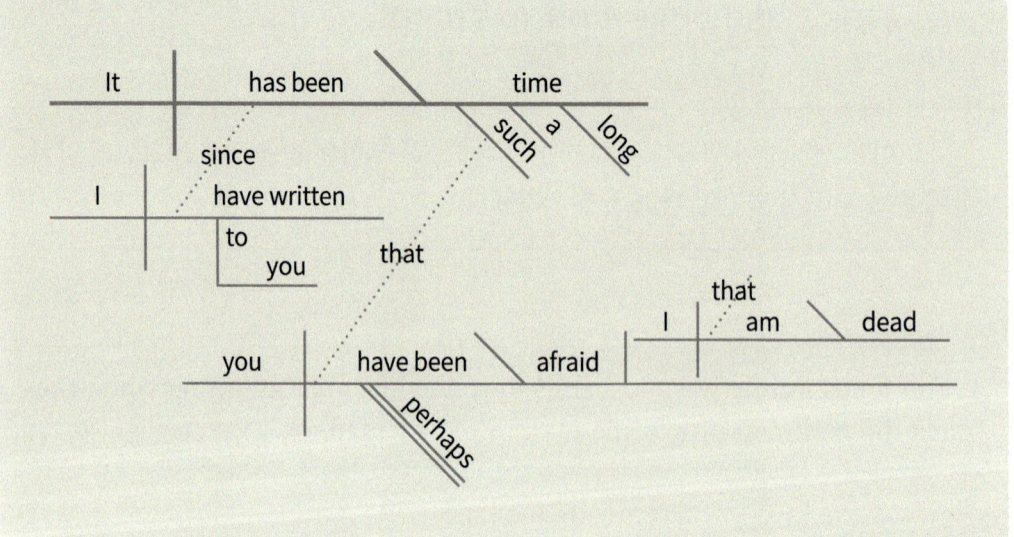

> • It은 비인칭주어로 시간을 나타낸다. since절은 주절이 완료 시제이므로 시간절이다.
> • such…that절은 결과절이므로 중문번역 한다. afraid 다음의 that절은 특수한 부사절이다.

> **번역 |** 내가 당신에게 편지 쓴 이래로 시간이 아주 오래되어서 아마도 당신은 내가 죽었으리라고 염려해 왔을 것이다.

6. Socrates only desired to show people how to live wisely and happily, and to convince them that wisdom and honesty are more important than riches or fame. His guiding rule was "Know yourself."

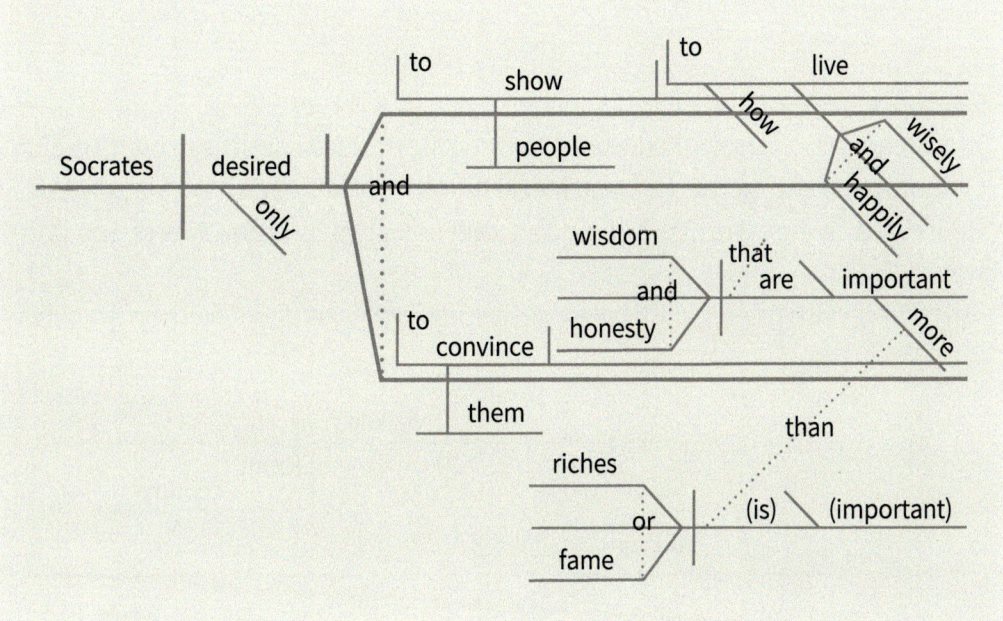

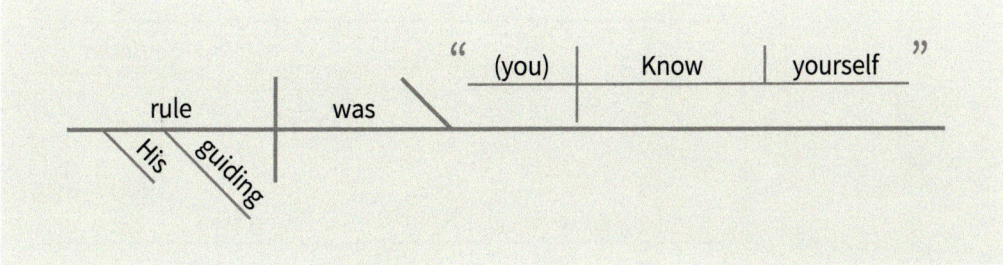

> 주 to show…, and to convince…는 desired의 목적어구다. how to live wisely and happily는 show의 목적어구인데, 관계부사의 선행사를 생략하여 명사절이 된 how절(how they live wisely and happily)에서 온 부정사이므로 '…사는 방법'으로 번역한다. that wisdom and honesty are more important than riches or fame은 convince의 직접목적어절이고, than riches or fame은 more…than 비교절이다.
>
> the way how they live wisely and happily
> =how they live wisely and happily
> =how to live wisely and happily

> **번역 |** 소크라테스는 오로지 사람들에게 지혜롭고 행복하게 사는 방법을 알려 주고, 그들에게 지혜와 정직은 부나 명성보다 더 중요하다는 것을 납득시키고 싶어 하였다. 그의 지도 규범은 "너 자신을 알라."였다.

> **7.** Instead, he often walked about the country and sometimes spent weeks or months at a time on the seaside, while his father grew more and more interested in his strange books and did not always know where his son was.

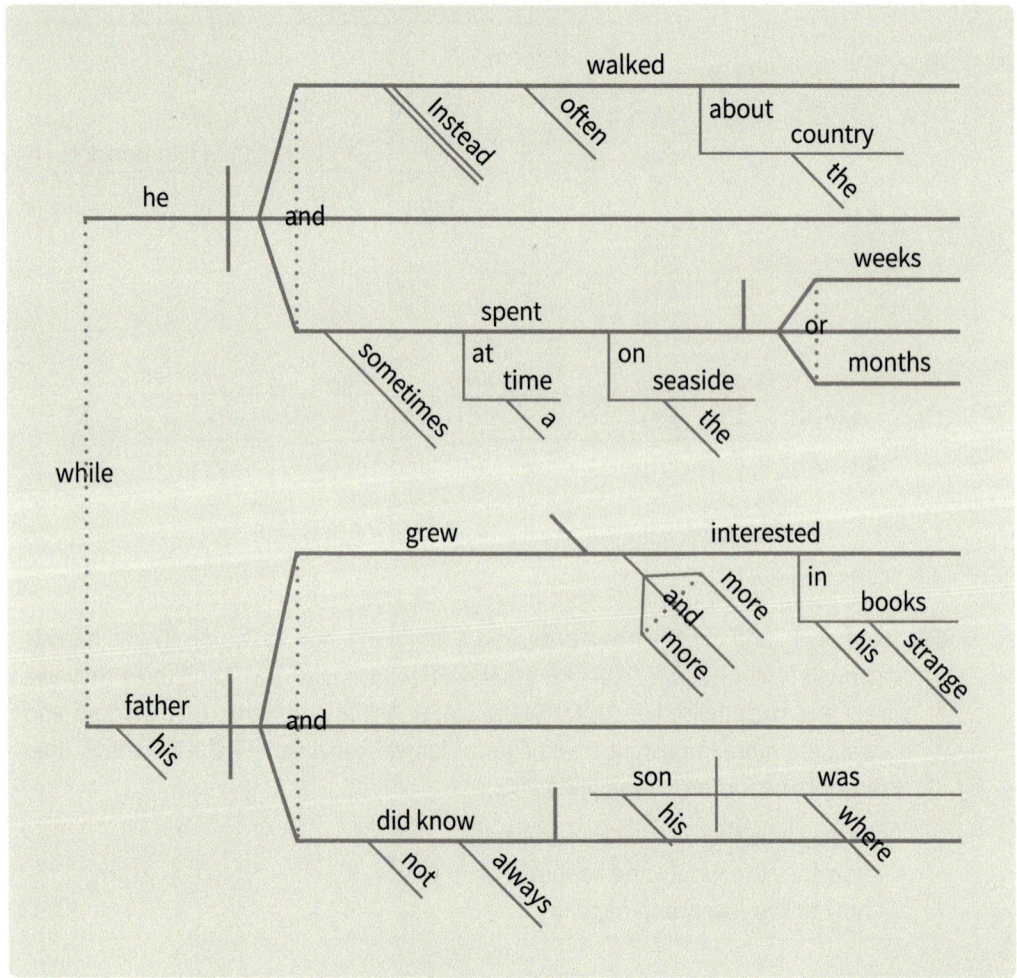

• while은 앞에 콤마를 동반하여 반의접속사로 사용되었다.
• not always(반드시 …은 아니다, …라고는 할 수 없다)는 부분 부정이다.

번역 | 그 대신에 그는 시골 곳곳을 종종 돌아다니기도 하고, 때로는 해변에서 한 번에 여러 주일 또는 여러 달을 지내기도 했다. 하지만 그의 아버지는 이상한 책에 점점 더 흥미를 가지게 되어 자기 아들이 어디에 있는지를 반드시 아는 것은 아니었다.

8. The best way to understand the people of a country is to know their language. So if you want to understand the American people in general, you must know, first of all, the American language. The story here will show you how the American language grew up and what it is like today.

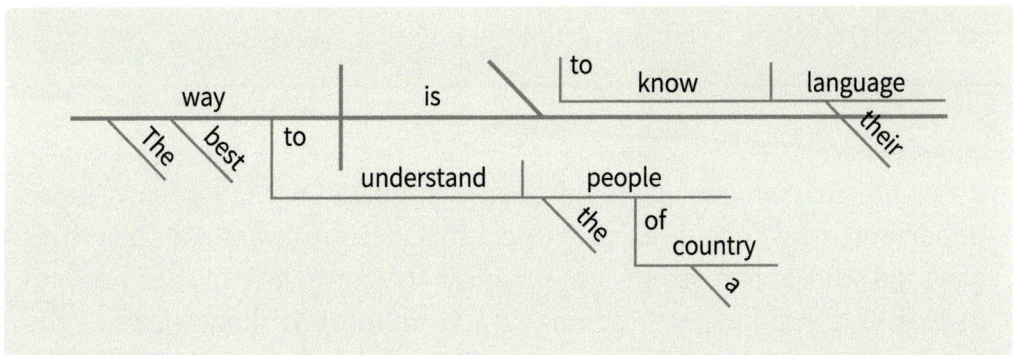

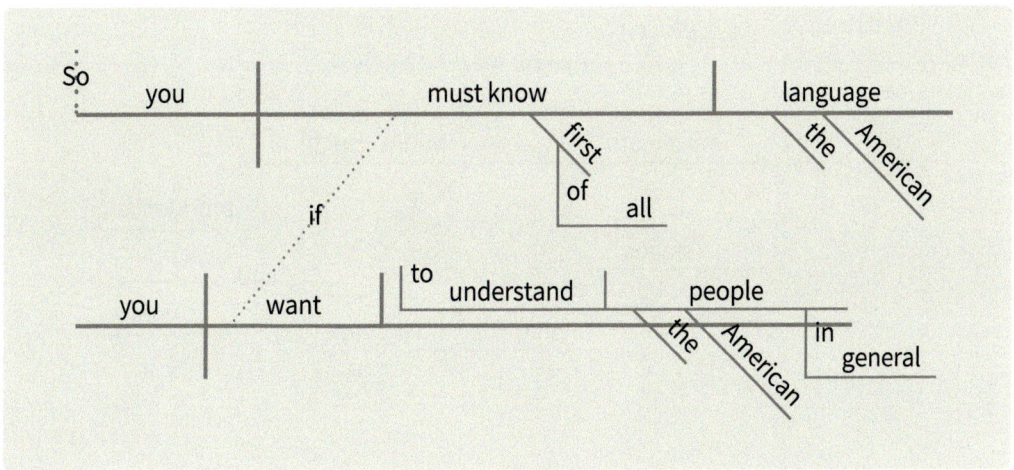

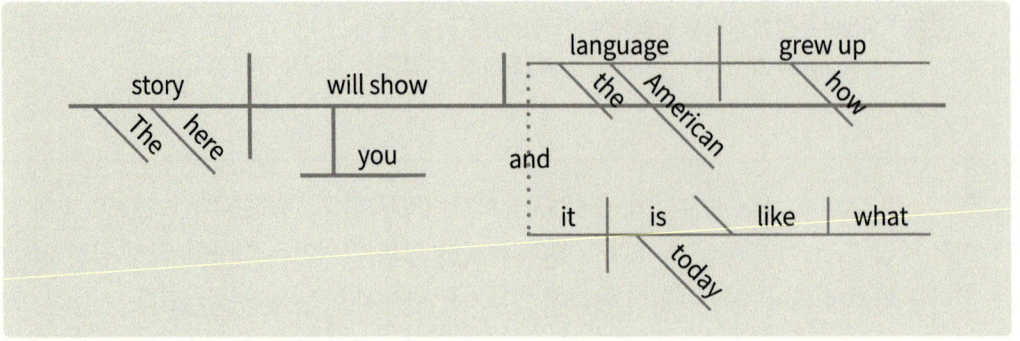

주
- 주어 way가 추상명사이므로 to know their language는 명사구 보어구이다.
- here는 부사에서 온 형용사이므로 story 다음에 왔다. like(닮은), unlike(닮지 않은), worth(가치 있는), near(가까운) 등의 형용사는 목적어를 지배하는 특수한 형용사이다.

번역 | 한 나라의 국민을 이해하는 가장 좋은 방법은 그들의 언어를 아는 것이다. 그러므로 만일 여러분이 일반 미국 국민을 이해하기를 원한다면 여러분은 무엇보다 먼저 미국 언어를 알아야만 한다. 여기에 있는 이야기를 통해서 여러분은 미국 언어가 어떻게 성장하였으며 그것이 오늘날 어떠한지를 알게 될 것이다.

9. In the early stages of studying any language, we must learn more important things, such as pronunciation and grammatical structure. After the student can use the grammatical structure, he can then begin to increase his vocabulary. Learning new vocabulary without knowing the grammatical structure of the language is something like trying to build a house without using a plan.

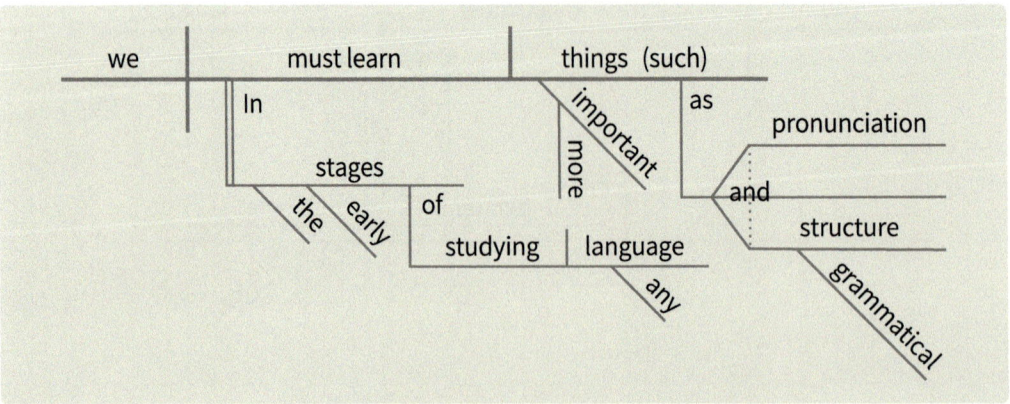

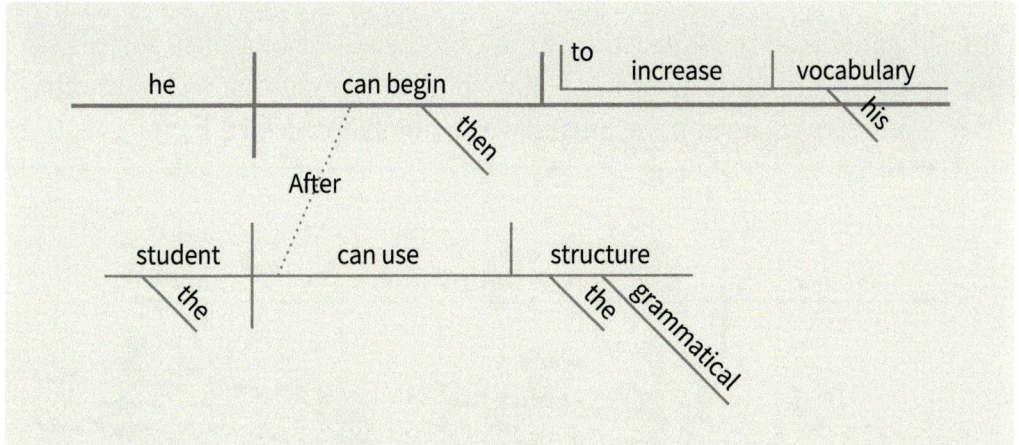

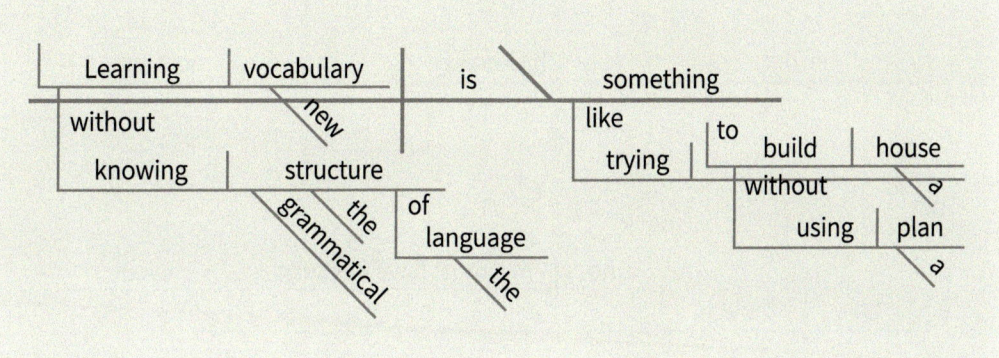

> **주**
> - In the early stages…는 전치 강조된 부사구이다. studying은 전치사 of의 목적어로 동명사이고, any language는 studying의 목적어이다. such as…는 things의 동격어이다.
> - try 동사 다음의 부정사는 목적 표시 부사구처럼 번역하므로 to build…를 '…을 지으려고'로 번역한다.

> **번역 |** 어떤 언어를 배우는 초기 단계에서는 우리는 발음이나 문법적인 구조와 같은 그러한 더 중요한 것을 배워야 한다. 그 학생이 문법적인 구조를 사용할 수 있은 후에 그는 그때서야 그의 어휘를 늘리기 시작할 수 있다. 그 언어의 문법적인 구조를 알지 못하고서 새로운 어휘를 학습하는 것은 설계 없이 집을 지으려고 애쓰는 것과 같은 일이다.

10. When he read the letter, the Baron's brother was not a little surprised, for he had heard nothing of her before, but he thought that as his brother was a powerful magician, he must have suddenly foreseen a happy event.

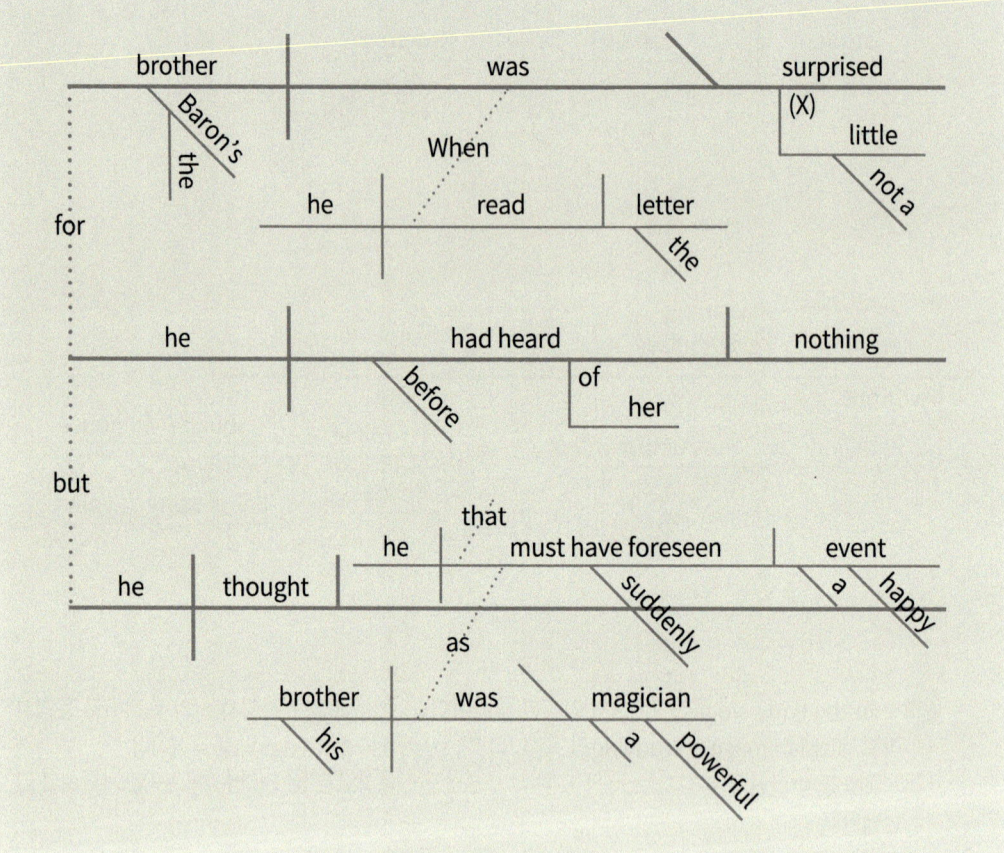

> 주   the Baron's brother에서 the는 Baron's를 수식하는 형용사이다. 관사의 수식을 받는 명사가 속격이 될 때와 이중 속격일 때는 이런 경우가 성립된다. not a little은 부사용 대격이다. 형용사나 부사를 수식하는 부사용 대격은 전위 수식한다. as his brother was a powerful magician은 이유절이다.

> 번역 | 남작의 동생은 편지를 읽고 적잖이 놀랐다. 왜냐하면 그는 전에 그녀에 대해 아무것도 들은 바가 없었기 때문이다. 그러나 그는 자기 형이 유력한 마법사이므로 갑자기 즐거운 사건을 예견했음에 틀림없다고 생각했다.

11. If we are selfish and think only about ourselves, then we will always be unhappy. It does not matter if we are very rich or very poor, because a selfish person is an unhappy person.

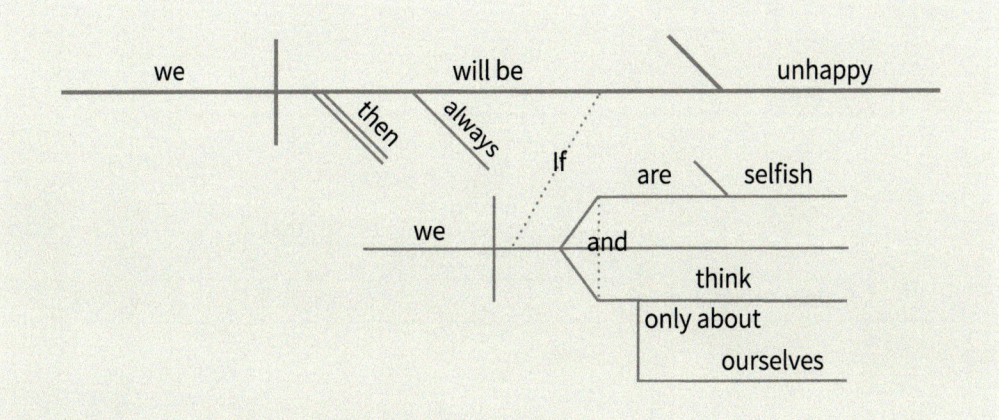

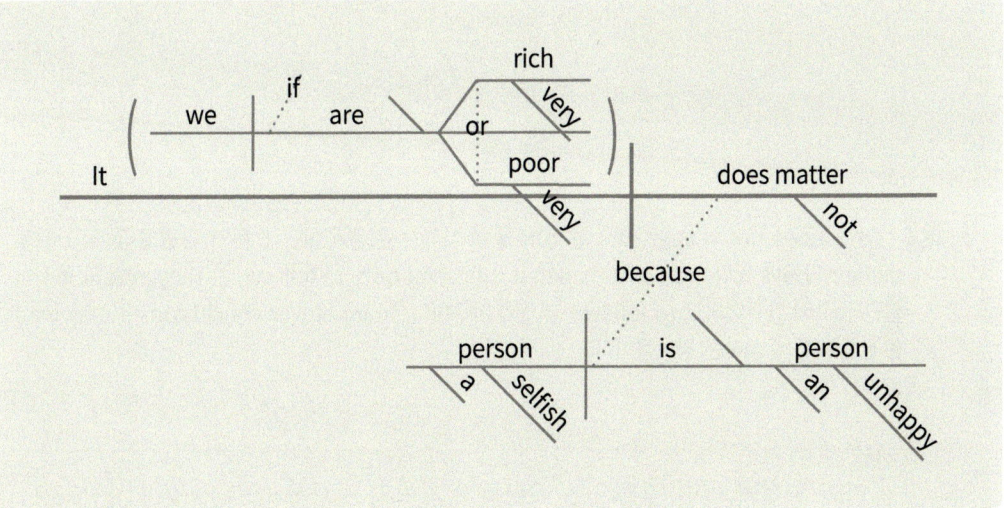

주 | if we are very rich or very poor는 if/whether절 주어절이고, because a selfish person is an unhappy person은 matter를 수식하는 이유절이다.

번역 | 만일 우리가 이기적이고 오로지 자기만을 생각한다면 그러면 우리는 항상 불행할 것이다. 우리가 매우 부유하냐 매우 가난하냐는 중요하지 않은데 이기적인 사람은 불행한 사람이기 때문이다.

12. No one can be a great thinker who does not recognize that as a thinker it is his first duty to follow his intellect to whatever conclusions it may lead.

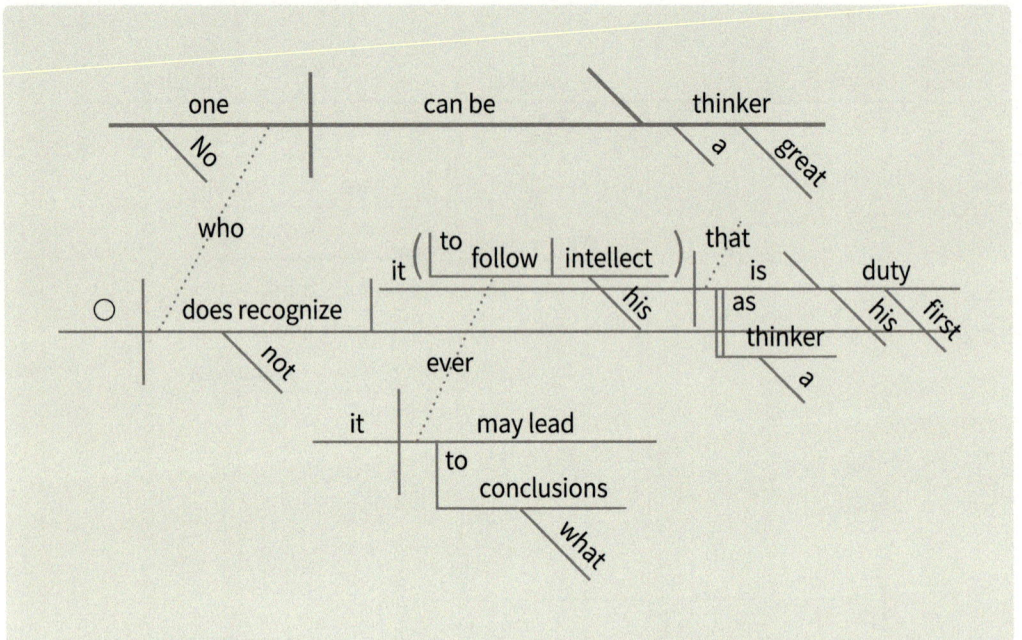

> 주   who does not recognize…는 one을 수식하는 형용사절인데 문의 균형을 맞추기 위해 thinker 다음에 왔다. that as a thinker it is his first duty to follow…는 recognize의 목적어 절인데, it이 가주어이고 to follow…가 진주어구이다. to whatever conclusions it may lead 는 follow를 수식하는 양보절이다.

번역 | 자기의 지성이 어떤 결론으로 이르든지 자기의 지성을 따르는 것이 사상가로서 자기의 첫 번째 임무라는 것을 인정하지 않는 사람은 아무도 위대한 사상가가 될 수 없다.

13. In dealing with children, the main essential is not to tell them things but to encourage them to find out things for themselves. Ask them questions, but leave them to find out the answer.

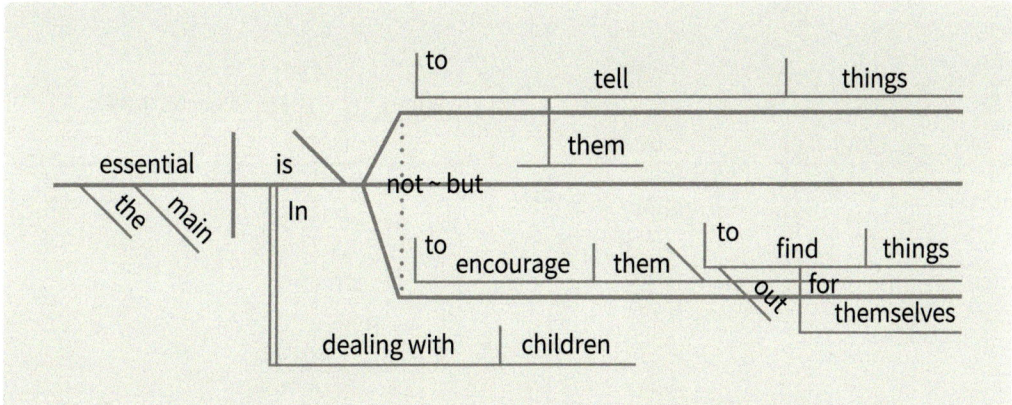

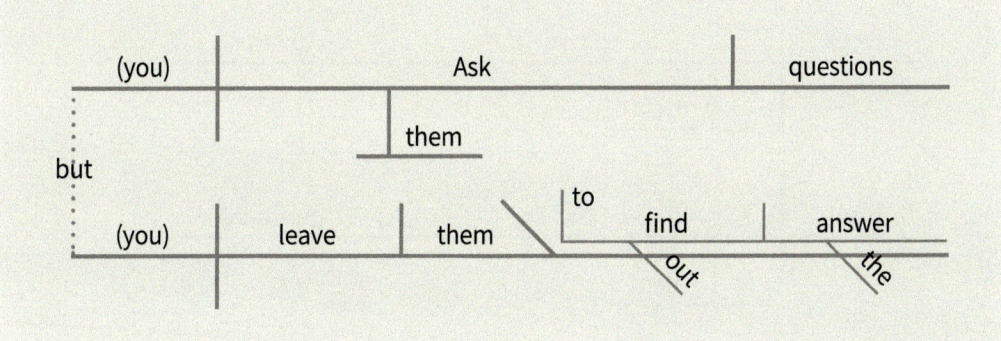

- In dealing with children = While dealing with children
- deal with(다루다)는 '자동사+전치사'로 타동사이다. essential이 추상명사이므로 to tell…과 to encourage…가 명사구 보어구이다. not…but은 to tell…과 to encourage…를 연결하는 대등접속사이다.

번역 | 아이들을 다룰 때에(교육할 때에) 주로 중요한 것은 그들에게 실체를 말해 주는 것이 아니라 그들이 스스로 실체를 찾아내도록 격려해 주는 것이다. 그들에게 질문을 하여라. 하지만 그들이 답을 찾아내도록 내버려두어라.

14. If they arrive at the wrong answer, do not tell them they are mistaken; and do not give them the right answer; ask them other questions which will show them their mistake, and so make them push their inquiry further.

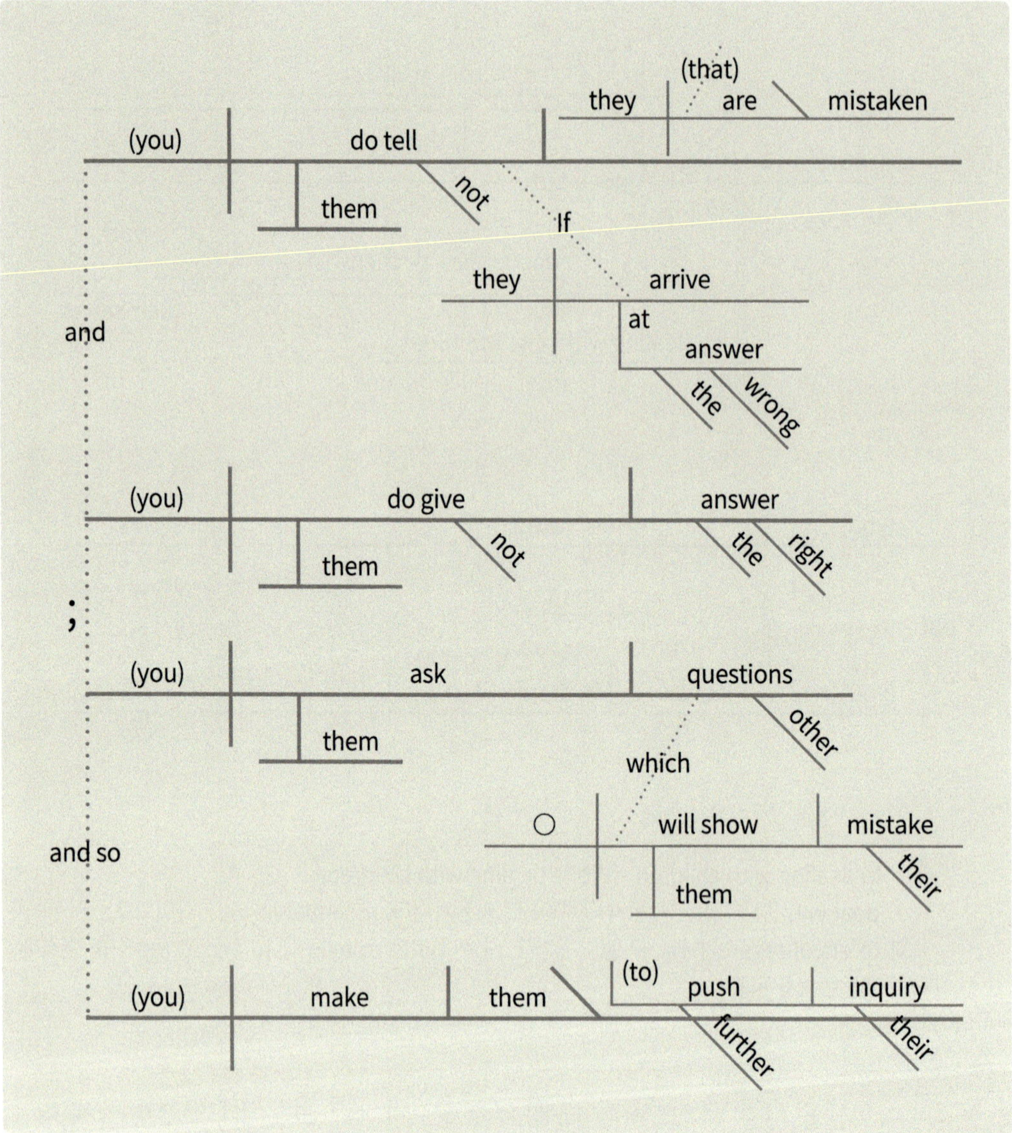

- do not tell them (that) they are mistaken
- which will show them their mistake는 questions를 수식하는 형용사절인데 which는 주격 관계대명사이다. make가 사역 동사이므로 push가 원형 부정사 목적보어이다.

번역 | 만일 그들이 틀린 답에 도달한다면 그들에게 틀렸다고 말해 주지 말고, 그들에게 옳은 답을 가르쳐 주지도 말아라. 그들에게 그들의 잘못을 보여 줄 다른 질문을 해 보아라. 그럼으로써 그들이 더욱더 그들의 탐구를 추구하도록 하여라.

15. Most of us cannot help believing that the philosophers were right when they proclaimed that most of the things we bother about are not worth bothering about.

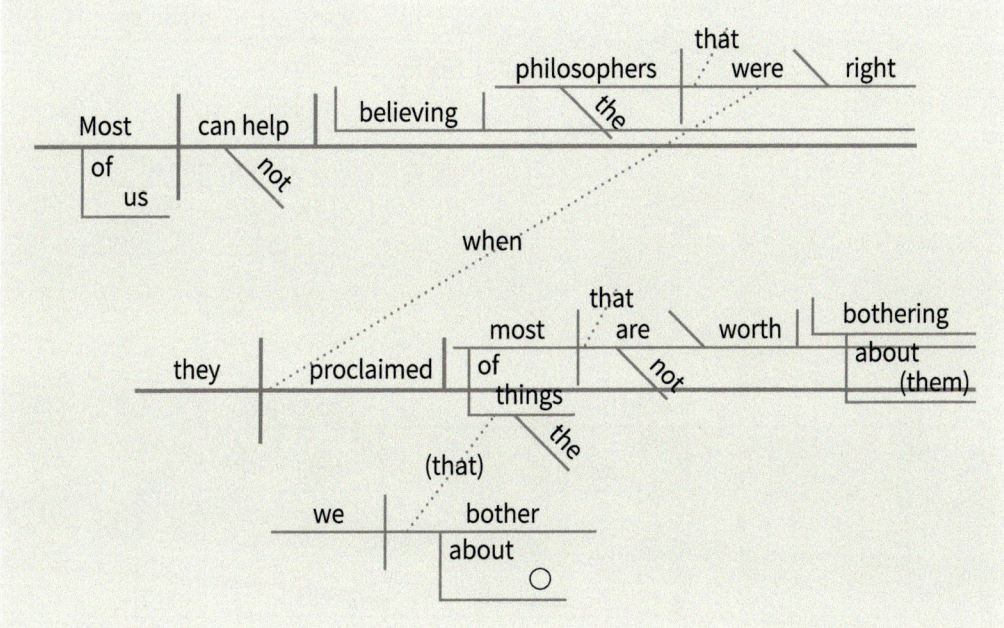

> 주 believing…는 동명사로 help의 목적어이고 that the philosophers were right…는 believing의 목적어절이다. when they proclaimed…는 were를 수식하는 시간절이고 that most of the things we bother…는 proclaimed의 목적어절이다. we bother about은 things를 수식하는 형용사절인데 관계대명사 목적격 that이 생략되었다.

번역 | 우리들 대부분은 철학자들이 우리들이 고민하는 대부분의 일이 고민할 가치가 없는 것이라고 선언했을 때 그들이 옳았다고 믿지 않을 수 없다.

16. The next day—the second day of sight—I should arise with the dawn and see the thrilling miracle by which night is transformed into day. I should behold with awe the magnificent panorama of light with which the sun awakens the sleeping earth.

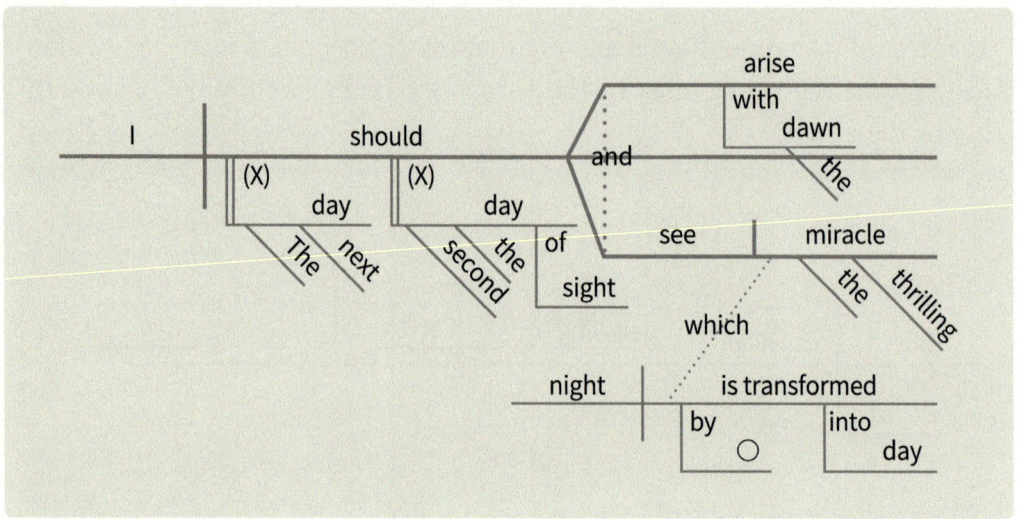

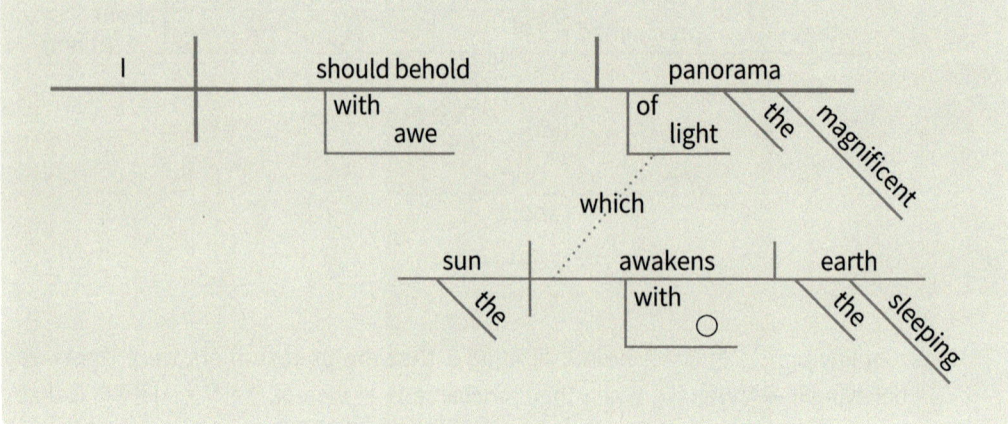

> 주 The next day는 전치 강조된 부사용 대격이다.

> 번역 | 그 다음날—보는 이튿날—나는 여명과 더불어 일어나 밤이 낮으로 바뀌는 감격적인 기적을 바라볼 것이다. 태양이 잠자는 누리를 깨우는 빛의 장엄한 파노라마를 경외심으로 바라볼 것이다.

17. Mahatma Gandhi once said that India would attain complete independence when the masses feel that they can improve their lot by their own efforts and that they can shape their destiny the way they like.

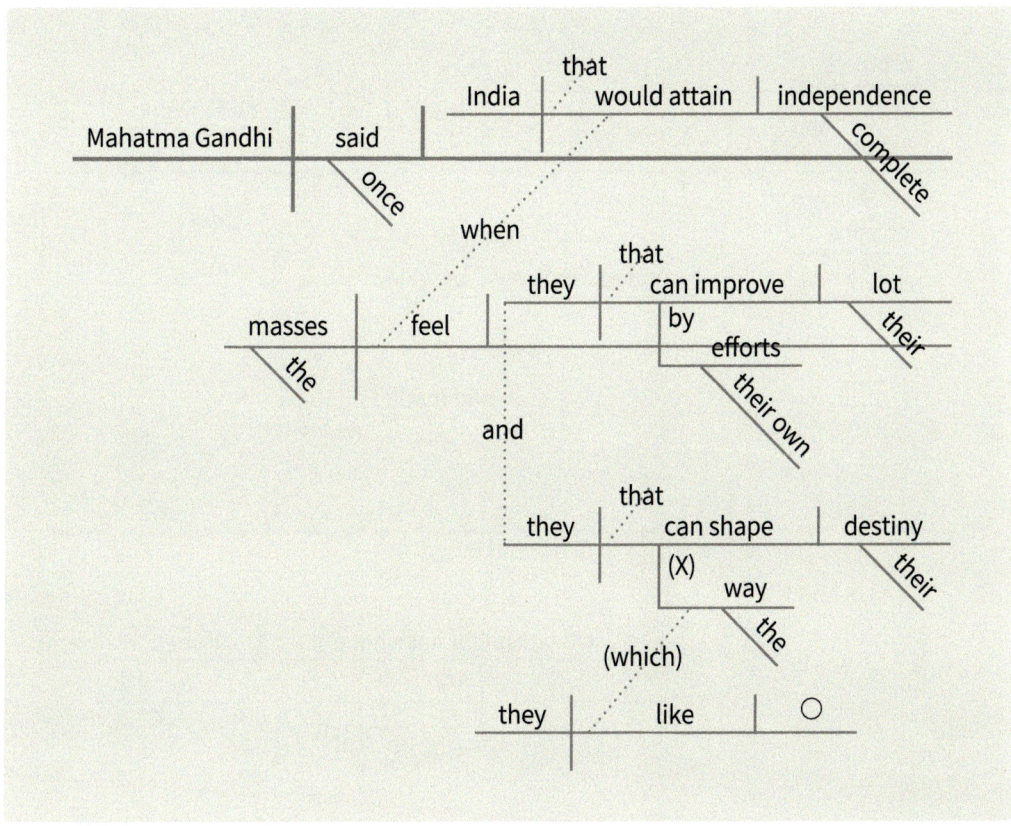

> **주** when 이하는 would attain을 수식하는 부사절이고, that they can improve…는 feel의 목적어절이다. the way는 부사용 대격이고 they like는 way를 수식하는 형용사절인데 관계대명사 목적격 which가 생략되었다.

번역 | 마하트마 간디는 일반 대중이 자기들 자신의 노력으로 자기들의 운명을 개선할 수 있고 자기들이 좋아하는 방식으로 자기들의 운명을 형성할 수 있다고 느낄 때에 인도는 완전한 독립을 달성할 수 있을 것이라고 옛날에 말했다.

18. My brothers, and sisters, and cousins, understanding the bargain I had made, told me I had given for it more than it was worth, and put me in mind of what good things I might have bought with the rest of the money; and laughed at me so much for my folly, that I cried with vexation and the reflection gave me more chagrin than the whistle gave me pleasure.

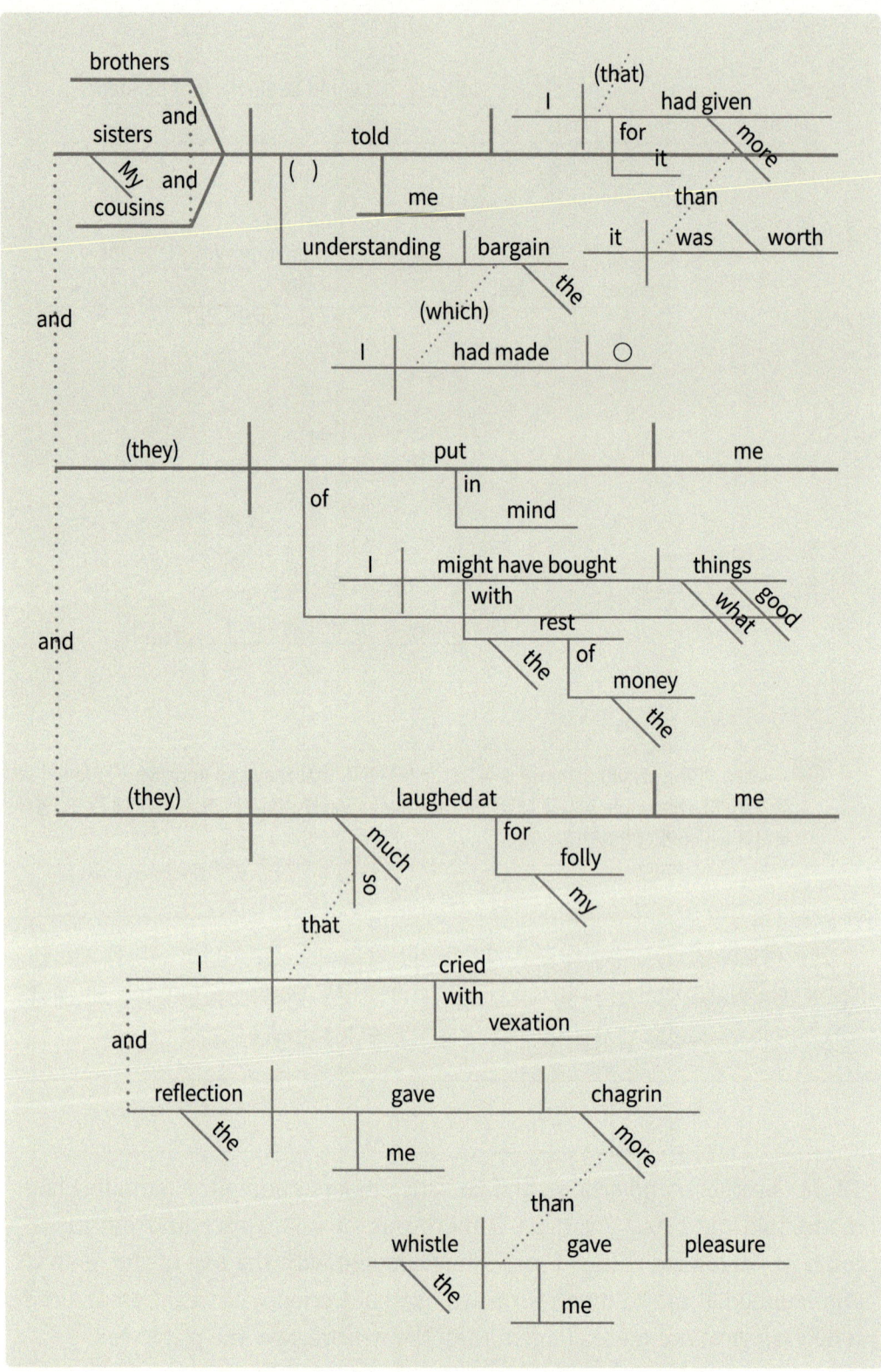

• understanding the bargain I had made는 이유 표시 분사구문이다. put…in mind는 remind…of와 같은 의미이다. that I cried…는 so…that 결과절이다.
• 무생물 명사가 동작 동사의 주어일 때는 주어를 부사구처럼, 목적어를 주어처럼 번역하므로 the reflection gave me more chagrin은 the reflection을 '창피함 때문에'라고 부사구처럼 번역하고, me를 '나는'이라고 주어처럼 번역한다. gave chagrin은 명사 chagrin을 동사처럼 번역하고 gave는 번역하지 않는다. the whistle gave me pleasure도 the whistle을 '호루라기 때문에'라고 부사구처럼 번역하고, me를 주어처럼 번역하며, gave pleasure는 pleasure를 동사처럼 번역하고 gave는 번역하지 않는다.

번역 | 내 형들과 누나들과 사촌들이 내가 행한 거래를 알고 있었으므로 나에게 내가 실제 값보다 훨씬 많이 그것으로 주었다는 것을 말해 주었고, 그 돈의 나머지로도 얼마나 좋은 물건들을 살 수 있었는지를 내게 일깨워 주었으며, 나의 어리석음에 대해 아주 몹시 나를 비웃었습니다. 그래서 나는 분해서 울었으며 호루라기로 내가 즐거웠던 것보다는 창피함 때문에 더 원통했습니다.

19. He saw at a distance the lordly Hudson, far, far below him, moving on its silent but majestic course, with the reflection of a purple cloud or the sail of a lagging bark here and there sleeping on its glassy bosom, and at last losing itself in the blue highlands.

 below him은 far를 수식하는 부사구이다. moving…과 losing…는 saw의 목적보어인데 진행 의미이다. with the reflection…on its glassy bosom은 moving을 수식하는 부사구이다. here and there sleeping on its glassy bosom은 bark를 수식하는 현재분사인데 수식어를 동반하여 후위 수식하였다.

번역 | 그는 먼 곳에서 아래쪽에 아득히 멀리 있는 당당한 허드슨 강이 자색 구름이나 거울같이 잔잔한 수면 위 여기저기에 잠들어 있는 느린 돛단배의 돛을 반사하면서 조용하나 장엄한 진로를 따라 나아가다가 마침내 푸른 고원 속으로 사라져 가고 있는 것을 보았다.

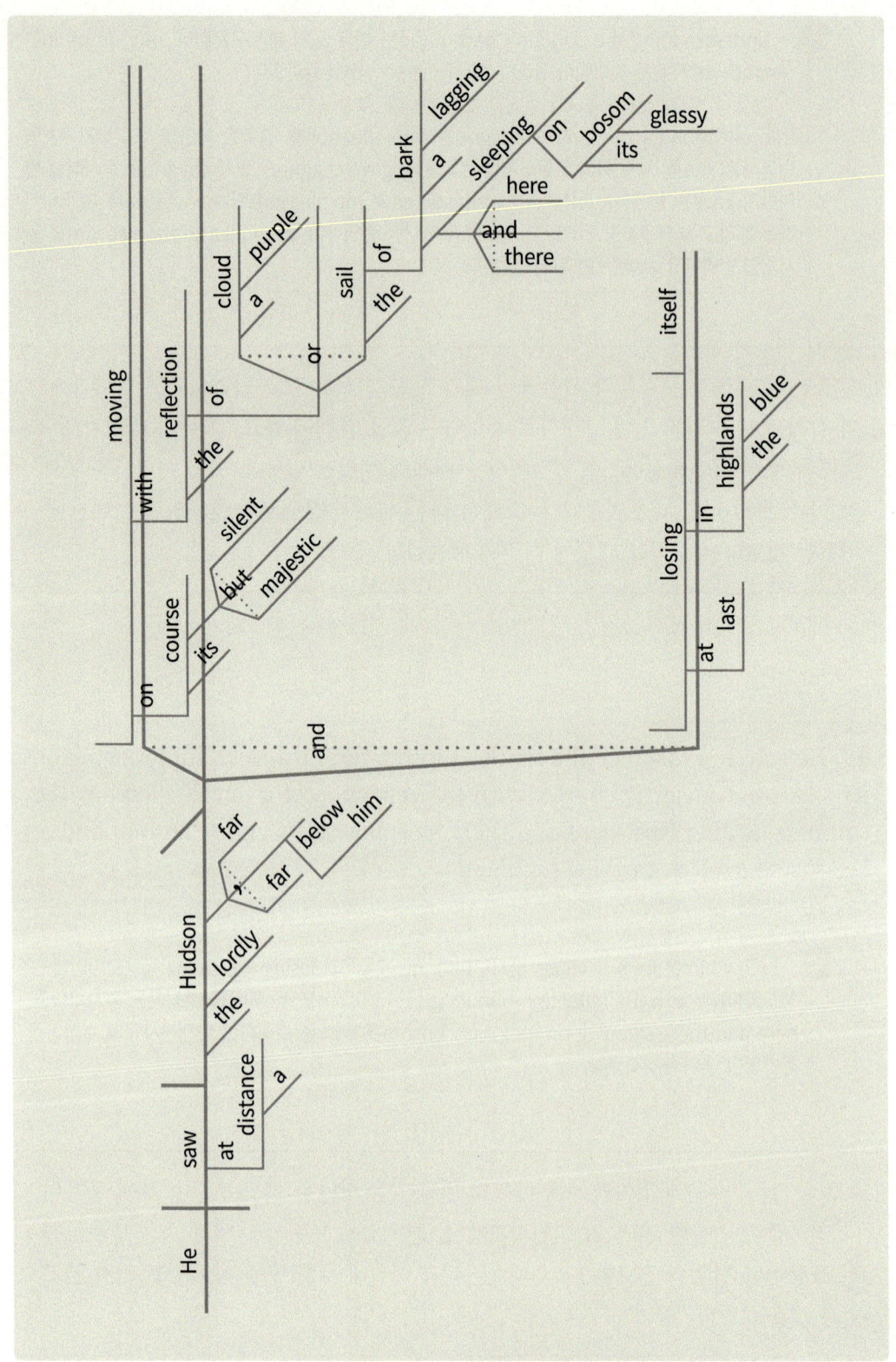

20. Instead of giving a detailed account of facts and a lengthy discussion of theories I have tried in this present book to concentrate upon a few points that seemed to me to be of special philosophical importance and to express my thoughts as briefly and succinctly as possible.

- giving은 동사 account와 discuss를 명사 account와 discussion으로 만들면서 쓴 것이므로 번역할 필요가 없으며, account와 discussion을 동사로 번역하고, of는 목적어 표시이므로 facts와 theories를 목적어로 번역한다. 형용사 detailed와 lengthy는 부사로 번역한다.
- to concentrate…and to express…는 have tried의 목적어구인데 목적 표시 부사구처럼 번역한다. to be of special philosophical importance는 seemed의 보어구이고, of special philosophical importance는 to be의 보어구이다.

번역 | 여러 가지 사실을 자세하게 설명하고 또 여러 가지 학설을 길게 논의하는 대신에 나는 지금 이 책에서 나로서는 철학적으로 특별히 중요하다고 보이는 몇 가지 점에 초점을 두려고, 또 가능한 한 간단하고 명료하게 내 생각을 표현하려고 애썼다.

Uncle Sam/Yankee와 John Bull

Uncle Sam(샘 아저씨)은 미국 사람(전체) 또는 미국을 가리키는 말인데, United States의 머리글자인 U와 S를 따서 만든 말이다. 또한 미국인을 Yankee라고 하는 것은 남북전쟁 당시 북부 병사의 별명에서 유래된 것이다. 한편 John Bull(존 불)은 전형적인 영국인 또는 의인화된 영국을 가리키는 말인데, 무뚝뚝하고 솔직하며 강직한 성격을 bull(황소)에 비유해서 붙인 것이다. 스코틀랜드의 의사이며 풍자 작가인 존 아버스노트(John Arbuthnot)가 영국과 프랑스 사이의 전쟁 중지를 호소하고자 쓴 정치적인 풍자 팜플릿집인 "존 불의 역사(The history of John Bull)"(1712)에 등장하는 전형적인 영국 사람의 이름에서 비롯되었다.

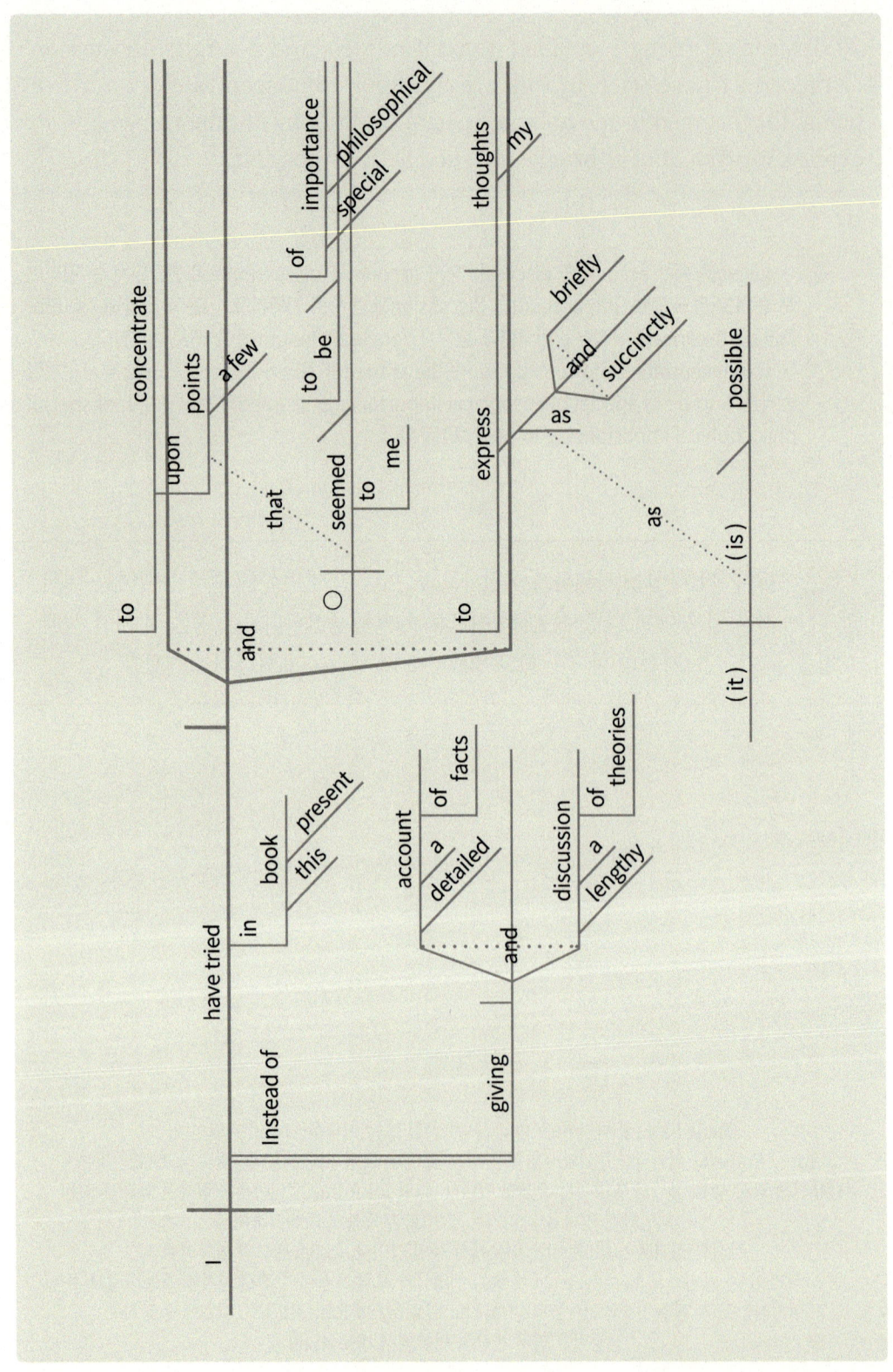